Gramática descritiva do português brasileiro

Coleção de Linguística
Coordenadores
Gabriel de Ávila Othero – Universidade Federal do Rio Grande do Sul (UFRGS)
Sérgio de Moura Menuzzi – Universidade Federal do Rio Grande do Sul (UFRGS)

Conselho consultivo
Alina Villalva – Universidade de Lisboa
Carlos Alberto Faraco – Universidade Federal do Paraná (UFPR)
Dante Lucchesi – Universidade Federal da Bahia (Ufba)
Leonel Figueiredo de Alencar – Universidade Federal do Ceará (UFC)
Letícia M. Sicuro Correa – Pontifícia Universidade Católica do Rio de Janeiro (PUC-Rio)
Luciani Ester Tenani – Universidade Estadual de São Paulo (Unesp)
Maria Cristina Figueiredo Silva – Universidade Federal do Paraná (UFPR)
Roberta Pires de Oliveira – Universidade Federal de Santa Catarina (UFSC)
Roberto Gomes Camacho – Universidade Estadual de São Paulo (Unesp)
Valdir Flores – Universidade Federal do Rio Grande do Sul (UFRGS)

Dados Internacionais de Catalogação na Publicação (CIP)
(Câmara Brasileira do Livro, SP, Brasil)

Perini, Mário A.
  Gramática descritiva do português brasileiro /
Mário A. Perini. – Petrópolis, RJ : Vozes, 2016. – (Coleção de Linguística)

  Bibliografia.

  7ª reimpressão, 2025.

  ISBN 978-85-326-5293-5

  1. Língua portuguesa – Brasil – Gramática I. Título. II. Série.

16-04536   CDD-469.5

Índices para catálogo sistemático:
1. Língua portuguesa : Gramática : Linguística
469.5

MÁRIO A. PERINI

Gramática descritiva do português brasileiro

EDITORA
VOZES

Petrópolis

© 2016, Editora Vozes Ltda.
Rua Frei Luís, 100
25689-900 Petrópolis, RJ
www.vozes.com.br
Brasil

Todos os direitos reservados. Nenhuma parte desta obra poderá ser reproduzida ou transmitida por qualquer forma e/ou quaisquer meios (eletrônico ou mecânico, incluindo fotocópia e gravação) ou arquivada em qualquer sistema ou banco de dados sem permissão escrita da editora.

CONSELHO EDITORIAL

Diretor
Volney J. Berkenbrock

Editores
Aline dos Santos Carneiro
Edrian Josué Pasini
Marilac Loraine Oleniki
Welder Lancieri Marchini

Conselheiros
Elói Dionísio Piva
Francisco Morás
Gilberto Gonçalves Garcia
Ludovico Garmus
Teobaldo Heidemann

Secretário executivo
Leonardo A.R.T. dos Santos

PRODUÇÃO EDITORIAL

Aline L.R. de Barros
Jailson Scota
Marcelo Telles
Mirela de Oliveira
Natália França
Otaviano M. Cunha
Priscilla A.F. Alves
Rafael de Oliveira
Samuel Rezende
Vanessa Luz
Verônica M. Guedes

Editoração: Fernando Sergio Olivetti da Rocha
Diagramação: Sheilandre Desenv. Gráfico
Revisão gráfica: Nilton Braz da Rocha e Nivaldo S. Menezes
Capa: WM design
Revisão técnica: Luisandro Mendes de Souza

Esta é uma edição ampliada e atualizada da obra anteriormente publicada pela Parábola Editorial sob o título *Gramática do português brasileiro*.

ISBN 978-85-326-5293-5

Este livro foi composto e impresso pela Editora Vozes Ltda.

Este livro é dedicado a minhas professoras do primário,
Maria Dulce Teixeira de Souza
Maria Natalícia de Souza
Maria de Lourdes Batista
Samira Nahass
Marly de Almeida Ferraz
até hoje vivo do que elas me ensinaram lá pelos anos 50.

Apresentação da coleção

Esta publicação é parte da **Coleção de Linguística** da Vozes, retomada pela editora em 2014, num esforço de dar continuidade à coleção coordenada, até a década de 1980, pelas professoras Yonne Leite, Miriam Lemle e Marta Coelho. Naquele período, a coleção teve um papel importante no estabelecimento definitivo da Linguística como área de pesquisa regular no Brasil e como disciplina fundamental da formação universitária em áreas como as Letras, a Filosofia, a Psicologia e a Antropologia. Para isso, a coleção não se limitou à publicação de autores fundamentais para o desenvolvimento da Linguística, como Chomsky, Langacker e Halliday, ou de linguistas brasileiros já então reconhecidos, como Mattoso Câmara; buscou também veicular obras de estudiosos brasileiros que então surgiam como lideranças intelectuais e que, depois, se tornaram referências para a disciplina no Brasil – como Anthony Naro, Eunice Pontes e Mário Perini. Dessa forma, a **Coleção de Linguística** da Vozes participou ativamente da história da Linguística brasileira, tendo ajudado a formar as gerações de linguistas que ampliaram a disciplina nos anos de 1980 e de 1990 – alguns dos quais ainda hoje atuam intensamente na vida acadêmica nacional.

Com a retomada da **Coleção de Linguística** pela Vozes, a editora quer voltar a participar decisivamente das novas etapas de desenvolvimento da disciplina no Brasil. Agora, trata-se de oferecer um veículo de disseminação da informação e do debate em um novo ambiente: a Linguística é hoje uma disciplina estabelecida nas universidades brasileiras; é também um dos setores de pós-graduação que mais crescem no Brasil; finalmente, o próprio quadro geral das universidades e da pesquisa brasileira atingiu uma dimensão muito superior à que se testemunhava nos anos de 1970 a 1990. Dentro desse quadro, a **Coleção de Linguística** da Vozes tem novas missões a cumprir:

• em primeiro lugar, é preciso oferecer aos cursos de graduação em Letras, Filosofia, Psicologia e áreas afins material renovador, que permita aos alunos integrarem-se ao atual patamar de conhecimento da área de Linguística;

• em segundo lugar, é preciso continuar com a tarefa de colocar à disposição do público de língua portuguesa obras decisivas do desenvolvimento, passado e recente, da Linguística;

• finalmente, é preciso oferecer ao setor de pós-graduação em Linguística e ao novo e amplo conjunto de pesquisadores que nele atua um veículo adequado à disseminação de suas contribuições: um veículo sintonizado, de um lado, com o que se produz na área de Linguística no Brasil; e, de outro, que identifique, nessa produção, aquelas contribuições cuja relevância exija uma disseminação e atinja um público mais amplo, para além da comunidade dos especialistas e dos pesquisadores de pós-graduação.

Em suma, com esta **Coleção de Linguística**, esperamos publicar títulos relevantes, cuja qualidade venha a contribuir de modo decisivo não apenas para a formação de novas gerações de linguistas brasileiros, mas também para o progresso geral dos estudos das Humanidades neste início de século XXI.

Gabriel de Ávila Othero
Sérgio de Moura Menuzzi
Organizadores

Sumário

Prefácio, 23

PRELIMINARES

CAPÍTULO 1 Apresentação, 29

1.1 A gramática não é instrumento de aquisição da língua escrita, 29

1.2 É preciso descrever a língua falada, 31

1.3 Estudar a língua como ela é, 35

1.4 É preciso usar noções gramaticais novas, 36

1.5 A gramática não é uma descrição completa, 39

1.6 A Nomenclatura Gramatical Brasileira (NGB), 40

1.7 Quadro teórico, 42

1.8 A quem se destina este livro, 44

CAPÍTULO 2 Para que estudar gramática?, 45

2.1 Sobre a ciência e o mundo moderno, 45

2.2 Ciência e educação, 46

2.3 O processo de analfabetização, 49

2.4 O que isso tem a ver com a gramática?, 50

2.5 A gramática como disciplina científica, 51

2.6 A ciência na escola, 54

2.7 Como fica a gramática?, 57

2.8 Concluindo, 59

Capítulo 3 Nossa língua, 60

3.1 Origens do português, 60

3.1.1 Sincronia e diacronia, 60

3.1.2 Do latim ao português, 62

3.2 O português no mundo, 65

3.3 A língua do Brasil, 66

3.3.1 Padrão e coloquial, 66

3.3.2 Variação social, 67

3.3.3 Variação regional, 68

Estrutura da oração simples

Capítulo 4 Construções, 73

4.1 O que é uma construção, 73

4.1.1 Definindo a construção, 73

4.1.2 Papéis temáticos, 76

4.2 Exemplos, 76

4.3 Ordem dos termos, 78

4.4 Construções oracionais e suboracionais, 79

4.5 A notação do sujeito, 81

4.6 As construções e a descrição da língua, 82

4.7 Complementos e adjuntos?, 85

4.8 Âmbito descritivo das construções, 86

4.9 Construindo construções: regras gerais, 87

4.9.1 Geração das estruturas sintáticas, 88

4.9.2 Atribuição dos papéis temáticos, 89

Capítulo 5 Oração, 91

5.1 O que é uma oração, 91

5.2 Sujeito, 93

5.2.1 A noção de "sujeito", 93

5.2.2 Identificando o sujeito, 96

5.2.3 "Erros de concordância", 100

5.3 SNs objetos, 100

CAPÍTULO 6 Orações sem sujeito, 105

6.1 Omissão do sujeito, 105

6.2 Imperativo, 107

6.3 Verbos que raramente ocorrem com sujeito, 108

6.3.1 *Ter, haver, existir*, 109

6.3.2 Verbos meteorológicos, 110

6.3.3 *Ser* e *estar*, 111

6.3.4 Vai para, faz tempo que, 111

CAPÍTULO 7 Sujeito indeterminado, 112

CAPÍTULO 8 Outros termos da oração, 117

8.1 SN: sujeito e objeto(s), 117

8.2 Sintagmas preposicionados, 119

8.3 Outros complementos do verbo, 121

8.4 Negação, auxiliar, 123

8.5 Resumo: a estrutura da oração simples, 124

8.6 A oração, o verbo e os esquemas cognitivos, 125

CAPÍTULO 9 Algumas construções importantes, 128

9.1 Construções já vistas, 128

9.2 E mais algumas, 131

9.3 Construções complexas, 136

9.3.1 Por que precisamos de construções complexas, 136

9.3.2 Ordem dos eventos, 137

9.3.3 Tipos de eventos, 138

9.3.4 Período composto e construções complexas, 141

9.4 Elipse de complementos, 141

CAPÍTULO 10 Ordem dos termos na oração, 143

10.1 Colocação prévia, 143

10.2 Sujeito e verbo, 146

10.3 Sintagmas preposicionados e adverbiais, 150

10.3.1 Liberdade de ocorrência, 150

10.3.2 Exceções aparentes, 151

CAPÍTULO 11 Pronomes, 153

11.1 Pronomes pessoais, 153

11.2 Objetos pronominais, 154

11.3 Posição dos pronomes oblíquos na oração, 159

11.3.1 Regra geral, 159

11.3.2 Pronomes oblíquos com preposição, 160

11.3.3 Resumo: forma e posição dos pronomes pessoais, 161

11.3.4 O pronome *tu*, 162

CAPÍTULO 12 Construções interrogativas e negativas, 163

12.1 Interrogativas, 163

12.1.1 Interrogativas fechadas (*sim / não*), 164

12.1.2 Interrogativas abertas (*interrogativas-Q*), 165

12.1.3 *É que*, 166

12.1.4 Inversão, 167

12.1.5 *Cadê?*, 168

12.1.6 Interrogativas indiretas, 168

12.1.7 Interrogativas-eco, 169

12.2 Negativas, 169

12.2.1 Negação verbal, 169

12.2.2 Negação depois do verbo, 170

12.2.3 Dupla negação, 170

12.2.4 Negação nominal e adverbial, 173

12.2.5 Negação e afirmação independentes, 173

12.2.6 *Nem* e *sequer*, 174

12.2.7 Uma nota sobre a pronúncia de *não*, 175

VALÊNCIA

CAPÍTULO 13 Valência, 179

13.1 O verbo é a chave, 179

13.2 Diátese, valência, 182

13.3 Classes de verbos, 184

13.4 Contando verbos, 187

13.5 Diferença entre "construção" e "diátese", 189

13.6 Valência nominal e adverbial, 191

13.7 Valência de alguns verbos, 192

CAPÍTULO 14 Papéis temáticos, 197

14.1 Lista dos papéis temáticos, 197

14.2 Emparelhamento de papéis temáticos, 201

14.3 Problemas, 204

14.3.1 Uma lista em aberto, 204

14.3.2 Os papéis temáticos são esquemáticos, 205

CAPÍTULO 15 O que uma diátese contém, 207

15.1 O que deve aparecer na diátese?, 207

15.2 Atribuição dos papéis temáticos, 210

15.3 Protótipos e regras de encadeamento, 214

15.3.1 Regras de encadeamento unívocas, 214

15.3.2 Regras de encadeamento múltiplas, 218

15.3.3 Ocorrência obrigatória de constituintes, 220

15.4 Definindo as diáteses, 221

15.5 Atribuição por ausência, 223

15.5.1 Atribuição com base no esquema, 223

15.5.2 Uma pergunta, 224

CAPÍTULO 16 Verbos leves, 229

16.1 O que é um verbo leve, 229

16.2 O verbo leve na oração, 231

16.2.1 Semântica, 231

16.2.2 Sintaxe, 232

CAPÍTULO 17 Valência dos nominais e dos advérbios, 234

17.1 Nominais, 234

17.2 Advérbios, 237

Capítulo 18 Sumário: papéis temáticos e os constituintes da oração, 238

18.1 Papéis temáticos como fator na interpretação, 238

18.2 Outros mecanismos de atribuição de papéis temáticos, 239

18.3 Uma solução complexa, 240

18.4 Filtros esquemáticos e léxico-gramaticais, 241

18.5 Limites da valência, 242

Período composto

Capítulo 19 Coordenação e subordinação, 245

19.1 Coordenação, 245

19.2 Subordinação, 246

19.3 Processos de junção gramatical, 248

19.4 Conjunções, 251

19.5 Junção sem marca, 252

Capítulo 20 Estruturas oracionais especializadas, 254

20.1 Orações de infinitivo, gerúndio e subjuntivo, 254

20.2 Sintaxe e semântica das subordinadas especializadas, 255

20.2.1 Infinitivo, 255

20.2.2 Gerúndio, 257

20.2.3 Subjuntivo, 257

20.3 Resumindo: orações subordinadas, 259

Capítulo 21 Contando orações, 262

21.1 Uma oração ou duas?, 262

21.2 Infinitivo e subjuntivo livres, 265

21.3 Os particípios, 266

21.3.1 O particípio nominal, 266

21.3.2 Particípio nominal e particípio verbal, 268

21.3.3 Consequências para a análise da construção passiva, 271

Capítulo 22 Anáfora, 274

22.1 Anáfora, dêixis e pró-formas, 274

22.2 Anáfora nas estruturas coordenadas, 275

22.3 Anáfora nas estruturas subordinadas, 277

22.4 Uso dos pronomes pessoais anafóricos, 280

22.5 Elipse, 281

CAPÍTULO 23 Orações relativas (adjetivas), 283

23.1 A estrutura relativa, 283

23.2 A estrutura relativa no PB, 285

23.2.1 A preposição é mantida, 285

23.2.2 A preposição é omitida, 286

23.2.3 Sintagmas adverbiais, 287

23.2.4 Relativas livres, 288

USO DAS FORMAS VERBAIS: MODO, TEMPO E PESSOA

CAPÍTULO 24 Subjuntivo e indicativo na oração subordinada com *que*, 291

24.1 Um sistema complexo, 291

24.2 Subjuntivo de persuasão, 293

24.3 Subjuntivo de incerteza, 295

24.4 Subjuntivo de emoção, 296

24.5 O modo nas orações factuais, 297

CAPÍTULO 25 Modo governado pelo conectivo, 299

25.1 Modo governado por conjunção, 299

25.2 Modo em estruturas relativas, 305

25.3 O subjuntivo no PB, 306

CAPÍTULO 26 Usos do infinitivo, 308

26.1 Caráter do infinitivo português, 308

26.1.1 O infinitivo núcleo do SN, 308

26.1.2 O infinitivo com auxiliar, 309

26.2 Condições de uso do infinitivo, 310

26.2.1 *Querer*, 310

26.2.2 *Tentar*, 311

26.2.3 *Ver* e os verbos de percepção e de persuasão, 311

26.2.4 Alternância livre infinitivo / subjuntivo, 313

26.3 Outras construções de infinitivo, 314

26.3.1 *Difícil de ler*, 314

26.3.2 O infinitivo em expressões idiomáticas, 315

Capítulo 27 Tempo verbal: presente e futuro, 317

27.1 Tempo e aspecto, 317

27.2 Presente, 319

27.2.1 Variedades de expressão do presente, 319

27.2.2 O presente expressando o futuro, 320

27.2.3 O presente expressando o passado, 321

27.2.4 O presente em expressões de tempo decorrido, 321

27.2.5 Com o verbo *estar*, 321

27.2.6 O presente progressivo, 322

27.3 Futuro, 323

27.4 Condicional (futuro do pretérito), 323

27.5 Futuro do subjuntivo, 325

27.5.1 Forma supletiva do futuro do indicativo, 325

27.5.2 Futuro do subjuntivo em orações relativas, 326

27.5.3 O imperfeito do subjuntivo nesses ambientes, 327

Capítulo 28 Tempo verbal: passado, 328

28.1 Perfeito e imperfeito, 328

28.1.1 Delimitação temporal, 328

28.1.2 O imperfeito como cenário de outros eventos, 330

28.1.3 Eventos acabados e inacabados, 332

28.1.4 Eventos contínuos e descontínuos, 332

28.2 Passados compostos, 333

28.2.1 *Tenho feito*, 333

28.2.2 O mais-que-perfeito composto, 334

28.2.3 Outras formas compostas com *ter*, 334

28.3 Formas progressivas, 335

CAPÍTULO 29 Tempo governado, 336

CAPÍTULO 30 Auxiliares e modais, 339

30.1 O que é um verbo auxiliar, 339

30.2 *Ter, ir* e *estar*, 340

30.3 Modais, 341

30.4 Auxiliares em sequência, 342

30.5 Propriedades das construções com auxiliar, 343

CAPÍTULO 31 Pessoa, 346

31.1 Pessoa gramatical e pessoa do discurso, 346

31.2 Reflexivos, 348

31.2.1 Sujeito e objeto idênticos, 348

31.2.2 Recíprocos, 349

31.2.3 Verbos reflexivos, 349

31.2.4 Formas enfáticas, 351

SINTAGMA NOMINAL

CAPÍTULO 32 O núcleo do sintagma nominal, 355

32.1 O sintagma nominal (SN), 355

32.2 Núcleo e limitadores, 357

32.2.1 Definições, 357

32.2.2 Como se identifica o núcleo do SN, 359

32.2.3 SNs sem núcleo explícito, 362

CAPÍTULO 33 Ordem dos termos no SN, 364

33.1 Elementos pré-nucleares, 364

33.1.1 Predeterminante, determinante, quantificador etc., 364

33.1.2 Itens de posição fixa (pré-nuclear), 368

33.2 Elementos pós-nucleares, 369

33.2.1 Antes ou depois do núcleo, 369

33.2.2 Colocação do modificador: papéis temáticos, 370

33.2.3 Colocação do modificador: restritividade, 373

33.2.4 Mudanças de significado, 375

33.2.5 Sequências fixas, 376

33.3 Modificadores expandidos, 377

CONCORDÂNCIA

Capítulo 34 Concordância verbal, 381

34.1 O que é a concordância verbal, 381

34.2 A concordância verbal no PB, 386

Capítulo 35 Concordância nominal, 389

35.1 O que é a concordância nominal, 389

35.2 Gênero, 390

35.2.1 Gênero inerente e governado, 390

35.2.2 Gênero gramatical e gênero natural (sexo), 391

35.3 Número, 392

35.3.1 Singular e plural, 392

35.3.2 Concordância de número no PB, 392

35.4 Concordância nominal fora do SN, 394

35.5 Marcados e não marcados, 395

CLASSES DE PALAVRAS

Capítulo 36 Classificação, 399

36.1 Classes e funções, 399

36.2 Para que classificar?, 401

36.3 Classes de palavras e complexidade, 402

36.3.1 Palavras R, Q e R-e-Q, 402

36.3.2 Outros traços classificatórios, 405

36.3.3 Procurando classes homogêneas, 406

36.3.4 Perseguindo a complexidade, 408

36.3.5 Classificação cruzada, 410

36.3.6 Limites da complexidade, 410

36.3.7 Potencial funcional, 414

36.3.8 Calibrando regras, 415

36.4 Significado "básico" das classes, 417

36.5 Forma e significado na classificação das palavras, 419

Capítulo 37 Nominais, 421

37.1 Definição de "nominal", 421

37.2 Tipos de nominais, 428

37.2.1 Nomes, 428

37.2.2 Pronomes, 429

37.2.3 Artigos e predeterminante, 430

37.2.4 Quantificadores etc., 431

37.2.5 Possessivos, 434

Capítulo 38 Verbos, 436

38.1 Identificando o verbo, 436

38.2 Elenco de formas, 436

38.2.1 Pessoas, 436

38.2.2 Tempos e modos, 437

38.3 Morfologia, 438

38.3.1 Imperativo, 438

38.3.2 Futuro do subjuntivo, 439

38.3.3 Pronúncia do infinitivo, 439

Capítulo 39 Conectivos, 440

39.1 Preposições, 440

39.1.1 Preposições predicadoras, 440

39.1.2 Preposições funcionais, 442

39.1.3 As preposições e os filtros esquemáticos, 444

39.2 Conjunções, 444

39.3 Coordenadores, 445

Capítulo 40 Adverbiais, 448

40.1 Posição, 449

40.2 Escopo, 451

Capítulo 41 Flexão e derivação, 455

41.1 A flexão e os lexemas, 455

41.2 Derivação, 457

41.3 O que distingue a flexão da derivação?, 459

41.4 Revisitando os particípios, 460

Capítulo 42 O sistema flexional do verbo, 464

42.1 Estrutura da forma verbal, 464

42.2 Morfes cumulativos, 466

42.3 Irregularidades morfológicas no lexema verbal, 468

42.3.1 Verbos irregulares e anômalos, 468

42.3.2 Formas primitivas do verbo, 469

42.3.3 Verbos defectivos, 472

Capítulo 43 Expressões idiomáticas, 473

43.1 O que é uma expressão idiomática, 473

43.2 Tipologia das expressões idiomáticas, 476

43.3 Importância das expressões idiomáticas na descrição, 477

43.4 As expressões idiomáticas são metáforas?, 478

Discurso

Capítulo 44 Topicalização, 483

44.1 Tópico e topicalização, 483

44.2 Tópico sintático, 484

44.2.1 Construção de deslocamento à esquerda, 484

44.2.2 Construção passiva, 485

44.2.3 Construções clivadas, 485

44.3 Tópico discursivo, 486

Capítulo 45 Estrutura do texto, 489

45.1 Anáfora, 490

45.2 Dêixis, 493

45.3 Conectores textuais, 494

45.4 Sobre texto e contexto, 494

    45.4.1 Filtros esquemáticos, 494

    45.4.2 O processo da compreensão, 497

FONOLOGIA

CAPÍTULO 46 Pronúncia, 501

46.1 A pronúncia do português brasileiro, 501

46.2 Consoantes, 505

46.3 Vogais, 509

    46.3.1 Acento tônico, 510

    46.3.2 Acento secundário, 511

    46.3.3 Omissão de *e* final, 512

    46.3.4 Omissão de *o* final, 513

    46.3.5 Redução de ditongos, 513

    46.3.6 Um ditongo muito raro, 514

    46.3.7 Vogais surdas e sonoras, 514

CAPÍTULO 47 Ortografia: descrição e crítica (com Lúcia Fulgêncio), 515

47.1 Breve história da ortografia portuguesa, 515

47.2 Para que serve uma ortografia?, 519

47.3 A última reforma: acertos e erros, 521

    47.3.1 Motivação da reforma, 522

    47.3.2 Análise crítica da reforma de 2009, 523

CAPÍTULO 48 Fenômenos não marcados na ortografia, 529

48.1 Itens lexicais, 529

    48.1.1 Proclíticos, 529

    48.1.2 O verbo *(es)tar*, 530

    48.1.3 A partícula negativa *não*, 531

    48.1.4 O sufixo de gerúndio, 531

    48.1.5 Formas de 1ª pessoa do plural, 532

    48.1.6. *Você*, 532

48.2 Fenômenos de sândi, 533

    48.2.1 Elisão, 533

    48.2.2 Haplologia, 534

48.3 Contração das preposições, 535

GRAMÁTICA E LÉXICO

CAPÍTULO 49 Gramática e léxico, 539

49.1 Regra e singularidade, 539

49.2 Homonímia e polissemia, 542

49.3 Significado gramatical e significado lexical, 544

Créditos, 547

Referências (obras citadas), 549

Índice remissivo, 553

Prefácio

Este livro nasce de meu trabalho anterior, *Gramática do português brasileiro*, publicado pela Parábola (SP) em 2010. Aqui ele é muito ampliado, revisado e atualizado em termos da pesquisa mais recente em diversos pontos, em especial os seguintes:

- história da língua portuguesa;
- variação social e regional no Brasil;
- construções complexas;
- verbos leves;
- valência dos nominais e advérbios;
- teoria das classes de palavras;
- flexão e derivação;
- o sistema flexional do verbo;
- estrutura do texto;
- descrição e crítica da ortografia;
- gramática e léxico.

A atenção dada a esses assuntos, e a diversos outros de menor importância, levou ao acréscimo de onze capítulos, além de uma reformulação geral do texto. O sistema notacional (em especial das construções) também foi atualizado. O resultado é um novo livro, que espero que substitua o anterior com vantagem.

Acredito que devemos estar preparados para essa renovação periódica de textos, a fim de acompanhar os progressos da pesquisa: o que sabemos hoje da estrutura da língua é bem mais do que se sabia em 1960, e mesmo em 2010. Nada mais adequado que manter, na medida do possível, nossas gramáticas atualizadas quanto a esse progresso.

No caso do presente livro, essa atualização se faz dentro dos limites de meu conhecimento; estou certo de que muitas contribuições importantes ficaram de fora, e desde já me desculpo junto a seus autores. Mas podemos entender a elaboração da gramática do português brasileiro como uma obra coletiva, motivada pelo desejo de levar adiante o conhecimento. O que não estiver aqui estará em outros trabalhos, que hoje vão sendo publicados a ritmo acelerado, à espera de integração nas descrições gramaticais deste tipo. Muito ao contrário da atitude tradicional, hoje se admite que uma gramática representa apenas um estágio em uma longa caminhada: qualquer afirmação aqui oferecida está sujeita a crítica e eventual reformulação.

Ao planejar o livro, tive a preocupação de não me limitar à exposição dos fatos da língua, e incluí uma boa dose de discussão, justificação e fundamentação, privilegiando certos temas de maior interesse. Isso se deve a dois fatores principais: primeiro, este livro é primariamente dirigido a falantes nativos do português, e não faz muito sentido ficar dando informação a quem já sabe; e, depois, porque (como desenvolvo no capítulo 2), concebo o estudo de gramática nessas circunstâncias como uma disciplina científica, o que acarreta a necessidade de explicitar observações, argumentação e construção de hipóteses. Este livro é, portanto, tanto quanto uma gramática do português falado, uma introdução ao estudo científico da língua.

Nisso ele contrasta com um livro meu anterior, *Modern Portuguese* (PERINI, 2002), onde, dirigindo-me a estrangeiros estudantes de português, precisei explicitar muitos fatos que para o nativo são elementares. Assim, *Modern Portuguese* não enfatiza a justificativa das análises, e procura não se afastar muito da exposição de fatos concretos. No presente volume a discussão é muito mais avançada, sem esconder pontos de dúvida ou divergência, que devem ser tomados como convite à pesquisa.

Para terminar este prefácio, gostaria de dirigir um agradecimento especial a alguns colegas que tiveram a bondade de ler o manuscrito, fazendo críticas e comentários que me ajudaram a produzir um livro menos cheio de defeitos: são eles Marcos Bagno (UnB) e Gabriel de Ávila Othero (UFRGS); este inclusive discutiu o texto com seus alunos e me mandou comentários preciosos. As notas de Luisandro Mendes de Souza (UFRGS) sobre o texto me ajudaram a melhorá-lo em muitos pontos. E agradeço igualmente a minha esposa Lúcia Fulgêncio, que em vários pontos disponibilizou seu grande conhecimento e fina percepção linguística na melhoria do texto, além de colaborar comigo no capítulo sobre a ortografia. O resultado final, evidentemente, é de minha responsabilidade.

Belo Horizonte, novembro de 2015.

PRELIMINARES

Capítulo 1

Apresentação

Esta gramática tem objetivos diferentes das gramáticas usuais, e por isso requer alguma explicação prévia. Os pontos de diferença principais dizem respeito não tanto à análise dos fatos da língua, mas à atitude a assumir frente aos estudos gramaticais. Vou arrolá-los abaixo, com algum comentário.

1.1 A GRAMÁTICA NÃO É INSTRUMENTO DE AQUISIÇÃO DA LÍNGUA ESCRITA

O primeiro ponto a salientar tem a ver com a suposta utilidade da gramática como instrumento de aquisição da língua padrão escrita.

Vamos imaginar que o autor de um livro de astronomia seja criticado porque seu texto não serve como orientação para a elaboração de horóscopos. A resposta a ser dada, evidentemente, é que não há nenhuma evidência de que os planetas, estrelas e outros corpos celestes tenham influência sobre o destino e a personalidade dos seres humanos. O objetivo de um livro de astronomia dirigido ao público geral é descrever (e em certa medida explicar) como funciona o cosmos: o sistema solar, as estrelas, os cometas etc. Trata-se de um livro de informação científica, e se justifica em parte pela importância da ciência em nossos dias. O fato de que essa informação não leva a previsões sobre o que nos pode acontecer amanhã ou dentro de vinte anos não é relevante. Hoje, é claro, ninguém mais espera que um cientista se dedique à confecção de horóscopos, e a astronomia (não a astrologia!) tem seu lugar reconhecido entre as disciplinas que vale a pena estudar por elas mesmas. Analogamente, ninguém mais cobra dos químicos que transformem chumbo em ouro, nem dos físicos que construam um moto-perpétuo.

Quando passamos ao campo da gramática, as coisas mudam: relativamente pouca gente espera estudar gramática como parte de sua formação científica. Em vez disso, esperam que o estudo da gramática lhes forneça meios de desenvolver seu desempenho na língua padrão, principalmente na escrita; para muitas pessoas é isso o que justifica a presença dos estudos gramaticais na escola.

Mas estudar gramática não leva, nunca levou, ninguém a desenvolver suas habilidades de leitura, escrita ou fala, nem sequer seu conhecimento prático do português padrão escrito. Essas habilidades podem e devem ser adquiridas, mas o caminho não é estudar gramática. Podemos gostar disso, ou podemos não gostar – mas é um fato. Se quisermos manter os estudos gramaticais na escola, temos que descobrir outra justificação para eles, e isso é discutido adiante no capítulo 2. Aqui basta dizer que a gramática é uma disciplina científica, tal como a astronomia, a química, a história ou a geografia; ela deve ser estudada porque é parte da formação científica dos alunos – formação essa que se torna cada dia mais indispensável ao cidadão do século XXI. Esperar do estudo de gramática que leve alguém a ler ou escrever melhor é como esperar do estudo da fisiologia que melhore a digestão das pessoas. E, como evidência bastante clara do que estou dizendo, todos conhecemos pessoas que escrevem, leem ou falam em público muito bem, e que se confessam seriamente ignorantes de gramática.

Isso não significa que a consulta a uma gramática não possa contribuir para tirar dúvidas em casos específicos: por exemplo, posso ter dúvidas sobre a concordância com sujeito composto, e a gramática pode me informar sobre como se realiza essa relação morfológica na língua padrão. Mas isso só funciona com duas condições, muito importantes: primeiro, é preciso que a gramática descreva os fatos da língua padrão tal como realmente são, não como o autor desejaria que fossem, ou como eram no século XVII – e a maioria das gramáticas atuais falha lamentavelmente nesse particular[1]. E, em segundo lugar, é preciso observar que essa consulta às gramáticas só funciona (quando funciona) para dirimir dúvidas localizadas – não pode ser considerada um dos recursos a utilizar na aquisição da língua escrita, mesmo porque para realizar a consulta é necessário estar de posse de certa formação gramatical prévia.

Por ora, portanto, vamos deixar claro que os estudos de gramática oferecem uma visão da estrutura e do funcionamento da língua, esse maravilhoso mecanismo que, ao permitir a comunicação, possibilita a própria existência da complexa sociedade moderna. A gramática não esgota nem o estudo da língua, nem o da comunicação humana; mas é um ingrediente fundamental dela. Assim como nenhuma sociedade humana prescinde de comunicação, nenhuma existe sem uma língua, e todas as línguas têm gramática, no sentido de que têm uma estrutura bem específica; evidentemente, algumas não dispõem de uma gramática explicitada em forma de livro, mas isso é outra coisa.

1.2 É PRECISO DESCREVER A LÍNGUA FALADA

Vamos estudar aqui a gramática da língua falada no Brasil por cerca de 200 milhões de pessoas[2]. E isto nos leva a outro ponto em que este livro difere das gramáticas comumente adotadas em nossas escolas.

A língua que falamos, nós todos, operários, professores, mecânicos, médicos e manicures, é bastante diferente da língua que escrevemos (isto é, aqueles dentre nós que têm a formação necessária para a tarefa de escrever). Assim, na cantina dizemos *me dá um quibe aí*, mas na língua escrita isso seria *dê-me um quibe*. Note-se que se trata de duas formas de expressão igualmente adequadas, cada qual no seu contexto. Seria bastante estranho chegarmos na cantina e dizermos *dê-me um quibe* – o falante ia parecer

---

1. Uma exceção notável é Moura Neves, 2000.
2. Pelo censo de 2010, a população do Brasil é de pouco mais de 190 milhões de pessoas.

pedante, até mesmo antipático ("quem esse cara tá pensando que é?"). Uns momentos de reflexão devem deixar bem claro que as duas variedades[3] existem, vão continuar a existir e, principalmente, não podem ser trocadas: escreve-se uma tese em português padrão escrito, pede-se um quibe em português falado. A esse português falado se dá em geral a designação de **português falado do Brasil**, ou **PB**[4]. Este livro é uma gramática do PB.

Tanto o PB quanto o português padrão têm importância na nossa sociedade. Talvez seja inconveniente essa dualidade de variedades usadas no mesmo país, mas é um fato de que não podemos escapar. Vamos continuar tendo que estudar o português padrão, e vamos continuar sentindo aquela sensação de barriga fria na hora de escrever um texto de mais responsabilidade. Mas, no que pese a relevância de cada uma, a variedade a que chamamos PB tem uma importância que o padrão não tem: o PB é conhecido e usado constantemente pela totalidade dos brasileiros[5], ao passo que o padrão é privilégio de uma pequena minoria de pessoas mais escolarizadas – e, além disso, só se usa em situações especiais, relativamente raras: escrevendo textos para publicação, fazendo discursos de formatura, coisas assim. O padrão nunca é usado na fala quotidiana, e na verdade é ignorado por grande parte da população.

E as diferenças entre os dois são bem grandes, maiores do que às vezes se pensa, o que justifica elaborar uma gramática do PB. Como estamos habituados a encontrar gramáticas dedicadas exclusivamente à descrição do padrão, é de se esperar que haja uma reação de estranheza frente a uma gramática do PB. No entanto, é urgente elaborar gramáticas do PB para que

---

3. Há muito mais que apenas duas; estou simplificando as coisas. Mas creio que as diversas variedades faladas, em conjunto, se opõem nitidamente à variedade padrão escrita, o que nos autoriza a falar do **português falado do Brasil** como uma entidade linguística razoavelmente coerente.

4. Neste livro me refiro ao português do Brasil como **PB** ou simplesmente **português**. A outra variedade principal da língua falada é chamada **português europeu**. Existem, além dessas, variantes usadas nos demais países da lusofonia.

5. Excetuam-se apenas algumas comunidades indígenas e imigrantes recentes; essas pessoas representam menos de 1% da população total do país.

não se eternize a anômala situação de um povo que não estuda – na verdade, às vezes se recusa a estudar – a língua que fala. Um povo, na verdade, que tende a negar a existência dessa língua, como quando se diz que a frase *me dá um quibe aí* "não existe". Já passou da hora de abrir os olhos para a nossa realidade linguística, e esta *Gramática* pretende ser um passo nessa direção.

O português falado (PB) descrito nesta *Gramática* é na verdade uma variedade bastante conservadora – algo como a fala cuidada de pessoas mais escolarizadas. Há traços importantes que só de passagem aparecem aqui. A variedade do PB aqui considerada é basicamente a do Sudeste (Minas Gerais, São Paulo, Estado do Rio); em certos pontos procurei mencionar traços da fala de outras regiões, mas isso não pôde ser realizado sistematicamente. Primeiro, não há levantamentos suficientes das diferenças dialetais em todos os detalhes; e, depois, uma descrição que levasse em conta tais diferenças exigiria mais um (ou mais de um) livro separado. Assim, peço que sulistas, nordestinos, matogrossenses e cariocas mostrem tolerância nos pontos em que ignorei aspectos importantes de sua fala.

Voltando ao caráter conservador desta descrição: a concordância nominal em sintagmas como *aqueles livros* é com muita frequência alterada, de modo que se diz *aqueles livro*. Essa não é uma característica da linguagem inculta: ocorre na fala de **todos** os brasileiros, inclusive os de instrução universitária, e deve portanto ser considerada parte integrante da estrutura do PB. A concordância verbal também ocorre em forma reduzida no PB de todos os falantes. Estudos detalhados, como o de Lemle e Naro (1977) mostraram que frases como

[1] Vou contar pra todo mundo que o Gui e a Bia namorava no jardim[6].

em que um sujeito composto (ou plural) corresponde a um verbo sem a flexão que teria no padrão, ocorrem na fala de todos os falantes, embora em proporções diferentes segundo o grau de escolaridade.

---

6. Exemplo meu (MAP).

Essas características, assim como várias outras, não são muito enfatizadas no decorrer desta *Gramática*. Isso, naturalmente, não quer dizer que sejam censuradas ou rejeitadas; mas elas por ora devem ser objeto de estudos específicos, que levem em conta fatores tais como sua distribuição nas classes sociais, regiões do país, faixa etária e grau de escolaridade, elementos que não podem ser incluídos em uma visão geral da língua tal como a que se oferece aqui.

Por outro lado, há muitos traços em que o PB difere do padrão e que são praticamente universais, sendo usados por todos os falantes em todas as situações de fala espontânea. Esses traços são sistematicamente descritos aqui; para dar exemplos, temos a pronúncia dos infinitivos (sem o *-r* final); a forma da preposição escrita *para* (normalmente pronunciada *pra*); a estrutura das orações relativas regidas por preposição no padrão, mas que no PB ou omitem a preposição (*a casa que eu moro*) ou a colocam em posição final, com um pronome anafórico (*o rapaz que eu saí com ele*); e muitos outros. Todas essas estruturas são perfeitamente corretas dentro do PB; se diferem das correspondentes do padrão, é porque a língua escrita é diferente da falada – um fenômeno que se observa em praticamente todas as comunidades linguísticas do mundo, em maior ou menor grau.

Até bem recentemente, não havia uma única descrição abrangente do PB. Tínhamos apenas estudos parciais, embora uns poucos de boa qualidade. Posso citar especialmente Thomas (1969) e os artigos coligidos por Castilho (1990-2002), fontes importantes de observações e análises; além disso, há certas obras mais antigas, como notadamente Andrade (1990, mas elaborada nos anos 20) e Amaral (1920), que mostram que a realidade linguística do Brasil já era reconhecida há cerca de um século. Em nossos dias, os livros de Bagno (1999; 2000; 2003; 2004), são um veemente manifesto em favor do estudo do PB[7]. Mas uma gramática abrangente da língua ainda faltava, o que quer dizer que a língua (ou variedade de língua,

---

7. Noll (2008) tem muitas informações interessantes, principalmente no que diz respeito à história da língua; mas deve ser usado com cautela, porque é frequentemente incorreto em suas observações. Quanto às origens do PB, temos um trabalho recente e importante, Naro e Scherre (2007).

pouco importa) utilizada pela totalidade da população de um grande país era ignorada pelos gramáticos, que se concentravam exclusivamente na variedade escrita: uma situação estranha, para dizer pouco.

Ao se iniciar o século, as coisas começaram a mudar, e bem depressa. A primeira gramática a descrever o português brasileiro falado foi Perini (2002), publicada em inglês nos Estados Unidos; foi seguida por Perini (2010), e depois por Castilho (2010) e Bagno (2011)[8]. Com o presente livro, ofereço uma versão ampliada e totalmente revista de Perini (2010), incluindo tópicos não tratados no livro anterior, assim como resultados recentes de vários anos de pesquisa[9].

Finalmente, é bom notar que a decisão de descrever o PB não implica na crença de que o português padrão não deva ser usado, estudado e ensinado; conforme disse, as duas variedades são parte da vida da nossa sociedade. Uma gramática do português brasileiro padrão escrito continua válida e necessária. Apenas, trata-se de enfatizar aqui a necessidade de reconhecer e descrever a variedade falada, que é a mais importante na prática e que foi até hoje muito pouco estudada.

1.3 ESTUDAR A LÍNGUA COMO ELA É

O objetivo deste livro é descritivo: ou seja, pretende descrever como é o PB, não prescrever formas certas e proibir formas erradas. Para nós, "certo" é aquilo que ocorre na língua. É verdade que quase todo mundo

---

8. Esses são os trabalhos que considero relevantes como estudos do português brasileiro falado. Ferrarezi e Teles (2008), intitulado *Gramática do brasileiro*, não é uma descrição consistente do PB. Embora o livro inclua comentários sobre a língua falada, a análise se concentra no padrão, como atestam as frases: *a maior ajuda que podemos prestar ao desempregado é empregá-lo; o homem cujos ideais não são firmes acaba esmorecendo; este, um trabalho bem difícil, já me está enjoando; importa que você estude muito; eles fizeram tudo como lhes deu na cabeça; um pouco do bom humor [...] que perdêramos com a confusão* etc. – nenhuma das quais ocorreria na fala espontânea. A importância do livro de Ferrarezi e Teles está em que é uma tentativa (dentre poucas) de pensar a gramática segundo linhas diferentes das habituais.

9. Isso não faz deste livro uma gramática "completa" da língua: os estudos linguísticos ainda estão muito longe desse objetivo, para qualquer língua (cf. 1.5 abaixo).

tem suas preferências, detesta algumas construções, prefere a pronúncia de alguma região etc. Mas o linguista precisa manter uma atitude científica, com atenção constante às realidades da língua e total respeito por elas. Se ele verifica que as pessoas dizem frases como *se você ver ela, fala com ela pra me telefonar*, precisa reconhecer essa construção como legítima na língua. Por outro lado, em um texto escrito ele provavelmente encontraria *se você a vir, diga-lhe que me telefone*, e essa construção igualmente precisa ser reconhecida. As duas coexistem, cada qual no seu contexto; nesta gramática estamos estudando as formas que ocorrem no contexto falado informal – não em textos publicados, nem em discursos formais de posse ou formatura. O linguista, cientista da linguagem, observa a língua como ela **é**, não como algumas pessoas acham que ela **deveria** ser. Ou seja, a língua existe na memória dos falantes (sua **competência**), e se realiza em textos, escritos e falados. Esse é o campo de observação do gramático. Condenar uma construção ou uma palavra ocorrente como incorreta é mais ou menos como decretar que é "errado" que aconteçam terremotos (não seria melhor que não acontecessem?). Mas eles acontecem, e um cientista não tem remédio senão reconhecer os fatos[10].

1.4 É PRECISO USAR NOÇÕES GRAMATICAIS NOVAS

Uma outra característica importante deste livro, que não deixará de chamar a atenção dos leitores, é que ele inclui, em maior medida do que as gramáticas usuais, a apresentação, explicação e discussão dos conceitos utilizados na análise. Assim, noções como **sintagma nominal, sujeito, função sintática, papel temático, classe de palavras** e outras são explicadas com certo detalhe. Discuto também, em certos pontos, o porquê de se utilizar esses conceitos na análise – e isso não aparece nas gramáticas tradicionais. A razão é que não é possível estudar gramática (nem disciplina nenhuma)

---

10. Não quero insinuar que a existência do PB seja uma calamidade; estou apenas fazendo uma comparação de atitudes.

sem dominar certos conceitos básicos; e os conceitos da gramática tradicional são em grande parte inadequados. Eles precisam ser substituídos por outros, e estes não são do conhecimento geral.

Um momento de reflexão mostrará que o uso da gramática tradicional pressupõe o domínio de um grande número de noções teóricas. Para ler, estudar ou usar uma dessas gramáticas é preciso chegar armado de conhecimentos sobre o que é um adjetivo, um advérbio e uma conjunção; a diferença entre modo, tempo e pessoa do verbo; sujeito, objeto e predicativo; adjunto e complemento; e por aí vai. A diferença é que ouvimos todos esses termos durante a instrução gramatical que recebemos durante anos de escolaridade, e não nos parecem novidade. Mas é bom notar também que ouvi-los quase nunca significa entendê-los e saber manipulá-los em situações de análise.

A posição adotada nesta *Gramática* é de que grande parte desses termos, ou seja, da teoria gramatical que encontramos na gramática tradicional, é inadequada por razões diversas. Alguns são maldefinidos, ou comportam incoerências; outros não se adequam aos fatos da língua (mesmo da língua padrão). O resultado é que a teoria gramatical tradicional é incorreta em muitíssimos pontos, e precisa ser em grande parte reformulada (cf. crítica da NGB na seção 1.6). É o que se tem feito em linguística, e intensivamente, a partir dos anos de 1970 no Brasil. Só agora, como observei, essas ideias mais adequadas estão sendo incorporadas em gramáticas da língua – por ora, da língua falada, mas eventualmente também da língua padrão, que merece e precisa igualmente receber tratamento mais atualizado.

Assim, apresento aqui não apenas a gramática da língua propriamente dita, mas também alguns conceitos que para o leitor podem ser novos. Ao apresentá-los, esforcei-me para incluir explicações claras e objetivas, com exemplificação suficiente, para evitar aquela sensação tão comum aos estudantes de gramática de estar lidando com noções que não dominam. O objetivo é levar o leitor a um conhecimento consciente das estruturas da língua, não apenas à memorização de um conjunto de afirmações mais ou menos gratuitas. E a razão do estabelecimento desse objetivo é minha convicção de que a gramática deve ser uma disciplina científica.

Ninguém espera dominar a biologia sem saber o que é um mamífero, uma célula, um coração, um gene etc. Uma ciência compreende um corpo de conceitos básicos, e é impossível qualquer discussão sem o uso desses conceitos e da terminologia correspondente. E nenhum cientista se contenta com o sistema conceptual de cem anos atrás: os progressos da ciência precisam ser levados em conta. Em gramática (uma matéria científica, relembro) não é diferente. Mas aqui temos uma complicação a mais: durante muito tempo – talvez um século – o ensino gramatical se ateve a um sistema de conceitos mais ou menos fixo, de modo que se abrimos uma gramática de 1916 encontraremos as mesmas classes (substantivo, preposição...), os mesmos processos (concordância, regência...), as mesmas funções (sujeito, adjunto adnominal...) ainda hoje ensinados nas escolas. Isso não porque não tenha havido progresso nestes cem anos – houve, e muito – mas porque o ensino tradicional se divorciou quase que totalmente do andamento da ciência linguística, de modo que temos hoje duas disciplinas, e dois grupos de profissionais, que não conseguem dialogar. Um professor de biologia não é um biólogo, mas tem em comum com ele um vocabulário e um sistema de conceitos que lhe permite o diálogo. Já o linguista fala uma língua estranha ao professor de português, e a interação entre eles, que seria fundamental, está quebrada. Este livro é parte de uma tentativa de solucionar essa situação anômala, incômoda e educacionalmente prejudicial.

A necessidade de introduzir noções novas, ao mesmo tempo que se expõe a gramática da língua, apresenta alguns problemas, que tentei resolver como foi possível. Assim, o leitor encontrará momentos em que uma noção é utilizada preliminarmente, com uma nota informando que será desenvolvida em um capítulo posterior. Por exemplo, tive que falar de "complementos" e "adjuntos" nos capítulos 4 e 5, sendo que essa noção é devidamente discutida apenas no capítulo 15. Nesses trechos precisei dar uma noção preliminar, suficiente, espero, para a compreensão do problema do momento;

é uma muleta, mas infelizmente não vejo outra saída. Conhecer a gramática de uma língua requer o domínio de muitas noções teóricas, que procurei fornecer ao longo do texto. Uma visão completa, porém, só é possível mesmo depois de estudar todo o livro. Espero que mesmo assim esta *Gramática* seja de leitura fluente – não propriamente fácil, mas gramática não é um assunto fácil.

1.5 A GRAMÁTICA NÃO É UMA DESCRIÇÃO COMPLETA

Às vezes se entende, implicitamente, que as gramáticas usuais oferecem uma descrição completa da estrutura da língua. Aliás, isso ajuda a explicar o fato de que elas não variam conforme passa o tempo: a lista de tópicos é mais ou menos a mesma nas gramáticas atuais e nas de 70 anos atrás. Desse modo, os estudos gramaticais tradicionais tendem a passar a imagem de uma disciplina basicamente "pronta", com no máximo alguns pontos ainda controversos a acertar.

Essa imagem é seriamente inadequada. A estrutura de uma língua é muito mais complexa do que geralmente se imagina. Muitas das noções utilizadas na descrição estão ainda maldefinidas, e constituem assunto de discussões teóricas intensas (e às vezes tensas). Posso citar coisas como: as classes de palavras; as funções sintáticas; a valência dos verbos, dos nominais e dos advérbios; as relações semânticas entre o verbo e os complementos em uma oração (papéis temáticos); a estrutura interna dos sintagmas (como o sintagma nominal); os princípios que governam a ordem das palavras. A área de incerteza é extremamente ampla, e é de esperar que novos resultados venham com frequência interferir nas gramáticas, mesmo as mais atualizadas.

Isso acontece porque a linguística é uma ciência viva e em pleno desenvolvimento, não um conjunto de técnicas estabelecidas há muito tempo e que só precisamos aplicar. Nenhuma descrição gramatical pode, portanto, ter a pretensão de ser completa ou definitiva. Hoje sabemos muito mais sobre a estrutura das línguas do que se sabia em 1900, em 1950 ou em 1980.

E vamos saber ainda mais em 2050. Não existe gramática completa e definitiva de língua nenhuma.

Essa é, aliás, a situação nas disciplinas científicas em geral. No que pese o avanço do conhecimento, não há nenhum final à vista, por várias razões – muito em especial por causa da vastidão dos fenômenos que estudamos. Por isso vou deixar bem claro que a descrição contida neste livro não cobre mais do que alguns aspectos da estrutura, isso porque nosso conhecimento é ainda parcial e fragmentário. Nisso esta gramática não é diferente de todas as outras, tradicionais ou não. Por outro lado, há traços importantes que já podem ser explicitados, e aqui fiz um esforço no sentido de incluir muitos deles. Por isso mesmo, o leitor encontrará neste livro tanto respostas quanto perguntas; não hesitei em indicar com frequência pontos ainda mal entendidos da estrutura da língua.

1.6 A NOMENCLATURA GRAMATICAL BRASILEIRA (NGB)

Boa parte da Nomenclatura Gramatical Brasileira (NGB) precisa ser abandonada na descrição do PB. Isso se deve a diversos fatores, entre os quais o caráter assistemático da própria NGB, assim como sua pobreza conceptual frente à extrema complicação dos fatos. Na verdade, a NGB parece mais um compromisso político, levando em conta inclusive os interesses imediatos do ensino, do que resultado de pesquisa linguística. Mas uma descrição linguística tem objetivos científicos, não primariamente pedagógicos. Em particular, não é possível descrever um fenômeno complexo como é a língua através de categorias simples e pouco numerosas. Se a complexidade dos fatos dificulta o ensino, esse é evidentemente um problema a ser enfrentado – mas não ao custo de falsificar a natureza do fenômeno estudado. Mal comparando, não podemos, em zoologia, distinguir os animais em mamíferos e aves, apenas. Enquanto existirem peixes, répteis, moluscos, insetos, aracnídeos, crustáceos e anfíbios, o estudo da zoologia não tem outra alternativa senão lidar com essa categorização relativamente complexa.

O mesmo vale para a gramática: fatos complexos requerem uma descrição complexa, e qualquer outra saída acarreta a transmissão de uma imagem falsa do fenômeno estudado.

O que se disse acima a respeito da insuficiência da NGB e da gramática tradicional para a descrição do PB vale igualmente para a descrição do português padrão escrito. Ou seja, as gramáticas escolares que tratam exclusivamente do português escrito (e que são as utilizadas atualmente em nossas escolas) são também cheias de inadequações extremamente sérias. Não vou insistir nesse ponto aqui, pois ele já foi abordado detalhadamente em vários trabalhos para os quais remeto o leitor: por exemplo Hauy (1983) e Perini (1985). Reafirmo apenas a necessidade de se elaborar igualmente uma nova gramática para a língua padrão escrita.

Por outro lado, esta gramática não tem a pretensão de substituir a NGB como doutrina semioficial a ser adotada nas escolas. A bem dizer, a NGB foi apenas "recomendada" pelo Ministério da Educação[11], embora tenha sido interpretada nos últimos 50 anos como uma lei de fato. Mas os resultados da pesquisa científica não podem ser objeto de lei; a lei não pode determinar como devem ser estudados, analisados e representados os fenômenos que constituem o objeto da ciência. E justamente por ser entendida como uma lei a NGB teve como efeito a extinção das pesquisas em gramática tradicional e o divórcio entre a pesquisa linguística e o ensino de gramática nas escolas.

Uma nova gramática é uma nova proposta, e apenas isso; não pode ser apoiada, muito menos imposta, por lei. Assim como não existe uma astronomia oficial, assim como não existe uma teoria biológica estabelecida por lei, não pode haver uma teoria gramatical oficial. Se há divergências entre os pesquisadores (e como há!), elas têm que ser dirimidas através do diálogo, da argumentação, da testagem, nunca através de recursos de ordem legal. As leis têm importância em sua área – mas seu valor não se estende à investigação científica, que segue outros princípios, ligados à coerência

---

11. Portaria n. 36, de 28 de janeiro de 1959, do MEC.

lógica e à adequação aos fatos observados. Assim, a NGB é mais prejudicial do que benéfica, e viveremos melhor sem ela.

Isso dito, posso ver o que motivou a elaboração da NGB nos anos 50: a proliferação de designações diferentes para o que era mais ou menos a mesma coisa. Essa é realmente uma situação incômoda. Mas o problema é que uma nomenclatura não é independente de uma teoria, e ainda não possuímos uma teoria suficientemente desenvolvida para isolar todas as questões de terminologia. Por exemplo, segundo uma das nomenclaturas que estudei, o artigo era "adjunto limitativo" e um adjetivo posposto (*casa amarela*) era "adjunto adnominal"; segundo a NGB, ambos são "adjuntos adnominais". Como se vê, há aqui uma diferença de análise, não apenas de nomenclatura. Por ora, pelo menos, é melhor conviver com nomenclaturas divergentes, porque a alternativa é inaceitável, como nos mostrou a adoção da NGB nestes 50 anos: seria a definição de uma **teoria** a ser adotada no ensino. Se (como acredito) a gramática é uma disciplina científica, temos que assumir as responsabilidades e atitudes de cientistas, estudantes ou professores de ciência. E em ciência não há atalhos: ou as baleias são peixes ou não são peixes, e isso se resolve através da observação e do estudo, nunca através de legislação[12].

1.7 QUADRO TEÓRICO

Uma pergunta que certamente vai ser feita a respeito desta gramática é: Que teoria foi adotada para orientar sua elaboração?

A resposta é dupla: por um lado, tentei utilizar um corpo de noções teóricas de aceitação mais ou menos geral. Ao contrário do que se possa pensar, esse corpo teórico existe, e não é nada pequeno: por exemplo, se alguém fala de "verbos", ou de "concordância", ou de "preposição", ou de "sintagma nominal (SN)", é imediatamente compreendido; esses termos

---

12. O furor legislativo nessa área pode ir a extremos: Grant (2007) relata que em 1897 foi proposta uma lei no Estado de Indiana (EUA) para fixar o valor de π em 3,2 (o projeto não passou: foi derrotado por dois votos).

evocam, se não definições teóricas, pelo menos grupos de objetos ou fenômenos bastante bem definidos. Neste livro, fiz um esforço no sentido de incluir informação consensual sempre que possível. Por exemplo, se digo que em português temos uma construção da forma **SN – verbo – SN**, na qual o primeiro SN é sujeito e tem o papel temático de Agente, e o segundo SN tem o papel temático de Paciente, como em *o gato arranhou a menina*, creio que ninguém negará que se trata de um fato da língua.

Por outro lado, não é possível, no atual estado do conhecimento, construir uma gramática inteiramente baseada em afirmações universalmente aceitas como essa. Assim, nos casos em que se tornou indispensável elaborar análises mais avançadas, recorri a certos princípios que vêm se impondo entre os pesquisadores de orientação descritivista, em particular o princípio da Sintaxe Simples (*Simpler Syntax*), proposto por Culicover e Jackendoff (2005). O leitor interessado deve consultar o trabalho de Culicover e Jackendoff, e também meus livros *Estudos de gramática descritiva: as valências verbais* (PERINI, 2008) e *Describing verb valency: practical and theoretical issues* (PERINI, 2015), onde as bases da análise são detalhadamente expostas. O resultado é uma gramática **descritiva**, que procura explicitar a língua realmente utilizada pelos falantes do PB, sem discutir ou sustentar alguma teoria em particular; e muito menos prescrever a língua ideal que as pessoas deveriam usar.

A ênfase deste livro é na sintaxe e semântica da oração. Essas são áreas particularmente carentes no momento, além de serem aquelas em que tenho trabalhado intensivamente. Tive que tratar meio de passagem duas outras áreas importantes, a morfologia e a fonologia – primeiro, por causa da necessidade de manter este livro dentro de dimensões razoáveis; e, depois, porque existem alguns trabalhos relevantes e adequados nessa área. Gostaria de mencionar em especial Pontes (1972), que oferece uma descrição abrangente e correta da morfologia do verbo no PB; e Silva (1999) para um apanhado da fonologia. Quanto aos fenômenos discursivos, tive que tratá-los de maneira bastante sumária. Considero as interações entre o discurso e a gramática uma área largamente inexplorada, à parte os importantes estudos de Pontes (1987).

1.8 A QUEM SE DESTINA ESTE LIVRO

Há uma necessidade urgente de gramáticas atualizadas em todos os níveis. O primeiro passo, entretanto, parece-me o de elaborar uma descrição da língua em nível universitário, para só então produzir material dirigido ao Ensino Médio: gramáticas, exercícios e manuais utilizáveis em sala de aula.

Todas essas tarefas já podem ser enfrentadas; e esta gramática representa uma tentativa de atacar a primeira delas. Este é, portanto, um livro destinado a alunos e professores de letras, assim como a professores de línguas de todos os níveis – pessoas que já conhecem as noções fundamentais da gramática. Em breve, espero, estarão disponíveis textos e exercícios destinados aos alunos, dentro dos objetivos que, a meu ver, se aplicam ao ensino de gramática nesse nível, e que estão explicitados no próximo capítulo.

Procurei, sempre que possível, justificar as análises propostas – isso dentro da ideia de que o estudo de gramática é uma disciplina científica, onde apenas aprender uma lista de resultados não faz sentido. O estudante deve sempre procurar saber **por que** se adota uma análise e não outra; esse é um ingrediente fundamental de sua formação intelectual, e não deve nunca ser desprezado.

Considerando que este é um livro destinado a estudantes e pessoas interessadas mais na língua portuguesa do que na teoria linguística, fui meio repetitivo em algumas passagens. Optei por esse recurso para não abusar de referências, facilitando a leitura fluente; ou seja, sacrifiquei a elegância à necessidade de clareza. E evitei entrar em longas e complexas discussões de questões ainda em aberto, porque afinal de contas este texto é uma gramática, e não um compêndio de teoria gramatical. Assim, quando nos deparamos com essas questões mais problemáticas, remeto o leitor interessado a outras obras que tratam dos grandes problemas do momento. Essa é uma solução de compromisso, mas a meu ver inevitável, dados os objetivos do presente livro.

Capítulo 2

Para que estudar gramática?

2.1 SOBRE A CIÊNCIA E O MUNDO MODERNO

Para nosso bem, e frequentemente para nosso mal, o mundo de hoje é dominado pela ciência e sua filha dileta, a tecnologia. Não existe opção: a própria sobrevivência das sociedades depende das aplicações da ciência, e cada sociedade deve desenvolver as suas, ou então importá-las a peso de ouro. Disso depende a saúde, o bem-estar e até a alimentação dos cidadãos – ou você acha que daria para alimentar 190 milhões de brasileiros simplesmente plantando uma horta e criando umas galinhas no quintal? Cada vez que tomamos um comprimido, falamos no telefone, entramos na internet ou comemos um filé estamos nos valendo de coisas que há duzentos anos ou não existiam, ou eram privilégio exclusivo de alguns nobres e milionários. Esse é o lado bom da ciência.

Ela tem, como sabemos, também um lado mau: hoje sabemos matar com muito maior eficiência, os celulares também são usados pelo crime organizado e a televisão pode ser usada como instrumento de desinformação tanto quanto de informação. Valeria então perguntar: Afinal de contas, a ciência é boa ou má?

Nem uma coisa nem outra, claro: bons ou maus são os seres humanos. Mas creio que se pode dizer que, quanto maior for o poder dominado por uma pessoa, maior sua potencialidade de fazer o bem ou o mal. E aí está a verdadeira força da ciência, para o bem e para o mal: ela é uma fonte de poder. Digo mais, ela é hoje a maior fonte de poder de que dispõem os seres humanos. O próprio poder político é condicionado à qualidade e quantidade da ciência e da tecnologia que cada nação controla: isso explica as diferenças entre o poder político do Japão, dos Estados Unidos, da Alemanha e o de países de extensão e população equivalentes, mas de mínima expressão política, como a Indonésia, a Nigéria e o Brasil.

Digo tudo isso só para enfatizar que o treinamento científico é um componente fundamental da educação de nossos dias. Um país pode deixar de prestar a devida atenção a ele, e alguns o fazem, mas é por sua conta e risco. O perigo não é apenas a perda de prestígio político: o analfabetismo científico generalizado também compromete coisas como o desenvolvimento econômico, a autonomia de decisões mesmo quanto a problemas internos e, em casos extremos, a própria sobrevivência. Basta observar como alguns países procuram hoje desenvolver a tecnologia nuclear – e como outros países tentam por todos os meios impedir que os primeiros o façam. O que está em jogo é o poder, não a ciência; mas a ciência é o grande instrumento do poder, logo, ela está também em jogo, afinal de contas.

2.2 CIÊNCIA E EDUCAÇÃO

Até o século XVI, a educação formal era reservada a uma parcela mínima da população, e se restringia à formação literária, humanística e filosófica. A ciência, em seus inícios, em geral estava ausente das escolas, e não fazia parte dos currículos. As universidades só tinham importância prática por formarem advogados, teólogos e burocratas de nível médio. É verdade que havia escolas de medicina, mas eram raras, e quase sempre se limitavam a seguir a tradição antiga representada pelas obras de Galeno, Avicena ou Averróis. A pesquisa científica, em seus inícios, era praticada por nobres curiosos (como Tycho Brahe, um dos fundadores da astronomia moderna) e outros amadores, como Johannes Kepler, que era professor em uma escola de paróquia, e depois se tornou assistente de Brahe. A universidade era muito mais a guardiã da tradição clássica e religiosa, e com frequência se opunha às novas ideias científicas que iam nascendo.

Mas hoje tudo isso mudou, simplesmente porque, ao contrário daquela época, a ciência agora é importante. A educação científica não é mais o ornamento de um cavalheiro, mas uma condição de desenvolvimento e instrumento básico do processo civilizatório. O cidadão do século XXI, mesmo que não seja um cientista profissional, precisa ter formação científica, ou vai pagar por isso – e seu país junto com ele. Ou seja, cada cidadão precisa ter alfabetização científica.

O cidadão de hoje precisa, em um momento ou outro, ter condições de formar uma opinião sobre afirmações de diversas naturezas, como:

(a) o aquecimento global é irreversível, e não se pode fazer nada para detê-lo;

(b) o aquecimento global é um mito;

(c) não há alternativa ao uso do petróleo como fonte de energia;

(d) a Bolsa de Valores é a base e o fundamento da economia de um país;

(e) uma pessoa que erra na concordância verbal é incompetente, e não deve ser eleita para um cargo público;

(f) o criacionismo é uma teoria tão respeitável quanto o evolucionismo para explicar a origem do homem;

(g) o inglês é uma língua mais adequada do que o português para a expressão da ciência;

(h) educação é escola: desenvolver a educação é construir mais escolas;

(i) uma boa maneira de tratar um câncer é comparecer a um programa de TV, onde um evangelista pratica curas milagrosas;

etc. etc. etc.

Afirmações como essas (todas altamente questionáveis) podem condicionar as decisões políticas, pessoais e profissionais que cada um de nós precisa fazer de vez em quando. O homem comum do século XVI em geral não precisava tomar decisões, porque elas eram tomadas para ele pelas autoridades ou por acidentes de nascimento: lugar, classe social, sexo etc. Mas isso mudou, e o cidadão de hoje, pelo menos nas democracias, participa das decisões importantes de sua comunidade. E uma das guias que nos orientam nessas decisões é nossa alfabetização científica. O analfabeto científico é uma criatura indefesa, joguete da opinião e dos interesses claros ou escusos de outras pessoas.

Um problema é que grande parte da população (não apenas no Brasil, mas também em países do Primeiro Mundo) é, mesmo hoje, cientificamente analfabeta. A filósofa e historiadora americana Noretta Koertge comentou a preocupação de educadores com

> indicações de analfabetismo científico em nossa sociedade, tais como o mau desempenho dos estudantes americanos em testes padronizados e as quantias de dinheiro gastas em procedimentos alternativos de saúde extremamente duvidosos, que vão desde os remédios homeopáticos tradicionais relativamente benignos até novas terapias psicológicas para a "síndrome da memória recuperada", que podem ser extremamente prejudiciais. Há também preocupação a respeito do crescimento de mitologias antirracionais e pseudocientíficas em nossa cultura (por exemplo, livros de anjos, colunas de astrologia e programas de TV sobre os "mistérios inexplicados", assim como a persistência e o sucesso do movimento "científico" criacionista) (KOERTGE, 1998: 257).

Durante os últimos séculos o poder de decisão se estendeu a um número cada vez maior de pessoas – e isso é bom, porque significa que, em princípio, atende-se aos interesses de uma parcela cada vez maior da população. Mas também há perigos: o poder, assim estendido, é colocado nas mãos de pessoas cientificamente analfabetas. A democracia, para sobreviver, precisa estender a educação política, humanística e científica a toda a população. Esse é um dos grandes desafios da nossa época.

Para certas pessoas e grupos no poder é bom que continue como está. O analfabeto científico, como o analfabeto puro e simples, é uma criatura fácil de enganar e manobrar. Algumas pessoas parecem encontrar conforto e segurança nessa situação de domínio, mas para a comunidade os resultados podem ser desastrosos.

2.3 O PROCESSO DE ANALFABETIZAÇÃO

Como é que pessoas que passaram longos anos estudando nas escolas ainda assim são analfabetos científicos? Como é que se impede alguém de desenvolver pelo menos *algum* conhecimento e espírito científico?

Acho que um dos problemas é a falta de noção clara do que vem a ser exatamente a ciência. Em particular, muitos estudantes (e alguns professores) não sabem que **a ciência não é um corpo de conhecimentos e resultados; é o método de obter esses conhecimentos e resultados**. Ou seja, conhecer e decorar uma grande lista de resultados da ciência não tem nada a ver com a alfabetização científica.

Eu costumo usar um exemplo (fictício!) para enfatizar esse ponto. Digamos que um professor de matemática ensinasse as quatro operações segundo um procedimento novo: ele dava no quadro uma série de contas (de multiplicar, digamos) que deveriam ser aprendidas. Assim, na primeira aula ele dava:

$$3 \times 4 = 12$$
$$31 \times 6 = 186$$
$$14 \times 11 = 154$$

e mais uma ou duas. Os alunos aprendiam as parcelas e o resultado, e essas eram as contas que iam cair na prova. No final do ano, teriam memorizado dessa maneira um total de 400 contas – as duas parcelas e o resultado. Mas nunca se falava de como se faz uma multiplicação; o ensino se resumia à memorização de contas individuais, de maneira que se eu pedisse a um aluno que me dissesse quanto dá 13×40, ele poderia responder que "essa conta o professor não deu".

Vocês acham que esses alunos aprenderam matemática? Vocês acham que eles *estudaram* matemática? É claro que não. A matemática (a aritmética, no caso) não é um conjunto de contas com seus resultados – é um método para a obtenção de resultados a partir de parcelas dadas.

Ora, isso se pode dizer de toda a atividade científica. É claro que os resultados são importantes, e (quase) todo mundo se dedica à ciência com vistas a obter resultados. Mas os resultados não são a ciência: a ciência é o caminho, não o ponto de chegada. Os alunos mencionados acima, portanto, passaram um ano tendo aulas de matemática, fazendo provas de matemática, mas simplesmente saíram do curso tão analfabetos em matemática quanto eram no primeiro dia. O método utilizado garantiu que os alunos continuariam analfabetos.

2.4 O QUE ISSO TEM A VER COM A GRAMÁTICA?

Mas, dirá o leitor, o método de ensino desse professor de matemática é absurdo. Nunca ninguém, em matéria nenhuma, vai adotar coisa parecida, porque é evidente que não tem a menor possibilidade de dar aos alunos uma formação adequada.

Infelizmente, o método ilustrado acima, ou uma variante muito parecida, é ainda popular em uma área do conhecimento: justamente a gramática. Nas aulas de gramática aprendemos que *sempre* é um advérbio; *não* é um advérbio; *gravemente* é um advérbio. Mas nunca perguntamos:

• Por que essas palavras são advérbios?

• Por que precisamos dividir as palavras em classes? Não seria mais conveniente ter uma classe única para todas as palavras?

• Afinal de contas, para que tudo isso? O que é que a gramática está tentando nos dizer sobre a língua?

Nas aulas de gramática somos convidados a aprender, e muitas vezes decorar, resultados; não se cogita do método que levou à obtenção desses resultados[1]. A aula de gramática típica não comporta perguntas embaraçosas, referentes a comos e por quês que não constam do livro adotado. O professor nunca precisa justificar a análise que ensina, tem apenas que reproduzi-la tal como a encontrou na bibliografia. O resultado é que nas aulas de gramática *não se aprende gramática*, nem sequer se estuda gramática.

---

1. Essa é a tradição; sei que é injustiça dizer isso de todos os professores de gramática, mas certamente ainda é a regra.

Não é de espantar que os alunos (e os professores, que também são vítimas do sistema) não saibam gramática, não se interessem por gramática e, para resumir tudo, detestem a gramática.

Alguns professores e alunos conhecem exatamente o que está em cada página das gramáticas usuais. Mas isso não é saber gramática, por muitas razões: primeiro, porque os livros que chamamos "gramáticas" contêm resultados, mas não dizem, nem perguntam, como é que se chegou a eles. Segundo, porque às vezes nos dizem não como a língua é, mas como a língua deveria ser. E, terceiro, porque nos pedem para *crer* no que está ali – nunca questionar, nunca duvidar, nunca fazer perguntas embaraçosas como as que dei acima.

Temos que concluir que o estudo de gramática, tal como praticado atualmente, contribui para a analfabetização científica dos estudantes: por fornecer resultados sem focalizar os métodos de obtê-los; por, muitas vezes, lidar com dados fictícios (como quando se diz que a frase *me dá ele aí* "não existe")[2]; por desencorajar a dúvida e o questionamento; em uma palavra, por encorajar a crença acrítica em doutrinas aprendidas, mas não justificadas.

2.5 A GRAMÁTICA COMO DISCIPLINA CIENTÍFICA

Para justificar a presença da gramática no currículo, diz-se que é preciso estudar gramática para se falar ou escrever melhor (leia-se: no português padrão). Nenhum linguista questiona a necessidade de se adquirir competência em português padrão, aquela língua escrita que é tão diferente da

---

2. Tive recentemente uma experiência pessoal da rejeição que muitos professores têm para com fatos da língua falada: publiquei (em inglês) uma gramática do português falado do Brasil (PERINI, 2002) e recebi muitas críticas, algumas favoráveis, outras desfavoráveis. O interessante é que destas últimas nenhuma questionou propriamente a qualidade do livro: todas as críticas visavam a minha decisão de descrever a língua falada dos brasileiros, que acabou tachada de "linguagem de favela", "português inculto" etc. Ora, expressões como *me dá ele aí* e *eu fui na formatura* não são da linguagem inculta, sendo utilizadas por praticamente todos os brasileiros, quando falam (quando se escreve a história é outra, claro).

que realmente se fala. A questão é se estudar gramática é o caminho para se adquirir essa competência. E toda a evidência indica que não é. Não vou desenvolver aqui esse ponto, que já foi suficientemente argumentado em trabalhos de autores que vão de linguistas profissionais como Sírio Possenti a escritores como Luis Fernando Verissimo: saber gramática não é condição para o bom uso da língua padrão, nem o estudo de gramática é o caminho para chegar lá.

Então, o que é que a gramática poderia fazer enquanto disciplina escolar? Minha resposta é que a gramática é uma disciplina científica, tal como a química, a geografia e a biologia. Assim como a biologia estuda os seres vivos (sua forma, fisiologia, hábitos etc.) e a química estuda os elementos e suas combinações, a gramática estuda um aspecto da linguagem – um fenômeno tão presente em nossas vidas quanto os seres vivos ou os elementos químicos[3].

Quem perderia tempo aprendendo os elementos químicos, seus pesos atômicos e suas valências, sem saber para que tudo isso foi inventado? Faz parte do estudo de química saber que as valências exprimem as possibilidades de combinação dos elementos, e que estas explicam as substâncias realmente encontradas na natureza. Explicam, por exemplo, por que encontramos compostos de hidrogênio, enxofre e oxigênio em determinadas proporções, mas nunca compostos de hélio e hidrogênio (nem de hélio mais nenhum outro elemento, porque o hélio não se combina). Em outras palavras, as valências dos elementos nos levam, no final das contas, a explicar certos aspectos do mundo real.

Vamos passar agora à gramática: Para que, por exemplo, temos que lidar com diversas classes de palavras? Acontece que há boas razões para isso. Vamos primeiro examinar alguns fatos do português. Os sintagmas seguintes são todos bem formados, e podem ser usados normalmente:

---

3. A gramática não estuda todo o fenômeno da linguagem; mas estuda um componente básico, que é sua estrutura formal e semântica.

[1] Um outro gato

[2] Aqueles dois chapéus

[3] A nova professora

mas as sequências seguintes não formam sintagmas:

[4] * Outro um gato[4]

[5] * Dois aqueles chapéus

[6] * Nova a professora

Qual é a explicação para isso? As palavras *um, os* e *aquela* aparecem sempre no início do sintagma[5], tendo precedência sobre palavras como *outro, dois* e *nova*, que só aparecem no início se não houver nenhuma das palavras do primeiro grupo. Ou seja, *um, os* e *aquela* pertencem a uma classe e *outro, dois* e *nova* pertencem a outra classe. É por isso que precisamos dividir as palavras em classes: porque elas não se comportam todas da mesma maneira. Se todas as palavras pertencessem à mesma classe (ou seja, se não houvesse classes de palavras) não seria possível descrever a aceitabilidade de [1], [2] e [3] frente à inaceitabilidade de [4], [5] e [6]. Assim, definir as classes de palavras não é, para o estudioso da língua, uma perda de tempo. Na verdade, as classes de palavras constituem uma boa parte da estrutura de uma língua.

Quero mostrar, com esse exemplo, que a gramática é o estudo de certos fenômenos da vida real: no caso, a ordenação mais ou menos fixa das palavras em sintagmas como os de [1] a [6]. Esse é um fato, embora não possa ser observado com os olhos (e o nariz!) como as substâncias quími-

---

4. Usa-se o asterisco, *, para marcar frases e sintagmas inaceitáveis.

5. Essa afirmação não é estritamente verdadeira, por causa da palavra *todos*, que pode aparecer antes: *todos os dois chapéus*, por exemplo. Mas serve para os exemplos vistos.

cas; mas pode ser observado consultando as reações dos falantes do português. O conhecimento de uma língua é uma parte do nosso conhecimento do mundo, programado no nosso cérebro, e acessível à observação através do comportamento e dos julgamentos dos falantes. E a gramática é uma disciplina que estuda uma parte importante desse sistema de conhecimentos. Concluindo: a gramática é uma disciplina científica, pois tem como finalidade o estudo, a descrição e a explicação de fenômenos do mundo real.

2.6 A CIÊNCIA NA ESCOLA

Já sabemos que não é estudando gramática que vamos aprender a usar melhor a língua, escrita ou falada. É claro que de vez em quando uma pessoa que já sabe escrever pode ter uma dúvida. Aí consulta uma gramática e (tendo sorte) consegue resolver a dúvida. Mas, primeiro, isso não acontece a toda hora; e, principalmente, não é assim que se adquire o uso da língua. A gente aprende a escrever lendo e escrevendo, e o recurso à gramática é na melhor das hipóteses uma coisa marginal.

Podemos então concluir que a gramática não serve para nada, e advogar (como fazem alguns) a supressão de seu estudo na escola? Eu acho que não; e para justificar minha posição, vou fazer algumas considerações sobre a presença das disciplinas científicas na escola.

Para que é que foram incluídas no currículo escolar disciplinas como a química, a geografia, a história e a biologia? Alguns diriam que essas disciplinas são importantes para a formação profissional dos alunos. Mas a justificativa não se sustenta: consideremos uma classe de 8ª série, por exemplo. Temos ali 30 ou 40 jovens de seus 13 anos, e ninguém, mas ninguém mesmo (nem os próprios jovens), sabe que carreira cada um deles vai seguir – dali podem sair médicos (que não vão precisar de geografia), empresários do ramo hoteleiro (que vão dispensar a biologia), professores de educação física (que não vão utilizar a história), talvez até algum linguista (que não vai ver utilidade na química). A questão não é nem mesmo a de planejar um currículo que atenda a todas essas carreiras futuras – a questão é que não sabemos o que vai ser de cada um, logo não vale a pena tentar fazer esse planejamento.

É verdade que há certas coisas que vão ser úteis a todos: ler e escrever, assim como alguma matemática básica. Mas será que deveríamos reduzir o currículo escolar a essas matérias "úteis"? Não creio que alguém defenda essa drástica redução no conteúdo dos currículos. Quem estaria disposto a matricular seus filhos em uma escola que só ensinasse leitura, escrita e matemática? Que opinião teríamos de uma escola que deixasse sair alunos, no final da 8ª série, sem saber qual é a capital de Alagoas, sem saber que a Terra gira em volta do Sol, e não o contrário, sem saber como se classificam os seres vivos, sem saber o que é um verbo?

Acontece que a escola não tem como função única a preparação de jovens para eventuais carreiras profissionais. A escola – ou melhor, a educação – tem objetivos muito mais amplos e muito mais importantes para a comunidade e para seus membros. Existem disciplinas de valor prático imediato (a leitura, elementos de matemática, a escrita). Mas existem disciplinas que formam um componente, digamos, "cultural", e cuja presença no currículo ninguém pensaria em questionar: a geografia, a biologia, a história, a física etc. Cada uma dessas disciplinas pode vir a ser útil para alguns alunos, mas apenas para uma minoria. São elas que baseiam a alfabetização científica a que me refiro. E é entre elas que a gramática encontra (ou vai ter que encontrar) o seu lugar.

Uma das funções de um professor é a de abrir janelas: revelar ao aluno aspectos do conhecimento que poderão interessá-lo, às vezes a ponto de esse aluno resolver dedicar sua vida profissional ao estudo de uma disciplina. Um jovem de 10 ou 15 anos é perfeitamente capaz de curiosidade científica, e é nessa época que nascem muitas vocações. Facilitar esse processo é uma das funções mais importantes de uma escola. E muitos alunos se interessam o suficiente para procurar informação – e mesmo formação – em disciplinas científicas sem relevância direta para sua eventual atividade profissional. Esses são componentes essenciais de uma educação intelectualmente rica, algo que deveria ser um dos objetivos de qualquer sistema educacional. O fato de que muitos desses sistemas fracassam lamentavelmente nesse particular não é argumento para que não se continue tentando.

Mas para isso é importante que as janelas sejam realmente abertas. O jovem procura aquilo que o interessa, não aquilo que os mais velhos lhe dizem que "vai ser importante na vida". E o jovem (a julgar por minha experiência já longa de professor) se interessa por aquilo de que participa; simplesmente receber informação geralmente não o motiva. Em um painel de que participei, há anos, a respeito do ensino de gramática, dois grupos de alunos bem diferentes[6] deram a mesma mensagem: não conseguiam se interessar por gramática porque não participavam da criação e justificação do conhecimento. Recebiam a "verdade", aprendiam e devolviam na hora da prova. Não sabiam por que as coisas eram daquele jeito, nem o que, exatamente, se queria com aquele estudo. Eles tratavam a gramática – corretamente – como uma disciplina científica; mas saíam decepcionados porque o tratamento dado à matéria não era científico. Em uma palavra, não viam na gramática nem utilidade prática, nem contribuição relevante para sua alfabetização científica.

É minha tese que a gramática *pode* contribuir para a alfabetização científica se a tratarmos da maneira adequada. E a maneira adequada nos é indicada pelas demais disciplinas científicas: não basta aprender ciência, é essencial também *fazer* um pouco de ciência. Isso faz da disciplina científica não apenas uma fonte de informações sobre o mundo, mas um campo de treino do pensamento independente, da observação isenta e cuidadosa, do respeito aos fatos – habilidades preciosas, cada vez mais necessárias, mas que brilham pela ausência no ensino tradicional de gramática. São essas habilidades que nos instrumentam para avaliar (e se for o caso rejeitar)

---

6. Um grupo proveniente da 8ª série de um colégio de classe média baixa, outro do 3º do segundo grau de uma escola de elite. O painel se realizou na Faculdade de Educação da UFMG, por iniciativa da então diretora, Profa. Magda Soares, nos anos 80; não creio que a situação tenha mudado muito desde então.

afirmações como as que vimos acima na seção 2.4. São elas que compõem o que chamo aqui "alfabetização científica".

2.7 COMO FICA A GRAMÁTICA?

Para atingir esses objetivos, acredito, é preciso trabalhar com gramática como se trabalha com as ciências em geral. Apenas como início, sugiro a adoção de objetivos como os seguintes:

a) Abandonar de vez as falsas promessas, como a de que estudar gramática é o caminho para desenvolver o desempenho na língua escrita. Ou seja, reformular os objetivos do estudo de gramática, reposicionando-o e redimensionando-o de acordo com esses objetivos. Por exemplo, não faz sentido insistir no ensino de gramática a alunos que nem sequer têm domínio básico da língua padrão.

b) Assumir uma atitude científica frente ao fenômeno da linguagem. Isso significa admitir o questionamento, aceitar a necessidade de justificar as afirmações feitas e dar lugar à dúvida sistemática, e não à vontade de crer (que é a maior inimiga do espírito científico). Trabalhamos com fatos e teorias, e não com crenças e dogmas.

c) Procurar atividades que envolvam a observação e eventual manipulação de fatos da língua, com o objetivo de construir hipóteses a respeito deles. Aqui nosso modelo é o laboratório de outras disciplinas – por exemplo, o aluno de física não apenas é informado de que os corpos se dilatam com o calor, mas é encorajado a verificar isso por si mesmo, esquentando uma bola de metal e passando-a por um anel.

d) Abandonar a ideia de que é possível realizar o estudo *completo* de uma língua, de que a gramática portuguesa é um sistema plenamente conhecido, e de que sua descrição está pronta e relatada na literatura do assunto. Dar e enfatizar a notícia (boa para alguns, má para outros, mas verdadeira) de que a gramática portuguesa *não está pronta*. Uma boa maneira de se convencer disso é ensinar português a estrangeiros (como eu fiz durante alguns anos). Quando se ensina gramática a brasileiros, a aprendizagem é questão de somenos; se eles não aprenderem, não vai fazer grande diferença. Mas quando um estudante estrangeiro pergunta quando é que se usa *fiz* e quando é que se usa *fazia*, você *precisa* ter uma resposta.

e) Apresentar a ideia, revolucionária para alguns, de que fazer gramática é estudar os fatos da língua, e não construir um código de proibições para dirigir o comportamento linguístico das pessoas. Esta tarefa é, de longe, a mais difícil de implementar – muitas pessoas parecem resistir a isso com obstinação fanática (cf. nota 2). Mas é a mais importante, e se não for vencida as outras vão cair no vazio.

Há, naturalmente, muitas maneiras de levar a efeito as tarefas sugeridas acima. Minha opção é começar mostrando que não é verdade que o povo fala "de qualquer jeito", isto é, que é perfeitamente possível elaborar uma gramática da língua falada – e que essa gramática é tão rica e complexa, e tão interessante, quanto a da língua padrão. Por exemplo, vamos ver algumas frases realmente erradas:

[7] * Eu vamos te ajudar.

[8] * Mamãe veio ao baile sem meias e eu vim de.

[9] * Ela tá namorando um baixo. (cf. ...um baixinho)

[10] * Ele é um ruim dentista. (cf. ...um mau dentista)

Note que ninguém nos ensinou isso: essas frases não são erros que as crianças cometem, nem são proibidas pelas gramáticas escolares – mas, mesmo assim, nós todos acabamos aprendendo a não falar desse jeito. Ou seja: existem regras que definem como se pode falar, e estas estão programadas no nosso cérebro (não foram inventadas pelos gramáticos). Donde uma série de perguntas interessantes, como por exemplo:

• Que regras são essas – as regras verdadeiras que nós temos na cabeça, não as que foram inventadas pelos gramáticos?

• Como é que a gente aprende essas regras se elas não são ensinadas? (são *aprendidas*, mas isso não quer dizer que sejam *ensinadas*!)

Perguntas como essas são um bom ponto de partida para o estudo de gramática. Note-se que estamos partindo de observações e perguntas, e não de afirmações categóricas que nos expõem a verdade final e absoluta.

2.8 CONCLUINDO

Em vez de eliminar pura e simplesmente o estudo de gramática na escola (com o que estaríamos *fechando* uma janela), é preciso redefini-la em termos de formação científica. Só assim essa disciplina – parte essencial do estudo da linguagem, o mais importante dos fenômenos sociais – poderá dar sua contribuição à alfabetização científica nossa e de nossos alunos. Falei acima da educação científica como um campo de treino do pensamento independente, da observação isenta e cuidadosa e do respeito aos fatos. A gramática pode ser exatamente isso, no seu campo especial de atuação que é a estrutura da língua; mas só se adotarmos a perspectiva adequada, vendo-a como mais uma das disciplinas científicas do currículo.

Parece muita coisa a fazer, e é; parece difícil, e é; e talvez fique caro. Mas educação não se faz com soluções fáceis e baratas.

Capítulo 3

Nossa língua

3.1 ORIGENS DO PORTUGUÊS

3.1.1 Sincronia e diacronia

Antes de passar a um breve sumário das origens do português, convém esclarecer primeiro uma dicotomia que é fundamental no estudo da língua, embora às vezes seja ignorada: trata-se da oposição entre **sincronia** e **diacronia**.

Um linguista, ao empreender o estudo de uma língua qualquer, pode considerá-la sob o ponto de vista de sua evolução histórica, confrontando dois ou mais estados de sua gramática tais como se apresentavam em épocas diferentes. A isso se chama estudo **diacrônico** da língua, ou **linguística diacrônica**, ou ainda **linguística histórica**. Por outro lado, o linguista pode considerar a língua em determinado momento do tempo, presente ou passado, sem se preocupar com sua evolução. Esse é o estudo **sincrônico** da língua, ou **linguística sincrônica**; correspondentemente, temos os termos **diacronia** e **sincronia**, que resumem esses dois pontos de vista no estudo da língua.

O estudo sincrônico encara a língua como um sistema em funcionamento dentro de uma comunidade: o conjunto de instruções que os falantes dominam e que permite a eles criar sintagmas, orações e enunciados para efetuar a comunicação. Para isso, os processos históricos que levaram a esse sistema não são relevantes: o falante não tem consciência nenhuma da origem das palavras, morfemas, regras, princípios que utiliza a todo momento. Por outro lado, a língua é um produto histórico, e por isso o estudo diacrônico é também necessário – inclusive para levar eventualmente à compreensão de como e por que as línguas mudam com o tempo.

Para dar um exemplo, vejamos a evolução de alguns nominais do latim até o português. Suponha-se que decidimos estudar esse fenômeno isoladamente do resto da língua; em particular, vamos negligenciar a perspectiva sincrônica. Sabe-se que a maior parte dos nominais portugueses são o resultado da evolução de nominais latinos no caso acusativo. Assim, em latim o leão se chama *leo* (nominativo), acusativo *leone*[1]; o português *leão* provém de *leone*, e não de *leo*. Outros exemplos:

Latim		Português
nominativo	acusativo	
leo	leone	leão
uirgo	uirgine	virgem
latro	latrone	ladrão
niger	nigru	negro

Se as palavras portuguesas dessa lista tivessem provindo da forma do nominativo latina, deveríamos ter, respectivamente, **leo, *virgo, *ladro* e **negre*.

Agora, se considerarmos os fatos acima sem um exame da gramática (sincrônica) do português, poderemos chegar à conclusão de que *leão, virgem, ladrão* e *negro* são acusativos em português. Essa conclusão é incorreta, pois o estudo da morfossintaxe portuguesa revela que os nominais não possuem acusativo (nem caso nenhum, aliás). Ao contrário do que acontece em latim, em português os nominais têm sempre a mesma forma qualquer que seja sua função sintática. Por isso não é lícito falar em acusativo ou qualquer outro caso ao se analisar os nominais do português. E embora *leão, virgem, ladrão* e *negro* sejam resultado da evolução de acusativos latinos, essas palavras têm na gramática do português um papel muito diferente do papel que desempenham (em latim) os acusativos de que se originam. Elas têm

---

1. O nominativo é a forma que o nominal assume quando é sujeito; o acusativo, quando é objeto. O acusativo de *leo* é *leonem*, mas estou seguindo o costume de omitir o *-m* final, que já não se pronunciava no latim vulgar: *leonem* era pronunciado *leone* etc.

em português comportamento essencialmente idêntico ao de uma palavra como *Cícero* – que, excepcionalmente, é tirada do nominativo latino. Uma vez incorporadas à estrutura do português, as palavras *leão* e *Cícero* são nominais (no caso, substantivos) sintaticamente equivalentes: qualquer delas pode ser sujeito ou objeto de uma oração, por exemplo. Não interessa (para o estudo sincrônico) saber se vieram do nominativo ou do acusativo de seus antepassados latinos; funcionam da mesma maneira que, digamos, palavras de origem árabe (*azeite*) ou tupi (*mandioca*). Para efeitos do funcionamento atual da língua, a noção de "caso" não é relevante[2].

3.1.2 Do latim ao português

Para os estudos diacrônicos, no entanto, a situação é outra: é necessário explicitar o funcionamento dos casos em latim, assim como sua evolução até atingir a situação portuguesa atual, de uma língua sem casos. Aqui não é o lugar de tratar dos detalhes desse vasto processo; bastam algumas rápidas notas. E para isso podemos retomar nosso exemplo acima, do nominativo e acusativo dos nominais.

Em latim (como em muitas outras línguas) um nominal se apresenta em formas diferentes segundo sua função sintática. Assim, pode-se dizer

[1] Leo Marcum uidit. "o leão viu Marcos"

Note-se que a palavra que significa "leão" está no nominativo, *leo*, porque é o sujeito da frase. Mas em

[2] Leonem Marcus uidit. "Marcos viu o leão"

como agora é o objeto do verbo *uidit* "viu", a palavra aparece na forma *leonem*[3].

---

2. Essa afirmação comporta uma pequena exceção, no caso de alguns pronomes pessoais: *eu, me, mim, -migo* podem ser considerados "casos" do pronome *eu*.

3. Há outros casos, como se sabe; aqui vamos nos limitar ao nominativo e acusativo. Relembro que o -*m* final de *leonem* deixou de ser pronunciado no latim vulgar. *Marcus*, como se pode ver nas frases, é nominativo, e *Marcum* é acusativo.

O português exprime a mesma coisa usando recursos diferentes: em vez de ter duas formas para a palavra *leão*, distingue o objeto do sujeito pela posição na frase. Assim, dizemos hoje

[3] O leão viu Marcos.

[4] Marcos viu o leão.

O sujeito vem antes do verbo (*o leão* em [3], *Marcos* em [4]), e o objeto vem depois. Não há mudança na forma das palavras, apenas em sua ordem; mas em latim, como se vê em [1] e [2], não precisamos mudar a ordem das palavras, apenas sua forma.

Nos documentos mais antigos do português (final do século XII), observa-se que o sistema de casos latino já havia sido substituído pelo sistema de ordem de palavras. Ou seja, a mudança deve ter se processado antes, no período anterior ao século XII, para o qual não temos informação suficiente sobre a língua popular de Portugal, porque todos os documentos escritos estão em latim. Mas o francês conservou por mais tempo a distinção, e há um período atestado em documentos em que ainda se distinguia o acusativo do nominativo: a palavra que significa "vizinho" aparecia como *voisins* (no singular) se fosse sujeito, e *voisin* se fosse objeto. No entanto, também o francês acabou abandonando a distinção, e hoje só se usa *voisin*, em qualquer função sintática. Como resultado, claro, não se fala mais nos "casos" dos nominais franceses, e a diferença entre sujeito e objeto é marcada, como em português, pela ordem das palavras[4].

As diferenças entre o latim clássico (a língua literária do Império Romano) e o português brasileiro atual são muitas; são o resultado de pequenas mudanças que foram gradualmente mudando a fisionomia da língua nestes dois mil anos ou mais. Para ser exato, o português não é exatamente o descendente direto do latim clássico que encontramos nas obras dos escritores

---

4. Outras línguas, como o russo, conservam até hoje o sistema de casos: p. ex., "menina" se diz *devočka* se for sujeito, mas se for objeto tem que ser *devočku*.

latinos. Mesmo naquela época, a língua falada era bem distinta da escrita. A variedade falada do latim recebe o nome tradicional de **latim vulgar**, e era a língua nativa dos romanos e, depois, de muitas populações do Império. Essa língua, trazida para Portugal (a antiga Lusitânia) no século II antes de Cristo, continua sendo falada até hoje, em Portugal, no Brasil e em outros países, sem interrupção. Assim, podemos dizer que o que falamos é uma das formas modernas do latim vulgar, transmitida de geração em geração há mais de dois mil anos – o português brasileiro falado, que é estudado no presente livro.

Temos poucas indicações de como era o latim vulgar, porque não dispomos de documentos escritos, e somos obrigados a recorrer a evidência indireta. Temos, primeiro, alguns trabalhos literários escritos em latim clássico, mas que apresentam certas características do vulgar, seja porque o autor quis dar um efeito popular a alguns diálogos, seja porque o autor não dominava bem a língua escrita e acabou deixando passar traços de sua língua falada para o texto. No primeiro caso temos o *Satyricon*, de Petrônio (século I d.C.). Em determinada altura de sua narrativa, Petrônio descreve um banquete na casa de Trimalquião, um novo-rico de pouca escolaridade, assim como seus convidados. Quando essas pessoas falam, Petrônio deixa que usem formas do latim vulgar, que já era a língua falada comum em sua época. O segundo caso encontramos em textos como a *Peregrinatio ad loca sancta*, em que uma peregrina conta sua viagem até a Terra Santa em uma linguagem que tenta ser latim clássico, mas que constantemente escorrega para o vulgar. Desses textos conseguimos extrair, então, muitas indicações de como se falava latim na época do Império Romano e logo depois[5].

É preciso notar, finalmente, que o latim vulgar não era apenas a língua das classes populares – mesmo os aristocratas o falavam, como língua cotidiana. Falar latim clássico era coisa que ninguém fazia, a não ser talvez

---

5. O estudo do latim vulgar parece não ter sido cultivado no Brasil nas últimas décadas. No entanto, já tivemos boas autoridades no assunto; o leitor interessado poderá procurar, em bibliotecas ou sebos, Silva Neto (1956) e Maurer (1959).

em discursos no Senado; mas o latim clássico era a única língua escrita aceitável. Uma situação, afinal, parecida com a do Brasil de hoje: todos nós dizemos *me dá um quibe aí*, e só temos coragem de usar *dê-me um quibe* quando escrevemos (ou quando fazemos um discurso, se é que quibes entram em discursos).

3.2 O PORTUGUÊS NO MUNDO

O português é a língua falada em Portugal e no Brasil, e tem muitos falantes em diversas nações da África (Angola, Moçambique, Guiné-Bissau, Cabo Verde e São Tomé) e da Oceania (Timor Leste). Em todos esses países o português é a língua oficial, ou uma das línguas oficiais; e é também falado por comunidades de imigrantes nos Estados Unidos, Canadá e alguns países da Europa Ocidental. O total de falantes nativos passa de 220 milhões, dos quais 190 milhões são usuários do PB[6].

Em toda essa vasta área a língua padrão escrita é bastante uniforme. As diferenças de ortografia e de estrutura gramatical são relativamente pequenas; pessoas educadas do Brasil leem sem dificuldade jornais e livros de Portugal, e vice-versa (exceto quando há grande uso de vocabulário regional).

Já a língua falada varia bem mais. A fala dos africanos escolarizados segue bastante de perto o padrão de Portugal. Mas no Brasil, onde toda a população fala português, e geralmente só português, a língua vem evoluindo separadamente há quase cinco séculos[7], sofrendo a influência de línguas indígenas, africanas e das grandes comunidades de imigrantes. O resultado é uma língua marcadamente diferente da variedade europeia, embora em geral não tão diferente a ponto de impedir a comunicação. Dentro do Brasil, as diversas variedades são às vezes nitidamente marcadas, mas nunca

---

6. População brasileira segundo dados do censo de 2010. A estimativa do <countrymeters. info> para 2015 é 207,4 milhões, talvez um pouco exagerada (aumento de 17 milhões em 5 anos?).

7. Os primeiros estabelecimentos permanentes datam de 1532.

chegam a afetar a comunicação, e a variação constitui mais objeto de interesse do pesquisador do que barreira linguística séria.

3.3 A LÍNGUA DO BRASIL

3.3.1 Padrão e coloquial

A situação linguística do Brasil dá origem a debates periódicos sobre se o português e o brasileiro são línguas separadas. No entanto, essa controvérsia não costuma passar além dos círculos acadêmicos, e a maior parte das autoridades, assim como os leigos, preferem acreditar que se trata de uma só língua, embora em duas variedades, ou dois dialetos, distintos. Para nossos objetivos, basta reconhecer que as diferenças são muitas, em especial na língua falada; este livro descreve a variedade da língua que é usada no Brasil na comunicação oral, e que denominamos simplesmente **português brasileiro**, ou **PB**, ou ainda **português (brasileiro) coloquial**[8].

Assim, o leitor encontrará diferenças importantes entre as estruturas estudadas neste livro e as que constam das gramáticas usuais: por exemplo, diferenças no uso dos pronomes pessoais; na concordância verbal e nominal; na estrutura das orações relativas; nas construções de tópico; na morfologia verbal; e em muitos outros fatos gramaticais importantes. Em todos esses pontos a língua falada do Brasil difere tanto da de Portugal quanto da língua escrita padrão. Como vimos na Apresentação, podemos escrever *se você a vir, diga-lhe que me telefone*, mas para falar usamos *se você ver ela, fala com ela pra me telefonar*. São estruturas como a segunda que constituem o objeto de descrição desta gramática. Não se trata de linguagem "inculta",

---

8. A questão da "língua brasileira" é muito mais política do que linguística; em minha opinião, não faz sentido discuti-la no contexto de uma gramática. P. ex., o galego é considerado uma língua à parte, distinta do português; no entanto, as diferenças são muito pequenas – basta pegar um texto em galego para se convencer disso. Por outro lado, o calabrês é considerado um dialeto do italiano, apesar de as diferenças serem mais profundas do que entre o galego e o português.

mas da língua falada, com alguma variação, por todos os brasileiros de todas as regiões e de todas as classes sociais.

3.3.2 Variação social

O que chamamos uma língua é um sistema de imensa complexidade. Não só é complexo em sua estrutura (como se verá no decorrer desta gramática), mas também comporta variação social e regional.

Existem, dentro da entidade geral que chamamos "português falado do Brasil", diferenças correlacionadas com classe social e grau de instrução. Certas pessoas dizem *nós vai trabalhar*[9], e essa construção é limitada a populações de pouca escolaridade. A variedade falada por essas populações é tão digna de estudo quanto qualquer outra, e em seu contexto tem uma validade que nenhuma outra tem. Mas neste livro a descrição enfoca a fala das populações urbanas relativamente escolarizadas, e por isso construções do tipo de *nós vai trabalhar* não são incluídas. Aqui estou descrevendo a **língua falada padrão**, uma variedade que é altamente uniforme e socialmente aceita em todo o país[10]. Ou, para ser mais preciso, descrevo uma espécie de compromisso baseado na norma urbana – não na norma ditada pelas gramáticas e ensinada nas escolas, mas na norma realmente aceita e praticada pela população do país. E, mesmo assim, descrevo uma variedade muito conservadora, fazendo apenas menção a traços praticamente universais como a simplificação da concordância nominal (*as aluna*) e da concordância verbal (*se eles pudesse ajudar*); a tendência a substituir *nós* por *a gente*, de maneira que formas como *chegamos* são de ocorrência cada vez mais rara; a tendência a identificar o futuro do subjuntivo e o infinitivo (*se eu pôr mais água no café*) etc. Esses também não são traços da língua inculta,

---

9. Mais exatamente, *nós vai trabaiá* [nɔjzvajtraba'ja].

10. Essa situação é às vezes criticada por pessoas que acham injusto o fato de muitas variedades não serem socialmente aceitas. Outros veem a existência dessas variedades "incultas" como um problema educacional. Eu, como simples investigador, limito-me a reconhecer o fato.

mas características da fala da maioria das pessoas, sem distinção de classe ou grau de escolaridade; mas como coexistem, mesmo na fala, com formas mais conservadoras, preferi dar maior destaque a estas últimas. Por outro lado, evitei incluir na gramática formas não correntes na fala cotidiana.

Aqui (com essas restrições) o leitor encontrará a gramática da língua falada diariamente nas ruas, e reproduzida nas novelas de TV, no teatro e no cinema nacional. É a língua nativa dos brasileiros, a única que a imensa maioria da população realmente domina. Um momento de reflexão nos convencerá de que o português coloquial é, de longe, a variedade mais importante da língua: quantos, dentre os 190 milhões de brasileiros, realmente conseguem usar o português padrão com desenvoltura? Em quantas situações usamos essa variedade padrão, exceto quando produzimos textos escritos mais ou menos formais? O PB, utilizado na maioria dos contextos pela totalidade da população, é uma das dez línguas mais faladas do mundo, tendo mais falantes nativos do que o alemão, o francês, o italiano, o japonês e muitas outras línguas importantes[11]. Já era tempo que ele fosse reconhecido na medida de sua importância, sendo objeto de descrições gramaticais; como vimos em 1.2, isso finalmente está começando a acontecer.

3.3.3 Variação regional

O PB é bastante uniforme em toda a extensão do Brasil, e não há em geral dificuldade de compreensão entre brasileiros das diversas regiões. Mas isso não quer dizer que não haja diferenças – apenas, elas são de ordem lexical (*mandioca / aipim / macaxeira*), ou afetam fenômenos gramaticais restritos. Aqui vou apenas dar alguns exemplos; um estudo aprofundado demandaria mais alguns livros.

---

11. Seguindo estimativas recentes (Encarta, SIL Ethnologue Survey, Vistawide.com) o PB é no mínimo a oitava língua mais falada do mundo. Há atualmente no mundo cerca de 4.000 línguas.

Um caso bastante claro de variação regional está no uso do presente do subjuntivo. Em certas regiões (centro e sul de Minas, São Paulo) esse tempo é muito pouco usado, e frases como

[5] Você quer que eu <u>vou</u> lá agora mesmo?

são normais e plenamente aceitáveis. Já no Nordeste e no Rio de Janeiro é mais comum dizer-se

[6] Você quer que eu <u>vá</u> lá agora mesmo?

Isso se aplica a falantes razoavelmente escolarizados; os detalhes da distribuição das duas formas pelas classes sociais e educacionais não são conhecidos por enquanto.

Outra diferença regional clara está no uso do pronome reflexivo quando *não* marca a correferência de sujeito e objeto. Em Minas se diz em geral

[7] Os dois divorciaram o ano passado.

mas no Rio e no Sul se ouve

[8] Os dois <u>se</u> divorciaram o ano passado.

Como se vê, há diferenças gramaticais. Há também diferenças de pronúncia: por exemplo, hiato ou ditongo em *vinho* ['vĩjʊ] ou ['vĩw̃] e *fio* ['fijʊ] ou ['fiw]. E há muitas diferenças de vocabulário: aqui basta verificar os muitos termos utilizados para designar um mesmo objeto que existe por todo o país: *sinal, sinal de trânsito, farol, semáforo, sinaleira.*

O léxico não nos interessa diretamente nesta *gramática*; quanto às diferenças gramaticais, também aqui procurei colocar-me na medida do possível à margem das variações. Quando isso não é possível, coloco uma nota sobre pontos importantes de variação social ou regional.

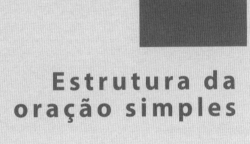

Estrutura da oração simples

Capítulo 4

Construções

4.1 O QUE É UMA CONSTRUÇÃO

4.1.1 Definindo a construção

Um dos instrumentos básicos da gramática é a noção de **construção**. Entre outras coisas, as construções são a base da descrição das valências, uma das áreas centrais da gramática, que estudaremos nos capítulos 13 a 18. As construções representam um grau mais elevado de abstração do que simplesmente a menção das estruturas observadas, e são essenciais para a análise. Na verdade, como já observou Goldberg (1995, p. 1), nenhuma descrição gramatical prescinde de construções, ainda que sua formulação varie segundo a teoria adotada. Convém, portanto, começar nosso estudo de sintaxe definindo o que se entende por construção.

Vamos examinar as duas frases abaixo:

[1] A Carminha beliscou o Pedro.

[2] A professora de matemática reprovou o meu sobrinho.

Em um sentido gramaticalmente importante, elas têm a mesma estrutura, porque ambas

- começam por um sintagma nominal (*a Carminha / a professora de matemática*)[1];
- logo depois vem um verbo (*beliscou / reprovou*);
- depois vem outro sintagma nominal (*o Pedro / o meu sobrinho*).

Além disso, nos dois casos:
- o primeiro sintagma nominal designa a pessoa que praticou uma ação (a ação de beliscar, em [1], e a de reprovar, em [2]); e
- o segundo sintagma nominal designa a pessoa que sofreu a ação.

Há outras semelhanças entre essas frases, mas vamos nos concentrar, por ora, apenas nas mencionadas acima. As três primeiras semelhanças são sintáticas, referindo-se ao aspecto formal das frases, sem referência a seu significado. Desse ponto de vista, podemos representar as duas frases como compostas de

SN   V   SN   (isto é, **sintagma nominal + verbo + sintagma nominal**)

As duas últimas semelhanças são semânticas, referindo-se a traços do significado das frases. Vamos chamar o elemento que pratica uma ação de **Agente**, e o que a sofre de **Paciente** (relações semânticas como essas se chamam **papéis temáticos**[2]). Assim, a fórmula acima pode ser completada da seguinte maneira[3]:

[3] **SN>***Agente*   **V**   **SN>***Paciente*

onde o símbolo ">" serve para ligar um termo sintático ao papel temático que ele exprime.

---

1. A noção de "sintagma nominal" é devidamente explicada nos caps. 32 e 33. Por ora, basta saber que o sintagma nominal é o recurso que a língua tem para se referir a entidades (coisas, pessoas ou abstrações); assim, são sintagmas nominais *o meu sobrinho*, *Pedro*, *eu*, *aquele edifício de quatro andares*, *a beleza de Anita*.

2. Ou **papéis semânticos**.

3. Essa formulação vai ser ligeiramente alterada na seção 4.2.

Uma fórmula como essa descreve uma **construção**. E dizemos que as frases [1] e [2] são **elaborações** dessa construção. Outras elaborações da mesma construção são:

[4] Zé comeu a pizza.

[5] Aquele rapaz que eu te apresentei abriu uma loja de ferragens.

[5], por exemplo, se analisa assim:

[Aquele rapaz que eu te apresentei]	[abriu]	[uma loja de ferragens]
SN	V	SN
Agente		Paciente

A construção definida em [3] se chama **construção transitiva**. Existem muitas construções em português, talvez centenas, e aqui só poderemos ver algumas – mesmo porque nem todas foram já descobertas e definidas.

Uma construção, como acabamos de ver, se define por seus constituintes sintáticos e pela relação semântica que cada um deles tem com o verbo da oração. Para usar os termos técnicos, a construção se define por:

(a) os tipos de constituintes de que é formada (SN, V...);

(b) a função sintática de cada um deles (sujeito, objeto...)[4];

(c) os papéis temáticos de cada um deles (Agente, Paciente...).

A semântica de uma sentença, evidentemente, vai muito além dos papéis temáticos de seus complementos; mas os papéis temáticos são especialmente relevantes para efeitos da descrição gramatical.

---

4. As funções sintáticas são estudadas nos caps. 5 a 8. Adoto a convenção de usar maiúsculas para os papéis temáticos (Agente, Paciente) e minúsculas para as funções sintáticas (sujeito, objeto).

4.1.2 Papéis temáticos

O **papel temático** é a relação semântica que existe entre o verbo e os diversos sintagmas que coocorrem com ele na oração. Entre os papéis temáticos mais frequentes temos o **Agente** e o **Paciente**, exemplificados acima, e ainda os seguintes:

Lugar (como em *a Lia mora em Belém*),

Meta (final de um movimento, como em *a Lia foi para Belém*),

Fonte (início de um movimento: *a Lia veio de Belém*),

Instrumento (*quebrei a janela com um tijolo*),

Estímulo (isto é, o desencadeador de um estado mental, como *Teresa* em *Jorge ama Teresa*; *Jorge viu Teresa*; *Teresa impressionou Jorge*; *Jorge se impressionou com Teresa*),

Experienciador (o que experimenta um fenômeno mental, como *Jorge* em *Jorge ama Teresa*; *Jorge viu Teresa*; *Teresa impressionou Jorge*; *Jorge se impressionou com Teresa*).

Veremos outros papéis temáticos no capítulo 14.

4.2 EXEMPLOS

Já vimos a **construção transitiva**, definida como

[3] SN>*Agente*   V   SN>*Paciente*

O primeiro SN é o sujeito; o segundo SN não precisa ser marcado especialmente – basta saber que ele **não é** o sujeito. Vou me referir a qualquer SN não sujeito como o **objeto**; mas é preciso deixar claro que não se trata do objeto (direto ou indireto) da gramática tradicional. Trata-se pura e simplesmente de um SN que não é sujeito da oração (como veremos, pode inclusive haver mais de um objeto na mesma oração).

Desse modo, a definição completa da construção transitiva é

> **Construção transitiva:**
> [6] **SujV>*Agente***   **V**   **SN>*Paciente***

SujV é a abreviatura do termo a que damos a designação de "sujeito". Trata-se de um SN que tem uma relação sintática especial com o verbo; essa relação será exposta no próximo capítulo, e aí também será explicado por que a abreviatura é **SujV** e não apenas **Suj**.

Agora vejamos algumas outras construções importantes do português:

> **Construção intransitiva:**
> [7] **SujV>*Agente***   **V**

Exemplos:

[8] A menina sorriu.

[9] Esse seu cachorro late.

Tanto [8] quanto [9] são elaborações da construção intransitiva: têm um sujeito Agente e um verbo, apenas.

Outra construção importante é a seguinte:

> **Construção ergativa:**
> [10] **SujV>*Paciente***   **V**

A diferença entre esta construção e a intransitiva é que o sujeito é Paciente. Por exemplo,

[11] Seu namorado engordou.

[12] O carro estragou.

Note-se que o sujeito não pratica nenhuma ação; antes, sofre o efeito do evento expresso pelo verbo.

Os verbos *engordar* e *estragar* podem ocorrer não apenas na construção ergativa, mas também na transitiva, como em

[13] A cerveja engordou seu namorado.

[14] A batida estragou o carro.

Essa é uma característica de muitos verbos do português: *encher, assustar, quebrar, abrir, fechar, desmanchar, descosturar, emagrecer, desanimar, decepcionar* e muitos outros. Para alguns desses verbos, verifica-se uma divergência entre os falantes: muitos aceitam *ela decepcionou*, significando que ela ficou decepcionada; mas outros requerem um reflexivo, e dizem *ela se decepcionou*. Já outros verbos nunca ocorrem com reflexivo, de modo que todos os falantes dizem *ela engordou*, nunca *ela se engordou* (no sentido de "ela ficou gorda"). Essa diferença não foi ainda estudada em detalhe, de modo que ainda não se pode dizer com precisão quais são os grupos de falantes que usam o *se* e quais não o usam. Apenas como uma observação informal, parece-me que o reflexivo nessa construção é muito usado no Nordeste e no Rio de Janeiro, ao passo que em Minas e São Paulo em geral é omitido. Mas ainda isso, como vimos, depende do verbo: com *engordar, emagrecer, ferver* ninguém usa o reflexivo.

4.3 ORDEM DOS TERMOS

Existem casos de orações idênticas em tudo, exceto na ordem dos termos; assim, as frases

[15] Muitas empresas faliram.

[16] Faliram muitas empresas.

significam basicamente a mesma coisa, e ambas são compostas de sujeito e verbo; apenas a ordem dos termos é diferente. Também nesse caso temos construções diferentes, de maneira que [15] é um exemplo da construção ergativa definida em [10], e [16] representa outra construção, uma espécie de "ergativa invertida".

Pode-se dizer que temos uma nova construção sempre que aparece uma diferença morfossintática ou uma diferença de papéis temáticos. Isso naturalmente acarreta a existência de grande número de construções no português.

4.4 CONSTRUÇÕES ORACIONAIS E SUBORACIONAIS

As construções vistas até o momento correspondem a orações, isto é, são formadas de um verbo e seus complementos. É o caso da construção transitiva, que repito aqui:

[6] **SujV>*Agente*** **V** **SN>*Paciente***

[6] se entende como um esquema: os elementos sintáticos, SujV, V e SN, são preenchidos por sintagmas da língua, e o resultado vai ser uma oração, como por exemplo

[17] Esse menino arranhou o carro da Alice.
       SujV   **V**   **SN**

Mas nem todas as construções da língua são oracionais. A oração [17] se compõe, como sabemos, de um SN, seguido de um verbo, seguido de outro SN. Mas esses SNs, por sua vez, também têm estrutura interna, e essa estrutura é uma construção. Por exemplo, temos o SN

[18] O carro da Alice.

Esse SN se compõe de três constituintes e se analisa formalmente como

[o] [carro] [da Alice]

Cada um desses constituintes tem uma função sintática e também uma função semântica, tal como ocorre nas construções oracionais vistas. O constituinte *o* tem a função semântica de nos informar que o carro em questão é **dado** – ou seja, um carro que o emissor acha que o receptor tem em mente no momento, ou pode identificar facilmente com base em seu conhecimento prévio. O constituinte *carro* nos fornece a referência básica do sintagma – ficamos sabendo que se está falando de um carro, não da própria Alice; e o constituinte *da Alice* singulariza o carro, ajudando o receptor a identificá-lo. Sintaticamente, como veremos, *o* é **determinante**, *carro* é **núcleo do SN** e *da Alice* é **modificador**. A estrutura interna do SN é estudada nos capítulos 32 e 33.

Mesmo uma palavra como *chatíssimo* é uma construção, pois se compõe de um radical *chat-*, que nos dá o significado básico da palavra; depois, um sufixo *-íssim-*, que encerra a ideia de superlativo, e outro sufixo *-o*, que marca a palavra como masculina e singular. Cada uma dessas partes da palavra se denomina **morfema**.

Desse modo, uma construção pode ser entendida como uma estrutura de constituintes, cada um dos quais é por sua vez uma construção de nível menor, até chegarmos aos elementos mínimos da gramática, que são os morfemas[5]. Por exemplo, a frase

[17] Esse menino arranhou o carro da Alice.

é uma construção (uma oração). O sintagma *o carro da Alice* também é uma construção, de outro nível (um sintagma nominal, SN), que está dentro da construção maior *esse menino arranhou o carro da Alice*. E dentro

---

5. A estrutura interna da palavra é tratada nos capítulos 41, 42 e 43.

do sintagma *o carro da Alice* podemos encontrar ainda outra construção, *da Alice*, que é um sintagma preposicionado que fica dentro do sintagma nominal *o carro da Alice*. A análise não para aí: mesmo dentro de *da Alice* temos o sintagma nominal *a Alice*. O resultado é uma estrutura hierárquica de construções dentro de construções, que pode ser representada (ainda parcialmente) assim:

[{esse menino} arranhou {o carro (d {a Alice}) }]

Nesse esquema, a oração está encerrada entre colchetes, [ ]; cada sintagma nominal fica entre chaves, { }; e o sintagma preposicionado está entre parênteses, ( ). O esquema mostra como um sintagma nominal (*a Alice*) pode ficar dentro de outro sintagma nominal (*o carro da Alice*). Essa estruturação hierárquica é básica na descrição das estruturas gramaticais.

4.5 A NOTAÇÃO DO SUJEITO

Vamos agora voltar à formulação das construções que estivemos usando: é preciso explicar por que chamamos o sujeito de **SujV** (o que é que esse **V** significa?). Pegando como exemplo a construção transitiva, ela foi inicialmente formulada assim:

[3]   **SN>*Agente*   V   SN>*Paciente***

Note-se que essa formulação exige a presença de um SN antes do verbo, analisado como sujeito (o sujeito é sempre um SN). Assim, a frase

[19] Eu comi a pizza.

se encaixa nessa definição. Mas acontece que a frase

[20] Comi a pizza.

não se encaixa, porque não tem um SN sujeito antes do verbo. Essa frase é composta apenas do verbo (*comi*) e um SN não sujeito depois dele.

Estritamente falando, [19] e [20] são duas construções distintas; mas elas se comportam da mesma maneira de tantos pontos de vista que vale a pena criar uma notação que abrevie as duas em uma só. Vamos criar um símbolo que possa ser entendido como "o sujeito, ou o sufixo de pessoa--número do verbo, ou os dois". Isso tem a ver com o fato de que o papel temático expresso pelo sujeito (em [19], o Agente) é também indicado pelo sufixo (no caso, -*i*) do verbo. Esse símbolo é **SujV**, lido "sujeito valencial". É por isso que a construção transitiva se formula como está em [6]:

[6] **SujV**>*Agente*   V   SN>*Paciente*

Voltaremos a essa convenção mais adiante no texto; não trato disso agora para não me desviar demasiadamente do assunto que nos interessa no momento[6].

4.6 AS CONSTRUÇÕES E A DESCRIÇÃO DA LÍNGUA

Não possuímos ainda a lista de todas as construções existentes na língua, mas já podemos ver a importância que essa lista terá para a descrição da gramática do português.

Um falante, ao utilizar sua língua, dispõe de grande número de conhecimentos sobre ela; e, em particular, dispõe da lista das construções possíveis. Digamos que ele pretende falar de alguém que praticou uma violência contra outra pessoa; e que ele tenha escolhido para isso o verbo *espancar*, que tem como uma de suas acepções a de "praticar violência". Ele sabe que a pessoa que praticou essa violência foi João, e quem a sofreu foi Daniel. Ele sabe igualmente que o verbo *espancar* pode ocorrer na construção transitiva;

---

6. Eu sempre hesito muito antes de introduzir uma nova convenção, que pode ser mais um obstáculo à compreensão. Mas aqui não tenho alternativa: não seria correto notar a construção transitiva como composta de **sujeito + verbo + SN**, porque isso exclui explicitamente frases sem sujeito como *comi a pizza*, que é importante incluir na construção, por razões que serão vistas mais adiante. Na primeira versão desta gramática, usei "H", que no entanto não agradou. Vamos ver agora.

isso quer dizer que o Agente (o que praticou a violência) deve ser o sujeito[7], e o Paciente (que sofreu a violência) deve ser o objeto[8]; esquematicamente,

---

Construção transitiva

SujV>*Agente*   V   SN>*Paciente*

Agora só falta preencher as categorias indicadas com os itens lexicais correspondentes: *espancar, João* e *Daniel*. Como é o Agente, *João* deverá ser o sujeito, de modo que a frase é

[21] O João espancou o Daniel[9].

O mesmo evento poderia ser expresso utilizando outro verbo, como *apanhar*. Mas *apanhar* (descrevendo um ato de violência) não pode ocorrer na construção transitiva; em vez disso, ocorre em uma construção em que o Paciente (não o Agente) é o sujeito, e o Agente aparece como um sintagma introduzido pela preposição *de*:

[22] O Daniel apanhou do João.

Aqui temos outra construção, que vamos chamar **de derrota**, que pode ser formulada assim:

Construção de derrota

SujV>*Paciente*   V   de SN>*Agente*

---

7. Mais precisamente, o sujeito valencial; onde não houver perigo de confusão, vou usar simplesmente "sujeito".

8. Que, relembro, se define como um SN não sujeito.

9. É claro que há outros aspectos do significado que não foram considerados; p. ex., o tempo do verbo. O conhecimento do falante vai muito além das construções que estamos utilizando.

As possibilidades não param aí. A mesma cena – o mesmo Agente, o mesmo Paciente, a mesma ação – pode ser descrita usando o verbo *bater*, mas a construção é outra:

[23] O João bateu no Daniel.

Agora o Agente é sujeito, mas o Paciente, em vez de ser objeto, é um constituinte formado pela preposição *em* mais um SN. Trata-se de uma nova construção, a saber,

> **Construção de Paciente com *em*:**
> SujV>*Agente* V *em* SN>*Paciente*

Essas construções especificam como podemos usar os verbos e seus complementos (isto é, as orações) para exprimir ideias. Por isso são uma parte importante da estrutura da língua, e seu estudo é indispensável para a descrição dessa estrutura. A língua muitas vezes oferece mais de uma maneira de expressar as mesmas relações básicas – como vimos no caso das três construções acima, todas elas exprimindo uma relação **Agente – Ação – Paciente**[10]. Cada verbo de certo modo "escolhe" a sua maneira própria de exprimir essa relação: com *espancar* tem que ser a construção transitiva; com *apanhar*, a construção de derrota; e com *bater* a construção de Paciente com *em*. É complicado, mas é assim que a língua funciona.

Há muitas maneiras de explicitar as construções de uma língua. Nesta gramática, optamos pela mais simples: damos a lista delas – lista muito incompleta, dado o atual estado das investigações, mas suficiente para dar uma ideia das construções do português brasileiro. A formulação escolhida, por

---

10. Essas diversas possibilidades são geralmente chamadas **alternâncias**. As alternâncias são usadas de várias maneiras na literatura, de modo que a noção não é muito clara. A definição que eu prefiro é a de García-Miguel e Vaamonde (internet), a saber, "maneiras de conceptualizar a mesma cena". Mas não uso sistematicamente a relação de alternância nesta gramática.

outro lado, deixa de exprimir muitos fenômenos importantes da gramática, como as relações de concordância, o tempo e o aspecto verbais, muitos aspectos importantes do significado das sentenças e dos itens lexicais etc. Esses fenômenos são estudados separadamente, de modo que uma gramática é muito mais do que uma lista de construções[11].

4.7 COMPLEMENTOS E ADJUNTOS?

Uma construção, como vimos, compreende um verbo acompanhado de certo número de sintagmas. No entanto, nem todos os sintagmas que aparecem em uma frase são relevantes para definir a construção; tanto é assim que ambas as frases abaixo são exemplos da construção transitiva (SujV>*Agente* V SN>*Paciente*):

[21] O João espancou o Daniel.

[24] Depois da discussão o João espancou o Daniel com uma vassoura.

[24] contém constituintes que não são mencionados na definição da construção transitiva: *depois da discussão* e *com uma vassoura*. Esses constituintes extranumerários se denominam, tradicionalmente, **adjuntos**; os que figuram na definição, a saber, *o João* e *o Daniel*, são **complementos**. As razões dessa dicotomia, assim como os critérios para aplicá-la, são muito insatisfatórios tanto na gramática tradicional quanto em muitas abordagens mais recentes. O que realmente está em questão é quais constituintes devem figurar na definição da construção e quais não devem; isso é devidamente discutido no capítulo 15. Por ora, ficamos apenas com a observação de que muitos constituintes de uma sentença não estão ali por força da definição da construção, mas são acrescentados livremente, desde que sejam

---

11. A lista de construções pode ser expressa de maneira mais compacta como um conjunto de regras. Aqui optei pela lista pura e simples para manter a exposição no nível mais concreto possível.

semanticamente adequados – ou seja, desde que sua presença não acarrete o aparecimento de uma interpretação anômala. Assim, se substituirmos em [24] *com uma vassoura* por *em termos gerais*, a frase ficará estranha porque é difícil construir um significado coerente para ela. Isso não é um fator propriamente gramatical, e tem a ver antes com nossa concepção do mundo, que exclui o significado dessa frase em sua versão modificada.

4.8 ÂMBITO DESCRITIVO DAS CONSTRUÇÕES

As construções, tais como definidas acima, expressam boa parte da estrutura sintática e semântica da língua, mas não toda ela. Uma construção expressa uma estrutura sintática básica (uma sequência de categorias, como SN, V, *em*+SN etc.) e os papéis temáticos de cada uma dessas categorias. Mas muitos fenômenos importantes ficam de fora, e são estudados separadamente. Dentre eles podemos salientar: negação e interrogação; tempo do verbo (incluindo-se aqui a ocorrência de auxiliares); e pessoa gramatical, além dos adjuntos mencionados na seção anterior. Ou seja, as frases abaixo são todas elaborações da construção ergativa:

[25] O Nagib não engordou.

[26] O Nagib engordou?

[27] O Nagib está engordando.

[28] Eu engordei.

[29] Esse ano o Nagib engordou muito.

Esses elementos são evidentemente importantes, e são estudados em algum lugar da gramática; apenas não participam da definição das construções.

Outra coisa que as construções não contemplam são diferenças semânticas do verbo, como se verifica em

[30] A Beth viu o gato.

[31] A Beth viu o meu problema.

É claro que *ver* significa coisas distintas em [30] e [31]; no caso, isso parece depender do caráter concreto ou abstrato do objeto. De qualquer maneira, essa diferença não afeta a análise das duas frases como elaborações da mesma construção. A diferença deverá ser descrita em outra seção da gramática.

Em resumo, o papel das construções é central na descrição gramatical; mas não a esgota, de modo que dependemos ainda de grande número de outros recursos descritivos para cobrir adequadamente a estrutura gramatical da língua[12].

4.9 CONSTRUINDO CONSTRUÇÕES: REGRAS GERAIS

Até agora estivemos encarando as construções como estruturas feitas – como se aprender uma língua envolvesse simplesmente memorizar uma longa lista de construções, cada uma com sua estrutura sintática e seus papéis temáticos já no lugar. Mas é pouco provável que as coisas sejam assim; o estudo das línguas e de sua aquisição sugere, antes, que existem regras gerais, tanto para a montagem das estruturas sintáticas quanto para a atribuição dos papéis temáticos. Essas regras comportam exceções, talvez em grande número, mas o quadro final é muito diferente de uma simples lista. Nesta seção vou traçar um panorama preliminar de como se concebe esse sistema de regras e exceções; os aspectos mais importantes (e mais bem conhecidos) do sistema serão desenvolvidos em capítulos posteriores.

---

12. Devo observar que estou considerando uma noção bastante restritiva de "construção", basicamente com objetivos de descrever as valências verbais. Esses elementos excluídos são também parte das construções, quando estas são consideradas sob outros pontos de vista. Para ser bem preciso, a exclusão dos adjuntos vale para a definição de **diáteses**, que são um subconjunto das construções (cf. exposição desse ponto em 13.2). Por ora, vamos falar apenas de construções, para evitar explicações antes da hora.

4.9.1 Geração das estruturas sintáticas

Vamos começar com a sintaxe. Aqui podemos nos beneficiar de uma tradição de pesquisa que já esclareceu muitos aspectos do sistema. Entende-se a sintaxe como um sistema de regras que define as possibilidades de estruturação formal, ou seja, a ordem dos termos e a divisão em constituintes. Por exemplo, seja uma frase como

[32] O João fotografou meu gato.

Essa frase não é apenas uma sequência de palavras. Ela se estrutura em constituintes, que podem ser percebidos intuitivamente como[13]

[o João]   [fotografou]   [meu gato]

Cada um desses constituintes pertence a uma classe; sem discutir a definição dessas classes (isso será feito mais adiante), digamos que a estrutura sintática fica assim:

> [o João]   [fotografou]   [meu gato]
>   SN   V   SN

onde SN = sintagma nominal; V = verbo.

Ora, sabemos que em muitos casos o segundo SN não aparece, como em

[33] O João espirrou.

Daí podemos formular uma regra que estabelece que uma oração em português pode ser formada de um SN, mais um Verbo, mais (opcionalmente) outro SN; isso pode ser formulado assim[14]:

---

13. Essa é uma das segmentações possíveis. Para muitos linguistas, *fotografou meu gato* seria um constituinte, a ser subdividido em dois. Não precisamos entrar nessa discussão no momento.

14. O = oração.

[34] O → SN V (SN)

Esse tipo de regra se chama **de estrutura sintagmática**. É possível formular um conjunto não muito grande de regras de estrutura sintagmática que definem todas as possibilidades sintáticas das orações do português. Outro conjunto de regras define as possibilidades de estruturação interna do SN, e assim por diante, até cobrir todas as estruturas sintáticas possíveis na língua.

A regra de estrutura sintagmática dada, [34], não está completa, porque não inclui a função do primeiro SN, que é o sujeito; isso é objeto de outra regra, que veremos na seção 5.2. Nesta gramática não se utiliza muito frequentemente o formalismo exemplificado em [34]. Mas as regras sintáticas a serem vistas, embora apresentadas de maneira mais discursiva, são muitas vezes redutíveis a regras de estrutura sintagmática como [34].

4.9.2 Atribuição dos papéis temáticos

Note-se agora que a regra [34], que representa a análise de [32], não diz nada a respeito do significado da oração – limita-se a estipular as classes sintáticas, sua ordem e sua distribuição em constituintes. Agora vamos considerar um aspecto do significado particularmente importante, a saber, os papéis temáticos de cada constituinte.

Aqui as coisas são muito mais complexas do que no caso da sintaxe. Em particular, vamos precisar de diversos tipos de mecanismos de atribuição de papel temático, não apenas um tipo de regra como fizemos para a sintaxe. Isso é assunto dos capítulos 13 a 18 desta gramática; aqui vou apenas dar uma visão bem sumária do sistema.

Primeiro, temos regras que atribuem preferencialmente certos papéis temáticos a certos constituintes. Essas regras – denominadas **regras de encadeamento** – podem levar em conta a função sintática, no caso específico do sujeito[15]. Assim, verifica-se uma forte tendência no sentido de exprimir o

---

15. As regras de encadeamento correspondem ao que se chama em inglês **linking rules**.

Agente como o sujeito da oração. Essa tendência não atinge todos os casos, mas é certamente majoritária dentro da lista dos verbos da língua. Assim podemos estabelecer que a gramática do português inclui a regra

[35] Agente <> sujeito

que se lê assim: "o Agente é preferencialmente codificado como o sujeito da oração". Essas regras estabelecem um dos tipos do que se chama **protótipos** – no caso, o sujeito Agente é prototípico em português. Como disse, há muitas exceções; veremos no capítulo 15 como são tratadas essas exceções na descrição da língua. Por ora, vejamos apenas um exemplo:

[36] Meu cachorro apanhou do seu gato.

Aqui temos uma ação, com o respectivo Agente – que é o gato, não representado pelo sujeito, mas pelo sintagma preposicionado *do seu gato*. Esse é um caso excepcional, ligado às características gramaticais do verbo *apanhar*, que é inegavelmente um verbo bastante excepcional na língua. Já a frase

[37] Meu vizinho está gordo.

cujo sujeito não é Agente, não é uma exceção, porque a frase não tem Agente nenhum – na verdade, nem sequer exprime uma ação. Logo, a regra de encadeamento [35] não poderia se aplicar a este caso.

Capítulo 5

Oração

5.1 O QUE É UMA ORAÇÃO

As construções examinadas no capítulo 4, assim como muitas outras, representam um tipo de estrutura que se denomina **oração**. Uma oração é uma estrutura que tipicamente contém um **verbo** e quase sempre outros sintagmas (SNs, sintagmas adjetivos, sintagmas adverbiais e sintagmas preposicionados), em número variável, e que são denominados aqui **complementos**[1]. Basicamente, são esses os constituintes de uma oração; há mais alguns constituintes, como a **negação verbal** (*ela não veio*) e o **auxiliar** (*a Carla está dormindo*). Veremos que a estrutura sintática da oração é comparativamente simples – a complexidade, que é muita, aparece quando se tenta analisar sua estrutura semântica.

O verbo pode ser considerado obrigatório, pois só não ocorre em orações reduzidas anaforicamente (que serão tratadas no capítulo 22) e nas frases nominais do tipo *bonito, o seu chapéu*, que são bastante raras. Já o sujeito e os demais complementos frequentemente faltam, e isso se deve a fatores de diversa natureza: em muitos casos, um complemento pode ser omitido porque seu conteúdo não é de interesse para a mensagem pretendida, como em *as crianças já comeram*, sem se especificar o que elas comeram. Em outros casos, um complemento não pode ser omitido, apa-

---

1. A distinção entre **complemento** e **adjunto** é utilizada aqui informalmente; mas, como se verá, não é bem fundamentada.

rentemente por idiossincrasia do próprio verbo – como por exemplo em *ela colocou na geladeira*. E os contextos anafóricos tipicamente causam a omissão de constituintes que seriam repetidos, como em *Manuel comprou um sítio em Betim e Renata um lote na cidade*, onde o verbo *comprou* não é repetido na segunda oração.

Uma frase pode ter mais de uma oração, mas neste capítulo nos limitamos a frases de uma só oração (uma frase de uma só oração recebe o nome tradicional de **período simples**). Assim, cada uma das sequências examinadas no capítulo 4 constitui uma oração. E pode-se dizer que cada oração **elabora** (ou **realiza**) uma construção: por exemplo, a oração [1]

[1] Carminha beliscou Pedro.

elabora a construção transitiva[2]:

[2] **SujV>*Agente***   **V**   **SN>*Paciente***

Outros exemplos de orações são:

[3] Eu rasguei o caderno do César.

Esta oração elabora a mesma construção dada em [2].

[4] O caderno   rasgou.

Esta oração tem sujeito Paciente, e não Agente como em [1] e [3]; a construção elaborada aqui é

[5]   **SujV>*Paciente***   **V**

O próximo exemplo, a saber,

[6] Choveu.

---

2. Cf. explicação de "SujV" na seção 4.5.

realiza uma construção que ainda não vimos, que se caracteriza por só ter verbo, sem nenhum complemento: verbos como *chover, ventar, nevar, trovejar, esfriar* e *esquentar* (*esquentou muito ontem*) podem ocorrer nessa construção.

Já sabemos que nem todas as construções são orações. Veremos mais adiante construções de outros tipos, como o **sintagma nominal**, o **sintagma adjetivo** e o **sintagma adverbial**. Por ora, vamos examinar a estrutura interna das orações.

5.2 SUJEITO

5.2.1 A noção de "sujeito"

O primeiro elemento da estrutura da oração a estudar é o **sujeito**.

A noção de "sujeito" como função sintática nasce da seguinte observação: em português (como em muitas outras línguas), um dos papéis temáticos associados ao verbo pode ser elaborado duas vezes, isto é, seu referente pode ser identificado por dois elementos da oração: por um dos SNs presentes na oração, e, redundantemente, pelo sufixo de pessoa-número do verbo. Assim, por exemplo na frase

[7] Eu vendi um lote.

temos dois SNs associados ao verbo, a saber, *eu* e *um lote*. O primeiro tem o papel temático de Agente, e o segundo o papel temático de Paciente. Mas o papel temático de Agente é também representado pelo sufixo de pessoa-número *-i*, presente no verbo *vendi*. Já o papel temático Paciente é elaborado apenas pelo SN que se segue ao verbo.

Isso permite omitir, em certas circunstâncias, o SN inicial, de modo que se pode dizer

[8] Vendi um lote.

Note-se que não se perdeu nenhuma informação, porque o Agente de *vendi* continua sendo indicado pelo sufixo *-i*; por isso, [7] e [8] são sinônimas[3].

Essa possibilidade de omissão não funciona em todos os casos, porque a redundância nem sempre é total. Por exemplo, em

[9] Meu tio vendeu um lote.

o sufixo do verbo, *-eu*, só nos diz que o Agente não é o falante ("eu"); mas, fora isso, pode ser qualquer pessoa: "meu tio", "minha tia", "ele", "você", "a gente" etc. Ou seja, a indicação que o sufixo faz a respeito do Agente é tão vaga que se torna necessário, em termos de informação, acrescentar sempre um SN que explicite melhor sua referência. Por isso é que não se diz (fora de contexto)

[10] * Vendeu um lote[4].

O leitor poderá verificar facilmente que as formas que admitem a omissão do SN inicial são *vendi* e *vendemos*. Com *venderam* a omissão também é possível, mas com uma diferença nítida de significado:

[11] Venderam um lote.

significa que alguém, não especificado, vendeu o lote. Esses casos são estudados no capítulo 7.

Por ora, voltamos ao caso de

[7] Eu vendi um lote.

[9] Meu tio vendeu um lote.

---

3. Não quero dizer que sejam exatamente equivalentes, mas isso não nos interessa no momento. As duas denotam a mesma ação, com o mesmo Agente e o mesmo Paciente.

4. Frases como [10] são aceitáveis dentro de um contexto mais amplo (anafórico); isso é visto no cap. 22.

O SN que aparece nessas frases logo antes do verbo (respectivamente, *eu* e *meu tio*) é o que chamamos de **sujeito**. Ele é responsável por indicar o Agente e é totalmente redundante no caso de [7], mas não no caso de [9]. Em [9], o sujeito elabora a informação básica fornecida pelo sufixo, de modo que ficamos sabendo não apenas que o Agente não sou "eu" nem "nós" (que é só o que o sufixo consegue informar), mas que se trata de "meu tio".

Essa análise significa que a oração

[8] Vendi um lote.

não tem sujeito. O sujeito é o SN que antecede o verbo em [7], mas aqui não há nenhum SN antes do verbo; e *um lote* não pode ser sujeito, pois é de terceira pessoa, e o sufixo do verbo indica um sujeito de primeira pessoa do singular. Essa análise contraria, portanto, a análise tradicional de que haveria em [8] um sujeito "oculto". O modelo adotado nesta gramática não lida com elementos *sintáticos* "ocultos".

Nos exemplos vistos, tanto o sujeito quanto o sufixo de pessoa-número indicam o Agente. Mas isso nem sempre ocorre, de modo que não se pode dizer que o sujeito é sempre Agente. Assim, em

[12] Eu engordei muito desde março.

[13] Engordei muito desde março.

o sujeito (em [12]) e o sufixo de pessoa-número (em [12] e em [13]) indicam o Paciente: a pessoa que sofreu o processo descrito pelo verbo. E em

[14] A Paulinha tem dois carros.

o sujeito e o sufixo de pessoa-número indicam o papel temático Possuidor. O sujeito (assim como o sufixo de pessoa-número) pode exprimir uma grande variedade de papéis temáticos.

5.2.2 Identificando o sujeito

Para chegar a uma definição de sujeito, temos que nos perguntar como o usuário da língua o identifica. Note-se que, ao ouvir uma frase, ele não dispõe dos papéis temáticos; precisa partir da sequência sonora ou gráfica. Ele tem pela frente a tarefa de atribuir a cada sintagma o papel temático adequado. E ele faz isso com base em seu conhecimento prévio, que inclui: (a) a sequência concreta realmente percebida (oralmente ou por escrito); e (b) a valência do verbo da oração, que é parte de seu conhecimento lexical[5].

Em uma frase como

[15] Seu filho machucou o cachorro.

como é que o receptor descobre que quem machucou (isto é, o Agente) foi seu filho, e não o cachorro? Isso, evidentemente, se baseia na ordem dos termos, porque os papéis temáticos ficam invertidos se invertemos a ordem dos SNs:

[16] O cachorro machucou seu filho.

E, além do mais, o sufixo de pessoa-número de *machucou* é compatível com qualquer dos dois SNs da oração (*o cachorro, seu filho*). Precisamos de uma regra de identificação do sujeito que não lance mão dos papéis temáticos dos diversos constituintes da oração, já que é preciso saber qual constituinte é o sujeito para podermos atribuir corretamente os papéis temáticos. A regra é a seguinte:

---

5. Estou saltando vários estágios importantes, como o de identificar certas subsequências fonológicas como SNs, outra subsequência como um verbo etc.

> ### Regra de identificação do sujeito
>
> *Condição prévia:* O sujeito é um SN cuja pessoa e número sejam compatíveis com a pessoa e número indicados pelo sufixo de pessoa-número do verbo.
> (i) Se na oração só houver um SN nessas condições, esse SN é o sujeito.
> (ii) Se houver mais de um SN, então o sujeito é o SN que precede imediatamente o verbo.
> (iii) Se o SN que precede o verbo for um clítico[6] (*me, te, nos, se*), ele não conta, e o sujeito é o SN precedente.

A regra funciona para orações do tipo das que estudamos aqui; para períodos compostos e casos de redução anafórica tornam-se necessárias outras restrições. Há também restrições para casos de terceira pessoa como *depredaram os carros*, onde *os carros* não é sujeito, embora atenda às condições dadas acima. Vamos pegar essa regra como ponto de partida, mas ela ainda precisa de elaboração.

A condição prévia é verificada com base em uma espécie de tabela que todos temos na memória, como parte de nosso conhecimento da língua: por exemplo, o pronome *nós* é de **1ª pessoa do plural**; e *eu* é de **1ª pessoa do singular**; e qualquer sintagma nominal que inclua um desses pronomes[7] é de **1ª pessoa do plural**: *eu e a minha irmã, eu e você, nós e a turma do bairro* etc.[8] Todos os outros sintagmas nominais possíveis da língua são de **3ª pessoa**, do singular ou do plural conforme o caso[9].

---

6. Um clítico, para nossos objetivos, é um pronome oblíquo átono. No PB só existem esses quatro, mais *lhe*, usado em certas regiões.

7. Como constituinte imediato; assim, *um café para nós* é de terceira pessoa, porque *nós* não é constituinte imediato do sintagma – pertence ao sintagma preposicionado *para nós*, que por sua vez é parte do SN *um café para nós*.

8. Isso se aplica também às formas flexionadas desses pronomes: *nos, -nosco* (formas de *nós*); *me, mim, -migo* (formas de *eu*).

9. Lembro que estamos considerando uma variedade que não utiliza *tu* como pronome de segunda pessoa.

Essa categorização dos SNs é confrontada com o sufixo de pessoa-número: apenas um SN que seja marcado como de mesma pessoa e número que o sufixo poderá ser o sujeito. Assim, na frase

[7] Eu vendi um lote.

um lote não é elegível como sujeito, porque o sufixo do verbo indica 1ª pessoa no singular, e esse SN é de 3ª pessoa do singular. Já *eu* pode ser o sujeito da oração, pois também é de 1ª pessoa do singular.

Aqui se faz necessário observar que essas "pessoas" são marcas formais, independentes do que esses pronomes significam. É verdade que *eu* sempre se refere ao falante, mas há outras maneiras de fazer referência a si mesmo, como quando a mamãe diz *agora a filhinha vai dormir porque a mamãe vai ver um filme*, onde *a filhinha* se refere à ouvinte, e *a mamãe* à própria falante. A regra de identificação do sujeito não leva isso em conta; para ela, *a mamãe* é de 3ª pessoa do singular, e por isso pode ser o sujeito da forma *vai*. Ou seja, quando falamos das "pessoas" não estamos nos referindo ao enunciador, enunciatário etc., mas a classes formais de sintagmas e sufixos verbais. Esses elementos realmente se referem aos participantes da situação de fala, mas não é isso que condiciona a aplicação da regra; esta é puramente formal, mesmo porque precisa ser aplicada *antes* da atribuição de qualquer significado à sequência recebida[10].

Quando só há um SN compatível com o sufixo, ele é o sujeito, como se vê em

[17] De repente pulou <u>um cabrito</u> no meu colo.

[18] Chegou <u>uma encomenda</u>.

---

10. Naturalmente, a diferença entre o emissor, o receptor e uma entidade que não é nenhum deles é importante, e precisa ser levada em conta em algum ponto da descrição da língua. Mas não tem relação direta com o vínculo entre o sujeito e o sufixo de pessoa-número, que é o que nos ocupa aqui.

Nessas frases, os sintagmas *um cabrito* e *uma encomenda* recebem o papel temático esperado para os verbos da oração (Agente para *pular*, Tema para *chegar*)[11].

A aplicação da regra não deixa lugar para ambiguidades. Com efeito, no PB, sempre que há mais de um SN na oração o sujeito precisa aparecer logo antes do verbo; à parte os clíticos, não há exceções. Ou seja, não temos, por exemplo, uma frase da forma **SN + V + SN** onde o sujeito seja o segundo SN[12]. E quando só há um SN na oração, não é possível interpretá-lo como um SN não sujeito anteposto, isto é, topicalizado. Assim, embora no PB se possa dizer

[18] Aquela torta eu comi inteirinha.

não se diz

[19] * Aquela torta comi inteirinha[13].

Finalmente, os itens *me, te, nos* e *se* são excepcionais porque nunca podem assumir o papel temático reservado ao sujeito pelo verbo, mesmo quando ocorrem logo antes dele – que é aliás sua posição normal. Assim, em

[20] Esse cachorro me lambeu.

o clítico *me* não pode ser sujeito. Os pronomes clíticos ("oblíquos átonos") são itens excepcionais, e nenhuma análise pode evitar dar a eles o tratamento de exceções[14].

---

11. O papel temático Tema exprime a coisa que se movimenta.

12. Em português clássico tais casos ocorriam, embora mesmo aí sejam excepcionais; Varnhagen (1854) escreveu: "essa exposição ou relatório publicou Cândido Mendes de Almeida", onde *Cândido Mendes de Almeida* é sujeito (logo, Agente). A única variedade moderna em que ocorrem sujeitos pospostos na presença de outro SN parece ser a dos locutores esportivos: *afasta o perigo o zagueiro do Atlético*. Alguns falantes aceitam *pago eu essa conta*, com acento enfático sobre *eu* (aqui a estrutura é V SN SN).

13. Meu julgamento; alguns falantes podem discordar.

14. Quanto aos casos de reflexividade, cf. 31.2. Os oblíquos podem ser sujeito em um caso especial de período composto, exemplificado por *ela me viu sair*; essa construção é estudada no cap. 26.

A regra acima explica como conseguimos distinguir o sujeito dos demais sintagmas nominais presentes em uma oração. A atribuição do papel temático correto ao sujeito depende do verbo – de sua **valência**, que será estudada em profundidade a partir do capítulo 13. Ali veremos que com *matar* o sujeito é Agente, mas com *morrer* é Paciente, e assim por diante.

5.2.3 "Erros de concordância"

Tradicionalmente se vê a relação entre o sujeito e o sufixo de pessoa-número como uma relação de regência: o sujeito determina a forma do sufixo. Na análise aqui adotada, exprimimos essa relação como uma congruência semântica entre os dois constituintes.

Isso nos leva a interpretar diferentemente casos de "erros" como

[21] * Eu chegou ontem de Campo Grande.

[22] * A Virgínia fizemos um bolo de chocolate.

Para nós, o que está errado nessas frases é que elas dão indicação contraditória sobre o ocupante de um dos papéis temáticos. No caso de [21], o Tema (quem chega de Campo Grande) é indicado como sendo "eu" pelo sujeito *eu*, mas como sendo uma pessoa diferente de "eu" pelo sufixo; e em [22] o Agente de *fazer* seria "a Virgínia" segundo o sujeito, mas seria "nós" segundo o sufixo. O resultado, nos dois casos, é que a frase é semanticamente malformada, e por isso é inaceitável[15].

5.3 SNS OBJETOS

Existem orações que comportam mais de um SN, como por exemplo:

[15] Seu filho machucou o cachorro.

---

15. Cf. argumentação detalhada em favor dessa análise em Perini (2008, 4.2.1).

Essa frase se analisa como[16]

[23] [Seu filho]   machucou   [o cachorro]
     SN   V   SN
    sujeito
    Agente   Paciente

Como se vê, um dos SNs é sujeito (é assim rotulado pela Regra de Identificação vista em 5.2.2); e o outro SN não é sujeito, porque não se enquadra na regra. Esse segundo SN é tradicionalmente chamado "objeto direto". Para simplificar, vou apenas dizer que se trata de um SN "objeto"; ele se define por ser um SN que não é sujeito[17].

Em português temos frases com dois SNs (um sujeito, outro objeto), sendo que o segundo ocorre principalmente em duas posições, depois do verbo ou antes do sujeito[18]:

[15] Seu filho machucou o cachorro.

[24] O cachorro, seu filho machucou.

Em qualquer dessas frases a regra marca *seu filho* como sujeito. Por outro lado, não ocorrem em português orações com o objeto entre o sujeito e o verbo, como seria em

[25] * Seu filho, o queijo comeu.

nem orações com objeto antes do verbo e sujeito depois, como

[26] * O queijo comeu seu filho.

---

16. Nestes exemplos, coloco o papel temático debaixo do constituinte, em vez de usar ">".

17. Como não utilizo o termo **objeto indireto**, o uso de **objeto** não deve gerar confusão. Note-se que essa definição vai valer para casos que a análise tradicional não considera objetos, como o predicativo. Esses casos são considerados logo adiante.

18. Naturalmente, excluindo os clíticos que seguem regras próprias.

Essas orações são inaceitáveis porque em ambas *o queijo* teria que ser o sujeito (pela Regra de Identificação); mas por razões semânticas óbvias o SN *o queijo* não pode ser o sujeito – ou seja, o Agente – de *comer*.

Existem também orações com três SNs. Por exemplo,

[27] [Daniela] considera [Ronaldo]   [o maior jogador do mundo]
    SN   V   SN   SN
   sujeito

Entre os verbos que ocorrem com três SNs estão *considerar, achar, julgar*:

[28] Eu acho esse gato um problema.

Como se vê, esses verbos têm certa semelhança semântica: todos falam de alguém (o sujeito) que tem uma opinião (o segundo objeto) sobre alguma coisa ou alguém (o primeiro objeto).

Mais raramente, os dois SNs objetos podem vir invertidos (a qualidade primeiro, e a coisa qualificada depois). Essas frases são geralmente pronunciadas com uma cesura entonacional antes do último SN, ou seja,

[29] Eu acho um problema, \\ esse gato.

Um problema em [29] se pronuncia com entonação ascendente, e *esse gato* com entonação mais baixa.

A distribuição de papéis temáticos nessa construção é também limitada; trata-se de uma construção que podemos definir assim:

Construção de ação opinativa			
SN	**V**	**SN**	**SN**
Agente		Coisa.qualificada	Qualidade
Opinador			

Outra construção que compreende três SNs ocorre com os verbos *nomear* e *eleger*:

Construção de nomeação			
SN	V	SN	SN
Agente		Paciente	Qualidade

Por exemplo:

[30] O presidente nomeou Sara ministra da Educação.

[31] O povo elegeu o Cristiano vereador.

As duas construções acima, embora parecidas, têm várias diferenças. Primeiro, os papéis temáticos não são os mesmos: na **construção de ação opinativa**, o sujeito é Agente e Opinador (isto é, alguém que manifesta sua opinião), ao passo que na **de nomeação** o sujeito é apenas Agente[19]. Depois, o primeiro objeto é Coisa.qualificada (o elemento que recebe uma qualidade do Opinador) na **construção de ação opinativa**, mas Paciente na **de nomeação**[20].

Outra diferença, que não poderemos investigar aqui, é que há dúvidas sobre se o terceiro complemento da construção de Nomeação é de fato um SN; por exemplo, ele não costuma ocorrer com artigo:

[32] * O presidente nomeou Sara a ministra da Educação.

Além disso, na **construção de ação opinativa** a Qualidade pode ser expressa por um sintagma adjetivo, como em

[33] Daniela considera Ronaldo inteligente.

ao passo que na **de nomeação** isso não é possível.

---

19. Note-se que um sintagma pode ter mais de um papel temático.

20. Gabriel Othero não vê diferença relevante entre essas duas construções, e pode ter razão. Se partirmos da segunda formulação, e deixarmos as diferenças por conta do significado "interno" dos verbos, poderemos chegar à primeira por elaboração. Não vou tentar isso aqui, porque nos levaria longe demais do objetivo imediato do texto; mas é uma hipótese a explorar.

Finalmente, é preciso observar que nessas construções existe uma relação semântica entre o primeiro e o segundo SNs objetos: por exemplo, *inteligente* em [33] se entende como uma qualidade de *Ronaldo*, e em [30] *ministra da Educação* é a qualidade atribuída a *Sara*.

Em outras construções, no entanto, a relação semântica se observa entre o **sujeito** e o segundo SN:

[34] A vizinha procurou o filho assustada.

[35] A vizinha procurou o filho uma fera.

Tanto *assustada* em [33] quanto *uma fera* em [34] são qualidades atribuídas ao sujeito *a vizinha*. Isso mostra que, pelo menos nesses casos, a conexão semântica entre certos sintagmas é relevante para a definição de construções[21].

---

21. Volto a esse ponto no cap. 14.

Capítulo 6

Orações sem sujeito

Como acabamos de ver, o sujeito é um sintagma nominal que tem uma relação especial com o sufixo de pessoa-número do verbo, e que ocorre em determinadas posições na oração. Vimos também que o sujeito tem um papel temático, ou seja, tem uma relação semântica com o verbo. No entanto, é preciso esclarecer que o sufixo de pessoa-número não é o sujeito; e o papel temático expresso pelo sujeito também não é o sujeito; o sujeito é um SN presente na oração. Já abordamos brevemente esse ponto, mas como ele é uma fonte constante de incompreensão, vou desenvolvê-lo mais neste capítulo.

6.1 OMISSÃO DO SUJEITO

Se o sujeito é um SN presente na oração, então a frase

[1] Espirrei.

não tem sujeito. Ela tem um sufixo de pessoa-número (*-ei*); e esse sufixo indica claramente qual é o Agente, a saber, o próprio falante. Mas não tem sujeito, porque não há na oração um sintagma nominal que possa ser encarregado dessa função. Nisso a frase se distingue de

[2] Eu espirrei.

Aqui temos um sujeito, a saber, o sintagma nominal *eu*. As duas frases são iguais de vários pontos de vista: ambas têm um Agente, e em ambas o Agente é o falante. Mas em [1] o Agente é indicado apenas pelo sufixo *-ei*, ao passo que em [2] ele é indicado por dois elementos formais: o sufixo *-ei* e o SN *eu*. Esse SN, presente em [2], mas não em [1], precisa ter uma designação na nossa terminologia gramatical; essa designação é a de **sujeito**.

Como veremos, as orações sem sujeito são de diversos tipos, que diferem principalmente quanto às condições de atribuição dos papéis temáticos. No caso de [1] e [2] acima, podemos dizer que o verbo *espirrar* atribui o papel temático de Agente a seu sujeito; ou, mais exatamente, a seu sujeito e/ou a seu sufixo de pessoa-número[1]. Em uma frase como [2], a presença do sujeito é redundante, pois ele apenas repete a informação já fornecida pelo sufixo.

Essa opcionalidade do sujeito depende de certas condições que têm a ver com a função comunicativa das orações. Uma frase como [1]

[1] Espirrei.

é suficientemente informativa a respeito do Agente de *espirrar*, já que o sufixo de pessoa-número nos informa, sem ambiguidade, que se trata do falante ("eu"). Mas o sufixo nem sempre é tão claro em sua indicação do referente do sujeito; assim, podemos dizer

[3] Você espirrou.

mas se omitirmos o sujeito a frase fica inaceitável, a menos que esteja em um contexto (textual ou situacional) que esclareça as coisas. Assim, não se pode começar uma fala com

[4] * Espirrou.

---

1. Mais exatamente ainda: o papel temático é atribuído ao referente indicado pelo sufixo e/ou pelo SN.

Essa frase, assim solta de contexto, é rejeitada pelos falantes, e nunca ocorre por si só, porque não dá informação suficiente sobre o sujeito de *espirrar*: poderia ser "você", "ele", "ela", "a gente", "a dona Maria" etc. Assim, frases como [4] só podem ocorrer dentro de um contexto maior, como

[5] A dona Maria estava resfriada. Espirrou o tempo todo.

Compare-se com [1], que pode perfeitamente ser utilizada como a totalidade de um enunciado.

Com licença do leitor, vou insistir um pouco mais na necessidade de analisar a frase

[1] Espirrei.

como não tendo sujeito. Essa análise decorre da necessidade de distinguir um elemento **formal** (sintático), a saber, a presença ou não de um SN logo antes do verbo e um elemento **semântico**, a saber, nossa percepção de que o Agente do espirro sou "eu". Se definimos o sujeito como um termo da oração, presente nela, somos obrigados a reconhecer que tal termo não existe em [1], e portanto essa frase não tem sujeito. Falar de "sujeito oculto", ou coisas equivalentes é confundir forma com significado, um pecado mortal em gramática[2].

6.2 IMPERATIVO

Quando o verbo está no modo **imperativo**, o sujeito pode ser, e geralmente é, omitido. Isso provavelmente tem algo a ver com o fato de que o sujeito do imperativo sempre se refere ao ouvinte, com ou sem inclusão do falante, e o verbo deixa cada caso bem claro. Assim, quando dizemos

---

2. Essa objeção vale também para os constituintes vazios da gramática gerativa. Cf. argumentação mais extensa em favor da posição aqui adotada em Perini (2008, cap. 2).

[6] Lava esse carro, por favor.

sabemos que o Agente de *lavar* deve ser o enunciatário[3]. E quando dizemos

[7] Vamos lavar esse carro[4].

o Agente só pode ser o falante mais outra pessoa ou pessoas.

Assim, o sujeito não é necessário para efeitos de informação, e só aparece quando é enfático ou contrastivo:

[8] Lava *você* esse carro!

[9] Vamos lavar *nós mesmos* esse carro.

6.3 VERBOS QUE RARAMENTE OCORREM COM SUJEITO

A imensa maioria dos verbos pode ser usada com ou sem sujeito, atendidas as condições vistas acima. Mas há alguns verbos que "preferem" ocorrer sem sujeito, embora vários deles possam também ocorrer com sujeito. Esses verbos se dividem, semanticamente, em cinco grupos:

1) verbos de apresentação de existência: *ter, haver*;
2) verbos meteorológicos: *chover, ventar, nevar, trovejar, relampejar, amanhecer, fazer (calor, frio), esfriar, esquentar*;
3) *ser* e *estar* com alguns complementos (*já é tarde, está quente*);
4) *ir* quando utilizado com *para*: *vai para cinco anos que eu moro aqui*;
5) *fazer* na construção *fazer* + expressão de tempo + *que* + oração.

Vamos estudar brevemente cada um desses grupos.

---

3. Não o pronome *você*, que seria o sujeito, mas não está presente na frase; apenas o receptor da mensagem (representado entre aspas: "você").

4. Geralmente pronunciado [vɐ̃m laˈva...] ou [vɐ̃w̃ laˈva...].

6.3.1 *Ter, haver, existir*

Haver ocorre raramente, em geral no contexto de linguagem cuidada e formal; *ter* é a forma normal. À parte isso, *ter* e *haver* são sinônimos, e aparecem tipicamente na construção **de apresentação de existência**, acompanhados de um objeto posposto:

[10] Tem um besouro no banheiro.

[11] No Brasil tem muita gente de origem japonesa.

[12] Houve uma festa na minha casa. (mais frequentemente: *teve uma festa...*)

O verbo *ter* também ocorre com sujeito, com outras acepções, como por exemplo em

[13] A Carol tem um gato lindo.

No significado de "apresentação de existência" *ter* (e, quando usado, *haver*) não tem sujeito segundo as opiniões tradicionais. Assim, nos casos em que a concordância seria visível, ela não acontece:

[14] Teve dois acidentes na minha rua. (e não * *tiveram...*)

Nisso esse verbo se distingue de *existir*, de significado muito semelhante, mas que pode ocorrer com sujeito:

[15] Existiam animais enormes nessa época.

A frase seguinte também é geralmente usada:

[16] Existia animais enormes nessa época.

É provável que a falta de marca de plural no verbo seja exemplo da simplificação morfológica do verbo que se observa também em

[17] Chegou quatro encomenda(s) do Rio.

Por ora, vamos considerar o SN que acompanha *existir* como sujeito em todos os casos.

É bom observar, no entanto, que a língua falada mostra uma tendência a "regularizar" esses verbos, e atribuir sujeito também a *ter*, e a *haver*, quando utilizado; assim, são comuns frases como *tinham três jogadores do Chelsea na frente dele*[5]. Isso ocorre em linguagem relativamente cuidada; no coloquial espontâneo, o fenômeno não ocorre, mesmo porque nessa variedade a tendência é oposta, de não concordar com sujeitos pospostos, como se vê no exemplo [17]. Isso, naturalmente, requer um reexame da própria noção de sujeito, algo que deverá ser feito eventualmente, mas que não podemos por ora incluir nesta *Gramática*.

6.3.2 Verbos meteorológicos

Estes são os verbos que expressam fenômenos da natureza; a maioria ocorre sem sujeito nem objeto:

[18] Está chovendo.

[19] Trovejou muito ontem de noite.

[20] Em Curitiba neva de vinte em vinte anos.

Às vezes eles têm complementos. *Chover* pode ocorrer com um SN, como em

[21] Choveu pedra de mais de 5 centímetros.

Já *fazer*, quando expressa fenômeno meteorológico, ocorre sempre com um SN:

[22] Ontem fez um calor terrível.

---

5. Frase atestada em uma narração de futebol na TV.

A função sintática desse SN que aparece com *fazer* e com *chover* é problemática; prefiro ver nele um objeto, ou seja, um não sujeito, mesmo porque a concordância nesses casos dá maus resultados: ?? *choveram pedras de mais de 5 centímetros* soa mais como português padrão do que como PB, e certamente * *fizeram 40 graus* é inaceitável.

6.3.3 *Ser e estar*

Esses verbos podem também ocorrer em algumas expressões que indicam tempo ou estado meteorológico, e nesse caso nunca têm sujeito:

[23] Já é tarde.

[24] Está um frio danado.

Ser e *estar* ocorrem em muitas outras construções, sendo verbos de valência muito complexa; nessas outras construções podem ter sujeito ou não, como a maioria dos verbos.

6.3.4. Vai para, faz tempo que

Ir, na construção *ir para*, que denota uma avaliação aproximada de duração temporal, não tem sujeito:

[25] Vai para sete anos que eu não vejo a minha irmã.

Fazer ocorre em uma construção de significado semelhante ao da anterior com *ir*, mas que exprime aparentemente uma avaliação mais exata do tempo decorrido:

[26] Faz sete anos que eu não vejo a minha irmã[6].

---

6. Nestes dois casos (com *ir* e com *fazer*) existe a possibilidade ainda não explorada de analisar a oração introduzida por *que* como sujeito do verbo.

Capítulo 7

Sujeito indeterminado

Indeterminação é o fenômeno que consiste em entender mais ou menos esquematicamente a referência de um sintagma. Por exemplo, o sintagma *esse menino pequeno* é **determinado** porque fornece ao receptor meios de identificar a pessoa em questão. Já *menino*, sem determinante, é menos determinado porque ao usá-lo estamos falando dos meninos em geral (*menino dá muito trabalho*). Ou, ainda, podemos nos referir a um ser humano sem maiores delimitações (*alguém mexeu no meu prato*) e assim por diante. Quanto menos individualizada for a referência, mais **indeterminado** será o sintagma respectivo – ou, em termos mais exatos, mais **esquemática** será a referência desse sintagma. Esses graus de indeterminação, ou pelo menos alguns deles, são marcados gramaticalmente pelas línguas. O português é bastante rico neste particular, oferecendo diversos recursos de indeterminação, que permitem uma variedade notável de nuanças de significado. Neste capítulo apresento um resumo das construções e itens lexicais que, de uma maneira ou de outra, exprimem a indeterminação do sujeito.

É claro que o sujeito, sendo uma função sintática, não pode ser, ele próprio, indeterminado no sentido aqui utilizado; estamos falando da indeterminação (esquematização) do referente do sujeito. Assim, "indeterminação do sujeito" se entende como uma forma reduzida de "indeterminação do referente que leva o papel temático codificado pelo sujeito". Esse papel temático varia, como se verá, em função do papel atribuído ao sujeito pela construção.

A indeterminação não se restringe ao sujeito. Em uma frase como

[1] A menina já comeu.

temos um objeto (no caso, Paciente) indeterminado: não se especifica o que foi que a menina comeu, porque é provavelmente irrelevante. Naturalmente, falar de "objeto indeterminado" não é realmente correto porque a frase [1] não tem objeto; mas usamos essa designação, informalmente, porque o Paciente, se fosse determinado, apareceria na posição de objeto em uma construção semelhante a [1] nos outros aspectos. Para evitar complicações terminológicas, vamos manter o uso tradicional neste ponto, e falar de "objeto indeterminado" em [1], e de "sujeito indeterminado" em frases como [4] abaixo.

Um caso bem frequente é a supressão do complemento de uma frase passiva, o que escamoteia totalmente o Agente; já o Paciente aparece na função de sujeito:

[2] Meu carro foi depredado.

A construção ergativa (quando o verbo a permite), deixa o Agente totalmente indeterminado, ficando sugerido que ele pode nem existir:

[3] A vidraça quebrou.

A vidraça pode ter quebrado em virtude de uma mudança de temperatura. Já se a frase fosse

[4] Quebraram a vidraça.

essa interpretação não seria possível: aqui entendemos que alguém praticou a ação.

Outros complementos podem ser igualmente indeterminados. Mas a indeterminação do **sujeito** recebe tradicionalmente mais atenção porque é o aspecto mais rico e complexo desse fenômeno geral, contando com várias estruturas sintáticas especializadas. A indeterminação do sujeito se exprime através dos recursos sintáticos e lexicais seguintes:

a) O sintagma nominal sem determinante; este tem referência genérica, identificando o tipo de entidade a que se refere, mas sem identificar o indivíduo:

[5] Criança suja muito o chão.

Compare-se com

[6] Aquela criança suja muito o chão.

Em [6], o sintagma *aquela criança* é **determinado** no sentido de que fornece os elementos que, a juízo do falante, são suficientes para que o ouvinte identifique a criança em questão. Já em [5] nos referimos a crianças em geral, sem especificar de que indivíduo se trata; o SN é **indeterminado** – ou melhor, **menos determinado** do que *aquela criança* em [6]. O SN sem determinante funciona da mesma maneira em outras funções sintáticas, como em

[7] Até 1971 o clube não aceitava criança.

b) O verbo sem sujeito na terceira pessoa do plural, deixando apenas entendido que se trata de um ser humano:

[8] Quebraram a janela.

Note-se que embora o sujeito (que no caso é Agente) seja indeterminado, fica entendido que foi uma pessoa; a janela não poderia ter sido quebrada pelo vento, nem por um terremoto, nem por um passarinho que se chocou contra o vidro.

No português escrito há uma construção que também exprime isso: *quebrou-se a janela*. Essa construção parece exprimir uma ação mais consciente e proposital do que a construção sem sujeito e verbo na terceira pessoa do plural; por isso, fica estranho dizer *estragou-se o meu carro*, porque isso implicaria em uma finalidade; já *estragaram o meu carro* é normal. A construção indeterminada com *se* é rara no PB; ela é analisada por alguns como um tipo de construção passiva, uma análise que considero insustentável.

c) O verbo sem sujeito na terceira pessoa do singular, que também parece ser restrito a referentes humanos:

[9] Para ir na pracinha <u>segue</u> essa rua até o final e vira à direita.

[10] Nessa fazenda <u>planta</u> café e milho.

Essa construção, que não ocorre no português escrito, sendo exclusiva do PB, ainda está por estudar mais detalhadamente.

d) O infinitivo sem sujeito:

[11] Nadar é bom para a saúde.

Aqui o Agente de *nadar* fica totalmente em aberto.

e) Além desses recursos sintáticos, há um bom número de itens lexicais que são usados para indeterminar o sujeito, em geral restringindo a referência a seres humanos. São usados principalmente SNs como *a pessoa, o sujeito, o cara*, assim como pronomes pessoais como *você, a gente, eles, tu*. Dou abaixo alguns exemplos[1]:

[12] É muito mais fácil <u>você</u> fazer uma campanha de vacinação do que <u>você</u> manter um paciente na UTI.

[13] Ou <u>você</u> pertence àquele grupo de críticos ou <u>te</u> ignoram completamente.

---

1. Registrados na conversa real por Moreira, 2005.

[14] <u>O sujeito</u> toma droga e ameaça quebrar tudo.

[15] Na calada da noite, <u>o cara</u> chega, invade sua casa, <u>você</u> vê o cara e tem que afinar.

Este exemplo é interessante porque inclui dois SNs indeterminados, mas que ficam claramente distintos um do outro: uma pessoa (indeterminada) invade a casa e outra (igualmente indeterminada) tem que afinar.

[16] <u>A pessoa</u> deve acondicionar o lixo em recipiente específico, separando lixo orgânico, vidro, papel, lata etc.

[17] Esse financiamento da Caixa é assim: <u>tu</u> paga tudo o que te mandam pagar e <u>tu</u> ainda fica devendo.

[18] É melhor <u>a gente</u> levar uma vaia do que ser aplaudido contando mentira.

Talvez o elemento lexical mais usado nessa função seja *eles*:

[19] <u>Eles</u> fecharam a passagem por essa rua.

[20] <u>Eles</u> vão acabar deixando a inflação voltar.

Capítulo 8

Outros termos da oração

8.1 SN: SUJEITO E OBJETO(S)

Na frase

[1] O gato arranhou as meninas.

temos dois sintagmas nominais, a saber, *o gato* e *as meninas*, que são complementos do verbo *arranhou*. Já vimos (no capítulo 5) que *o gato* aí é o sujeito; vamos tratar agora da função de *as meninas*. Em primeiro lugar, não é sujeito; e, como veremos, não é necessário dizer nada mais sobre a função desse sintagma.

Primeiro, vamos ver para que precisamos distinguir funções sintáticas dentro da oração. O sujeito, como sabemos, é um SN que tem uma relação especial com o sufixo de pessoa-número do verbo, além de um posicionamento especial na oração. Ele recebe o mesmo papel temático que é também associado ao sufixo de pessoa-número, ou seja, em uma frase como

[2] Nós vendemos o lote.

o ocupante do papel temático de Agente (o elemento que praticou a ação de vender) é indicado ao mesmo tempo pelo sujeito *nós* e pelo sufixo *-mos*.

Como a frase tem dois sintagmas nominais (*nós* e *o lote*), temos que atribuir um papel temático também ao outro SN, que chamamos de **objeto**. E, no caso, só o que temos que saber sobre esse SN é que ele não é sujeito. Na construção exemplificada em [2] (transitiva), o sujeito é Agente e o outro SN é Paciente. Ou seja, as informações necessárias para a atribuição dos papéis temáticos na frase [2] são apenas: (a) que constituintes são SNs; (b) qual deles é o sujeito.

Resumindo, a análise da frase [2] é a seguinte:

[3] [Nós]$_{SN}$ [vende - mos]$_V$ [o lote]$_{SN}$
     Sujeito   SPN
     Agente   Agente   Paciente

"SPN" é o sufixo de pessoa-número (nessa oração, -*mos*). Esse sufixo marca o Agente de *vender*, em redundância com o sujeito.

Isso é tudo o que precisamos saber acerca de orações que têm dois SNs, sendo um deles o sujeito. O Agente aparece duas vezes, pois é redundantemente indicado pelo sujeito e pelo sufixo. Quando o sujeito é omitido, temos

[4] [Vende - mos]$_V$ [o lote]$_{SN}$
     SPN
     Agente   Paciente

Mas o que fazer quando uma oração apresenta sujeito e mais dois SNs? Em português, o número máximo de SNs não sujeitos que podem aparecer em uma oração é de dois – ou seja um máximo de três SNs na oração, sendo um deles o sujeito. Isso ocorre em duas construções conhecidas; a primeira é exemplificada pela frase

[5] [Daniela]$_{SN}$ considera   [seu melhor amigo]$_{SN}$ [um gênio]$_{SN}$

Nesse caso, o sujeito tem o papel temático de Opinador[1], o primeiro objeto é Coisa.qualificada e o segundo é Qualidade. A frase [5] se analisa como

---

1. Opinador é o agente de uma ação mental. Coisa.qualificada é a pessoa ou objeto ao qual se atribui uma Qualidade.

[6] [Daniela]$_{SN}$ consider -a   [seu melhor amigo]$_{SN}$ [um gênio]$_{SN}$
     Sujeito   SPN
     Opinador   Opinador   Coisa.qualificada   Qualidade

A segunda construção ocorre com os verbos *nomear* e *eleger*:

[7] [O governador]$_{SN}$ nome -ou   [meu irmão]$_{SN}$ [Secretário da Fazenda]$_{SN}$
     Sujeito   SPN
     Agente   Agente   Paciente   Qualidade

[8] Os alunos elegeram Caio o melhor professor da escola.

Aqui temos o sujeito Agente, o primeiro objeto Paciente e o segundo Qualidade.

Como se vê, a atribuição correta dos papéis temáticos se faz com base na ordem dos SNs, sem necessidade de se definir propriamente uma "função" para cada um deles. Na verdade, a ordem em que eles aparecem é sua função – pode-se falar de "primeiro objeto" e "segundo objeto". Essa análise bastante simples – um sujeito e mais um ou dois SNs não sujeitos – é plenamente suficiente para descrever os fatos relativos às valências verbais, no que diz respeito aos SNs.

Observe-se que a ocorrência em uma ou outra construção é controlada pelo verbo; ou seja, para cada verbo da língua, é necessário saber em que construções ele ocorre (voltaremos a este ponto em detalhe nos capítulos 13 a 18).

8.2 SINTAGMAS PREPOSICIONADOS

Os complementos nem sempre são sintagmas nominais. Alguns são sintagmas nominais precedidos de preposição, como em

[9] O vizinho apanhou da Elvira.

O constituinte *da Elvira* não é um SN (embora contenha um SN); chama-se um **sintagma preposicionado**, e o papel temático que ele expressa depende em parte da preposição que o introduz, e em parte do verbo da oração[2]. No exemplo acima, *da Elvira* é o Agente e *o vizinho* é o Paciente, isso porque o verbo é *apanhar* e a preposição é *de*. Se mudarmos a preposição, o papel temático também muda:

[10] O vizinho apanhou por causa da Elvira.

Agora o papel temático do sintagma preposicionado[3] é Causa. E se mudarmos o verbo o papel temático também muda:

[11] O vizinho fugiu da Elvira.

Agora o papel temático é Fonte (isto é, o ponto de origem de um movimento).

Como se vê, os fatos relativos aos sintagmas preposicionados na oração são bastante complexos. Em casos como os de [9] e [11], é necessário conhecer a preposição e o verbo para se saber o papel temático do sintagma preposicionado. Mas em [10] o verbo não conta; sempre que o sintagma é introduzido pela preposição *por causa de*, o papel temático é Causa:

[12] O vizinho bebe por causa da Elvira.

[13] Ontem teve uma confusão na rua por causa da Elvira.

A razão é simples: a preposição *por causa de* só pode exprimir o papel temático Causa. Já *de* é muito mais complexa, e pode exprimir muitos papéis temáticos diferentes, como:

[9] O vizinho apanhou da Elvira. (Agente)

[11] O vizinho fugiu da Elvira. (Fonte)

---

2. Há outros fatores em jogo, como a semântica do SN; isso veremos no cap. 18.

3. Relembro que *por causa de* é uma preposição.

[14] O vizinho ganhou <u>da Elvira</u> no tênis. (Paciente)

[15] O vizinho gosta <u>da Elvira</u>. (Estímulo)

etc. Assim, para se atribuir o papel temático a um sintagma introduzido por *de* é necessário conhecer as propriedades do verbo da oração; isso naturalmente é dispensável se a preposição for *por causa de*.

As preposições que só podem exprimir um (às vezes uns poucos) papéis temáticos se chamam **preposições predicadoras**: *por causa de, embaixo de, sem, sobre* e outras. As que dependem sempre do conhecimento do verbo se chamam **preposições funcionais**: tipicamente, *em, de, a*[4].

Podemos agora analisar uma das orações dadas acima[5]:

[16] [O vizinho]$_{SN}$ [apanh -<u>ou</u>]$_V$ [da Elvira]$_{SPrep}$
Sujeito   SPN
Paciente   Paciente   Agente

8.3 OUTROS COMPLEMENTOS DO VERBO

Além de sintagmas nominais e sintagmas preposicionados, as orações também podem incluir constituintes de outras classes, como os que estão sublinhados nos exemplos abaixo:

[17] O comandante apareceu na janela <u>furioso</u>.

[18] A garota telefonou <u>agora mesmo</u>.

Sabemos que esses constituintes não são sintagmas nominais porque nunca poderiam, por exemplo, ser sujeitos da oração. E não são sintagmas

---

4. A distinção entre preposições predicadoras e funcionais não é totalmente nítida, nem plenamente conhecida. Aqui ainda falta fazer bastante pesquisa, mas já há alguns resultados interessantes, que serão vistos no cap. 39.

5. Estou utilizando aqui a notação "SPrep"; mas se trata de uma abreviatura, porque o comportamento desses sintagmas varia muito conforme a preposição que os introduz. "Sintagma preposicionado" não é uma categoria gramatical como SN; é apenas uma denominação cômoda para um conjunto de categorias: *de* + SN, *para* + SN, *por causa de* + SN etc.

preposicionados porque não são precedidos de preposição. No entanto, eles também têm papel temático, ou seja, são semanticamente relacionados ao verbo de alguma maneira. Na verdade, os papéis temáticos desses elementos são em parte os mesmos que encontramos com SNs e sintagmas preposicionados.

Sintaticamente, esses elementos pertencem a duas classes: **sintagmas adjetivos** (SAdj) e **sintagmas adverbiais** (SAdv). Eles recebem seus papéis temáticos em virtude de seu significado, sem interferência do verbo – portanto, desse ponto de vista se comportam como os sintagmas preposicionados quando a preposição é predicadora; podemos dizer que são **tematicamente transparentes**[6]. Os SAdjs se caracterizam por serem variáveis em gênero e número e por concordarem com algum SN da oração – no exemplo [17], o SAdj *furioso* concorda com *o comandante*. Já os SAdvs não concordam, sendo invariáveis em gênero e número.

Quando vamos atribuir os papéis temáticos, verificamos que os SAdjs se relacionam com algum SN; por exemplo, em [17]

[17] O comandante apareceu na janela furioso.

o SAdj *furioso* exprime uma Qualidade, que se entende como válida para o SN *o comandante*[7]. Igualmente, em

[19] A minha namorada é paraense.

o SAdj *paraense* exprime uma Qualidade de *a minha namorada*.

Já os SAdvs se relacionam apenas com o verbo, como em

[18] A garota telefonou agora mesmo.

[20] O meu professor fala devagar.

---

6. Há exceções, de SAdj precedidos de preposição e que recebem seu papel temático do verbo; um exemplo é *o cachorro fingiu de morto*.

7. Mais exatamente, para o referente desse SN.

onde *agora mesmo* expressa o Tempo (o momento) em que se deu o evento, e *devagar* expressa o Modo do evento referido.

Exemplificando, dou abaixo a análise de uma dessas frases[8]:

[21] [A minha namorada]$_{SN}$ [é]$_V$ [paraense]$_{SAdj}$
         Sujeito   SPN
         Coisa.qualificada   Coisa.qual.   Qualidade

O papel temático Coisa.qualificada marca o elemento do qual se exprime uma Qualidade; aparece duas vezes na análise porque o papel do sujeito, como já vimos, pode ser marcado duas vezes na sentença.

8.4 NEGAÇÃO, AUXILIAR

Além do verbo e de sintagmas nominais, adjetivos e adverbiais, a oração inclui outros termos, que não recebem papel temático, embora tenham importância na semântica da oração.

Um desses termos é a **negação verbal**, que indica que o evento expresso pelo verbo não é (não era, não será) verdadeiro:

[22] O vovô <u>não</u> suporta barulho.

A negação verbal se posiciona logo antes do verbo, e com frequência é complementada por outra negação no final da frase:

[23] Eu <u>não</u> gostei desse suflê <u>não</u>[9].

A negação dupla é examinada em maior detalhe no capítulo 12.

Outro elemento importante são os **verbos auxiliares**, como por exemplo

[24] O gato vai arranhar as meninas.

---

8. Na forma verbal *é* o SPN não aparece separadamente, mas ainda assim a forma é claramente marcada como de terceira pessoa do singular.

9. Em alguns contextos, a primeira negação pode ser omitida: *gostei não*.

Aqui *vai* é o **auxiliar**, e *arranhar* se denomina **verbo principal**. Por razões que veremos no capítulo 30, a presença ou ausência de uma negação ou de um verbo auxiliar não acarreta a definição de uma nova construção. Assim, [24] realiza a mesma construção que

[25] O gato não arranhou as meninas.

ou

[26] O gato arranhou as meninas.

8.5 RESUMO: A ESTRUTURA DA ORAÇÃO SIMPLES

Resumindo, a oração em português consta de um verbo (com as restrições mencionadas na seção 5.1), que pode ser acompanhado de certo número de complementos e de adjuntos. Os complementos e os adjuntos podem ter a forma de SNs, sintagmas preposicionados (preposição + SN), sintagmas adjetivos (SAdjs) ou sintagmas adverbiais (SAdvs).

Cada complemento ou adjunto se relaciona com o verbo (e, notadamente no caso de SAdjs, com um dos SNs, sujeito ou objeto) através de um papel temático. Um dos papéis temáticos pode ser representado redundantemente, no sujeito (um SN) e no sufixo de pessoa-número; essa redundância nem sempre existe, seja porque a oração não tem sujeito, seja porque o verbo não apresenta sufixo de pessoa-número – é o caso de oração de gerúndio, por exemplo, como em *seu pai chegando, vai ser possível esclarecer a situação*.

Isso compõe a estrutura **simbólica** da oração – simbólica porque compreende uma estrutura sintática associada a traços semânticos (os papéis temáticos). Para terminar com mais um exemplo, a frase

[27] Eu gostei desse suflê.

se analisa como

[28] [Eu]$_{SN}$ [gost-ei]$_V$ [desse suflê]$_{SPrep}$
     Sujeito   Exp.   de + SN
    Experienciador   Estímulo

8.6 A ORAÇÃO, O VERBO E OS ESQUEMAS COGNITIVOS

A oração, portanto, é basicamente composta de um verbo e seus saté-lites: os complementos e alguns outros elementos, como a negação verbal e o verbo auxiliar. Semanticamente, ela expressa um fato: um evento, um estado ou uma mudança de estado, para retomar os termos (aqui adequa-dos) da gramática tradicional. O verbo – ou, melhor dizendo, o **esquema** cognitivo que corresponde ao verbo – determina, entre outras coisas, os participantes do pequeno drama expresso pela oração.

Assim, o esquema "matar" pode ser representado pelo verbo *matar*[10]. O esquema determina que tem que haver um Agente (o matador), um Pa-ciente (a vítima), além de Lugar, Tempo e outros elementos. Mas isso não quer dizer que todos esses elementos tenham que ser realizados sintatica-mente; podemos dizer

[29] Catapora também mata.

onde o Paciente não é expresso – mas se entende que existe, porque se não houver um Paciente, uma vítima, simplesmente não pode haver um "ma-tar". Aqui entra a informação sintática, que nos diz que o verbo *matar* pode ocorrer em uma construção sem objeto, ou seja,

[30]   **SujV**   **V**
      Agente

Essa construção é realizada pela frase [29]. O Agente é ali elaborado como "catapora", e o evento como "matar". O Paciente não aparece na sintaxe

---

10. Vamos notar o esquema entre aspas, "matar", para distinguir do verbo, que vem em itá-lico, *matar*. O esquema é uma estrutura cognitiva, parte do nosso conhecimento do mun-do. O verbo é um item lexical, parte da língua.

como um complemento separado, e nesses casos sua elaboração é feita nos seguintes termos: como não se pode admitir um evento de "matar" sem que haja um Paciente envolvido, e como nada se diz sobre esse Paciente na frase, ele é entendido esquematicamente, ou seja, como qualquer coisa que possa ser morta. Além disso, como sabemos que a catapora é uma doença que ataca os humanos (em oposição à praga do cafeeiro, por exemplo), entendemos que o Paciente de [29] são pessoas. Mas atenção – a frase [29] continua não tendo **objeto**, porque o objeto é uma unidade morfossintática. É preciso manter sempre uma distinção estrita entre unidades e relações sintáticas (sujeito, objeto, verbo...) e unidades e relações semânticas (Agente, Paciente, Evento, Ação...). Em [29] entendemos mais ou menos o seguinte[11]:

a) o evento denotado é "matar";

b) o Agente é "catapora";

c) o Paciente não é codificado sintaticamente, portanto se entende esquematicamente: pessoas indeterminadas;

d) o Lugar igualmente não é codificado, e se entende que o Evento se dá em lugar não especificado;

e) o mesmo para o Tempo.

Todos esses elementos do esquema "matar" (chamados **variáveis**) podem ser explicitados (codificados sintaticamente), como em

[31] A catapora matou duas crianças em Niterói em 1921.

Aqui temos Paciente, Tempo e Lugar devidamente explicitados sintaticamente. Já em

[32] A Dorinha espirrou.

a ausência de objeto não acarreta a introdução, na representação semântica, de nenhum elemento com o papel de Paciente, porque o esquema "espirrar"

---

11. Deixando de lado uma boa parte da informação, como o tempo e o aspecto verbal etc.

não inclui nenhum Paciente – em outras palavras, para retomar uma terminologia tradicional, quem espirra não espirra alguma coisa. Naturalmente, "espirrar", como todos os esquemas de evento, inclui Tempo e Lugar, que em [31] não são expressos e se entendem esquematicamente.

Dessa maneira nossa informação linguística (nossa competência) interage com nosso conhecimento do mundo para gerar a compreensão final da sentença. O esquema nos fornece os participantes do drama, mas não nos informa quais vão aparecer na estrutura sintática, e como se codifica cada um deles (sujeito, objeto, *de* + SN etc.). Para saber tudo isso, temos que saber qual é o *verbo* que vai ser usado na oração. Com *matar*, o Paciente é codificado como objeto:

[33] A catapora matou <u>quatro crianças</u>.

mas com *bater* é *em*+SN:

[34] Esse menino bate <u>nos coleguinhas</u>.

e com *apanhar* é o sujeito:

[35] <u>Ele</u> apanha da namorada.

Como se vê, a estrutura sintática exprime uma estrutura semântica, mas de maneira bastante variada e complexa. Por isso é que temos que representar ambas as linhas, a sintática e a semântica, na notação das construções.

Capítulo 9

Algumas construções importantes

Já vimos o que é uma construção, e sabemos que a lista das construções constitui uma parte apreciável da estrutura gramatical da língua. Neste capítulo vou apresentar algumas construções importantes da língua, começando com as já vistas e acrescentando mais outras.

É importante apontar que a análise das construções da língua está ainda na infância; são conhecidas algumas dezenas, mas certamente existem muitas mais, até hoje não descritas. A dificuldade de descrever novas construções vem em grande parte do fato de que os papéis temáticos, que como vimos são parte integrante das construções, não foram devidamente delimitados; assim, a cada passo topamos com uma construção que não sabemos definir. Por isso, a lista aqui apresentada é não só parcial, como possivelmente não muito representativa do conjunto das construções da língua. Mas no momento o importante é deixar bem clara a natureza das construções e sua importância na descrição da língua. Aliás, quanto a este último ponto, ainda teremos muita coisa a estudar, quando abordarmos as valências verbais a partir do capítulo 13.

9.1 CONSTRUÇÕES JÁ VISTAS

Até o momento vimos e definimos sete construções, que repito a seguir. Os nomes delas foram inventados para facilitar a referência, e não são de uso geral. O importante é conhecer a definição, e para isso é sempre útil memorizar um ou dois exemplos de cada uma[1]. Nos exemplos, os constituintes em *itálico* são adjuntos, e portanto não correspondem a nada nas definições[2].

Construção transitiva		
SujV	**V**	**SN**
Agente		Paciente

Exemplos:

[1] O gato matou o rato.

[2] *Só* o Ricardo resolve esse problema.

Construção intransitiva	
SujV	**V**
Agente	

Exemplos:

[3] A menina *já* comeu.

[4] Esse seu cachorro late?

[5] Catapora *também* mata.

Construção ergativa	
SujV	**V**
Paciente	

---

1. Não quero dizer que o estudante deva memorizar todas as construções. Basta ter à mão a lista.

2. No cap. 15 examinaremos a oposição complemento/adjunto, com as razões para incluir certos constituintes na diátese, excluindo outros.

Exemplos:

[6] O meu irmão engordou *muito esse ano*.

[7] O carro estragou!

Construção de derrota		
SujV	**V**	***de* SN**
Paciente		Agente

[8] Meu time apanha de todo mundo.

Construção de ação opinativa			
SujV	**V**	**SN**	**SN**
Agente		Coisa.qualificada	Qualidade
Opinador			

[9] Mamãe acha a nossa vizinha uma idiota.

Construção de nomeação			
SujV	**V**	**SN**	**SN**
Agente		Paciente	Qualidade

[10] Mais de vinte milhões de pessoas elegeram Paula presidente.

Construção C96		
SujV	**V**	***de* SN**
Paciente		Causa

[11] Esse rapaz cansou do serviço.

Esta construção não tem nome tradicional; coloquei aqui apenas o número pelo qual ela é referenciada no *Dicionário de valências do português brasileiro*. Uma coisa a observar é que muitos falantes colocam um reflexivo nesses casos, e dizem

[12] Esse rapaz se cansou do serviço.

Para essas pessoas, naturalmente, a construção é diferente, a saber,

Construção C96 (versão com reflexivo)			
SujV	Refl	V	*de* SN
Paciente			Causa

Isso acontece com frequência, porque a língua não é uma estrutura uniforme para todos os falantes[3].

9.2 E MAIS ALGUMAS

Uma construção interessante é a **de objeto topicalizado**, que difere da transitiva por ter o objeto colocado antes do sujeito; por exemplo,

[13] O rato, o gato matou.

[14] Esse problema, *só* o Ricardo resolve.

Essa construção é utilizada quando se deseja dar uma ênfase especial ao objeto; ela faz parte de uma família de construções, todas elas com esse efeito de ênfase e todas elas caracterizadas por terem um constituinte anteposto. A definição dessa construção é:

Construção de objeto topicalizado		
SN	SujV	V
Paciente	Agente	

---

3. A distribuição geográfica das duas variantes não é bem conhecida. Parece-me que o reflexivo é mais exigido no Rio de Janeiro e no Nordeste; em Minas, São Paulo e no Sul em geral se usa a construção sem reflexivo.

Há várias construções com a mesma constituição sintática que a transitiva, mas com uma seleção diferente de papéis temáticos; um exemplo é a seguinte:

Construção de objeto transferido		
SujV	**V**	**SN**
Meta		Tema

Como se vê, o sujeito é Meta (o final de um movimento, físico ou virtual) e o objeto é Tema (a coisa que se movimenta). Um exemplo é

[15] A Clarinha ganhou um sorvete.

O sorvete (Tema) passou para a Clarinha (Meta); aqui temos um movimento virtual, em que o Tema passa para a posse de outra pessoa.

Acredita-se que a língua não diferencia esses Temas e Metas virtuais de Temas e Metas físicos. Uma evidência disso é a construção de Objeto Tema e SPrep Meta, que se define como

Construção de objeto Tema e SPrep Meta			
SujV	**V**	**SN**	***para* SN**
Agente		Tema	Meta

Quando procuramos exemplos, encontramos casos com movimento físico, como em

[16] A Marília jogou a mochila para o marido.

e também casos com movimento virtual, como

[17] A Marília passou a informação para o marido.

Como a estrutura sintática é a mesma e as relações semânticas são aparentadas, concluímos que a língua não "vê" a diferença entre movimento virtual e físico, e por isso podemos analisar [16] e [17] como elaborações da mesma construção.

Encontramos com certa frequência construções bem diferentes sintaticamente, mas que transmitem a mesma semântica. Um exemplo são as duas construções que denomino **dativa** e **antidativa**. Para começar com exemplos, temos

[18] A vovó deu um tênis novo para a Amanda. [dativa]

[19] A vovó presenteou Amanda com um tênis novo. [antidativa]

Não quero dizer que essas frases sejam exatamente sinônimas. Mas no que nos interessa são semanticamente equivalentes: nas duas a vovó é Agente (e também Fonte, porque é de onde veio o tênis); o tênis é o Tema; e Amanda é a Meta. Seguem-se as definições:

Construção dativa			
SujV	**V**	**SN**	***para* SN**
Agente		Tema	Meta
Fonte			

Construção antidativa			
SujV	**V**	**SN**	***com* SN**
Agente		Meta	Tema
Fonte			

A existência de construções diferentes que expressam as mesmas relações semânticas, assim como a de construções semanticamente distintas, mas de significados (papéis temáticos) diferentes são apenas alguns dos aspectos da complexidade que se observa na relação entre forma e significado.

Uma construção muito importante é a exemplificada pelas frases

[20] A Letícia é muito inteligente.

[21] A Letícia é um gênio.

O complemento não sujeito pode ser um SAdj (*muito inteligente*) ou um SN objeto (*um gênio*), o que, estritamente falando, nos obrigaria a definir aqui duas construções parecidas. Para simplificar, entretanto, vou considerar apenas uma, com um complemento de constituição variável. Trata-se da

Construção estativa de Qualidade (formulação provisória)		
SujV	**V**	**SN ~ SAdj**
Coisa.qualificada		Qualidade

Os verbos que ocorrem nessa construção são poucos, mas estão entre os mais frequentes da língua: *ser, estar, continuar, parecer*. Um traço importante dessa construção é que ela estabelece uma relação semântica entre o sujeito e o objeto ou SAdj: a qualidade é atribuída ao sujeito, de modo que por exemplo em [20] "muito inteligente" é uma qualidade atribuída a Letícia. Compare-se essa situação com a da construção transitiva, onde não há relação semântica direta entre o sujeito e o objeto.

Outra construção importante é a

Construção estativa de Lugar (formulação provisória)		
SujV	**V**	**SAdv ~ *Prep* + SN**
Coisa.localizada		Lugar

Exemplos:

[22] A toalha está aqui.

[23] Poços de Caldas é em Minas.

Os verbos que ocorrem nessa construção são em parte os mesmos da construção estativa: *ser, estar, continuar, ficar* – mas não *parecer*. Na definição, coloquei Prep + SN, mas seria mais correto colocar as preposições individuais, porque nem todas cabem aí: por exemplo, *sem* e *por causa de* não poderiam ocorrer nesse contexto, porque não podem exprimir Lugar. A rigor, cada preposição nos dará uma construção nova: *em, embaixo de, em cima de, ao lado de* etc. Uma alternativa seria colocar simplesmente Lugar como característica do complemento, sem estipular sua forma sintática:

Construção estativa de Lugar (nova formulação)		
SujV	**V**	**X**
Coisa.localizada		Lugar

Onde "X" significa "qualquer constituinte" (desde que possa veicular o papel temático Lugar). Isso cobre todos os casos de sintagmas preposicionados, excluindo apenas aqueles (como *sem, por causa de* etc.) que não podem exprimir Lugar. Além disso, cobre também os casos de itens não preposicionados que podem exprimir Lugar, como *aqui, lá* e *ali*. O "X" deve ser entendido como uma abreviatura, de maneira que a construção, tal como expressa acima, representa na verdade um conjunto de construções individuais. O que impede a colocação de um constituinte inadequado nessa posição é apenas o potencial funcional do mesmo: se colocarmos, por exemplo, *Minas* em vez de *em Minas* em [23], o resultado será semanticamente malformado, já que *Minas* não pode exprimir um Lugar (*em Minas* pode, naturalmente). Assim, podemos deixar realmente livre a composição de "X", que se entende como "qualquer sequência sintática".

A mesma convenção pode ser aplicada à construção estativa, porque também aqui a forma do complemento final varia:

[20] A Letícia é muito inteligente.

[21] A Letícia é um gênio.

Em [20] temos um sintagma adjetivo, em [21] um sintagma nominal. Dessa forma, ficamos autorizados a reformular a construção como

Construção estativa de Qualidade (nova formulação)		
SujV	V	X
Coisa.qualificada		Qualidade

9.3 CONSTRUÇÕES COMPLEXAS

9.3.1. Por que precisamos de construções complexas

As construções vistas acima são relativamente simples; no máximo, algum complemento apresenta simultaneamente dois papéis temáticos, o que é provavelmente um artefato da nossa deficiente concepção dos próprios papéis temáticos. Mas há casos em que a relação é mais complexa. Por exemplo, peguemos a frase

[24] O Manuel comprou um carro da Helena por vinte mil reais.

Para identificar a construção elaborada por [24], temos que achar os papéis temáticos de cada complemento. *O Manuel* é o Agente (pois foi quem causou o evento), e também a Meta, pois o carro passou da posse de Helena para a sua; e *a Helena* é a Fonte do carro. No entanto, ao mesmo tempo *o Manuel* é a Fonte dos vinte mil reais, e *a Helena* é a Meta do dinheiro. Note-se que todas essas relações são necessárias: se nenhum dinheiro passou de Manuel para Helena, não houve compra; e o mesmo se o carro não passou de Helena para Manuel.

Naturalmente, não podemos simplesmente marcar *Manuel* como Fonte e Meta – ele é a Fonte do dinheiro e a Meta do carro; e *Helena* é a Fonte do carro e a Meta do dinheiro. Acontece que temos aqui dois eventos simultâneos, ambos necessários à caracterização do evento denotado por *compra*. E na definição da construção exemplificada por [24] ambos precisam ser representados. Por isso, essa construção deve ser formulada de maneira complexa, explicitando os dois eventos:

Construção C65				
SujV	V	SN	*de* + SN	*por* + SN
Agente				
Evento 1: Meta		Tema	Fonte	
Evento 2: Fonte			Meta	Tema

Essa construção ocorre com os verbos *comprar* e *alugar*. Outra construção complexa (com *para* em vez de *de*) ocorre com *vender*:

[25] O Manuel vendeu um carro para a Helena por vinte mil reais.

Aqui a definição da construção fica assim:

Construção C74				
SujV	V	SN	*para* + SN	*por* + SN
Agente				
Evento 1: Fonte		Tema	Meta	
Evento 2: Meta			Fonte	Tema

9.3.2 Ordem dos eventos

Vimos acima que certas construções se definem em termos de dois eventos simultâneos. Mas esses eventos não são necessariamente idênticos em tudo. Para ver isso, vamos comparar as frases

[24] O Manuel comprou um carro da Helena por vinte mil reais.

[26] O Manuel pagou vinte mil reais para a Helena por um carro.

A sintaxe das duas frases é diferente; e há também uma diferença semântica, talvez um pouco sutil, mas inegável. Ambas descrevem duas transferências, do carro de Helena para Manuel e do dinheiro de Manuel para Helena; mas em [24] a transferência do carro parece ser o assunto principal da frase, e em [26] o assunto principal é a transferência do dinheiro.

Percebemos isso intuitivamente, com bastante clareza. Se negarmos cada uma dessas frases, veremos que a negação incide sobre um aspecto distinto em cada caso. Digamos que ocorra uma breve conversa, assim:

[27] – O Manuel comprou um carro da Helena por vinte mil reais.
  – Não!

Aqui o interlocutor está negando a compra, não o pagamento. É o contrário do que ocorre em

[28] – O Manuel pagou vinte mil reais para a Helena por um carro.
  – Não!

onde o interlocutor só nega o pagamento.

Isso concorda com nossa intuição de que *comprar* e *pagar* não são sinônimos – muito embora envolvam os mesmos participantes com os mesmos papéis temáticos.

Essa diferença pode ser descrita estabelecendo que com *comprar* o evento principal (aqui marcado como Evento 1) é a transferência do objeto, e com *pagar* é a transferência do dinheiro. Desse modo, a distinção entre Evento 1 e Evento 2 na definição das construções não é indiferente: "Evento 1" marca sempre o evento principal, e o "Evento 2" é secundário. Não se trata de uma diferença lógica entre as duas situações, mas de diferentes pontos de vista[4] – que no entanto são claramente sinalizados pelo léxico e pela gramática.

9.3.3 Tipos de eventos

Um aspecto importante relativo às construções complexas é que a relação semântica entre os dois eventos não é a mesma com todos os verbos.

---

4. O que Langacker (2008) chama de **construal**.

Nos exemplos vistos, os eventos são vistos como simultâneos e ambos compõem a asserção básica da oração: por exemplo, em

[24] O Manuel comprou um carro da Helena por vinte mil reais.

estamos afirmando (asserindo) que o carro passou de Helena para Manuel e também que o dinheiro passou de Manuel para Helena.

Essa relação simples nem sempre acontece; na frase

[29] Robinho pediu dinheiro ao pai.

temos uma asserção básica de Robinho passando uma mensagem ao pai. Mas que mensagem é essa? Não pode ser *dinheiro*, que não é uma mensagem; no entanto, é claro que há uma mensagem envolvida.

Digamos que se analise a semântica de [29] como composta de "a mensagem de Robinho ao pai", mais "o conteúdo da mensagem". E esse conteúdo tem que ser algo como "me dê dinheiro". O formato de diátese usado acima nos permite exprimir isso assim:

Construção C80 (formulação provisória)				
SujV	**V**	**SN**	***a* + SN**	
Robinho	*pediu*	*dinheiro*	*ao pai*	
Evento 1: Agente	DIZER		Meta	Mensagem: [Evento 2]
Evento 2: Meta	DAR	Tema	Fonte	

Como se vê, o Evento 1 inclui os participantes Agente, Meta e Mensagem. A Mensagem não tem representação sintática própria, e remete ao Evento 2. Essa ligação da Mensagem com um evento é parte do significado do verbo *pedir*, que quer dizer com efeito "A comunica a B uma mensagem que diz [B dar algo a A]".

Ainda falta um elemento: o Evento 2 não é asserido, ou seja, não exprime um **fato**, mas um **desejo** do Agente do Evento 1; isso pode ser incluído como o tipo de Mensagem, e podemos completar a formulação da seguinte maneira:

Construção C80 (nova formulação)			
SujV	**V**	**SN**	***a* + SN**
Robinho	*pediu*	*dinheiro*	*ao pai*
Evento 1: Agente	DIZER		Meta Mensagem.desejo: [Evento 2]
Evento 2: Meta	DAR	Tema	Fonte

Mensagem.desejo pode ser considerado um papel semântico, associado ao Evento 2.

Ou seja, a relação entre os eventos denotados por uma construção complexa pode variar: em [25] temos duas asserções paralelas, ou seja, dois eventos que se afirma serem verdadeiros ao mesmo tempo. Mas em [29] um evento é asserido (o fato de que Robinho passou uma mensagem a seu pai); o outro evento é virtual, e só existe no desejo de Robinho – pode ou não ser realizado.

Existem outros tipos de relação semântica entre os eventos denotados por construções complexas. Por exemplo, o segundo exemplo pode ser **pressuposto** como verdadeiro, não apenas asserido, como em

[30] Robinho revelou que a companhia vai falir.

Essa frase assere que Robinho disse alguma coisa, e que essa coisa é que a companhia vai falir. Mas a verdade desse segundo evento se entende não como responsabilidade de Robinho, mas como algo que está entendido como verdadeiro independentemente da declaração de Robinho – é **pressuposto** como verdadeiro. Um teste para verificar pressuposições é negar a frase:

[31] Robinho não revelou que a companhia vai falir.

Note-se como embora a declaração de Robinho seja negada, continuamos entendendo que a companhia vai, de fato, falir[5].

---

5. A noção de "pressuposição" é bastante importante em semântica; cf. a respeito, Cançado, 2012, p. 37.

9.3.4 Período composto e construções complexas

A frase [31], que acabamos de ver, é um período composto – encerra duas orações. Semanticamente, os períodos compostos são sempre analisados como construções complexas, ou seja, envolvendo mais de um evento (ou estado). O que frases como [24], [25] e [29] têm de particular é que realizam construções complexas mesmo sendo períodos simples. Mas a frase

[32] Robinho pediu que seu pai lhe desse dinheiro.

é (tematicamente) sinônima de [29], só que os eventos estão separados em duas orações. O que *pedir* e alguns outros verbos (*comprar, trocar, vender* e outros) têm de especial é a propriedade de expressar construções complexas em períodos simples. A maioria dos verbos não tem essa propriedade, e precisam de mais de uma oração para expressar uma construção complexa.

9.4 ELIPSE DE COMPLEMENTOS

A frase

[33] A menina sorriu.

apresenta sujeito Agente e não tem objeto. E a frase

[34] A menina comeu.

mostra a mesma estrutura sintática, mas na semântica há uma diferença importante: em [34], o Paciente não está expresso, e é necessariamente entendido como existente, embora indeterminado – quem come necessariamente come alguma coisa. Ou seja, embora as duas frases sejam sintaticamente idênticas, há uma diferença semântica entre elas, e essa diferença tem a ver precisamente com a indeterminação do ocupante de um papel temático ligado ao verbo *comer* (o Paciente).

Como já vimos, a solução adotada aqui é analisar [33] e [34] como representando a mesma construção, a saber,

[35] **SujV   V**
Agente

Vimos em 8.6 que o Paciente subentendido, quando ocorre, é explicado através do esquema evocado pelo verbo. É por isso que em [33] se subentende um Paciente (esquemático, ou seja, indeterminado), mas em [34] não: o esquema "sorrir" não tem uma variável rotulada Paciente, mas o esquema "comer" tem (quem come, come alguma coisa, para usar a expressão tradicional).

O fenômeno da omissão de complementos, com atribuição do papel temático correspondente a uma entidade esquemática, ainda precisa ser pesquisado. Uma hipótese é que qualquer verbo admite essa omissão, desde que as circunstâncias de compreensão sejam adequadas. Assim, é fácil omitir a representação sintática do Paciente com *comer, ler, escrever* etc., mas não com *fazer*, porque o significado deste último verbo é tão geral que a frase ficaria excessivamente vaga:

[36] Ele quase nunca lê / come / escreve.

[37] ?? Ele quase nunca faz.

No entanto, há casos problemáticos. Em certas circunstâncias se entende um Paciente não esquemático, mas bastante especificado; por exemplo, em

[38] O marido dela bebe.

Aqui só se entende que ele bebe bebida alcoólica, não água ou guaraná. Esse fenômeno é ainda bastante misterioso, de modo que a solução proposta acima – de analisar [38] simplesmente como elaboração da mesma construção que [33] – ainda necessita de pesquisa.

Capítulo 10

Ordem dos termos na oração

10.1 COLOCAÇÃO PRÉVIA

Em muitos casos a ordem dos elementos dentro da oração afeta o significado, como em

[1] O Fabrício derrubou a Janaína.

[2] A Janaína derrubou o Fabrício.

Nesses casos, temos a mesma construção, só que com preenchimentos lexicais diferentes. Assim, [1] e [2] são elaborações distintas da nossa velha conhecida construção transitiva, pois ambas podem ser analisadas como **sujeito Agente + V + objeto Paciente**. A diferença de significado está em que os ocupantes de cada papel temático estão invertidos: em [1] *o Fabrício* é Agente, em [2] é Paciente; em [1] *a Janaína* é Paciente, em [2] é Agente.

Em outros casos, a ordem não afeta o significado – ou, mais exatamente, não afeta a porção do significado que estamos considerando para efeitos de descrição das construções, a saber, os papéis temáticos e sua representação formal. Um exemplo é

[1] O Fabrício derrubou a Janaína.

[3] A Janaína, o Fabrício derrubou.

Aqui a distribuição dos papéis temáticos é a mesma nos dois casos: *o Fabrício* é Agente, *a Janaína* é Paciente.

Não quero dizer que [1] e [3] sejam sinônimos perfeitos: uma diferença evidente é que em [3] se entende que estamos falando especialmente da Janaína, como se estivéssemos respondendo a uma pergunta como "O que aconteceu com a Janaína?" Se a pergunta for "O que você me diz do Fabrício?", [3] será uma resposta inadequada. Essas frases descrevem basicamente o mesmo fato: o elenco dos participantes e o papel de cada um nessa pequena peça teatral que cada oração transmite, ou seja, os papéis temáticos e o ocupante de cada um, são os mesmos. Desse ponto de vista, [1] e [3] são iguais, e [2] é claramente diferente dessas duas frases.

Em um caso como [1] e [3], temos que definir duas construções diferentes, porque a estrutura sintática é diferente: em vez de **SujV + V + SN**, temos **SN + SujV + V**. E a diferença das construções, ainda no caso de [1] e [3], é resultado de uma regra geral que nos diz alguma coisa como "colocar o tópico da mensagem no início da oração". Essa regra é responsável pela ocorrência de vários elementos no início; em [3] temos o objeto, mas outros termos podem ser topicalizados, como em

[4] <u>Em Bagé</u>, ninguém come pequi. (cf. Ninguém come pequi em Bagé)

[5] <u>Para você</u>, eu trouxe essa camiseta. (cf. Eu trouxe essa camiseta para você)

[6] <u>Inteligente</u> ele não é. (cf. Ele não é inteligente)[1]

Em todos esses casos, a anteposição ou não do sintagma acarreta construções distintas, pela mesma razão vista anteriormente: a estrutura sintática é diferente. Como se vê, a ordem dos termos na oração pode ser decorrente de pelo menos dois fatores: a distribuição diferente de papéis temáticos e a topicalização de certos constituintes.

---

1. A vírgula às vezes aparece, às vezes não. Isso segue preferências pessoais, e não há regra "oficial" quanto à pontuação dessas frases com topicalização.

Isso estabelecido, podemos passar à descrição da ordem dos termos na oração. Aqui vamos considerar apenas os sintagmas que *imediatamente* formam a oração, não as partes constituintes desses sintagmas. Ou seja, dada a frase

[7] A irmã da Janaína derrubou o filho do Fabrício.

nos interessa, neste capítulo, a ordem dos elementos *a irmã da Janaína* (sujeito), *derrubou* (verbo) e *o filho do Fabrício* (objeto). A ordem dos elementos dentro desses sintagmas (*a* antes de *irmã da Janaína*, *da Janaína* depois de *irmã*) será estudada mais adiante, quando tratarmos da estrutura interna do SN (capítulos 32 e 33).

Em português a ordem mais frequente dos termos é **sujeito + verbo + complemento(s)** – isso quando há complemento. Quando não há complemento, há casos em que o sujeito tende fortemente a vir depois do verbo. Assim, uma frase transitiva típica segue o modelo de

[8] O Artur consertou o computador.

Nos casos em que há sujeito e objeto, a ordem é essa, a menos que o objeto seja topicalizado, como nos exemplos

[3] A Janaína, o Fabrício derrubou.

[9] O computador, o Artur consertou.

Quando há objeto, mas não sujeito, a topicalização não é possível, e a oração tem que ser **verbo + objeto**:

[10] Consertei o computador.

mas não

[11] * O computador consertei[2].

---

2. Essa frase é aceitável para alguns falantes, principalmente se *o computador* receber um acento contrastivo bem forte: *o COMPUTADOR, consertei*.

10.2 SUJEITO E VERBO

As condições que governam a posição do sujeito frente ao verbo não são totalmente conhecidas, mas já é possível estabelecer algumas regras aproximativas. A primeira coisa a observar é que

> a ordem *verbo-sujeito* só ocorre na ausência de objeto.

Nesse particular, o português difere do espanhol, que admite com certa liberdade a construção verbo-sujeito mesmo quando há objeto:

[11] Delante de ella voceaban sus mercancías <u>dos mujeres</u>.
[de BUTT & BENJAMIN, 1995]

Essa frase tem que ser traduzida em português como

[12] Na frente dela <u>duas mulheres</u> anunciavam suas mercadorias.

por causa da presença do objeto *as mercadorias*. Em tais casos a construção com verbo + sujeito nunca ocorre em PB, e mesmo em português escrito é uma raridade.

A ordem verbo-sujeito é evitada mesmo quando não há objeto, desde que o verbo *possa* ter objeto. Assim, não se diz

[13] * Come demais o meu cachorro.

[14] * Estão gritando os manifestantes.

Embora *comer* e *gritar* apareçam nessas frases sem objeto, esses verbos ocorrem frequentemente com objeto, como em

[15] O meu cachorro come banana.

[16] Os manifestantes estão gritando palavras de ordem.

Há uma exceção à regra acima:

> o sujeito pode ser posposto em frases no imperativo quando é fortemente enfatizado – tipicamente quando se refere a alguma entidade contrastada com outra.

Essa é a única situação em que a ordem verbo-sujeito ocorre na presença de um objeto:

[17] Limpa você esse chão!

Essa frase implica que existem outros candidatos possíveis para limpar o chão, e o falante quer afirmar fortemente que *você* é que deve realizar a tarefa.

Por outro lado,

> a ordem *verbo-sujeito* é frequente com verbos que não aceitam objeto.

Com esses verbos, a ordem verbo-sujeito é preferida nas situações abaixo:

a) Quando se deseja chamar atenção especial para o sujeito, ou quando o sujeito é muito longo:

[18] Acabou o tempo dos cavalheiros educados.

[19] Nasceu meu primeiro filho.

[20] Chegaram aqueles pacotes que você tinha encomendado.

[21] Existem cisnes de duas cores.

[22] Sobrou um pouco do arroz de ontem.

[23] Surgiu um novo problema.

[24] Falta a assinatura do diretor.

[25] Desapareceu a maior parte do dinheiro.

Nessas frases a ordem verbo-sujeito não é compulsória, mas é mais natural do que sujeito-verbo. Esta é preferida somente quando a atenção especial é dirigida ao verbo:

[26] – Mas onde está o dinheiro?
    – A maior parte do dinheiro desapareceu!

Aqui estamos chamando a atenção não para o dinheiro, mas para o fato de que ele desapareceu. O dinheiro em [26] é **dado**, ou seja, se refere a uma coisa que o emissor admite que o receptor tem em mente no momento, ou pode identificar facilmente com base em seu conhecimento prévio. Um elemento dado é frequentemente introduzido no discurso anterior, como é o caso do dinheiro em [26]. Esses elementos tendem a ser colocados no início da frase, ao passo que o elemento **novo**, que está sendo introduzido no discurso e traz informação ainda não conhecida, tende a ser colocado mais para o final. Se o elemento novo é o sujeito, ele vai para depois do verbo – é o que se observa nas frases [18] a [25] – isso caso não desobedeça regras como a que proíbe a posposição na presença de um objeto ou com verbos que aceitam objeto[3].

b) Quando a sentença começa com um constituinte de valor "adverbial":

O "valor adverbial" pode ser entendido como um sintagma com papéis temáticos como Lugar, Tempo e mais alguns (não se conhece a lista completa). Se esse sintagma estiver topicalizado, isto é, anteposto, a posposição do sujeito é frequente:

[27] <u>Às duas horas</u> chegou uma turma de bêbados.

[28] <u>Aqui</u> está a cenoura.

---

3. Cf. mais detalhes sobre esse fenômeno no cap. 45.

[29] <u>Naquele ano</u> morreu minha avó.

[30] <u>Lá</u> vem aquele idiota.

[31] <u>De repente</u> pulou um cabrito no meu colo.

Novamente, essa posposição do sujeito é subordinada ao efeito inibidor do objeto:

[32] * <u>Em 1808</u> comprou D. João um sítio em São Cristóvão.

[33] * <u>Agora</u> vai trocar o Márcio o pneu do carro.

No PB temos que dizer

[34] <u>Em 1808</u> D. João comprou um sítio em São Cristóvão.

[35] <u>Agora</u> o Márcio vai trocar o pneu do carro.

c) Em sequências de verbo causativo + infinitivo:

Os verbos causativos são por exemplo *fazer* e *deixar*, em frases como

[36] O Fred fez entrar <u>o grupo todo</u>.

[37] Os operários deixaram escorrer <u>a água da caixa</u>.

Como se vê, nessa construção o sujeito do infinitivo é que é posposto[4]. Mesmo aqui a ordem sujeito-verbo parece ser a mais comum:

[38] O Fred fez <u>o grupo todo</u> entrar.

[39] Os operários deixaram <u>a água da caixa</u> escorrer.

mas as formas invertidas soam bem naturais, mesmo no PB.

---

4. Ainda não falamos do sujeito do infinitivo. Por ora, vamos admitir que o infinitivo tem um sujeito, apesar de isso em geral não se manifestar pela presença de um sufixo de pessoa-número.

Quando o sujeito é curto, tende a vir antes do verbo:

[40] O Fred fez a Maria entrar.

[41] ?? O Fred fez entrar a Maria.

[41] só é aceitável se houver intenção de enfatizar fortemente o sujeito *a Maria*, como em

[42] O Fred fez entrar a Maria, mas não as outras irmãs.

d) Com o verbo *ser* em respostas breves compostas apenas de verbo + sujeito:

[43] – Quem limpou a parede?
– Foi a faxineira.

[44] – Quem é que manda aqui?
– Sou eu.

Há algumas outras situações em que o sujeito vem posposto ao verbo, mas não são usuais no PB, sendo restritas à língua escrita; por isso não foram incluídas na lista.

10.3 SINTAGMAS PREPOSICIONADOS E ADVERBIAIS

10.3.1 Liberdade de ocorrência

Os sintagmas preposicionados e adverbiais variam bastante quanto à ordenação relativa ao verbo. Quando há sujeito e objeto, o SPrep tende a ficar no final; a anteposição tem a ver com a topicalização do sintagma:

[45] A Carla comprou um óculos novo para o meu menino.

[46] A Carla comprou para o meu menino um óculos novo.

[47] Para o meu menino a Carla comprou um óculos novo.

[48] A Carla comprou um óculos novo <u>ontem de tarde</u>.

[49] A Carla comprou, <u>ontem de tarde</u>, um óculos novo[5].

[50] <u>Ontem de tarde</u> a Carla comprou um óculos novo.

De qualquer maneira, os SPreps e SAdvs têm maior liberdade de ocorrência em várias posições na oração do que os SNs: a maior parte deles pode, em princípio, aparecer em qualquer posição entre os constituintes imediatos da oração – ou seja, só não podem aparecer *dentro* dos constituintes imediatos:

[51] * A Carla comprou um <u>para o meu menino</u> óculos novo.

[52] * A <u>ontem de noite</u> Carla comprou um óculos novo.

Esse é um princípio geral da sintaxe da oração: só são relevantes os constituintes imediatos, e a sintaxe interna dos sintagmas é tratada separadamente.

10.3.2 Exceções aparentes

À primeira vista existem exceções, principalmente de sintagmas adverbiais que têm ocorrência bastante restrita. No entanto, essas exceções resultam apenas do fato de que nossa noção de "sintagma adverbial" – como aliás nossa noção de "advérbio" – é inadequada. O que chamamos de **advérbio** é na verdade um grupo bastante heterogêneo de classes e subclasses, até hoje não plenamente mapeadas.

É preciso excluir desde já casos em que o advérbio ocorre dentro de um sintagma, modificando um dos constituintes desse sintagma; nesse caso não se trata de um constituinte da oração, mas do sintagma. É o caso de

[53] Ela vai casar com um rapaz <u>provavelmente</u> honesto.

---

5. As vírgulas não fazem diferença para a descrição da ordem dos termos.

O advérbio *provavelmente* modifica semanticamente *honesto* (levantando certas dúvidas quanto à honestidade do rapaz). A frase é bem diferente, semanticamente, de

[54] <u>Provavelmente</u> ela vai casar com um rapaz honesto.

onde a dúvida expressa por *provavelmente* incide sobre o evento, não sobre a qualidade do rapaz. Em [53] e [54] temos um advérbio, *provavelmente*, que pode ocorrer como constituinte de um sintagma – o sintagma adjetivo *provavelmente honesto* – ou da oração, como em [54]. Há alguns advérbios que só podem ser constituintes de sintagmas, como em

[55] Ela vai casar com um rapaz <u>super</u> honesto.

Super só pode ocorrer vinculado a um nominal de valor qualificativo, e portanto dentro de um SN.

Note-se que é incorreto classificar ambos esses tipos, o de *super* e o de *provavelmente*, como membros da mesma classe, a dos **advérbios**. Eles se comportam gramaticalmente de modo diverso, e devem ser colocados em classes ou subclasses separadas.

O pior é que mesmo partículas altamente idiossincráticas, como *sim* e *não*, são classificadas como advérbios. É fácil verificar que seu comportamento, em particular no que respeita à ordem, é muito diferente tanto do de *super* quanto do de *provavelmente*.

Os exemplos dados são apenas uma rápida indicação dos grandes problemas não resolvidos na área da classificação dos itens e sintagmas tradicionalmente chamados "adverbiais". Enquanto não houver um levantamento sistemático e bem abrangente, não será possível dar uma descrição confiável da ordem desses itens na oração, ou de seu comportamento gramatical em geral.

Capítulo 11

Pronomes

11.1 PRONOMES PESSOAIS

Pronomes pessoais são palavras morfologicamente peculiares por terem formas diferenciadas segundo sua função sintática: por exemplo, *eu* ocorre como sujeito (forma **reta**), *me* (forma **oblíqua**) como objeto; *você* tem também uma forma oblíqua, *te*; e *se*, embora nunca ocorra como sujeito, tem uma forma alternante *-sigo* que ocorre apenas depois da preposição *com*, e a forma *si* que ocorre depois de outras preposições (*ele fez isso por si mesmo*). Outros itens, como *vocês*, não têm formas alternantes, mas são tradicionalmente analisados como pronomes pessoais em virtude de analogias semânticas, principalmente com referência às pessoas do discurso, e por razões de simetria paradigmática (seria estranho analisar *você* como pronome pessoal e *vocês* como outra coisa qualquer)[1]. As formas oblíquas são tradicionalmente consideradas variantes das formas retas correspondentes: assim, dizemos que o pronome *eu* aparece tanto em *eu cheguei* quanto em *a Eliana me chamou*.

Os pronomes pessoais são os itens *eu, você, tu, ele (ela), nós, vocês, eles (elas)*, além de *se*. Essas palavras têm um comportamento gramatical peculiar, e precisam ser estudadas separadamente, o que fazemos neste capítulo.

Além dos estudados a seguir, existem outros itens tradicionalmente analisados como pronomes pessoais. Alguns não ocorrem no PB, como *vós*,

---

1. Essa definição de **pronome pessoal** ainda precisa ser desenvolvida: tarefa para a pesquisa futura.

que mesmo na língua escrita só se usa em certos contextos religiosos[2]. Outros se comportam como nominais comuns, e não precisam ser estudados separadamente: *Vossa Excelência, o senhor, a senhora, a gente*. Seriam "pronomes pessoais" no sentido de que se referem ao interlocutor, mas gramaticalmente não diferem dos outros SNs.

11.2 OBJETOS PRONOMINAIS

Os pronomes pessoais oblíquos são um bicho-papão tradicional da gramática do português. No entanto, como veremos, seu posicionamento na oração no PB é bastante simples.

Os oblíquos são formas alternantes dos pronomes pessoais *eu, você* e *nós*; a essas formas alternantes se soma o pronome reflexivo *se*, que não tem forma "reta". No PB só esses pronomes têm formas oblíquas, de maneira que o quadro completo se reduz aos itens mostrados na tabela seguinte:

Forma reta	Forma oblíqua
eu	*me, mim, -migo*
você, (tu)	*te, (-tigo), (ti), (lhe)*
ele, ela	---
nós	*nos, -nosco*
vocês	---
eles, elas	---
[**reflexivo**]	*se*

Pronomes pessoais: retos e oblíquos

As formas entre parênteses são de uso restrito, só sendo correntes em parte do território brasileiro.

O reflexivo só tem forma oblíqua.

---

2. E invariavelmente de maneira incorreta.

Os pronomes que não têm formas oblíquas (*ele/ela, vocês, eles/elas*) são usados em todas as funções, sem mudança de forma:

[1] Eu encontrei ela no cinema.

[2] Vou convidar vocês para o meu aniversário.

As formas *o, a, os, as* (e *lo, la, los, las*) são de uso muito restrito no PB – aparecem principalmente em algumas frases feitas, como em *muito prazer em conhecê-la*; mas é perfeitamente aceitável dizer *muito prazer em te conhecer / conhecer você*, e estas são as formas preferidas.

Você tem a forma oblíqua *te*, que é usada em concorrência com a forma reta, de maneira que se pode dizer *eu te amo* ou *eu amo você*, indiferentemente. Os outros pronomes mudam de forma (isto é, assumem alguma forma oblíqua) nas situações descritas abaixo.

a) As formas retas são usadas em função de sujeito[3]:

[3] Eu cumprimentei a professora.

[4] Você precisa de um óculos novo.

[5] Ela não atendeu o telefone.

[6] Nós moramos em Belém mais de dois anos.

[7] Vocês são alunos aqui?

[8] Eles correram para debaixo da marquise.

---

3. A gramática tradicional reconhece uma outra função para as formas retas, a de "predicativo do sujeito", como em *o professor sou eu*. Mas como o verbo concorda com esse pronome, devemos analisá-lo como sujeito nessas frases.

b) As formas *-migo, -tigo e -nosco* **são usadas depois da preposição** *com*, **e aglutinadas com ela, formando uma só palavra:** *comigo, contigo, conosco*:

[9] O seu Pedro trabalha <u>conosco</u>.

[10] Por favor não briga <u>comigo</u>.

c) As formas *mim* **e** *ti* **aparecem depois das outras preposições:**

[11] Lava essa xícara <u>para mim</u>.

[12] Você vai ter que ir no jogo <u>sem mim</u>.

[13] A Patrícia vai jogar <u>depois de mim</u>.

Há exceções a essa regra: com a preposição *entre*, que ocorre com SN no plural ou coordenado (*entre João e Maria*), o normal é usar as formas retas do pronome:

[14] A jornalista ficou entre o diretor e <u>eu</u> / entre <u>eu</u> e o diretor.

Entre mim e o diretor é possível, embora pareça um tanto livresco; mas * *entre o diretor e mim* é totalmente inaceitável.

Outras preposições que só aceitam a forma reta são *exceto* e *como*[4]:

[15] Todos vão ter que sair, exceto <u>eu</u>.

[16] Ela toca piano como <u>eu</u>.

d) As formas *me, te, lhe* **e** *se* **são usadas em função de objeto:**

[17] A professora <u>me</u> cumprimentou.

[18] Eu queria <u>te</u> levar no concerto.

---

4. *Como* é tradicionalmente analisado como conjunção; mas seu potencial funcional se estende a usos típicos das preposições.

O pronome oblíquo *se* só pode aparecer nessa função – tanto é assim que não tem forma reta correspondente, porque nunca pode ser sujeito. Ele se posiciona como *me, te, lhe*. Seu significado é que é peculiar: *se* significa que o papel temático atribuído ao sujeito pelo verbo e o papel temático atribuído ao objeto se aplicam ao mesmo referente. Ou seja, enquanto na frase

[19] O Jorge beliscou a Talita.

o Agente é Jorge e o Paciente é Talita, na frase

[20] O Jorge se beliscou.

o Agente é Jorge e o Paciente também é Jorge.

O uso de *lhe* como objeto (*eu lhe conheço há muito tempo*) é geograficamente restrito; não ocorre, por exemplo, em Minas Gerais.

e) As mesmas formas (*me, te, nos, lhe, se*) são usadas em casos paralelos àqueles onde aparece a preposição *para* (ou ocasionalmente *a*):

[21] Ela <u>me</u> deu um suéter. (cf. ela deu um suéter <u>para o Rodrigo</u>)

[22] Eu vou <u>te</u> contar uma história incrível. (cf. eu vou contar <u>para o Rodrigo</u>...)

[23] <u>Me</u> falta pouca coisa na vida. (cf. falta pouca coisa na vida <u>ao Rodrigo</u>)

As formas *me, te, lhe* só substituem *para* + SN quando se trata de um complemento verbal. Em adjuntos, conserva-se o *para* com as formas *mim, você, ele*:

[24] A vida é uma festa <u>para o Rodrigo</u>.

[25] A vida é uma festa <u>para mim</u>.

[26] *A vida <u>me</u> é uma festa.

Mas mesmo em casos de complemento *me, te, lhe* alternam com as formas preposicionadas:

[27] Ela <u>me</u> deu um suéter. / Ela deu <u>para mim</u> um suéter.

[28] Eu vou <u>te</u> contar uma história. / Eu vou contar <u>para você</u> uma história.

[29] <u>Me</u> falta pouca coisa na vida. / <u>Para mim</u> falta pouca coisa na vida.

As duas variantes são mais ou menos equivalentes em aceitabilidade. E podem ocorrer lado a lado na mesma oração, ocasionalmente:

[30] Ela <u>me</u> deu <u>para mim</u> um suéter.

[31] Eu vou <u>te</u> contar <u>para você</u> uma história.

Essas formas redundantes parecem mais coloquiais, menos cuidadas que as outras; mas sem dúvida ocorrem com frequência.

Quando o sintagma *para* + SN é complemento de um nominal (ou seja, é parte de um SN), as formas *me, te, lhe* não são admissíveis:

[32] O presente <u>para você</u> está na gaveta de cima.

[33] * O presente <u>te</u> / * o <u>te</u> presente...

Ou seja, *me, te, lhe* – como aliás todos os pronomes oblíquos – se vinculam sintaticamente apenas a verbos, nunca a nominais.

Isso parece de uma complexidade muito grande, mas é provável que a maior parte dessas restrições tenha a ver com a vinculação da ocorrência desses pronomes a determinados elementos semânticos, a saber **tipo de referência** e **papel temático**. Isso é um tema a pesquisar, mas posso adiantar desde já minhas suspeitas: desconfio que um pronome como *lhe* é especializado na referência a pessoas e a certos papéis temáticos, em especial o recebedor, que tem o papel temático Meta (como em *ela lhe deu um presente*).

O pronome reflexivo *se* se comporta como *lhe* (*para* + SN) em frases como a seguinte:

[34] Ela <u>se</u> deu um presente de aniversário.

f) As formas *me, te, nos* são usadas em casos paralelos àqueles onde ocorre um pronome possessivo (*meu, seu* etc.):

[35] Essa máquina <u>me</u> quebrou um dedo. (cf. essa máquina quebrou o <u>meu</u> dedo)

Essa construção também ocorre, mais raramente, com o reflexivo *se*:

[36] Ela <u>se</u> sujou os pés.

Alguns falantes não aceitam a frase [36], e preferem simplesmente omitir o oblíquo.

11.3 POSIÇÃO DOS PRONOMES OBLÍQUOS NA ORAÇÃO

11.3.1 Regra geral

Os pronomes oblíquos aparecem em posições próprias na oração. Por exemplo, a posição normal do objeto ou do complemento de Meta é depois do verbo:

[37] O Fernando ajudou <u>a mulher</u>.

[38] O Fernando deu um carro novo <u>para a filha</u>.

Mas quando o objeto ou o complemento de Meta é um pronome oblíquo, ele aparece antes do verbo:

[39] O Fernando <u>nos</u> ajudou.

[40] O Fernando <u>me</u> deu uma bermuda.

No PB a regra de posicionamento do pronome oblíquo é muito simples:

> O pronome oblíquo (sem preposição) se posiciona sempre antes do verbo principal da oração.

Por exemplo:

[41] _Me_ empresta esse livro, por favor.

[42] Ele _nos_ levou até o aeroporto.

[43] O médico _me_ receitou esses comprimidos.

A regra menciona o **verbo principal** porque, quando há um auxiliar, o oblíquo se coloca depois dele:

[44] Meu filho tem _se_ sentido mal.

[45] Papai vai _nos_ levar no aeroporto.

O verbo principal é _sentido_ em [44], _levar_ em [45], e é antes dele que se coloca o oblíquo.

11.3.2 Pronomes oblíquos com preposição

Quando os pronomes oblíquos vêm precedidos de preposição, sua posição é a mesma dos sintagmas preposicionados não pronominais; portanto, não é necessário formular uma regra especial:

[46] O Joaquim trouxe um quindim _para mim_. (cf. ...trouxe um quindim _para o Caio_)

Só os pronomes _eu_ e _tu_ têm uma forma especial para uso depois de preposições (exceto _com_), a saber, _mim_ e _ti_. Quando a preposição é _com_, esses pronomes assumem formas especiais, escritas juntamente com a preposição:

comigo, contigo e *conosco*. Nos outros casos, as formas retas são usadas depois de preposição:

[47] O Joaquim trouxe um quindim <u>para você</u> / <u>para nós</u> / <u>para elas</u>...

Existe também *consigo* para o pronome reflexivo *se*, embora essa forma seja bem rara na língua falada. Em geral se usa a forma reta, marcada como reflexiva pelo nominal *mesmo* ou *próprio*:

[48] Ele falava com ele mesmo. (em vez de... *consigo mesmo*)

11.3.3 Resumo: forma e posição dos pronomes pessoais

Assim, a posição dos pronomes pessoais na oração só é especial no caso dos oblíquos *me, te, lhe, nos* e *se*; e no PB eles seguem a regra dada acima e se colocam antes do verbo principal. Os outros pronomes pessoais se posicionam segundo as regras gerais que governam a posição dos sintagmas nominais e sintagmas preposicionados não pronominais – levando-se em conta suas restrições funcionais, por exemplo, a de que *eu* só pode ser sujeito.

Alguns pronomes só têm uma forma, que vale para todas as funções. É o caso de *ele, ela* e seus plurais, que não variam formalmente quando em funções diferentes:

[49] Eu chamei <u>ele</u> para ajudar na cozinha.

[50] <u>Ela</u> passou no exame da ordem dos advogados.

[51] De repente eu vi <u>eles</u> chegando de táxi.

O pronome *você* tem, como vimos, uma forma oblíqua, *te*, usada na função de objeto:

[17] Eu queria <u>te</u> levar no concerto.

Essa forma alterna, livremente, com o uso da forma reta:

[52] Eu queria levar <u>você</u> no concerto.

[17] e [52] são ambas perfeitamente aceitáveis e sinônimas.

Já o plural *vocês* não tem forma oblíqua, de modo que a forma reta é necessariamente usada como objeto:

[53] Eu queria levar <u>vocês</u> no concerto.

Eu e *nós* são formas retas, e portanto ocorrem como sujeito, mas ocorrem como objeto quando são fortemente enfatizados:

[54] O Ronaldo não odeia você; ele odeia <u>eu</u>.

E também quando esses pronomes vêm modificados por um quantificador ou elemento de realce:

[55] O Ronaldo odeia <u>nós todos</u>.

[56] Ele queria <u>eu mesmo</u> no projeto.

[57] O diretor mandou chamar <u>só eu</u>.

11.3.4 O pronome *tu*

Na variedade do PB descrita neste livro – a do Sudeste – não se usa o pronome *tu* e suas formas oblíquas *ti* e *-tigo*[5]. Mas em grande parte do Brasil esse pronome é de uso corrente (Sul, partes do Nordeste).

Lhe só se usa em algumas regiões, geralmente como equivalente de *te*:

[58] Ele conseguiu lhe agarrar? (Sudeste: ele conseguiu te agarrar?)

E, como vimos, o pronome *vós* (*vos*, *-vosco*), originalmente o plural de *tu*, é totalmente desusado no Brasil, mesmo na língua escrita.

---

5. *Te*, como vimos, é usado também no Sudeste por muitos falantes, mas aí como forma oblíqua de *você*.

Capítulo 12

Construções interrogativas e negativas

Neste capítulo vamos estudar algumas construções interrogativas e negativas do PB que têm estrutura diferente da que se encontra no padrão escrito.

12.1 INTERROGATIVAS

É bom observar que uma **oração interrogativa** não é a mesma coisa que uma pergunta. É verdade que orações interrogativas como

[1] Você já guardou as camisas na gaveta?

são geralmente usada como perguntas (e, portanto, esperam resposta). Mas essa correlação nem sempre funciona; primeiro, é possível usar uma interrogativa para outras coisas. Se eu digo

[2] Você não consegue ficar calado não?

essa interrogativa pode perfeitamente ser entendida como uma ordem ou pedido para que a pessoa fique calada. E, depois, uma frase afirmativa como

[3] Eu esqueci o seu nome.

vai ser, o mais das vezes, tomada como um pedido de informação, ou seja, uma pergunta.

Fique entendido, então, que uma oração interrogativa é um tipo de construção gramatical, não um enunciado com a função ilocucionária de pergunta. Neste capítulo estudamos a construção interrogativa, considerada como construção gramatical.

Há dois tipos de interrogativas: **interrogativas fechadas** (ou *sim/não*) e **interrogativas abertas** (ou **Q**)[1]. A **interrogativa fechada** é a que pode ser respondida com *sim* ou *não*:

[4] Você já terminou a faxina?

Também pode ter outras funções, como acabamos de ver, mas sempre poderia ser respondida com *sim* ou *não*. Estou utilizando a possibilidade ilocucionária apenas como critério prático de identificação: na verdade, a interrogativa fechada quase nunca é respondida com *sim*; o uso do PB é a repetição do verbo (finito): – *Você conseguiu dormir? – Consegui.* Ou: – *Você vai me ajudar? – Vou.*

A **interrogativa aberta** solicita informação que vai além do simples valor de verdade:

[5] Onde é que você mora?

Aqui, evidentemente, *sim* ou *não* seriam respostas inadequadas.

Os dois tipos de interrogativa se distinguem pela entonação e pela estrutura sintática, além de pela semântica.

12.1.1 Interrogativas fechadas (*sim / não*)

A maneira de expressar uma interrogativa fechada no PB é acrescentar à estrutura afirmativa um contorno entonacional ascendente:

---

1. Os termos originais são do inglês: *yes-no questions, Wh-questions* – onde *question* deve ser entendido como "interrogativa", não como "pergunta". Aqui uso as designações **fechada** e **aberta**.

[4] Você já terminou a faxina?

[6] O governo vai aumentar o imposto de renda?

Para acrescentar um matiz de incerteza, pode-se começar a frase com *será que*[2]:

[7] Será que o governo vai aumentar o imposto?

12.1.2 Interrogativas abertas (*interrogativas-Q*)

A interrogativa aberta inclui um interrogativo (uma classe de formas que inclui *que, o que, quando, qual, onde, aonde, quem, por que, como, cadê* e mais algumas), que pode vir no início do período, mas não necessariamente. A entonação é nitidamente diferente da das interrogativas fechadas, pois tem acento alto-descendente no interrogativo; e quando o interrogativo fica no início, o resto da frase termina em entonação descendente como as afirmativas:

[8] Qual aparelho você vai levar?

[9] Quantos alunos tem a sua turma atual?

O interrogativo pode ocorrer no final da frase, quando essa seria a posição de um complemento correspondente não interrogativo:

[10] Você vai levar qual aparelho?

Tanto em [8] quanto em [10] *qual aparelho* é objeto de *levar*. Nesses casos o interrogativo (isto é, o SN ao qual ele pertence) pode ocorrer nas duas posições.

---

2. *Será que* não é um exemplo de uso do futuro do indicativo, nem do verbo *ser*; é uma expressão fixa (alguns falantes usam *será se*).

O interrogativo com seus eventuais complementos funciona como um SN ou um SAdv, e pode constituir sozinho esse SN, como em

[11] Quem te ajudou?

Esse SN (ou SAdv) pode ser precedido de preposição, como aliás os SNs em geral:

[12] De onde apareceu esse sujeito?

[13] Você está trabalhando em qual seção?

12.1.3 *É que*

As interrogativas abertas são frequentemente complementadas por um elemento da forma *é que* (ou *foi que*, mas não com outras formas de *ser*)[3]. Assim, dizemos

[14] Quem foi que te ajudou?

[15] Quem é que te ajudou?

Essas frases são sinônimas e igualmente aceitáveis.

Em alguns contextos, a presença de *é que* é obrigatória, ou fortemente favorecida. Desse modo, geralmente não se diz

[16] O que você está fazendo?

mas

[17] O que é que você está fazendo?

ou então

[18] Você está fazendo o quê?

---

3. Pelo meu julgamento, ?* *quem era que ela detestava?* é marginal. Eu diria *quem é que ela detestava?*

Também ocorre uma forma reduzida de *é que*, apenas *que*:

[19] O que que você está fazendo?

[20] Onde que você morava?

Assim, a mensagem da frase [20] pode ser codificada de várias maneiras; além de [20], podemos ter

[21] Onde é que você morava?

[22] Você morava onde?

e as três versões parecem ser equivalentes.

12.1.4 Inversão

As interrogativas abertas podem ocorrer com inversão do sujeito, como em

[23] Quando foi que morreu o seu avô?

mas o mais comum seria dizer

[24] Quando foi que o seu avô morreu?

A inversão só é admissível quando o interrogativo fica no início da frase, e só funciona quando não há objeto, de modo que não se diz

[25] * O que comeu você ontem no jantar?

[26] * Quando encontrou a Cláudia o canivete?

Nesses casos, a inversão não tem, na verdade, nada a ver com a interrogativa, e obedece a regras gerais válidas para todos os tipos de oração. No entanto, quando o verbo é *ser* ou *estar* a inversão é de regra, e só quando a sentença começa por interrogativo. Assim, dizemos

[27] Quem é você?

[28] Onde está a minha agenda?

mas não

[29] ?* Quem você é?

[30] ?* Onde a minha agenda está?

12.1.5 *Cadê?*

O interrogativo *cadê* (alguns falantes usam *quede*, mas essa forma parece estar caindo de uso) significa "onde está"; esse interrogativo tem a particularidade de dispensar o verbo:

[31] Cadê aquele caderno amarelo?

12.1.6 Interrogativas indiretas

As orações interrogativas podem aparecer como subordinadas, e se chamam então **interrogativas indiretas**. Nesse caso, não há conjunção, apesar de o verbo ficar no indicativo; aparentemente, o interrogativo assume as funções de marcador de subordinada:

[32] Eu quero saber quem comeu as salsichas.

[33] Ninguém descobriu para onde o assassino fugiu.

O interrogativo nas indiretas aparece obrigatoriamente no início da subordinada:

[34] * Ninguém descobriu o assassino fugiu para onde.

As interrogativas fechadas também podem ocorrer como subordinadas, e nesse caso aparece uma conjunção, a saber, *se*:

[35] A gente vai investigar se alguém entrou no depósito sem autorização.

12.1.7 Interrogativas-eco

Existe uma terceira categoria de interrogativas, chamadas **interrogativas-eco**. Elas podem ter a estrutura de uma interrogativa aberta ou fechada; e o interrogativo nunca é anteposto, mas fica em seu lugar na oração como se não fosse um interrogativo. As interrogativas-eco têm um padrão entonacional próprio, com um contorno ascendente muito forte no final, que vou representar aqui como "**??**"; elas expressam incredulidade ou um pedido de confirmação:

[36] Você foi com a Cláudia no cinema??

[37] Você foi no cinema com quem??

12.2 NEGATIVAS

12.2.1 Negação verbal

Para negar um verbo no PB pode se colocar uma partícula negativa (tipicamente *não*) antes do verbo:

[38] O Eugênio <u>não</u> trabalha aqui.

Há outras marcas de negação, cada qual com sua semântica própria: *nada, ninguém, nunca, nenhum; nenhum* ocorre sempre como quantificador de um SN (*nenhuma razão*); e os outros ocorrem sozinhos (*ninguém* e *nada* são SNs):

[39] O Eugênio <u>nunca</u> trabalhou aqui.

[40] <u>Nenhuma pessoa</u> telefonou para a gente.

[41] <u>Nada</u> vai desanimar o rapaz.

Um pronome clítico pode aparecer entre *não* e o verbo: *ele não me aju-dou*. Já as outras palavras negativas podem ser separadas do verbo por diversos elementos:

[42] O Eugênio <u>nunca</u>, que eu saiba, trabalhou aqui.

[43] <u>Nada</u>, nem essa má notícia, vai desanimar o rapaz.

12.2.2 Negação depois do verbo

Os itens negativos podem também aparecer depois do verbo; e nesse caso coloca-se *não* antes do verbo:

[44] O Eugênio <u>não</u> trabalhou aqui <u>nunca</u>.

[45] A professora <u>não</u> vai ajudar <u>ninguém</u>.

O número de negações na sentença não afeta a interpretação, que é sempre negativa – ou seja, uma não cancela a outra. Podemos ter até mais de duas, como em

[46] Eu <u>nunca</u> pedi a <u>ninguém</u> que me ajudasse em <u>nada</u>.

12.2.3 Dupla negação

A maneira mais comum de negar um verbo é colocar *não* antes dele e outro *não* no final do período:

[47] Eu <u>não</u> vou lá <u>não</u>.

As regras que governam a posição e o efeito semântico do segundo *não* são relativamente complicadas, a saber:

> **Regra 1**. O segundo *não* ocorre no final do período (exceto em estruturas coordenadas, com a ressalva da Regra 3).
>
> **Regra 2**. O segundo *não* nega a oração principal, e não a subordinada, *exceto* orações com função de objeto, que podem ser negadas independentemente com o segundo *não* se estiverem no final do período.
>
> **Regra 3**. Em períodos compostos por coordenação com *e* e o mesmo sujeito para as duas orações, o segundo *não* ocorre no final da estrutura completa ou no final da primeira oração, e nega tudo o que o precede no período.

Exemplificando a aplicação dessas três regras:

Regra 1

[47] Eu não vou lá não.

Como se vê, o segundo *não* fica no final do período. Isso acontece mesmo quando o período é longo e inclui oração subordinada:

[48] Eu não aceitei ir lá na casa de campo daquele idiota não.

Regra 2

Quando o período inclui orações subordinadas, elas não são incluídas no escopo da negação:

[49] O Ferreira não sai de casa quando está chovendo não.

Embora a segunda negação esteja no final do período, a subordinada, *quando está chovendo*, não é negada. E quando a subordinada é negada, ela não pode receber um segundo *não*:

[50] * O Ferreira sai de casa quando não está chovendo não.

O mesmo se dá com orações relativas:

[51] * Zélia é o nome da moça que não me reconheceu não.

Mas as orações objeto podem ser negadas independentemente:

[52] Eu desconfio que ela não gosta de você não.

Essa frase é aceitável, e só a subordinada é negada: eu continuo desconfiando, e apenas se nega que ela goste de você.

Regra 3

Em estruturas coordenadas com *e*, a segunda negação pode aparecer depois do primeiro ou depois do segundo membro da coordenação, mas não indiferentemente. Pode aparecer no final do segundo quando nega toda a estrutura:

[53] Você não vai pegar o carro e devolver amanhã não.

Aqui toda a sequência compreendida entre as negações é negada. Mas em

[54] Você não vai pegar o carro não e seu pai vai saber disso.

a parte negada é apenas a primeira oração.

Essas regras, complicadas como são, ainda precisam ser refinadas. Por ora vamos nos contentar com essa formulação provisória.

É frequente omitir o primeiro *não*, de maneira que a negação fica marcada apenas pelo segundo:

[55] Vou lá não.

[56] O barco precisa de pintura não.

12.2.4 Negação nominal e adverbial

Os nominais e adverbiais também podem ser negados. Assim, diz-se

[57] Os candidatos <u>não aprovados</u> podem tentar novamente.

[58] Você pode tocar bateria, mas <u>nunca aqui</u>.

[59] Ele deixou muitos livros <u>não lidos</u>.

Quando usados com um nominal, a negação vem sempre antes, e não há segundo *não*. Mas com a maioria dos adverbiais a negação pode vir depois:

[60] Você pode tocar bateria, mas <u>nunca aqui</u>. / ... <u>aqui nunca</u>.

[61] – O diretor está livre?
  – <u>Não hoje</u>. / <u>Hoje não</u>.

Alguns adverbiais são negados por *nem* em vez de *não*: *nem sempre, nem tanto, nem todos, nem sequer*. *Nem* vem sempre antes do adverbial.

Em alguns casos, a negação vem obrigatoriamente depois do adverbial:

[62] – A sua banda vai tocar?
  – Talvez não. / * não talvez.

Isso se deve ao fato de que é *talvez* que está modificando o *não*, e não vice-versa. Adverbiais que se comportam como *talvez* são *também, certamente, provavelmente*.

12.2.5 Negação e afirmação independentes

A palavra *não* se usa para fornecer o valor de verdade, quando este é solicitado, como em

[63] – Você já resolveu se compra esse vestido?
  – Não.

Já para fornecer uma afirmativa (confirmando o valor de verdade solicitado) o PB tem recursos mais complicados. Existe a palavra *sim*, que teria essa função, mas é raramente usada. Na maioria dos casos se repete o verbo da pergunta, com ajuste de pessoa se necessário:

[64] – Você comprou o vestido?
    – Comprei.

[65] – O Eurico chegou de Goiânia?
    – Chegou.

Mas quando a pergunta inclui certos advérbios, é ele que é repetido:

[66] – Você já resolveu se compra esse vestido?
    – Já.

Não são conhecidas as regras que regem essa diferença.
Sim pode ser usado como um reforço da afirmativa:

[67] – O Eurico chegou de Goiânia?
    – Chegou sim.

[68] – Você já resolveu se compra esse vestido?
    – Já sim.

12.2.6 *Nem* e *sequer*

A negação *nem* é uma espécie de aglutinação de *e* + *não*, ou seja, um *e* negativo. Assim, paralelamente a

[69] Ela canta e dança.

temos

[70] Ela nem canta nem dança.

Sequer é um reforço de *nem*, como em

[71] Ela nem sequer sabe dançar.

ou, frequentemente, sem o *nem*,

[72] Ela sequer sabe dançar.

Como se vê, *sequer* introduz uma condição considerada mínima para algum objetivo; essa condição é negada: o mínimo que ela devia saber seria dançar, mas nem sequer isso ela sabe.

12.2.7 Uma nota sobre a pronúncia de *não*

A negação *não* se pronuncia normalmente [nũ] quando antes do verbo. Nas outras posições – sozinha, quando usada como segunda negação ou quando negando um nominal ou adverbial – se pronuncia [nɐ̃w̃]. Essa pronúncia é também aceitável antes do verbo, mas não é a mais comum.

Não pode ocorrer reduzido a um simples [n] antes de um verbo começado por vogal tônica:

[73] Ele não é amigo de ninguém. [ˈelɪnɛaˈmigʊ ...].

Valência

Capítulo 13

Valência

13.1 O VERBO É A CHAVE

Se existe uma chave para a gramática da oração em português, é o verbo. Quando conhecemos o verbo de uma oração – isto é, seu significado e os complementos com que ele coocorre – podemos determinar boa parte da estrutura das orações em que ele figura. Por exemplo, digamos que o verbo da oração é *confiar*: a partir dessa informação podemos prever que haverá um sujeito com o papel temático de Experienciador; e que haverá um complemento governado pela preposição *em*, com o papel de Estímulo, como em

[1] A menina confia em você.

Como sabemos, [1] se analisa como elaboração de uma construção. E o conjunto das construções nos fornece grande parte da estrutura gramatical da língua[1]. As construções são descritas em termos dos complementos compatíveis com cada verbo: sua forma sintática e seus papéis temáticos. Cada verbo pode ocorrer em um conjunto bem delimitado de construções, e esse conjunto de construções é o que chamamos a **valência** do verbo.

A primeira observação a fazer é que um verbo pode ocorrer em mais de uma construção. *Confiar*, que vimos acima, é relativamente simples; mas o

---

1. Apenas grande parte, não tudo. Há muitos aspectos da estrutura gramatical que precisam ser descritos fora da lista de construções; mas esta é um componente indispensável.

verbo *engordar* pode ocorrer em pelo menos três construções bem distintas, a saber:

[2] O fazendeiro engordou o frango. (construção transitiva)

[3] Pizza engorda. (construção transitiva de objeto elíptico)

[4] A menina engordou. (construção ergativa)[2]

Esses fatos sugerem imediatamente duas tarefas a serem realizadas dentro da descrição da língua:

(a) uma lista das construções possíveis;

(b) uma lista dos verbos da língua, cada um deles associado às construções em que ocorre.

Uma vez realizadas essas duas tarefas, teremos em mãos boa parte da estrutura da oração do português. A valência de um verbo representa parte do conhecimento que todo falante precisa ter para poder usar esse verbo corretamente. Qualquer falante do português sabe que *engordar* pode ocorrer nas construções exemplificadas em [2], [3] e [4], mas não em

[5] * O fazendeiro engordou no frango.

sendo *o fazendeiro* Agente e *no frango* Paciente. Já *bater* caberia aí:

[6] O fazendeiro bateu no frango.
    Agente   Paciente

Estamos falando, portanto, não meramente de especulações teóricas, mas da descrição de um conhecimento que existe na memória de todos os falantes do português.

---

2. Só para relembrar a diferença de análise entre [3] e [4]: [3] é um exemplo da construção transitiva de objeto elíptico porque o sujeito é Agente; e [4] ilustra a ergativa porque tem sujeito Paciente.

Por outro lado, nem tudo na oração depende do verbo. Há elementos de introdução gramaticalmente livre, que podem ocorrer com a mesma forma e o mesmo significado, seja qual for o verbo. Vimos no capítulo 4 que esses elementos são denominados **adjuntos** – em contraste com os **complementos**, cuja forma sintática e papel temático dependem do verbo de alguma maneira. Um exemplo de adjunto é uma expressão de Causa da forma *por causa de SN*. Note-se como se pode acrescentar um sintagma dessa forma e papel temático às frases acima:

[7] A menina confia em você por causa do professor.

[8] O fazendeiro engordou o frango por causa do Natal.

[9] Pizza engorda por causa dos carboidratos.

[10] A menina engordou por causa do excesso de pizza.

Os fatores que governam a ocorrência desses sintagmas de causa são semânticos, ou seja, eles ocorrem onde quer que sejam semanticamente adequados. A frase [11] é estranha não por sua estrutura gramatical, mas porque diz alguma coisa que não faz sentido:

[11] * A menina confia em você por causa do excesso de pizza.

Compare-se essa situação com a do complemento com a preposição *em* que ocorre com *confiar*. Se somente levarmos em conta a semântica, eu poderia dizer

[12] * A menina confia a mãe.

ou então

[13] * A menina confia da mãe.

e seria possível compreender o que o falante quer dizer. No entanto, essas frases são inaceitáveis porque a preposição está errada; com o verbo *confiar*, precisa ser *em*. Esse é um fenômeno valencial.

13.2 DIÁTESE, VALÊNCIA

Vamos considerar agora o verbo e seus complementos. Vimos que cada construção admite certos verbos e rejeita outros. Por exemplo, na construção ergativa, isto é,

[14] **SujV**>Paciente   **V**

cabem os verbos *engordar, encher, desanimar* e muitos outros:

[15] Você engordou.

[16] O tanque encheu.

[17] A turma desanimou.

Mas muitos outros verbos não cabem nessa construção. Assim, podemos ter *comer* com sujeito e sem outro SN, mas o sujeito é sempre Agente, nunca Paciente:

[18] Eu   já comi.
    Agente

Outros verbos que não cabem na construção ergativa são *matar, ler, estudar, beliscar* etc. Isso significa que temos aqui dois grupos de verbos: os que cabem na construção ergativa e os que não cabem.

Em outras palavras, a construção ergativa divide os verbos da língua em dois grupos: os que podem e os que não podem ocorrer nela. Uma construção que tem essa propriedade se denomina uma **diátese**. Existem muitas diáteses em português – não se sabe ao certo quantas[3]. Por exemplo, a construção transitiva é também uma diátese. Assim, o verbo *comer* pode ocorrer na construção transitiva, como em

---

3. Em agosto de 2015 a lista estava em mais de duzentas.

[19] Eu   comi   os pastéis.
    Agente   Paciente

mas o verbo *acontecer* não pode, porque nunca aparece com sujeito Agente e objeto Paciente.

A maioria dos verbos pode ocorrer em mais de uma diátese. Por exemplo, *encher*, que ocorre na diátese ergativa, também ocorre na transitiva: comparar [16] com

[20] O fazendeiro encheu o tanque.
       Agente   Paciente

O conjunto de todas as diáteses em que um verbo pode ocorrer é a **valência** desse verbo; a valência de *engordar* inclui a diátese transitiva, a ergativa e pelo menos mais uma, a transitiva de objeto elíptico, como no exemplo [3].

Algumas diáteses só valem para um pequeno número de verbos. Por exemplo, há uma diátese que tem sujeito Agente e Paciente expresso por sintagma preposicionado com a preposição *em*:

[21] O Alex bateu na Valéria.
     Agente   Paciente

Essa diátese só vale para o verbo *bater* e mais uns poucos (por exemplo, *ajudar* em *o fubá ajuda na fermentação*). Já a diátese transitiva, exemplificada em [19] e [20], vale para centenas de verbos.

O conhecimento das valências dos verbos é uma parte essencial do conhecimento que um falante tem de sua língua. Não é possível falar uma língua corretamente – e mesmo inteligivelmente – sem dominar as valências de grande número de verbos. E qualquer falante fluente do português sabe pelo menos alguns milhares de verbos, todos eles com suas respectivas valências[4].

---

4. O número dos verbos usados correntemente no português atual (sem contar termos técnicos, regionais e arcaicos) é estimado em cerca de 6.000 (cf. BORBA, 1991).

13.3 CLASSES DE VERBOS

Vimos que a diátese é um tipo de construção. Cada diátese divide os verbos da língua em duas classes: os que podem e os que não podem ocorrer nela. Por exemplo, nossa conhecida construção transitiva distingue os verbos que a aceitam, como *comer, matar* e *escrever* dos que não a aceitam, como *ser, aparecer* e *cair*:

[22] A Carol comeu a pizza / matou o rato / escreveu um livro.

[23] * A Carol apareceu uma pizza.

[24] * A Carol caiu o livro no chão.

É verdade que podemos dizer

[25] A Carol é a esposa do Jorge.

mas aqui não temos a construção transitiva porque o sujeito não é Agente, nem o objeto Paciente.

Assim se classificam os verbos quanto a sua valência. Mas não se trata de uma subclassificação progressiva, segundo a qual os verbos se dividem em duas classes, A e B; a classe A se subdivide em C e D; a classe B em E e F etc. Cada diátese divide o todo dos verbos em duas classes, sem consideração do que resultou da ação de outras diáteses, de maneira que a classificação acaba sendo complexa. Para exemplificar, vamos pegar um grupo de cinco verbos:

bater, comer, decepcionar, fazer, morrer

Vamos classificar esses verbos usando quatro diáteses, a saber, a **transitiva**, a **ergativa**, a **transitiva de objeto elíptico** e a **de paciente com** *em* (exemplificada em [21] acima); todas foram definidas anteriormente. Vamos ver como cada uma delas subdivide esse grupo de quatro verbos, e depois vamos avaliar os resultados globais.

A diátese transitiva se aplica a *bater* (*a Nádia bateu o carro*), *comer*, *decepcionar* e *fazer*, mas não a *morrer*, porque não se pode dizer

[26] * A cobra morreu o cavalo.

Já a ergativa vale para *decepcionar* e *morrer*, mas não para *bater*, *comer* ou *fazer*; por exemplo, a frase

[27] A Daniela já comeu.

não é ergativa porque o sujeito não é Paciente. Já em

[28] A turma decepcionou.

temos uma ergativa, porque *a turma* é Paciente[5].

A transitiva de objeto elíptico vale para *bater*, *comer* e *decepcionar*, mas não para *fazer* nem para *morrer*. Por exemplo, a frase

[29] * O menino fez.

não é aceitável. Mas podemos dizer

[30] Esse jogador bate demais.

A de paciente com *em* só vale para *bater*:

[31] O sujeito batia nos filhos.

Essas observações podem ser resumidas em um quadro, que permite uma visão geral da validade das diáteses para os cinco verbos. No quadro abaixo, "+" quer dizer que o verbo pode ocorrer naquela diátese, e "−" quer dizer que não pode.

---

5. Mais exatamente, pode ser Paciente, porque *decepcionar* também ocorre na transitiva de objeto elíptico.

	trans	erg	trans. de obj. el.	de pac. c/ *em*
Verbos				
bater	+	–	+	+
comer	+	–	+	–
decepcionar	+	+	+	–
fazer	+	–	–	–
morrer	–	+	–	–

Subclassificação de cinco verbos segundo quatro diáteses

Como se vê, não há dois verbos iguais – cada um desses verbos tem uma valência diferente da dos outros quatro. Nem é possível dividir esses cinco verbos em duas classes "principais", que depois se subdividem, e assim por diante. Se observarmos a diátese transitiva, temos dois grupos: *bater, comer, decepcionar* e *fazer* admitem essa construção, *morrer* não admite. Mas se considerarmos a ergativa, a divisão vai ser entre *bater, comer* e *fazer*, que não a admitem, e *decepcionar* e *morrer*, que admitem. Uma classificação interfere na outra, impedindo a postulação de classes e subclasses à maneira tradicional: *decepcionar* fica junto com *bater, comer* e *fazer* segundo um critério, mas fica junto com *morrer* segundo outro. E ambos os critérios são importantes, porque qualquer falante da língua conhece as construções transitiva e ergativa, e sabe quais verbos cabem em cada uma.

Por enquanto temos simplesmente cinco classes, cada uma com um verbo. Quando se amplia essa classificação para mais verbos e mais diáteses, acabam aparecendo grupos de verbos de valência idêntica; por exemplo, considerando apenas as quatro diáteses acima, *encher* tem valência igual à de *decepcionar*, e *desaparecer* tem valência igual à de *morrer*. Mas ainda assim o número de classes de verbos é muito grande – pelo menos dezenas, mas mais provavelmente centenas. Mapear o léxico para estabelecer essas classes de verbos é um trabalho ainda a realizar[6]. Por ora, vamos nos contentar com princípios gerais.

---

6. No momento está em andamento a elaboração de um dicionário de valências do português brasileiro (Projeto VVP, sediado na UFMG, com participantes de outras universidades de Minas).

Os verbos da língua se classificam segundo as diáteses em que cada um pode ocorrer; ou seja, segundo a **valência** de cada um. A valência de *decepcionar*, por exemplo, inclui as diáteses transitiva, ergativa e transitiva de objeto elíptico:

[32] O professor decepcionou os alunos. (transitiva)

[33] Os alunos decepcionaram. (ergativa)[7]

[34] Esse professor decepciona. (com sujeito Agente: transitiva de objeto elíptico)

A valência dos verbos é parte essencial do conhecimento gramatical que nos permite usar a língua, construindo e interpretando frases corretamente. Por isso é tão importante estudar as valências, que subclassificam os verbos em muitos grupos, cada um com seu comportamento gramatical próprio.

13.4 CONTANDO VERBOS

Um problema que precisa ser resolvido é o seguinte: quando temos um verbo com dois ou mais significados muito diferentes, temos na verdade um verbo ou mais de um? Um caso típico é o de *pintar*, como em

[35] Leonardo pintou a janela.

[36] Leonardo pintou lá em casa. [= apareceu lá em casa]

Ou seja, *pintar* ocorre em dois significados nitidamente diferentes, correspondendo a valências também diferentes. A pergunta é se devemos distinguir aqui dois verbos *pintar*, ou apenas um.

---

7. Muitos falantes usam outra construção, com *se*: *os alunos se decepcionaram*. Como a distribuição dessa construção não é conhecida, vou me limitar aqui ao uso corrente em Minas Gerais.

Para adiantar, digo logo que *pintar* é um único verbo, embora tenha duas acepções tão diferentes. Igualmente, consideramos *apanhar* como um único verbo, embora tenha pelo menos dois significados bem distintos: "ser espancado" (*ele apanha da mulher*) e "pegar" (*eu apanhei o brinquedo no chão*); o mesmo para *perder*, nos significados de "extraviar" (*eu perdi o meu relógio*) e "deteriorar" (*o leite perdeu por causa do calor*). As unidades lexicais se definem em termos formais, pelo menos em um primeiro momento. Assim, *ir* é o mesmo verbo nas frases

[37] Eu <u>vou</u> a Porto Alegre a semana que vem.

[38] Acho que <u>vai</u> chover.

Isso não significa que as evidentes diferenças de significado e de uso sintático não sejam levadas em conta na gramática. Trata-se apenas da opção de se dizer "o verbo *ir* tem diferentes significados e diferentes propriedades sintáticas", e não "há vários verbos *ir* em português, e cada um deles tem um significado".

Há boas razões para isso. Um dos princípios básicos da descrição gramatical é o de que temos que estabelecer uma relação entre **formas** (tais como percebidas pelo receptor) e **significados**. As formas são o ponto de partida necessário para a interpretação, e precisam estar registradas na memória do falante. Ao ouvir [35] ou [36], o que ele tem é um verbo com a forma *pintar*[8]. É tarefa do receptor atribuir a essa forma o significado "cobrir de tinta" ou "aparecer", com base no contexto da sentença. Ora, parte desse contexto é justamente o entorno sintático – a construção em que a forma ocorre. Se *pintar* tem sujeito[9] e é seguido de um SN, ou seja, se ocorre na construção transitiva, só pode ter a primeira das acepções acima.

---

8. Ou, mais exatamente, *pintou*, que se associa com um lexema que inclui *pintar* etc.
9. E/ou sufixo de pessoa-número, ou seja, "SujV".

Se quisermos relacionar as formas da língua com os conceitos que elas comunicam, o que é um dos objetivos da linguística, teremos que descrever o processo que, a partir de um sinal formal, atribui significados aos enunciados. É claro que precisamos distinguir, em algum momento, o item *pintar* que ocorre em [35] do que ocorre em [36], mas isso é resultado de um processamento, não um ponto de partida. No primeiro momento, *pintou* é uma forma fonológica a ser associada a determinados traços morfológicos, sintáticos e semânticos com base no contexto em que ocorre – basicamente, no que nos interessa, com base no contexto morfossintático.

Essa prática vale para todas as formas gramaticais; assim, dizemos que **a palavra *que*** tem usos sintáticos e significados diferentes em

[39] O cachorro que eu comprei.

[40] Que cachorro é esse?

[41] Ela acha que vai chover.

etc. E dizemos que **a palavra *papel*** tem significados diferentes em

[42] Pega uma toalha de papel para mim.

[43] O Rodrigo vai fazer papel de avô no teatro da escola.

13.5 DIFERENÇA ENTRE "CONSTRUÇÃO" E "DIÁTESE"

É a noção de valência que nos leva a diferenciar dois termos que à primeira vista podem parecer sinônimos, mas não são: **construção** e **diátese**.

Vimos que cada diátese divide os verbos da língua em duas classes: os que podem e os que não podem ocorrer nela. Assim, a diátese ergativa distingue os verbos que a aceitam (*morrer, engordar, encher...*) e os que não a aceitam (*comer, matar, colocar...*). Então dizemos que essa **construção** é uma **diátese**. Ou seja, toda diátese é uma construção.

Mas nem toda construção é uma diátese, porque há construções que não dividem os verbos em classes da maneira indicada acima. Por exemplo, a construção **de objeto topicalizado**, que consiste em colocar um objeto no início da sentença, vale para todos os verbos que têm objeto:

[44] Cerveja eu não bebo.

[45] Essa gaveta eu vou encher de dinheiro.

Assim, não se coloca na valência de nenhum verbo a possibilidade de topicalizar um objeto, porque essa possibilidade não depende do verbo, mas de fatores estruturais como a presença de um objeto. *Encher* pode ter objeto (e isso já está explicitado em sua valência, porque ele pode aparecer na diátese transitiva); e esse objeto pode ser topicalizado – só que a topicalização não é característica do verbo *encher*, mas de todos os verbos que podem ter objeto. Outras construções que não são diáteses são a negativa e a interrogativa: com efeito, qualquer verbo pode ser negado ou interrogado, e portanto não faz sentido colocar essas possibilidades como parte da valência dos verbos individuais.

Assim, podemos dizer **a construção transitiva** ou **a diátese transitiva**, porque toda diátese é uma construção. Mas não é correto chamar a **construção de objeto topicalizado** de diátese, porque nem toda construção é diátese, e essa não é. Uma diátese, em resumo, é uma construção onde só cabe uma parte dos verbos da língua, em virtude de suas propriedades lexicais. Correspondentemente, pode-se sempre determinar de que verbos uma construção é diátese (por exemplo, a construção transitiva é diátese dos verbos *encher, comer, matar*, mas não de *morrer*).

A **valência** de um verbo é, portanto, o conjunto de todas as diáteses em que esse verbo pode ocorrer.

Esse conjunto define grande parte das propriedades gramaticais do verbo em questão.

13.6 VALÊNCIA NOMINAL E ADVERBIAL

A valência não é uma característica exclusiva dos verbos. Os nominais e os advérbios também muitas vezes tomam complementos. Por exemplo, o nominal *amor* pode ser acompanhado por um complemento introduzido pela preposição *por*:

[46] Eles têm um grande amor pela escola.

Medo requer a preposição *de*:

[47] Todo mundo anda com medo das enchentes.

Favorável requer a preposição *a*:

[48] A decisão foi favorável ao marido.

E o advérbio *favoravelmente* também exige *a*:

[49] O tribunal decidiu favoravelmente ao marido.

O papel temático desses complementos também precisa ser estipulado na valência dos diferentes itens. Por exemplo, o complemento pode ser um Paciente, como em

[50] A demolição do muro ficou a cargo da minha empresa.

ou um Agente:

[51] A decisão da diretoria foi muito contestada.

Assim, o item lexical correspondente a esses nominais e advérbios também inclui a lista das diáteses em que eles aparecem. O complemento dos nominais ocorre o mais das vezes com preposição, como nos exemplos acima; mas às vezes é expresso também por um nominal, como em

[52] Destruição ambiental. (Paciente)

[53] A decisão presidencial. (Agente)

É bom notar que, ao contrário dos verbos, muitos nominais e advérbios não têm valência própria; por exemplo, *casa* pode ter adjuntos, mas estes são definidos por regras gerais, não condicionadas lexicalmente: *minha casa, casa de madeira* etc.

Veremos o fenômeno da valência nominal e adverbial em maior detalhe no capítulo 17.

13.7 VALÊNCIA DE ALGUNS VERBOS

Dou abaixo cinco verbos tais como aparecem no *Dicionário de valências do português brasileiro*. Os códigos (**C1**, **C4** etc.) identificam as diáteses individuais e facilitam as referências – por exemplo, ao fazer o levantamento de todos os verbos que ocorrem com sujeito Agente e objeto Paciente dizemos simplesmente que eles ocorrem em C1 (ou que têm C1 em suas valências).

Os constituintes em *itálico* não são mencionados na diátese, porque são de ocorrência livre e seus papéis semânticos não dependem do verbo: são **tematicamente transparentes**, conforme explicado na seção 4.7.

> **ABRIR**

C1   **SujV**>*Agente*   **V**   **SN**>*Paciente*

Abri a janela.

....

C4   **SujV**>*Paciente*   (**Refl**)   **V**

A janela abriu.

O (Refl) indica que para muitos falantes é necessário colocar aqui um pronome reflexivo; esses falantes preferem dizer *a janela se abriu.*

....

C101 **SujV**>*Coisa.localizada* **V** ***para* SN**>*Meta*

Essa janela abre para a praça.

....

C161 **SujV**>*Agente* **Refl** **V** ***com* SN**>*Meta*

O rapaz se abriu com a mãe.

O reflexivo aqui é usado por todos os falantes, por isso vem sem parênteses.

O Agente corresponde ao falante e a Meta ao interlocutor, ou recebedor da mensagem; isso acontece sempre que a oração tem um verbo de comunicação (*se abrir* aqui denota um ato de fala).

FORMAR

C1 **SujV**>*Agente* **V** **SN**>*Paciente*

A Faculdade de Direito forma 30 alunos *por ano.*

Os colecionadores formaram uma fila *com os carros antigos.*

....

C6 **Suj**> *αRef* **V** **SN**> *αRef*

Vinte soldados formam um pelotão.

O papel semântico notado como "αRef" significa que o elemento tem a mesma referência (se refere à mesma entidade) que o outro αRef. No caso, entende-se que os vinte soldados têm a mesma referência que o pelotão.

....

C109   SujV>*Agente&Paciente*   **V**

Ela formou *em 2010*.

Meu irmão formou *em Engenharia Civil*.

A notação com "&" significa que o constituinte em questão tem os dois papéis semânticos ao mesmo tempo. Uma construção sinônima de C109 existe com reflexivo: *ela se formou em 2010*. Essa construção não figura entre as diáteses de *formar* porque decorre de regras gerais de reflexivização, que não dependem do verbo da oração.

$$\boxed{\textbf{GANHAR}}$$

Para este verbo, as diferentes acepções são indicadas, numeradas em algarismos romanos: I, II etc. Essa distinção não é relacionada sistematicamente com as diáteses, e por isso em geral não aparece. Fica aqui como um exemplo.

I. Transferir posse
C32   SujV>*Meta*   **V**   **SN**>*Tema*

A menina ganhou um sorvete.

Carolina ganhou um bebê lindo.

....

II. Derrotar

C58 **SujV**>*Agente*   **V**   ***de* SN**>*Paciente*

O Atlético ganhou do Botafogo.

A Carla *sempre* ganha de mim *no xadrez*.

....

III. Atingir

C11 **SujV**>*Tema*   **V**   **SN**>*Meta*

A inundação ganhou toda a cidade.

Este uso de *ganhar* é raro e limitado à língua escrita.
....

IV. Melhorar

C189 **SujV**>*Tema*   **V**   ***em* SN**>*Ponto.de.vista*

Seu texto ganhou em precisão.

GOSTAR

C14 **SujV**>*Experienciador*   **V**   ***de* SN**>*Estímulo*

Marília gosta de alface.

Esse sujeito *não* gosta de ninguém.

MORDER

C1 **SujV**>*Agente* **V** **SN**>*Paciente*

O cachorro mordeu meu sobrinho.

....

C3 **SujV**>*Agente* **V**

Esse cachorro morde.

Capítulo 14

Papéis temáticos

14.1 LISTA DOS PAPÉIS TEMÁTICOS

Papel temático é a relação semântica que existe entre o verbo[1] e os diversos sintagmas que coocorrem com ele na oração. Já vimos vários exemplos (Agente, Paciente etc.), e agora vamos examinar essas relações com mais cuidado.

O papel temático é uma **função semântica**; ou seja, assim como o SN *a dona Teresa* pode ter várias funções sintáticas – pode ser sujeito ou objeto, por exemplo – também pode ter várias funções semânticas (papéis temáticos), como Agente, Paciente, Experienciador etc. Os papéis temáticos são importantes na descrição gramatical porque ela procura, em última análise, explicitar a relação que existe entre a forma e o significado das expressões linguísticas. Assim, ao ouvir a frase

[1] A dona Teresa foi para Belém.

o receptor precisa ter condições de saber que *a dona Teresa* representa o Tema (o elemento que se movimenta de um lugar para outro) e *para Belém* a Meta desse movimento. Esses são ingredientes essenciais do significado total da frase[2]. O usuário da língua sabe, portanto, associar os diversos constituintes de uma oração cada um a seu papel temático.

---

1. Ou também o nominal, ou ainda o advérbio, como vimos no cap. 13.

2. Mas não *todo* o significado; há ainda um grande número de elementos semânticos que os papéis temáticos não exprimem; um exemplo é o tempo verbal.

Já vimos que esse processo de associação entre constituintes e papéis temáticos não tem nada de simples. Em [1], *a dona Teresa* é Tema porque é sujeito da oração e porque o verbo é *foi* (*ir*); em outras palavras, porque essa frase realiza a **construção de tema e meta**, que é uma das diáteses do verbo *ir*:

> **Construção de tema e meta:**
> SujV>Tema   **V**   ***para*** SN>Meta

Entre os papéis temáticos mais frequentes temos o Agente e o Paciente, já vistos, e ainda os seguintes:

EXISTENTE

É o elemento cuja existência se afirma, como em

[2] Tem <u>quatro carros na garagem</u>.

CAUSA

[3] Até hoje a Cláudia chora <u>por causa do Abílio</u>.

ESTÍMULO

É o desencadeador de um estado interno, como em

[4] Jorge ama <u>a Célia</u>.

e também em

[5] Jorge viu <u>a Célia</u>.

[6] <u>A Célia</u> impressionou o Jorge.

DESIGNAÇÃO

O nome que se dá a algo ou alguém:

[7] O menino vai chamar <u>Leonel</u>.

COISA.DESIGNADA

É a coisa ou pessoa à qual se dá nome:

[7] <u>O menino</u> vai chamar Leonel.

EXPERIENCIADOR

É o elemento que experimenta um fenômeno interno (psicológico ou sensorial), como em

[4] <u>Jorge</u> ama a Célia.

e também em

[5] <u>Jorge</u> viu a Célia.

[6] A Célia impressionou <u>o Jorge</u>.

FONTE

É o ponto de início de um movimento:

[8] A dona Teresa veio <u>de Belém</u>.

INSTRUMENTO

[9] Quebrei a janela <u>com um tijolo</u>.

COISA.LOCALIZADA

É o elemento cuja localização é asserida:

[10] <u>Essas árvores</u> ficam na praça.

LUGAR

[10] Essas árvores ficam <u>na praça</u>.

MEDIDA

É a referência de uma medida de tempo, tamanho, peso, preço etc.:

[11] Ele pesava <u>mais de cem quilos</u>.

[12] A festa durou <u>quase quatro horas</u>.

META[3]

É o ponto-final de um movimento:

[13] Finalmente eu cheguei <u>em São Luís</u>.

OPINADOR

É o agente de uma ação mental:

[14] <u>Eu</u> considero o Guga o maior tenista do mundo.

POSSUÍDO

É o elemento que se afirma como sendo posse de alguém:

[15] A minha prima tem <u>dois carros</u>.

POSSUIDOR

[15] <u>A minha prima</u> tem dois carros.

PRS

Ou seja, **participante de relação social**:

[16] <u>A Helena</u> namorou <u>com o Paulo</u>.

---

3. Também chamada Alvo.

COISA.QUALIFICADA

É o elemento ao qual se atribui uma qualidade:

[17] A Letícia é muito bonita.

QUALIDADE

[17] A Letícia é muito bonita.

Tema

É o elemento que se movimenta, voluntariamente ou não:

[1] A dona Teresa foi para Belém.

αREF

É cada um dos termos de uma igualdade asserida (este papel temático vem sempre em pares):

[18] O Daniel é o nosso professor de Química.

Há muitos outros, mas com essa lista já é possível analisar boa parte das orações da língua.

14.2 EMPARELHAMENTO DE PAPÉIS TEMÁTICOS

Há um outro fenômeno importante relativo aos papéis temáticos: eles podem ser emparelhados, de tal maneira que quando ocorre um precisa ocorrer o outro (ou, equivalentemente, é obrigatória a ocorrência de dois exemplos do mesmo papel temático). No exemplo

[18] O Daniel é o nosso professor de Química.

vimos que os dois SNs, *o Daniel* e *o nosso professor de Química*, têm ambos o papel temático αRef, o que quer dizer que a frase assere que o Daniel e o professor de Química são a mesma pessoa. É claro que não podemos ter apenas **um** αRef na sentença, já que a função desse papel é a de mencionar de duas maneiras diferentes a mesma entidade. Ou seja, αRef vem sempre em pares, nunca sozinho; isso decorre da própria definição desse papel temático.

É interessante observar que o emparelhamento de papéis temáticos está na base da distinção tradicional entre "objeto" e "predicativo". Assim diz-se que frases como [18] se distinguem de frases como

[19] O Daniel beliscou o nosso professor de Química.

porque em [19] o sujeito e o outro SN se referem a entidades distintas, ao passo que em [18] se referem à mesma entidade. Isso é descrito automaticamente pelo fato de haver identidade e emparelhamento dos papéis em [18], e não em [19] – e note-se que o emparelhamento é um fato inevitável, pois nunca encontramos um sintagma sozinho marcado αRef.

Outros casos de "predicativo" são igualmente dependentes de emparelhamento. Por exemplo, em

[16] A Letícia é muito bonita.

o sintagma adjetivo *muito bonita* tem o papel temático Qualidade; mas esse papel ocorre sempre emparelhado a outro papel, Coisa.qualificada, no caso *a Letícia*. Novamente, a análise tradicional é de que *muito bonita* seria um "predicativo". Como se vê, não se trata de uma função sintática distinta, mas de um sintagma (de qualquer classe) que veicula um papel temático emparelhado. Um terceiro exemplo é o de

[20] Daniela considera Ronaldo o maior jogador do mundo.

onde o que temos (além do sujeito) não são dois termos de função sintática diferente (*Ronaldo* e *o maior jogador do mundo*), mas dois SNs com os papéis temáticos de, respectivamente, Coisa.qualificada e Qualidade. A diátese realizada por [20] é

[21] **SujV**>*Opinador* **V** **SN**>*Coisa.qualificada* **SN**>*Qualidade*

e desse modo se distingue convenientemente as funções (semânticas!) dos dois SNs não sujeitos, sem necessidade de atribuir a eles funções sintáticas distintas.

O emparelhamento também ajuda a explicar casos como o de

[22] O diretor demitiu o Braga, o pobre coitado.

Aqui temos o sintagma *o pobre coitado*, que tem o potencial de exprimir Qualidade. Não podemos entender esse sintagma como o Paciente, já que esse papel está previamente ocupado por *o Braga*. O sintagma final se entende então como Qualidade, e precisa ter um par na oração. O par vai ser *o Braga*, e isso por razões extralinguísticas – não faria sentido termos pena do diretor, que afinal de contas não sofreu nada. A situação será outra – não gramaticalmente, mas em termos de conhecimento do mundo – se a frase for

[23] O diretor demitiu o Braga, o canalha.

onde é mais fácil emparelhar *o canalha* como a Qualidade de *o diretor*, por razões óbvias. Ou seja, em [22] a Coisa.qualificada é *o Braga*, e em [23] é *o diretor*, sem necessidade de atribuir às duas frases estruturas **sintáticas** diferentes. Conclui-se que a função sintática chamada "predicativo" não é necessária na sintaxe. A diferença entre o predicativo e os outros SNs não sujeitos é efeito de fatores semânticos, em particular do emparelhamento de papéis temáticos[4].

---

4. A análise do predicativo como efeito do emparelhamento é estudada em Perini e Fulgêncio (2011).

14.3 PROBLEMAS

14.3.1 Uma lista em aberto

Há muita incerteza quanto à lista dos papéis temáticos necessários para descrever a língua, e também quanto à forma de representá-los. Nesta gramática não podemos entrar nessa discussão, que é muito viva no momento[5]. Aqui nos limitamos a um pequeno elenco de papéis temáticos mais ou menos aceitos na literatura em geral.

O maior problema é que os papéis temáticos são parte da interface entre a língua e o nosso conhecimento do mundo; ao contrário das funções sintáticas, eles não podem se dar o luxo de serem poucos e simples. Precisamos de relações semânticas para caracterizar uma variedade imensa de relações cognitivas. A sintaxe pode se contentar com sujeito e objeto para os SNs; mas na semântica temos que distinguir, por exemplo, se o sujeito é:

Agente:

[24] O professor apagou o quadro.

Paciente:

[25] O professor engordou bastante.

Tema:

[1] A dona Teresa foi para Belém.

Coisa.localizada:

[26] As torradas estão na caixa de metal.

---

5. Remeto o leitor interessado a meus livros (PERINI, 2008, 2015) e às referências ali mencionadas.

Experienciador:

[27] O rapaz sentiu uma pontada.

Meta:

[28] O Ronaldo recebeu uma carta.

Possuidor:

[15] A minha prima tem dois carros.

PRS:

[16] A Helena namorou com o Paulo.

e assim por diante.

14.3.2 Os papéis temáticos são esquemáticos

Isso não quer dizer que precisemos de um papel temático para cada relação cognitiva possível; as relações cognitivas são em número indeterminado, pois nossa experiência do mundo não tem limites precisos[6], mas os papéis temáticos já representam o resultado de um processo de esquematização. Para dar um exemplo, o sujeito das duas frases abaixo é Agente:

[24] O professor apagou o quadro.

[29] O professor comeu uma empada.

É evidente que não se trata exatamente da mesma relação: uma coisa é apagar um quadro, outra coisa, bem claramente diferente, é comer uma empada. Os movimentos envolvidos não são os mesmos; os órgãos utili-

---

6. E talvez não tenham limite nenhum, em princípio, já que precisamos estar armados para compreender situações novas e inéditas em nossa experiência.

zados não são os mesmos; os objetivos da ação não são os mesmos. Mas o que nos interessa é que **a língua identifica essas duas relações para efeitos de codificação**. Ou seja, podemos considerar [24] e [29] como realizações da mesma construção, porque o que vale aqui são as semelhanças entre as duas relações cognitivas: trata-se, nos dois casos, do desencadeador de uma ação (de comer ou apagar, segundo o caso), e o fato de que a língua as codifica da mesma maneira (como o sujeito).

Assim, definir um papel temático não é simplesmente anotar uma relação cognitiva observada diretamente. É preciso apurar como é que a língua organiza essa relação: que relações diferentes a língua identifica para efeitos de codificação gramatical. Por exemplo, o português não diferencia as duas relações que o sintagma *o professor* assume nas frases [24] e [29] acima, muito embora elas sejam diferentes. Essa importante questão ainda não foi resolvida em todos os seus detalhes, e é objeto de discussões até hoje. Tem havido muito progresso, mas ainda estamos bastante longe de uma lista segura dos papéis temáticos necessários para descrever a língua portuguesa (ou qualquer outra língua).

Capítulo 15

O que uma diátese contém

15.1 O QUE DEVE APARECER NA DIÁTESE?

Uma construção compreende um verbo acompanhado de certo número de sintagmas. Mas nem todos os sintagmas que aparecem em uma frase são relevantes para definir a construção: ambas as frases abaixo são exemplos da construção transitiva (SujV>*Agente* V SN>*Paciente*):

[1] O João espancou o Daniel.

[2] Depois da discussão o João espancou o Daniel com uma vassoura.

[2] contém constituintes que não são mencionados na definição da construção transitiva: *depois da discussão* e *com uma vassoura*. Esses constituintes extranumerários se denominam, tradicionalmente, **adjuntos**; os que figuram na definição, a saber, *o João* e *o Daniel*, seriam **complementos**. As razões dessa distinção, assim como os critérios para aplicá-la, são inadequadas tanto na gramática tradicional quanto em muitas abordagens mais recentes. Isso foi brevemente mencionado na seção 4.7; agora podemos desenvolver mais a questão. Aqui vou oferecer o ponto de vista que me parece mais correto, e que me parece a melhor solução disponível no momento, mas fique claro que é uma visão pessoal, que certamente será contestada por muitos linguistas.

Pegando a frase [2], vamos comparar a situação do SN *o João* com a do sintagma adverbial *depois da discussão*. Sabemos que o papel temático de *o João* é Agente, e o de *depois da discussão* é Tempo (isto é, o momento em que se dá o evento descrito pelo verbo). No caso de *depois da discussão*, pode-se dizer que esse papel temático é de certo modo inerente ao próprio sintagma: ou seja, *depois da discussão* é um sintagma que exprime tempo, independentemente do verbo ao qual esteja semanticamente relacionado (isso provém, claro, do significado da preposição *depois de*)[1]. Podemos dizer, então, que podemos atribuir o papel temático Tempo ao constituinte *depois da discussão* sem precisarmos verificar as propriedades do verbo *espancar*. Sintagmas como *depois da discussão*, cujo papel temático é independente do verbo ou de outros elementos regentes, são chamados **transparentes**[2].

Mas com *o João* a situação é outra: nada nesse sintagma nos diz qual é o papel temático que ele desempenha; isso vai depender de fatores do contexto léxico-gramatical, e ele pode ser Agente (como em [2]), ou Paciente, como em

[3] O cachorro mordeu o João. [Paciente]

ou em

[4] O João engordou. [Paciente]

Ou pode ainda exprimir vários outros papéis temáticos; alguns exemplos são:

[5] O João me impressionou. [Estímulo]

[6] O João sentiu uma dor na perna. [Experienciador]

---

1. Unidades como *depois de* são tradicionalmente analisadas como **locuções prepositivas**, por serem formadas de mais de uma palavra. Aqui, entretanto, vou me referir a elas simplesmente como **preposições**, porque sintática e semanticamente se comportam como as preposições simples.

2. Entenda-se: transparentes no que diz respeito a seu papel temático.

[7] <u>O João</u> recebeu uma encomenda. [Meta]

[8] <u>O João</u> tem um computador novo. [Possuidor]

e ainda outros. Como é que conseguimos atribuir esses papéis temáticos tão diversos ao sintagma *o João*, em cada caso?

Essa decisão vai envolver tanto a função sintática quanto o verbo da oração. Assim, podemos dizer que *o João*, se for sujeito do verbo *espancar*[3], tem o papel temático Agente; se for objeto de *espancar*, é Paciente; se for sujeito do verbo *engordar* e não houver objeto na oração, tem o papel temático Paciente; e se for sujeito de *ter* é Possuidor. Como se vê, o papel temático do sintagma *o João* depende estritamente da construção em que se encontra, assim como do verbo que o governa. O sintagma *o João*, fora do contexto oracional, não veicula nenhum papel temático em particular – uma situação diferente da do sintagma *depois da discussão*, que tem papel temático inerente (Tempo). Podemos dizer então que o sintagma *o João* não é transparente: é **opaco**. Essa oposição exprime a relação especialmente íntima que existe entre alguns constituintes da oração (opacos) e o verbo, ao passo que os constituintes transparentes são por assim dizer autônomos, sendo acrescentados livremente à oração sempre que semanticamente adequados. Quando formulamos as diáteses, os constituintes transparentes não precisam aparecer, porque já têm seu papel temático determinado por outros fatores. Mas os constituintes opacos precisam constar da diátese porque seu papel temático depende das propriedades do verbo da oração (sua valência): com *espancar* um SN sujeito é Agente, mas com *sentir* é Experienciador, e assim por diante.

Até aqui, parece que estou simplesmente mudando os nomes: em vez de adjunto, digo *constituinte transparente*; em vez de complemento, digo *opaco*. Mas não é apenas isso, e na verdade os fatos são bastante complexos. É o que veremos a seguir.

---

3. E pode-se acrescentar: e não na construção passiva. Essa restrição na verdade não é necessária; cf. discussão da passiva no cap. 21.

15.2 ATRIBUIÇÃO DOS PAPÉIS TEMÁTICOS

Um verbo atribui a seus complementos[4] determinados papéis temáticos, e isso é característica de cada verbo individualmente considerado. Por isso é que o sujeito de *espancar* é Agente, o de *apanhar* ("levar surra") é Paciente, e assim por diante. Mas em muitos casos o papel temático pode ser depreendido sem referência ao verbo da oração: *por causa de você* só pode ter o papel de Causa, e *perto de Maceió* é sempre Lugar. Agora vejamos a frase

[9] Meu irmão mora perto de Maceió.

O papel temático de *perto de Maceió* tem, na verdade, duas fontes possíveis: pode ser atribuído pelo verbo *mora*, que requer um complemento de Lugar[5]; ou pode ser depreendido do próprio sintagma, que é transparente e só exprime esse papel temático. Qual é, afinal, a análise "certa"?

A resposta pode surpreender: ambas são certas. Em casos como esse, o usuário da língua simplesmente dispõe de dois caminhos para descobrir qual é o papel temático do sintagma – e provavelmente usa um ou outro segundo a conveniência do momento. Isso porque, ao que tudo indica, a língua possui diversos mecanismos de atribuição de papéis semânticos, e em certos casos mais de um mecanismo pode ser acionado. É o que acontece no caso da frase [9], por exemplo.

Uma coisa que não pode acontecer é um desses constituintes ficar sem papel temático – todos eles precisam ter um papel, que é o que os integra no significado geral da frase. Se houver um sem papel temático, a frase é percebida como inaceitável ou fragmentária; por exemplo,

[10] * O gato matou o rato o coelho.

---

4. Vou utilizar o termo **complemento** de agora em diante de maneira informal. Não se trata de um dos termos da oposição complemento/adjunto, que não é válida, como se vê neste capítulo. Para nós, agora, complementos são os SNs, sintagmas preposicionados, sintagmas adjetivos e sintagmas adverbiais presentes na oração.

5. Lugar, ou Companhia (*mora comigo*), ou Modo (*mora bem*); mas *morar* não ocorre sem complemento nenhum.

Nossa sensação é que alguma coisa está sobrando aí: talvez o coelho, ou quem sabe o rato. Como não há coordenador entre os dois SNs (o que daria *o rato E o coelho*), nem sequer podemos entendê-los como partes de um SN maior. Como resultado, a frase é malformada, e é percebida como tal. O problema na verdade é que não há maneira de atribuir papéis temáticos a ambos os SNs, porque o verbo *matar* não ocorre em uma construção formada de [**SujV V SN SN**], e por isso um dos SNs fica necessariamente sem papel temático. Se fosse apenas

[11] O gato matou o coelho.

não haveria problema, porque *matar* ocorre na construção

[12] **SujV**>*Agente* **V SN**>*Paciente*

e é possível analisar [11] como uma realização de [12]. Mas um SN adicional não tem como receber papel temático – o que viola uma condição de boa formação, que estipula que todo constituinte que pode receber papel temático precisa ter um[6].

Vimos que o papel temático pode ser atribuído a um constituinte de duas maneiras: ou porque o verbo pode ocorrer em determinada construção, ou porque o constituinte é tematicamente transparente. Há, na verdade, ainda diversos outros mecanismos de atribuição, de tal modo que, quando um constituinte tem determinado papel, isso pode se dever à ação de vários fatores, nem sempre mutuamente exclusivos. É por isso que falar de um sintagma como "transparente" não equivale a dizer que é "adjunto" (na nomenclatura tradicional) – por exemplo, *perto de Maceió* em [9] seria um complemento na nomenclatura tradicional, porque é de ocorrência obrigatória, mas ainda assim é transparente.

---

6. Outros verbos ocorrem na configuração sintática [**SujV V SN SN**] – p. ex., *considerar*, como em *meu irmão considera* [*Lionel*]$_{SN}$ [*o maior jogador do mundo*]$_{SN}$ (cf. análise em 8.1).

As construções que vimos até agora têm a propriedade de caracterizar os verbos da língua – ou seja, cada verbo é marcado no léxico como podendo ocorrer com algumas construções, mas não com outras. Isso diferencia os verbos em grande número de subclasses, e essa subclassificação precisa ser conhecida para que se possa falar corretamente a língua. Um falante do português conhece os verbos da língua, cada um deles com as construções em que pode ocorrer. Para dar alguns exemplos, todo falante sabe que *matar* ocorre na construção transitiva (sujeito Agente, objeto Paciente), mas não na ergativa (sujeito Paciente, e nenhum outro SN); sabe que *estragar* ocorre tanto na transitiva quanto na ergativa (*você estragou o bolo / o bolo estragou*); sabe que *morrer* cabe na ergativa, mas não na transitiva; e assim por diante para todos os verbos do seu vocabulário. E um falante do português, mesmo que seja analfabeto, conhece milhares de verbos.

Esse conhecimento é expresso na definição de cada construção: sua forma sintática e seu papel temático. Mas só são incluídos na construção os constituintes cujo papel temático decorre das propriedades da construção (no caso, do verbo), e que portanto são opacos[7]. É por isso que as frases [1] e [2] dadas acima representam a mesma diátese de *espancar*, embora sua estrutura seja em parte diferente.

Como já vimos, os constituintes mostrados na definição das construções nem sempre têm a forma de sintagmas nominais. Podem ser também outros tipos de sintagmas; por exemplo, podem ser sintagmas preposicionados, principalmente porque nem todas as preposições são suficientemente claras quanto ao papel temático que exprimem. Um sintagma como *perto de Maceió* só pode exprimir Lugar, mas o sintagma *do rapaz* pode ter vários papéis temáticos, como mostram os exemplos abaixo:

[13] Eu gosto <u>do rapaz</u>. [Estímulo]

[14] Ela está fugindo <u>do rapaz</u>. [Fonte]

---

7. Ou obrigatórios; cf. adiante.

[15] Ela se aproximou do rapaz. [Meta]

[16] O cachorro apanhou do rapaz. [Agente]

Por isso, temos que incluir *do rapaz* (e os sintagmas formados de *de* + SN em geral) na definição da diátese, o que equivale a dizer que seu papel temático depende do verbo ao qual está subordinado. Outros exemplos de sintagmas preposicionados presentes na construção são:

[17] A Cristina pensou em você.

[18] A professora entregou as provas aos alunos.

Nesses casos, também, a preposição não é suficientemente informativa, e o papel temático do sintagma só pode ser determinado com base no verbo. No caso de [18], isso acontece porque a preposição é *a*, que não tem um papel temático único, dependendo sempre do verbo (compare-se *a professora entregou as provas aos alunos*; *eu prefiro lentilha a feijão*; *a casa fica a dois quilômetros da lagoa*; *esse menino só obedece ao pai*; *a BR-262 vai de Vitória a Cuiabá*)[8].

Com outras preposições, talvez seja possível estabelecer um papel temático prototípico: seria o caso de *em*, cuja acepção básica seria a de Lugar. Mas mesmo aqui há variação, porque *em* exprime "lugar onde" (Lugar), "aonde" (Meta) ou "por onde" (Trajetória)[9]:

[19] O Fred morava em Maceió. [Lugar]

[20] O Fred chegou em Maceió. [Meta]

[21] O Fred passou em Maceió. [Trajetória]

---

8. Vale observar que o uso da preposição *a* é bastante restrito no PB. A maioria dessas frases tem alternativas mais comuns, com outras preposições, ou sem preposição: *entregou as provas para os alunos*; *eu prefiro lentilha do que feijão*; *esse menino só obedece o pai* (sem preposição); *a BR-262 vai de Vitória até Cuiabá*. Só em *a casa fica a dois quilômetros da lagoa* se mantém necessariamente o uso de *a*.

9. Casos como o de *em* são examinados na seção 15.3.

Por outro lado, essa diferença de papéis se correlaciona com a semântica de cada verbo: quando o verbo não é de movimento, o papel de *em*+SN é Lugar; com verbos de movimento que incluem um "final" (como *chegar*), é sempre Meta; com verbos que denotam movimento sem necessariamente um final (*passar*), é Trajetória. Assim, embora as coisas sejam bastante complicadas, parece que é possível prever o papel temático de *em*+SN na maioria dos casos.

15.3 PROTÓTIPOS E REGRAS DE ENCADEAMENTO

15.3.1 Regras de encadeamento unívocas

No entanto, a previsão nem sempre é possível – o que fazer nesses casos? Um sintagma da forma *em*+SN tem às vezes um papel semântico inesperado: por exemplo, com *pensar* essa estrutura denota o Conteúdo do pensamento; com *confiar*, denota o Estímulo (causador de um estado mental).

Já temos uma solução para esses casos: basta reconhecer que aí é o verbo individual que determina o papel temático. Assim, colocamos essa atribuição em uma diátese; por exemplo, o verbo *confiar* ocorre na diátese

[22] **SujV**>*Experienciador*　　**V**　　*em* **SN**>*Estímulo*

e estabelecemos que

> **se houver uma diátese atribuindo um papel a determinado sintagma, essa diátese tem preferência de aplicação sobre uma eventual regra que atribua outro papel ao mesmo sintagma.**

Assim, podemos ter uma regra que diz que

[23] *em* **SN**<>*Lugar* (com verbos não de movimento)[10]

---

10. As regras de encadeamento foram apresentadas em 4.9.2.

mas no caso de

[24] Ela pensava em você.

é a diátese [22] que se aplica, porque consta da valência do verbo *pensar*. Já em

[19] O Fred morava <u>em Maceió</u>. [Lugar]

o sintagma *em Maceió* recebe o papel de Lugar por aplicação de [23], porque não há uma diátese de *morar* que contradiga essa atribuição. Regras do tipo de [23] se denominam **regras de encadeamento**[11]. Como se viu em 4.9.2, o símbolo "<>" pode ser lido como uma relação prototípica entre um papel semântico e uma configuração morfossintática; a regra [23] se lê como "sintagmas da forma *em* SN têm prototipicamente o papel temático de Lugar, quando o verbo não é de movimento". E "prototipicamente" aí significa "quando não houver uma diátese que dê a esse sintagma outro papel temático".

As regras de encadeamento do português não são todas conhecidas. Mas já se pode adiantar algumas, que são relativamente seguras. A mais importante é a que estipula que

[25] **Agente <> sujeito**

Com efeito, a tendência a codificar o Agente como sujeito é tão geral que não pode ser atribuída a simples coincidência – ela afeta milhares de verbos da língua. Nem é preciso dar exemplos, porque eles são muito fáceis de encontrar: ficam por conta do leitor. Mas há exceções, como

[26] O vizinho apanhou da mulher.

---

11. Traduzindo o inglês **linking rules**. As **hierarquias temáticas** encontradas na literatura são outro recurso para expressar os mesmos fatos que aqui são descritos com ajuda de regras de encadeamento.

onde o Agente não é o sujeito, mas o sintagma *da mulher*. Este caso, naturalmente, precisa ser incluído em uma diátese específica do verbo *apanhar*, a saber,

[27] **SujV**>*Paciente* **V** de **SN**>*Agente*

Essa diátese é incluída na valência de *apanhar*, e impede a aplicação da regra de encadeamento [25], seguindo o princípio que dá preferência à aplicação de diáteses.

Uma observação importante é que [25] diz que há uma tendência a codificar o Agente como sujeito – mas **não** diz que haja tendência a atribuir Agente ao sujeito. Isso porque Agentes não sujeitos são bastante raros, mas sujeitos não Agentes são muito comuns, como vimos nos exemplos [3] a [8] acima. Ou seja, as regras de encadeamento são direcionais, e só valem do jeito que foram formuladas: **Agente<>sujeito** não é a mesma coisa que **sujeito<>Agente**.

A existência de regras de encadeamento nos permite simplificar muito a descrição das valências. Torna-se possível deixar em branco os papéis temáticos de muitos constituintes. Por exemplo, a diátese

[12] **SujV**>*Agente*   **V**   **SN**>*Paciente*

que como vimos subjaz à frase

[11] O gato matou o coelho.

pode perfeitamente ser notada apenas assim:

[28] **SujV**   **V**   **SN**>*Paciente*

porque a regra Agente<>sujeito vai preencher o lugar vago do papel temático do sujeito. O processo é o seguinte: o receptor, ao ouvir [11], identifica o verbo da oração, a saber, *matar*. Esse verbo (ou, mais rigorosamente, o esquema "matar") tem, necessariamente, um Agente e um Paciente. O

Paciente é, pela diátese, *o coelho*; e o Agente vai ser o sujeito pela regra Agente<>sujeito. Isso vale para todos os verbos que envolvam um Agente em sua representação cognitiva, **exceto** aqueles que ocorrem em diáteses que contrariem a regra geral. Se o verbo fosse, digamos, *morrer*, a regra não poderia atribuir Agente ao sujeito porque o esquema "morrer" não inclui um Agente. E se o verbo fosse *apanhar*, como na frase

[26] O vizinho apanhou da mulher.

o sujeito não poderia ser Agente porque essa frase corresponde a uma diátese de *apanhar*, a saber, [27], onde se explicita que o sujeito é Paciente – e as diáteses, como já vimos, bloqueiam a aplicação das regras de encadeamento.

Tudo isso pode parecer um sistema muito complicado. Mas é inevitável: o fato que precisamos levar em conta é que nosso conhecimento da língua é muito complexo; esse sistema de regras de encadeamento, diáteses etc. é apenas uma tentativa de exprimir essa complexidade em um texto. Como veremos, há ainda outras complexidades, mas o gramático não precisa pedir desculpas por isso: se os fatos são complexos, sua descrição não pode ser simples.

Além da regra Agente<>sujeito, há certamente outras em português. Uma delas é **Experienciador<>sujeito**, que funciona para todos os verbos que têm esse papel temático. Uns poucos podem ter Experienciador sujeito e também (em outra construção) objeto, como

[29] O menino (se) assustou com o cachorro.

[30] O cachorro assustou o menino.

O menino é o Experienciador nos dois casos. Mas note que mesmo esse verbo admite o Experienciador como sujeito. Naturalmente, no caso de [30] precisamos de uma diátese que marque o objeto como Experienciador; em [29] não é preciso incluir essa marca na diátese.

15.3.2 Regras de encadeamento múltiplas

As duas regras de encadeamento vistas acima são bem simples: aparentemente, só há uma regra que determine o encadeamento do Agente, e uma para o Experienciador. Mas as coisas podem ser mais complicadas. Vejamos então o caso de regras de encadeamento que fornecem o papel temático da preposição *com*. Acontece que *com* tem, não um, mas pelo menos três papéis temáticos prototípicos, e correspondentemente é objeto de três regras:

[31] **com <> Companhia**

Exemplo:

[32] A professora foi ao parque <u>com os alunos</u>.

[33] ***com* <> Instrumento**

Exemplo:

[34] A professora abriu a porta <u>com o pé</u>.

[35] ***com* <> Modo**

Exemplo:

[36] A professora abriu a porta <u>com cuidado</u>.

Primeiro, note-se que essas regras são o inverso das vistas até o momento: elas partem da forma e determinam o papel temático, ao contrário de Agente<>sujeito, que faz o caminho inverso. Precisamos de ambas as variedades, conforme o caso; e dizemos que a regra do Agente determina a codificação, e as do *com* determinam a decodificação, ou interpretação, do sintagma preposicionado. Essa diferença precisa ser levada em conta: por exemplo, [35] **não** está dizendo que o Modo é prototipicamente expresso por *com*; diz apenas que *com* exprime prototipicamente Modo.

Mas se temos três regras para interpretar *com*, como é que o sistema vai funcionar? Em cada caso, como vamos saber qual é o papel temático de um sintagma introduzido por *com*?

A resposta vai nos levar para fora do campo estritamente gramatical. Vamos considerar, primeiro, o seguinte: o objetivo do usuário da língua é relacionar formas com significados – no nosso caso particular, formas morfossintáticas com papéis temáticos. Isso pode ser feito através de regras, como as que viemos estudando; mas se houver outros recursos à mão, o usuário os utiliza, desde que forneçam o resultado desejado. Esses recursos podem vir de qualquer conhecimento que o usuário detenha, seja ele linguístico ou não. Vejamos como isso funciona no caso dos sintagmas formados de *com*+SN.

Digamos que a frase seja

[32] A professora foi ao parque com os alunos.

O que a língua nos diz é que *com os alunos* pode ser Companhia, Instrumento ou Modo. Mas a frase não nos parece ambígua – ao ouvi-la, atribuímos Companhia ao sintagma final. Isso se explica de maneira simples: acontece que se entendermos *com os alunos* como Instrumento, o resultado final não vai fazer muito sentido: alunos não podem ser um Instrumento para ir ao parque. Seria diferente se a frase fosse

[37] A professora foi ao parque com sua bicicleta nova.

onde é fácil entender a bicicleta como o Instrumento usado para ir ao parque – aqui Companhia é que não seria adequado. Naturalmente, o mesmo raciocínio se aplica a [36], onde *com cuidado* não pode ser nem Companhia nem Instrumento, e tem que ser entendido como Modo – isso em virtude do significado da palavra *cuidado*.

Em alguns casos, relativamente raros, pode acontecer que o sintagma em questão possa exprimir mais de um desses papéis. O resultado previsto é ambiguidade, e com efeito é o que acontece:

[38] Os esquimós saíram da cidade com muitos cachorros.

Aqui podemos entender que os cachorros faziam companhia aos esquimós em sua jornada, ou que eram o instrumento (puxando trenós). Como se vê, a interpretação, nesse particular, depende não só do conhecimento da língua, mas também do conhecimento de mundo que temos. No caso de [38], o conhecimento da língua limita as possibilidades aos papéis Companhia, Instrumento e Modo, excluindo por exemplo Meta ou Trajetória – essas são propriedades da preposição *com*, e portanto detalhes de nosso conhecimento da língua. O conhecimento do mundo entra para excluir Modo (pois *muitos cachorros* não pode exprimir um modo), mas deixa em aberto duas possibilidades, Companhia e Instrumento – já que se trata de esquimós que, como se sabe, utilizam cachorros como forma de transporte. Se em vez de *cachorros* tivéssemos outra palavra, por exemplo

[39] Os esquimós saíram da cidade com seus parentes e amigos.

só poderíamos entender Companhia, não por causa de alguma restrição linguística, mas pelo que sabemos do mundo. Finalmente, em

[36] A professora abriu a porta com cuidado.

não podemos entender o sintagma preposicionado nem como Companhia nem como Instrumento, logo só pode ser Modo.

15.3.3 Ocorrência obrigatória de constituintes

Finalmente, é preciso incluir na diátese casos (relativamente raros) de constituintes de presença obrigatória com certos verbos. Um exemplo é o verbo *morar*, que exige a presença de um complemento, nunca ocorrendo sozinho: **o Fred morava*. Esse complemento pode ser de Lugar, como em

[40] O Fred morava em Maceió.

ou Companhia, como em

[41] O Fred morava com a namorada.

ou, mais raramente, Modo, como em

[42] O Fred morava <u>bem</u>.

Pelo que se sabe, essa obrigatoriedade tem a ver com o verbo, e não decorre de regras gerais. Por isso, é preciso marcar a ocorrência obrigatória nas diáteses: isso se obtém simplesmente não incluindo na valência do verbo nenhuma diátese onde o constituinte em questão não apareça: ou seja, a valência de *morar* não tem nenhuma diátese da forma **SujV V.**

15.4 DEFININDO AS DIÁTESES

Em resumo, então: definimos uma diátese como uma estrutura gramatical (uma construção) composta de um verbo e seus complementos – mais especificamente, aqueles cuja ocorrência e/ou papel temático não dependem de regras gerais.

Na prática, convém registrar tais elementos mesmo quando podem derivar de regras, por duas razões: primeiro, porque nosso conhecimento neste setor é ainda muito preliminar, e não temos realmente certeza de quais são os casos que requerem registro na valência. A segunda razão é que os dicionários de valências precisam ser úteis a pesquisadores que não concordam com a proposta dos elaboradores – mesmo porque essa proposta deve ser criticada e, se for o caso, rejeitada ou modificada; é assim que se aperfeiçoa o dicionário. Por essas razões, o *Dicionário de valências do português brasileiro* apresenta as diáteses em forma muito preenchida, incluindo muitos complementos e papéis temáticos mesmo quando há suspeita de que não seriam a rigor necessários. Em outras palavras, havendo dúvida, inclui-se o elemento.

Naturalmente, em muitos casos não há dúvida. Por exemplo, podemos dizer com bastante segurança que as frases

[43] O Serginho fotografou meu gato.

[44] O Serginho fotografou meu gato em cima do telhado.

representam ambas a mesma diátese de *fotografar*, com sujeito, verbo e objeto. O constituinte *em cima do telhado* é transparente e tem o papel de Lugar, que é o único que pode ter[12]; por isso mesmo, não precisa ser consignado na diátese.

Como sabemos, uma construção se define através de uma sequência de tipos de sintagmas, por exemplo, **SN V SN**. Um desses sintagmas é marcado quanto a sua função sintática (o sujeito); e cada um dos sintagmas, exceto o verbo, tem uma função semântica, denominada papel temático.

O verbo também tem uma função semântica, claro; mas não tem papel temático. O papel temático é apenas uma das muitas relações semânticas que existem dentro da oração[13]. Isso resulta em definições do tipo visto, como por exemplo

SujV>Agente	**V**	SN>Paciente

Incluímos na definição a estrutura sintática, mais os papéis temáticos que dependem do verbo da oração. Não incluímos os papéis temáticos que sejam previsíveis fora de contexto construcional – isto é, que podem ser determinados mesmo sem se saber qual é o verbo da oração. Isso acontece em casos de sintagmas tematicamente transparentes (*por causa de você*) e também em casos de sintagmas cujo papel temático é determinado por regras de encadeamento. Finalmente, coloca-se na definição da diátese a obrigatoriedade de ocorrência, pelo menos enquanto não dispusermos de regras gerais que a determinem.

---

12. Mais precisamente, Lugar é o único papel desse sintagma se o verbo não for de movimento – isso por causa de frases como *ela jogou o chapéu em cima do telhado* (Meta).

13. Alternativamente – e talvez mais corretamente – podemos dizer que o verbo tem o papel temático de Especificador.do.evento (ou do estado). Isso, se adotado, não nos obriga a colocar o papel do verbo na diátese, porque vale para todos os verbos, excetuando-se apenas auxiliares e os verbos leves que veremos no cap. 16.

15.5 ATRIBUIÇÃO POR AUSÊNCIA

15.5.1 Atribuição com base no esquema

Vou finalmente mencionar mais um fator que muito provavelmente atua na atribuição de papéis temáticos aos diversos constituintes da oração. Trata-se de um fator extralinguístico, mais especificamente cognitivo, ou seja, tem a ver com nosso conhecimento do mundo, tal como se organiza em esquemas (como visto na seção 8.6).

Digamos que temos que analisar a frase

[45] Eu prefiro café a chá.

Que diátese representa essa frase? Quais são os papéis temáticos dos diversos constituintes?

O sujeito pode ser o Experienciador, e *café* o Estímulo. Mas o que fazer com o último sintagma, *a chá*? A relação semântica que percebemos aqui não parece se encaixar em nenhum dos papéis temáticos usuais; isso se deve, provavelmente, ao fato de que é uma relação rara, que talvez só ocorra com esse verbo e com algum sinônimo. Assim, é difícil generalizar a relação temática como podemos fazer com Agente, Instrumento, Lugar etc. Uma solução seria inventar um papel temático muito específico (muito "elaborado"), que só ocorreria nesse caso. Isso poderia nos tirar da dificuldade; mas acredito que há uma solução melhor, embora menos ortodoxa em termos gramaticais.

Para ver como seria essa solução, vamos relembrar que o objetivo do usuário da língua é relacionar o que ouve ou diz com os esquemas que compõem seu conhecimento do mundo. Em palavras simples, quando uma pessoa ouve [45], ela não está interessada em saber qual é o papel temático de cada constituinte – o que interessa é apenas saber quem fez o que a quem, e assim por diante. Se o esquema for "preferir", já sabemos que envolve três participantes centrais: (a) a pessoa que sente a preferência; (b) a coisa que causa essa preferência; e (c) o outro termo da preferência. Note-se que tanto (b) quanto (c) são Estímulos, ou seja, causadores da experiência de "preferir" que é expressa pelo verbo. Se considerarmos *café* o causador principal (mencionado em posição de destaque), temos uma diátese que pode ser expressa assim:

[46] **SujV**>*Experienciador*   **V**   **SN**>*Estímulo*   *a* **SN**

Um dos elementos está sem papel temático, o que sabemos que não é permitido. Mas a diátese não é o único elemento no processo da compreensão – repito que o falante não está interessado nos aspectos gramaticais, mas na mensagem. Ao ouvir [45], ele ativa o esquema "preferir", que, como sabemos, tem três participantes centrais. Dois deles estão identificados na diátese, que informa a identidade de (a) e (b). Isso feito, fica um participante sem identificação (pela diátese), e um constituinte sem papel temático (*a chá*). Como o objetivo é entender a mensagem, esse constituinte vago é relacionado com o terceiro participante, o que resolve o problema do ponto de vista do usuário. O que acaba sendo entendido então é algo como

[46] **SujV**>*Experienciador*   **V**   **SN**>*Estímulo*   *a* **SN**>*estímulo.alternativo*

O sintagma *a* SN tem, assim uma relação temática – embora não exatamente um papel temático, porque não se trata de uma relação gramatical[14]. Mas objetivo do usuário é atingido. Chamamos a esse processo **atribuição por ausência**[15]. Trata-se de uma conexão direta entre a frase e o esquema cognitivo, sem passar pelo intermediário do papel temático.

15.5.2 Uma pergunta

A possibilidade de atribuição por ausência suscita uma pergunta imediata: Por que não utilizar esse recurso em todos os casos, o que nos liberaria

---

14. Por que não é gramatical? Não posso justificar isso aqui, mas o leitor interessado pode consultar o cap. 9 de Perini (2015).

15. Traduzindo o inglês **assignment by default**.

da necessidade de formular diáteses e de definir papéis temáticos? A resposta é que, se fizéssemos isso, em muitos casos não seria possível atribuir os papéis temáticos aos constituintes corretos; e algumas generalizações gramaticais importantes se tornariam impossíveis de exprimir. Por isso é que tanto diáteses quanto papéis temáticos continuam sendo necessários. Vejamos as duas razões em detalhe.

Primeiro, se dispensássemos as diáteses, surgiria um problema em frases como

[1] O João espancou o Daniel.

O verbo dessa frase, *espancar*, ativa o esquema "espancar", que inclui um Agente (o espancador) e um Paciente (a pessoa espancada). Mas qual é qual? Tanto o João pode espancar o Daniel quanto vice-versa. Como sabemos que a vítima foi o Daniel?

É claro que é a estrutura sintática que dá a pista. Mas se a diátese fosse apenas

[47]   **SujV   V   SN**

sem os papéis temáticos respectivos, continuaríamos sem saber quem é o Agente e quem é o Paciente. O esquema não nos ajuda, porque não diz nada sobre João nem sobre Daniel: só nos informa que há um Agente e um Paciente; a atribuição de cada um desses papéis aos constituintes fica por conta da frase, e [47] não nos diz nada sobre isso. A atribuição por ausência só pode dar conta de um constituinte por oração, nunca mais de um. Por isso é que precisamos do papel temático de pelo menos um dos dois SNs de [47]. Na prática, colocamos os dois, ou seja,

[12] **SujV**>*Agente*   **V**   **SN**>*Paciente*

Como se vê, a diátese aqui é necessária. Isso se dá em quase todos os casos – a saber, sempre que há mais de um constituinte candidato a receber um papel temático. A diátese expressa, simplesmente, nosso conhecimento de que, com certos verbos (como *espancar*) o Agente é o sujeito e o Paciente é o objeto.

Outra razão para não se preencher as relações temáticas diretamente por referência ao esquema é que os papéis temáticos, tais como definidos na estrutura da língua, são necessários para a expressão das regras de encadeamento. Ao se considerar uma frase como

[1] O João espancou o Daniel.

o papel do sujeito não é apenas o de "espancador", mas o de Agente. Se fosse "espancador", seria diferente do papel do sujeito em

[43] O João fotografou meu gato.

porque o esquema "espancar", evidentemente, contém participantes diferentes de "fotografar" ("espancador" e "fotógrafo", respectivamente). No entanto, em ambos os casos falamos de Agente.

Isso é necessário porque existem regras de encadeamento. Por exemplo, [1] e [43] exemplificam a regra **Agente<>sujeito**, que estipula que o Agente é prototipicamente codificado como o sujeito de uma oração. Essa regra se aplica a milhares de verbos, e certamente é parte da estrutura da língua: quando aprendemos português, temos que aprender que Agentes são tipicamente sujeitos. As exceções, como *apanhar* em *ele apanha da namorada*, são bem poucas[16]. Mas se as construções exemplificadas em [1] e [43] fossem definidas diretamente em termos do esquema, cada sujeito teria seu papel próprio ("espancador" e "fotógrafo") e o fato de que essas relações são atribuídas ao sujeito nas duas frases teria que ser considerado uma simples

---

16. A construção passiva não é levada em conta aqui, por razões explicadas no cap. 21.

coincidência. Para o próximo verbo, digamos, *comer*, não teríamos expectativa nenhuma quanto ao papel temático do sujeito: isso teria que ser definido para cada verbo individualmente. Como não é o que acontece, somos obrigados a analisar todos esses verbos da mesma maneira – no caso, com sujeito Agente.

É fácil ver que se nos limitássemos a relações altamente elaboradas, tiradas diretamente do esquema (como "espancador", "comedor" e "beliscador"), o próprio estudo das valências se tornaria inviável, já que não seria possível agrupar os verbos quanto à realização que dão aos papéis temáticos. Assim, *comer* seria diferente de *beber* porque, afinal, "comedor" não é o mesmo que "bebedor"; só poderíamos comparar verbos sinônimos. E ficaria difícil explicar como as pessoas conseguem aprender diáteses prototípicas, e por que verbos que entram na língua se encaixam em uma delas: por exemplo, *deletar*, verbo que entrou na língua nos anos 90, tem valência idêntica à da maioria dos verbos de ação e mudança, com sujeito Agente e objeto Paciente.

Um papel temático é, no fundo, uma generalização obtida a partir da análise semântica de muitas relações individuais. O Agente é o causador imediato de um evento; o "espancador" é o causador imediato de um evento de espancamento; e assim por diante. A língua retira de um grande número de relações altamente elaboradas ("espancador", "fotógrafo", "comedor", "leitor" etc.) aquilo que elas têm em comum, e baseia parte de suas estruturas nessa versão mais esquemática. Igualmente, a língua trata de maneira idêntica o Instrumento de *ela quebrou a jarra <u>com um martelo</u>* e *ela impressionou a todos <u>com sua inteligência</u>*, apesar das grandes diferenças entre essas relações. Por isso, ao descrevermos a língua, não podemos nos limitar a relações concretas como "espancador" – não é assim que a língua funciona. Isso justifica o uso de papéis temáticos bastante esquemáticos como Agente, Paciente, Lugar, Instrumento etc.

Finalmente, pode-se perguntar: Por que a atribuição por ausência não consegue salvar uma frase como [10], tornando-a aceitável?

[10] * O gato matou o rato o coelho.

A razão é novamente semântica: o esquema "matar" só tem dois lugares para participantes centrais: Agente ("matador") e Paciente ("vítima"). Um desses SNs está portanto sobrando, inevitavelmente. Digamos que seja *o coelho*: não pode ser Agente (que já está ocupado por *o gato*), nem Paciente (que já é *o rato*). E não pode ser Lugar nem Tempo, porque *coelho* não tem estrutura adequada a exprimir essas relações. O resultado é que a frase é sentida como semanticamente malformada.

Capítulo 16

Verbos leves

16.1 O QUE É UM VERBO LEVE

Nos exemplos de diáteses que vimos, é sempre o verbo que determina os complementos sintáticos que devem aparecer, assim como seus papéis temáticos. O verbo tem, além disso, a tarefa de especificar a natureza do evento ou estado expresso na sentença; por exemplo, em

[1] Meu gato matou um rato.

o evento asserido é o de "matar", e a valência do verbo correspondente, *matar*, determina que haja um sujeito com o papel de Agente e um objeto Paciente.

Na maioria dos casos, é assim que se dão as coisas. Mas há exceções importantes, e neste capítulo vamos examinar uma delas. Trata-se de frases com **verbos leves**, em que a especificação do evento é feita por um complemento, e não pelo verbo. Um exemplo é

[2] O jogador sofreu uma cirurgia.

Note-se que o evento denotado não é expresso pelo verbo, mas pelo sintagma *uma cirurgia*. Se perguntarmos o que [1] está relatando, a resposta não pode ser *meu gato* nem *um rato*, mas algo como um evento de morte (ou matança). Mas o que [2] informa não é o sofrimento do jogador, mas a cirurgia. O verbo aí tem menor carga semântica do que em [1].

Há diversos outros verbos que podem ser usados dessa maneira "leve"; por exemplo,

[3] Eu dei um passeio.

[4] O coitado levou uma surra dos colegas.

[3] se refere ao evento de um passeio, e [4] a uma surra. Em todos esses casos o evento denotado é expresso pelo objeto, não pelo verbo.

Por outro lado, o verbo é responsável pela atribuição do papel temático do sujeito. Assim, em [2] *o jogador* é claramente o Paciente do evento, e isso vale para todas as orações com *sofrer* como verbo leve:

[5] O regulamento sofreu uma modificação.

Em [4] o sujeito também é Paciente, e o Agente é expresso por um complemento preposicionado, *dos colegas*. Já em [3] o sujeito é Agente.

Somos portanto tentados a dizer que com esses verbos o evento é sempre expresso por um complemento (o objeto), e o papel temático do sujeito é sempre definido pelo verbo. Como veremos logo adiante, há algumas dúvidas quanto à função do verbo na determinação do papel temático; mas, ao que parece, realmente o evento é sempre expresso por um objeto. Os verbos que ocorrem nessas condições são chamados **verbos leves**. Mais exatamente, deveríamos falar de diáteses leves dos verbos, porque os mesmos verbos podem ocorrer como "não leves", por exemplo em

[6] O paciente sofreu muito.

onde o evento é expresso pelo verbo *sofrer* de maneira regular. O mesmo se observa em

[7] Eu dei uma blusa nova para minha filha.

[8] Os rapazes levaram a bola para o campo.

Para simplificar, vamos continuar falando de verbos leves, mas fique claro que todos eles também podem ser usados como não leves. Em termos mais técnicos, "ser leve" é uma função; "**poder** ser leve" é que define uma classe de verbos.

16.2 O VERBO LEVE NA ORAÇÃO

16.2.1 Semântica

Como vimos, os verbos leves coocorrem com um sujeito e um objeto. O sujeito pode ser Agente, Paciente e talvez outras coisas, dependendo do verbo. Quanto ao objeto, vamos postular que tem o papel temático **Especificação de evento (EspEv)**: isto é, seu papel na estrutura semântica da sentença é explicitar de que exemplo se trata – uma tarefa que, como vimos, é geralmente confiada ao próprio verbo. Assim, a frase

[2] O jogador sofreu uma cirurgia.

se analisa como

[9] **SujV**>*Paciente*   **V**   **SN**>*EspEv*

Um verbo leve se define então como aquele que coocorre com um complemento que leva o papel temático EspEv. Outra maneira de dizer a mesma coisa é definir o verbo leve como aquele que não sinaliza o evento (ou estado) denotado pela sentença.

É interessante observar que a relação do verbo leve com seu sujeito é regular. Não só ele atribui ao sujeito o papel temático, mas também outros traços semânticos mais elaborados (e gramaticalmente irrelevantes). Assim, com *sofrer* o sujeito é Paciente, e só isso; com *sofrer* não é necessário que o sujeito seja prejudicado ou sofra algum tipo de desconforto, como se vê em

[5] O regulamento sofreu uma modificação.

Mas com *levar* o sujeito não apenas é Paciente, mas precisa ser prejudicado de alguma maneira. Assim dizemos *levar uma surra*, *levar um tapa*, mas não **levar uma cirurgia* ou **levar um beijo*. Isso mostra que a relação semântica entre o verbo leve e seu sujeito é regular.

16.2.2 Sintaxe

Quanto à sintaxe, os verbos leves sempre têm um SN objeto que, como sabemos, tem a função de especificar o evento. Em geral têm sujeito, mas nem sempre:

[10] Deu um problema no computador.

Aqui não temos sujeito, o verbo é leve e há, como sempre, um SN objeto. Talvez a exigência não seja precisamente a presença de um SN objeto, mas de um SN, seja qual for a sua função – o que quer dizer sujeito ou objeto. Isso por causa de frases como

[11] Haviam discussões entre os jogadores.

Frases como [11] não são admitidas pela gramática tradicional, mas ocorrem com frequência. Note-se que o SN precisa ser analisado como sujeito, seguindo a regra dada em 5.2, e é ele que especifica o evento, tendo portanto o papel de EspEv. A presença desse SN é necessária porque o verbo leve (*haver*) não tem suficiente conteúdo para constituir uma mensagem; mas a função sintática do SN não é fundamental, podendo ser sujeito ou objeto. Assim, resumimos a sintaxe dos verbos leves dizendo que eles exigem a presença de um SN na oração; a função desse SN, assim como a presença de outros eventuais complementos, pode variar, conforme o verbo: em geral é objeto, mas nem sempre.

Uma característica que às vezes se aponta para os verbos leves é que eles correspondem a verbos normais, que expressam o que o verbo leve expressa junto com seu complemento. Assim,

[3] Eu dei um passeio.

[4] O coitado levou uma surra dos colegas.

teriam paráfrases, essencialmente sinônimas, com verbos não leves, respectivamente

[12] Eu passeei.

[13] O coitado apanhou dos colegas.

No entanto, isso nem sempre acontece. Por exemplo, não há verbo simples que possa substituir o verbo leve mais seu complemento em

[2] O jogador sofreu uma cirurgia.

Por isso, prefiro afirmar que muitas vezes há um verbo simples que corresponde à construção com verbo leve, mas que isso não é sistemático e obedece a acidentes do léxico. Aliás, é bom observar que esses pares não costumam ser realmente sinônimos: [12] significa simplesmente que eu passeei, mas [3] dá a ideia de um passeio mais curto. A diferença fica bem clara em

[14] Eu dei uma varrida na casa.

[15] Eu varri a casa.

onde [15] transmite a ideia de uma limpeza mais completa do que [14].

Para concluir, podemos definir um verbo leve como aquele que pode ter um complemento com o papel semântico Especificador de Evento em pelo menos uma de suas diáteses; na verdade, entretanto, o que é "leve" é a diátese, não propriamente o verbo.

Capítulo 17

Valência dos nominais e dos advérbios

17.1 NOMINAIS

Conforme vimos acima em 13.6, o fenômeno da valência não se limita aos verbos: palavras de outras classes são também condicionadas à ocorrência em determinados grupos de construções (diáteses). Para começar com um exemplo, o nome *superior* ocorre com complementos introduzidos por *a*:

[1] Esse manual é superior <u>ao antigo</u>.

mas *melhor* (aliás, um sinônimo de *superior* em muitos contextos) prefere *do que*:

[2] Esse manual é melhor <u>do que o antigo</u>.

Por outro lado – e ao contrário do caso dos verbos – muitos nomes não apresentam propriamente valência. Por exemplo, *apartamento* pode ocorrer com um complemento introduzido por *de*, como em

[3] O apartamento <u>do Eduardo</u> é muito grande.

mas isso não é característica desse nome, pois é a maneira prototípica de exprimir o Possuidor com qualquer palavra; e não há palavras que exprimam Possuidor por meio de outra preposição. Por isso, não dizemos que a configuração simbólica *de* **SN**>*Possuidor* define uma das diáteses de *apartamento*, mas formulamos uma regra geral, válida para toda a língua e não para alguns itens lexicais, especificando que essa configuração simbólica existe na língua.

Os complementos dos nominais são sempre sintagmas preposicionados ou outros nominais (adjetivos, na terminologia tradicional), nunca SNs como acontece com os verbos. Assim ao lado de [1] e [2], podemos ter

[4] A conservação <u>ambiental</u> é dever de todos.

[5] Essa decisão <u>presidencial</u> tem sido muito criticada.

Em [4] *ambiental* exprime o Paciente da ação expressa por *conservação*; e em [5] *presidencial* é o Agente da decisão. É fácil ver que o papel temático depende do item que forma o núcleo do SN: não seria possível entender *decisão presidencial* como "decisão que afeta o presidente", ou seja, *presidencial* aí não admite o papel Paciente – isso é parte da valência da palavra *decisão*.

Assim, o critério para a identificação dos elementos a serem consignados na diátese é o mesmo que para os verbos: a diátese de um nome compreende os complementos cujo papel temático e/ou forma sintática não sejam previsíveis por regra. Podemos então definir a seguinte diátese, presente na valência de *decisão*:

[6]   [**NSN**   **N**>*Agente*]$_{SN}$

onde "NSN" é o núcleo do SN, e N é um nominal.

É claro que não pode ser *qualquer* nominal, porque em

[7] Decisão insensata

não temos um Agente. Mas isso fica por conta dos filtros e do potencial semântico de cada nome: *presidencial* pode exprimir Agente, *insensato* não pode.

Por outro lado, o fato de que o complemento de *decisão* pode ser um nominal precisa aparecer em uma de suas diáteses, porque há nominais que só admitem complemento preposicionado; por exemplo, *inveja* só admite *de*:

[8] A vizinha tem inveja de você.

Já *amor* admite diversas diáteses:

[9] Amor de mãe. (Experienciador)

[10] Amor materno. (Experienciador)

[11] Amor pelos filhos. (Estímulo)

[12] Amor à pátria. (Estímulo)

mas não admite um nominal (sem preposição) com o papel de Estímulo.

A valência dos nominais também aparece em sintagmas adjetivos, como em

[13] Próximo à praça.

[14] Próximo da praça.

[15] Distante da praça.

O que mostra que a escolha da preposição depende do nominal é que não se diz.

[16] * Distante à praça.

Assim, podemos formular por exemplo a diátese exemplificada em [13] como

[17] [**NSAdj** *a* SN>*Lugar*]$_{SAdj}$

onde "NSAdj" é o núcleo do sintagma adjetivo.

Próximo tem essa diátese em sua valência, mas *distante* não tem.

17.2 ADVÉRBIOS

Alguns itens tradicionalmente classificados como advérbios também mostram valência. Por exemplo, temos

[18] O tribunal decidiu favoravelmente ao réu.

[19] Independentemente de qualquer objeção, eu vou manter minhas ideias.

Aqui novamente se observa que as preposições não são intercambiáveis, o que mostra que se trata de um fenômeno valencial.

As valências nominais e adverbiais têm sido pouco estudadas, e por ora o mais que se pode fazer é colocar algumas linhas gerais, que foi o que fiz neste breve capítulo. Há um estudo de valências nominais (com o nome de "regimes") em Fernandes (1950), um trabalho importante, embora seriamente desatualizado e baseado principalmente em textos escritos anteriores a 1920; por ora, é a obra de referência que temos para começar[1].

---

1. O trabalho de Fernandes, tanto para os nominais quanto para os verbos (FERNANDES, 1940), é de alta qualidade para a época. Resta agora aplicar as técnicas e teorias atuais a textos modernos para atualizar o estudo das valências nominais.

Capítulo 18

Sumário: papéis temáticos e os constituintes da oração

18.1 PAPÉIS TEMÁTICOS COMO FATOR NA INTERPRETAÇÃO

Vamos parar um momento para fazer uma reflexão sobre a importância dos papéis temáticos no funcionamento da língua. O ponto de partida é sempre o de que uma língua é um sistema que relaciona formas (em última análise, sons) e significados (conceitos). É em função de alcançar esse objetivo que se organiza, em grande parte, a estrutura da língua[1].

O relacionamento de cada complemento com um papel temático não esgota, naturalmente, a semântica de uma oração; mas é um componente indispensável. Assim, dada uma frase como

[1] O vizinho bateu no meu cachorro.

a valência de *bater*[2] nos informa que devemos entender o vizinho como Agente da ação de "bater", e o cachorro como Paciente. A frase inclui infor-

---

1. Alguns linguistas importantes parecem discordar; p. ex., Chomsky disse que a comunicação é um aspecto periférico da linguagem, que teria como função principal "criar um mundo simbólico dentro do qual podemos planejar, interpretar, agir, pensar, e assim por diante" (ANDOR, 2004, p. 108). Os gerativistas também tendem a negar que a função comunicativa tenha alguma influência na estrutura das línguas. A meu ver, entretanto, a evidência mostra que a comunicação é uma das funções básicas da linguagem, e influencia, sim, uma parte importante de sua estrutura e modo de funcionamento.

2. Ou seja, a diátese **de Paciente com *em***, vista na seção 4.6.

mações que não têm a ver com a valência do verbo: por exemplo, o fato de que o evento ocorreu no passado; a identificação do cachorro como sendo meu; e a referência ao vizinho como uma entidade identificável: não preciso dizer de que vizinho se trata, porque estamos falando de um vizinho específico, ou talvez eu só tenha um vizinho etc. Mas se não entendermos as relações temáticas, não podemos entender a frase – a atribuição de papéis temáticos a cada complemento é, portanto, uma etapa indispensável do processo de relacionamento entre formas e significados.

18.2 OUTROS MECANISMOS DE ATRIBUIÇÃO DE PAPÉIS TEMÁTICOS

Para isso, a língua utiliza um conjunto variado e bastante heterogêneo de mecanismos: temos, claro, as valências verbais, que nos informam, para cada verbo, que complementos são aceitáveis, mais o papel temático de cada um – é o caso da frase [1], onde a valência do verbo *bater* explica a estrutura sintática e os papéis temáticos observados.

Mas a língua dispõe de outros mecanismos para realizar essa tarefa: em primeiro lugar, temos sintagmas tematicamente transparentes, com papel temático independente do verbo, como é o caso de *por causa de você* (Causa), *atrás da cortina* (Lugar) etc. Nesses casos o papel temático é dado pela preposição, mas há casos de papel temático inerente a uma palavra – tipicamente, advérbios – como *aqui* (Lugar) e *cuidadosamente* (Modo). O papel temático desses sintagmas pode ser identificado sem referência ao verbo da oração em que ocorrem, e podemos identificá-lo mesmo quando o sintagma é dado isoladamente: *hoje* denota Tempo, onde quer que ocorra. Nesses casos, a valência do verbo não tem relevância para a identificação do papel temático.

Em outros casos, como vimos na seção 15.3, uma regra de encadeamento se encarrega da atribuição do papel temático: é o caso da regra **Agente<>sujeito**, que nos informa que o Agente deve ser codificado como o sujeito, a menos que uma diátese diga o contrário. Isso pode ser entendido como o conhecimento de que o Agente é, em geral, codificado como o sujeito; é coisa que acontece com a grande maioria dos verbos, e pode ser considerada um protótipo.

Ainda em outros casos, o significado do verbo se compõe de mais de um esquema cognitivo. Assim, o verbo *comer* evoca o esquema "comer", mas o verbo *pedir*, como em

[2] Robinho pediu dinheiro ao pai.

causa a ativação de dois esquemas, um deles informando que Robinho passou uma mensagem ao pai, e o outro que essa mensagem é o desejo de que o pai dê dinheiro a Robinho. O significado de *pedir* inclui, inevitavelmente, esses dois esquemas[3], e correspondentemente a diátese que subjaz à frase [2] é complexa (isso é detalhado na seção 9.3).

Finalmente, há casos de atribuição por ausência – na verdade, casos em que não se consegue vislumbrar um papel temático mais generalizado – em que a ligação parece ser feita diretamente com elementos do esquema (chamados **variáveis**). Vimos isso (na seção 15.5) com o complemento final da frase

[3] Eu prefiro café a chá.

onde, pela dificuldade de encaixar essa relação semântica em um dos papéis temáticos conhecidos, somos obrigados (por enquanto) a expressá-la como "estímulo alternativo", ou coisa parecida.

18.3 UMA SOLUÇÃO COMPLEXA

O que nos interessa no momento é que essa complexidade toda tem um objetivo bem definido: estabelecer a relação entre formas morfossintáticas e conceitos. Parece que a língua não se importa muito como é que isso vai ser feito: se a relação se faz sem grandes ambiguidades, o processo pode ser

---

3. Que podem ser designados como "dizer" e "transferir posse".

qualquer um dos vistos acima, ou possivelmente ainda algum não identificado até o momento.

É preciso observar que todos eles são necessários: por exemplo, se incluirmos o papel temático do sintagma *por causa de você* (Causa) em alguma diátese, vai ter que ser na diátese de todos os verbos da língua que admitem uma modificação causal, o que significa a grande maioria deles; mas isso é totalmente desnecessário, porque o papel temático desse sintagma não tem nada a ver com o verbo da oração. Basta examinar alguns exemplos, como

[4] Ele chorou por causa de você.

[5] Ele só é honesto por causa de você.

[6] Ele está no clube por causa de você.

[7] Ele apanhou do vizinho por causa de você.

etc. Não se pode atribuir a presença do sintagma de Causa nessas frases a propriedades do verbo que aparece em cada uma.

No entanto, sabemos que em outros casos a diátese é que determina o papel temático. O sistema é realmente complexo, e temos que reconhecer esse fato.

18.4 FILTROS ESQUEMÁTICOS E LÉXICO-GRAMATICAIS

O sistema tal como desenvolvido até o momento parece falhar em certos pontos. À primeira vista, pareceria que temos que complicá-lo com mais algumas restrições explícitas; mas, como veremos, isso não é realmente necessário.

Por exemplo, sabemos que há uma regra de encadeamento que associa o Agente ao sujeito: trata-se da regra que formulamos no capítulo 4 como **Agente<>sujeito**. Agora, dada a frase

[1] A Beth é a diretora da escola.

como vamos impedir que a regra se aplique ao sujeito, marcando-o como Agente? Isso daria uma semântica errada, porque sabemos que *a Beth* aí tem o papel de αRef.

Uma saída, naturalmente, seria especificar na diátese que o sujeito é αRef. Mas isso não é necessário: acontece que o verbo *ser* não tem em sua valência nenhuma diátese que inclua o papel Agente. Portanto, a regra de encadeamento em questão não se aplica, ou talvez melhor se aplica, mas o resultado é filtrado por condições cognitivas. Essas condições – aqui denominadas **filtros esquemáticos** – têm a ver diretamente com nossa concepção dos diferentes eventos e estados expressos por um verbo. Os filtros podem ser expressos informalmente em afirmações como

• não faz sentido falar do Agente de "ser" alguma coisa;
• o evento expresso por *morrer* não inclui um Agente;

e assim por diante. Ou seja, entender uma frase não é um fenômeno apenas léxico-gramatical: é um fenômeno cognitivo, que envolve não apenas nossa competência da língua, mas também muitos aspectos do nosso conhecimento do mundo.

18.5 LIMITES DA VALÊNCIA

Como se vê, então, mecanismos como as regras de encadeamento e os filtros esquemáticos, assim como o fenômeno da transparência de certos sintagmas, podem ser responsáveis pela atribuição dos papéis temáticos – isso independentemente da valência do verbo em questão. A atribuição dos papéis temáticos é um processo complexo, e inclui esses vários mecanismos, e possivelmente ainda outros. O que interessa, aparentemente, é que o resultado seja obtido, e para isso a língua disponibiliza diversos recursos, a serem usados segundo as circunstâncias.

Período composto

Capítulo 19

Coordenação e subordinação

19.1 COORDENAÇÃO

Nos capítulos precedentes estudamos diversos aspectos da estrutura das orações, considerando-as isoladamente. Agora vamos estudar os recursos que a língua tem para juntar diversas orações em uma estrutura sintaticamente coesa. Vamos começar com a frase

[1] O vizinho abriu a casa e os ladrões roubaram a TV.

Temos aqui duas realizações da construção transitiva, colocadas uma após a outra e conectadas pela palavra *e*. Podemos analisar essa frase como

[2] [O vizinho   abriu   a casa]   e   [os ladrões   roubaram   a TV]
      SN   V   SN   SN   V   SN
    Sujeito   *Sujeito*
      Agente   Paciente   Agente   Paciente

A sequência das duas orações (mais a palavra *e* no meio delas) é também uma construção[1]. Uma construção que encerra mais de uma oração é tradicionalmente chamada **período composto**. Em [2] o período composto é a sequência inteira, a saber, *o vizinho abriu a casa e os ladrões roubaram a TV*;

---

1. Ela é composta de [**O** *e* **O**], onde "O" é "oração".

sua estrutura é bastante simples, sendo formada apenas de duas orações seguidas com *e* no meio. Mas, como veremos, há períodos compostos bem mais complexos.

Na frase [1] as duas orações são chamadas **coordenadas**, e a palavra *e* se classifica como **coordenador**[2]. A estrutura coordenada se caracteriza por ter as duas (ou mais) orações uma ao lado da outra, sem que uma faça parte da outra. Outros coordenadores além de *e* são *mas, ou, logo, portanto* e outros. Por exemplo,

[3] [O vizinho fechou a casa]$_{\text{Oração}}$ ***mas*** [os ladrões roubaram a TV]$_{\text{Oração}}$

[4] [Está ventando]$_{\text{Oração}}$ ***ou*** [alguém ligou o ventilador]$_{\text{Oração}}$

19.2 SUBORDINAÇÃO

Além da coordenação, existe um outro processo gramatical básico utilizado na língua para juntar orações: a **subordinação**. Quando temos orações subordinadas, elas não ficam uma ao lado da outra, mas uma *dentro* da outra. Para explicar isso, vamos começar com a frase

[5] A tia Rosa disse uma bobagem.

Aqui temos uma oração apenas, claro. Ela é composta de sujeito (*a tia Rosa*), verbo (*disse*) e objeto (*uma bobagem*). O sujeito é Agente, o objeto é a Mensagem. Com o verbo *dizer*, o objeto é de ocorrência obrigatória, tanto é assim que a frase seguinte é inaceitável:

[6] * A tia Rosa disse.

Agora vamos considerar a frase

[7] A tia Rosa disse que o Rafael é médico.

---

2. Na gramática tradicional, "conjunção coordenativa".

Temos aí o mesmo sujeito, *a tia Rosa*, e o mesmo verbo, *disse*. Sabemos que o verbo *dizer* exige a presença de um objeto; onde está ele?

O objeto é *que o Rafael é médico* – não só essa sequência está no lugar normal do objeto, como tem o mesmo papel temático, que convencionamos chamar de Mensagem. E a presença da sequência *que o Rafael é médico* satisfaz a exigência do verbo *dizer* de que haja um objeto expresso na oração.

Por outro lado, *que o Rafael é médico* contém uma oração, *o Rafael é médico*. Ou seja, em [7] temos duas orações, não apenas uma como em [5]. E uma das orações é parte do objeto da outra, ou seja, as duas orações não estão colocadas lado a lado como no caso das coordenadas vistas na seção anterior, mas uma delas está **dentro** da outra.

Explicando melhor: se *que o Rafael é médico* é o objeto da oração cujo verbo é *disse*, e se *o Rafael é médico* é parte desse objeto, então, necessariamente, a oração *o Rafael é médico* está dentro da oração cujo verbo é *disse*. E essa oração maior é *a tia Rosa disse que o Rafael é médico* – composta, como muitas orações com o verbo *dizer*, de sujeito (*a tia Rosa*), verbo (*disse*) e objeto (*que o Rafael é médico*). E dentro dessa oração maior, *a tia Rosa disse que o Rafael é médico*, encontramos uma outra oração, *o Rafael é médico*. Esquematicamente, essa situação pode ser representada assim:

[8]   [A tia Rosa disse que   {o Rafael é médico}~Oração~]~Oração~

A oração maior – que se chama **oração principal** – está entre colchetes, [ ]; e a oração menor, chamada **oração subordinada**, está entre chaves, { }. Note-se que a oração principal é a sequência inteira, *a tia Rosa disse que o Rafael é médico*, e não apenas parte dela; isso porque a subordinada é parte da principal – neste exemplo é parte do seu objeto, que é *que o Rafael é médico*. Assim, podemos definir uma oração principal como aquela que tem outra oração dentro de si; e oração subordinada é aquela que está dentro de outra oração. Na frase

[1] O vizinho abriu a casa e os ladrões roubaram a TV.

que vimos anteriormente, não há nem principal nem subordinada, porque nenhuma das orações está dentro da outra. Ou, dizendo o mesmo de outra maneira, nenhuma das orações tem função dentro da outra. Já em

[7] A tia Rosa disse que o Rafael é médico.

vimos que uma das orações tem função dentro da outra: a subordinada *o Rafael é médico* é parte do objeto da principal, *a tia Rosa disse que o Rafael é médico*. Isso pode também ser representado graficamente como

> A tia Rosa disse que | o Rafael é médico |

Cada caixa representa uma oração – e note-se como a oração subordinada está dentro da principal. Já o período [1], composto por subordinação, seria representado assim:

> | O vizinho abriu a casa | e | os ladrões roubaram a TV |

19.3 PROCESSOS DE JUNÇÃO GRAMATICAL

A coordenação e a subordinação são os dois processos básicos de que dispõe a língua para juntar unidades de mesma classe em uma unidade maior. Essa junção não afeta apenas as orações, mas vale para a maioria das classes de formas. A coordenação, em especial, se verifica com muitas classes, inclusive classes de palavras. Assim, temos não apenas coordenação de orações, como em

[1] O vizinho abriu a casa e os ladrões roubaram a TV.

mas coordenação de SNs:

[9] O Camilo e a Sandra.

de verbos:

[10] O vizinho fechou e trancou a casa.

de sintagmas adjetivos:

[11] O Camilo é pobre, mas muito esforçado.

de sintagmas preposicionados:

[12] Esse ônibus passa em Vitória e em Guarapari.

e até de preposições:

[13] Eu vou fazer o serviço com ou sem a sua ajuda.

Outras classes, como os artigos, por exemplo, não admitem coordenação[3].

Já a subordinação tem efeitos bem mais limitados, mas ainda assim não se restringe a orações. É possível colocar SNs dentro de SNs, como em

[14] O irmão da minha namorada.

Aqui o SN maior (principal) é *o irmão da minha namorada*; ele contém um SN menor (subordinado), *a minha namorada*. Esse processo pode se repetir várias vezes, como se vê em

[15] O esmalte das unhas do pé da Cristina.

---

3. Ou, talvez mais exatamente, só se coordenam excepcionalmente. Podemos imaginar alguém chamado Darcy, que não sabemos ao certo se é homem ou mulher; aí vamos dizer *o ou a Darcy*... Isso é certamente muito raro, mas mostra que a coordenação também está disponível ao artigo.

O SN *o esmalte das unhas do pé da Cristina* contém o SN *as unhas do pé da Cristina*, que contém o SN *o pé da Cristina*, que por sua vez contém o SN *a Cristina*. Temos aqui nada menos do que quatro SNs subordinados uns aos outros, ou, melhor dizendo, um SN principal e três subordinados; e desses três subordinados, dois são também principais em relação a seus subordinados. Esquematicamente, podemos representar isso assim:

[16] [o esmalte d {as unhas d (o pé d <a Cristina>) }]

O SN maior está entre colchetes, [ ]; seu subordinado está entre chaves, { }; este tem um subordinado, que está entre parênteses, ( ); e este também tem um subordinado, que está entre ângulos, < >. Dessa maneira, o SN *o pé da Cristina* é subordinado ao SN *as unhas do pé da Cristina*, mas é principal em relação a *a Cristina*.

Esse tipo de encaixamento, às vezes múltiplo, é muito frequente na língua. É uma propriedade fundamental das línguas humanas, pois é um dos instrumentos que nos permitem ter recursos praticamente infinitos de expressão[4]. A subordinação, por exemplo, permite que se atribua um papel temático ao sintagma *que o Rafael é médico*, quando queremos fazer dele uma Mensagem.

O mesmo fenômeno pode ocorrer com orações, como por exemplo em

[17] [Eu sonhei que { minha mãe me disse que (você ronca) }]

É fácil ver que temos aí três orações, em três níveis de subordinação: uma é o período inteiro; outra é *minha mãe me disse que você ronca*; e a terceira é *você ronca*.

---

4. O outro instrumento, claro, é a coordenação.

19.4 CONJUNÇÕES

Uma oração como *o Rafael é médico* raramente aparece nessa forma como complemento de algum verbo. O normal é marcá-la como subordinada através de uma **conjunção**, como por exemplo *que*. Assim, na oração

[7] A tia Rosa disse que o Rafael é médico.

o objeto de *disse*, a unidade que recebe o papel temático Mensagem, não é *o Rafael é médico*, mas sim *que o Rafael é médico*. A conjunção *que* tem aí a função de marcar a oração seguinte como subordinada.

Existem muitas conjunções em português, e elas têm funções parcialmente diferentes. Todas elas marcam orações como subordinadas, mas de maneiras distintas. Assim, a sequência *que* mais uma oração é um SN, e tem as propriedades sintáticas e semânticas dos SNs em geral. Por exemplo, pode ser objeto, como em [7]; e pode ser sujeito, como em

[18] Que o Rafael é médico foi a revelação do ano.

E pode também vir depois de uma preposição, formando um sintagma preposicionado:

[19] A notícia de que o Rafael é médico me espantou.

Esse SN, como vimos, é composto de *que* mais uma oração; e essa é justamente a função do *que*: transformar uma oração em SN, de modo que possa aparecer como sujeito, objeto etc. e receber os papéis temáticos correspondentes. Essa é a função das conjunções em geral; assim, *quando* seguido de uma oração é um sintagma adverbial, com o papel temático de Tempo:

[20] O Rafael apareceu quando nós chamamos. (cf. apareceu ontem)

Porque mais uma oração é um sintagma adverbial com o papel de Causa:

[21] O Rafael foi para Ouro Preto porque era aniversário dele. (cf. ... por causa da Júlia)

Isso distingue as **conjunções** dos **coordenadores**[5]. Os coordenadores não alteram o potencial funcional das orações que combinam, ao passo que as conjunções fazem de uma oração um sintagma nominal ou adverbial.

Podemos assim concluir que existem dois processos principais de junção de orações – ou seja, de criação de períodos compostos: a **coordenação**, em que duas (ou mais) orações são colocadas lado a lado, sem que uma exerça nenhuma função dentro da outra, e a **subordinação**, em que uma oração é (juntamente com sua conjunção) inserida em outra como um de seus termos. O sintagma formado de conjunção + oração tem uma função sintática e um papel temático dentro da outra oração. O mesmo vale para estruturas não oracionais, de modo que temos coordenação de SNs em *o João e a Maria*, e subordinação de SNs em *a mãe da Maria*.

Existe ainda um outro mecanismo importante de subordinação, que não usa conjunções, mas uma classe especial de conectores denominados **pronomes relativos**. Essas subordinadas (orações **relativas**, ou **adjetivas**) apresentam complexidades próprias e serão estudadas mais adiante, no capítulo 23.

19.5 JUNÇÃO SEM MARCA

Como vimos acima, as orações subordinadas podem ter estrutura idêntica à das orações independentes (ou seja, que ocorrem sozinhas no período), mais uma marca, muitas vezes uma conjunção. Veremos no próximo capítulo que em outros casos elas têm estrutura própria, que as marca como subordinadas: por exemplo, as orações de subjuntivo, infinitivo e gerúndio. Mas de qualquer maneira a subordinada é identificável a partir de elementos formais: conjunção e/ou forma do verbo.

---

5. São ambos chamados "conjunções" na gramática tradicional.

Essa é a situação normal, mas talvez haja exceções. Essas exceções têm a ver com o chamado **discurso direto**, onde o verbo exprime uma maneira de dizer e a fala referida ocorre com forma de oração principal. Por exemplo,

[22] O rapaz disse: "Vai chover amanhã".

Essa frase corresponde bem de perto a

[23] O rapaz disse que vai chover amanhã.

embora haja diferenças semânticas: em [22] o emissor se compromete com a forma exata do que o rapaz disse, ao passo que em [23] ele apenas comunica o conteúdo (isto é, o rapaz pode ter dito "acho que nós vamos ter chuva amanhã"). Não há consenso sobre se [22] constitui um período ou mais de um. Assim, nem sequer se sabe se *vai chover amanhã* em [22] é mesmo uma oração subordinada. Isso não precisa nos interessar aqui, pois é uma questão teórica de pouca importância.

Já no caso das coordenadas, a junção sem marca ocorre com frequência. Assim, se houver mais de duas orações coordenadas em um período, normalmente apenas as duas últimas são ligadas por *e*, *ou* etc.:

[24] [Ela chegou], [procurou a agência] e [fez a reclamação].

Acontece também de todas as coordenadas aparecerem sem coordenador, mesmo as duas últimas:

[25] Meu pai era muito nervoso, sempre tinha essas crises, acabou morrendo disso.

A repetição do coordenador tem um efeito de insistência, com ênfase em todas as orações:

[26] Ela chegou *e* procurou a agência *e* foi no guichê *e* fez a reclamação.

Capítulo 20

Estruturas oracionais especializadas

20.1 ORAÇÕES DE INFINITIVO, GERÚNDIO E SUBJUNTIVO

As orações subordinadas que examinamos no capítulo anterior são idênticas às orações principais; elas são precedidas por uma conjunção que não faz parte da oração propriamente dita. Assim, para retomar um exemplo, em

[1] A tia Rosa disse que o Rafael é médico.

a subordinada é *o Rafael é médico*, que poderia também ocorrer sozinha em um período:

[2] O Rafael é médico.

Mas nem sempre a situação é essa. Certas orações assumem uma forma especializada, que só pode ocorrer como subordinada. É o caso de orações com o verbo no infinitivo, como em

[3] O governo resolveu <u>aumentar os impostos</u>.

A sequência *aumentar os impostos* é uma oração (por razões que veremos adiante), mas não pode normalmente ocorrer sozinha no período: aparece sempre como parte de uma oração maior. Em [3], essa oração maior é *o governo resolveu aumentar os impostos*. Como se vê, a marca da subordinação em [3] é a forma (o "modo") do verbo, que em vez de estar no indicativo (*aumentou, aumenta, está aumentando* etc.) está no infinitivo (*aumentar*). Essa é uma das funções principais do infinitivo: marcar uma oração como subordinada.

As orações subordinadas especializadas são de três tipos: de **infinitivo**, de **gerúndio** e de **subjuntivo**. Por exemplo:

[3] O governo resolveu <u>aumentar os impostos</u>. (infinitivo)

[4] <u>Os professores chegando</u>, podemos começar a sessão. (gerúndio)

[5] É uma pena que <u>a noite esteja tão fria</u>. (subjuntivo)

Como se vê, as orações de infinitivo e de gerúndio não têm conjunção, ao passo que as de subjuntivo têm: *que* em [5], mas também outras conjunções, como *se, quando* e outras:

[6] Eu só telefono se <u>tiver alguma coisa para dizer</u>.

[7] Eu só telefono quando <u>tiver alguma coisa para dizer</u>.

Assim, as orações de infinitivo e de gerúndio são marcadas como subordinadas pelo modo do verbo; as de subjuntivo são duplamente marcadas, pela conjunção e pelo modo[1].

20.2 SINTAXE E SEMÂNTICA DAS SUBORDINADAS ESPECIALIZADAS

20.2.1 Infinitivo

Vimos que a forma infinitiva do verbo serve para marcar a oração correspondente como subordinada. Mas o infinitivo veicula outra infor-

---

1. Na língua padrão escrita ocorrem orações de subjuntivo sem conjunção: *solicitamos <u>seja transferida a funcionária</u>*; essa estrutura não existe no PB, e mesmo na escrita é restrita ao estilo formal burocrático.

mação: a oração subordinada em questão é sempre um **sintagma nominal**. Portanto, será sujeito, objeto ou complemento de uma preposição, já que essas são as funções possíveis do SN. Em [3], a oração de infinitivo é objeto:

[3] O governo resolveu <u>aumentar os impostos</u>.

Comparar com

[8] O governo resolveu <u>o problema</u>.

onde a mesma função é ocupada por um SN não oracional.

Um caso de oração infinitiva em função de sujeito é

[9] <u>A Cláudia fazer esse barulho todo</u> me irritou.

Comparar com

[10] <u>Esse barulho todo</u> me irritou.

E em [11] temos uma oração infinitiva como complemento de preposição:

[11] Eu estou arrumando a mala para <u>viajar com a turma</u>.

Semanticamente, observa-se que a oração infinitiva exprime uma "coisa", em geral um evento ou um estado – ainda aqui ela é paralela ao SN, que também exprime coisas, e pode exprimir coisas abstratas. E, como todo SN, ela tem um papel temático; por exemplo, em [9] *a Cláudia fazer esse barulho todo* é o Agente de *irritou* – exatamente como *esse barulho todo* é o Agente de *irritou* em [10]. Em princípio, todo papel temático que pode se associar a um SN pode também se associar a uma oração infinitiva. Esse paralelismo sintático e semântico nos autoriza a analisar a oração infinitiva como um SN.

20.2.2 Gerúndio

Já as orações subordinadas de gerúndio são sintaticamente paralelas a **sintagmas adverbiais**. Por exemplo,

[4] <u>Os diretores chegando</u>, podemos começar a sessão.

[12] O cavalo passou <u>correndo</u>.

Note-se o paralelismo com os sintagmas adverbiais das frases

[13] <u>Depois do cafezinho</u>, podemos começar a sessão.

[14] O cavalo passou <u>rapidamente</u>.

As orações subordinadas de infinitivo e de gerúndio nunca são introduzidas por conjunção.

À primeira vista se pode pensar que há exceções como em *quando eu chegar*... Mas *chegar* aí não é infinitivo: é futuro do subjuntivo. Isso aparece se usarmos um verbo em que esses dois tempos são formalmente distintos: *quando eu for*... (não **quando eu ser*...). Na maioria dos verbos, o infinitivo e o futuro do subjuntivo são idênticos, e existe uma tendência a estender essa identidade; mas a tendência não atinge todos os verbos, e *ser, ir, estar* sempre respeitam a distinção.

20.2.3 Subjuntivo

Temos finalmente orações subordinadas com o verbo no modo subjuntivo. Essas orações têm duas marcas de subordinação: primeiro a conjunção; e depois o modo do verbo, já que o subjuntivo não ocorre em orações principais[2]. Por exemplo:

---

2. Essa afirmação comporta uma exceção bem delimitada: trata-se do subjuntivo regido por advérbio, que veremos logo abaixo, com o exemplo [20].

[15] A professora queria que a gente lesse esse texto.

[16] O motorista pediu para chamar quando vocês chegassem.

A ocorrência das orações de subjuntivo obedece a regras bastante complexas. Por exemplo, a conjunção *quando* pode introduzir uma oração de subjuntivo, como em [16] acima, ou de indicativo, como em

[17] O motorista saiu quando vocês chegaram.

Quando é que se coloca um indicativo, e quando um subjuntivo? Isso pode depender do verbo: *lamentar* rege o subjuntivo, *dizer* rege o indicativo:

[18] A Beth lamentou que ele adoecesse. (subjuntivo)

[19] A Beth disse que ele adoeceu. (indicativo)

Pode também depender da presença de certos elementos adverbiais antes (mas não depois) do verbo:

[20] Talvez ele já tenha chegado. (subjuntivo)

[21] Ele já chegou, talvez. (indicativo)

[20] é um caso especial em que o subjuntivo aparece em oração não subordinada: sua ocorrência é provocada pelo advérbio *talvez*. Existem outros fatores que governam a ocorrência do subjuntivo, e que serão estudados nos capítulos 24 e 25.

Quanto à semântica, as orações de subjuntivo podem exprimir uma grande variedade de papéis temáticos – e isso se correlaciona com sua capacidade de ocupar uma grande variedade de funções sintáticas. A função sintática e o papel temático são em parte marcados pela conjunção. Assim, a conjunção *quando* introduz (seja com o indicativo, seja com o subjuntivo) orações sintaticamente paralelas a sintagmas adverbiais, com o papel temático de Tempo:

[16] O motorista pediu para chamar <u>quando vocês chegassem</u>.

[17] O motorista saiu <u>quando vocês chegaram</u>.

A conjunção *se*, também introdutora de sintagma adverbial, pode atribuir o papel temático de Condição:

[22] Ele prometeu ir ao restaurante <u>se escapar da reunião</u>.

A conjunção *que*, como vimos, introduz um SN, isso tanto com indicativo quanto com subjuntivo; a função sintática é determinada por essa categoria, e pode ser sujeito, objeto ou complemento de preposição:

[23] <u>Que ela estivesse desempregada</u> deixou todo mundo preocupado. (sujeito)

[24] O pai lamentou <u>que ela estivesse desempregada</u>. (objeto)

[25] Eu conversei com o porteiro para <u>que ela pudesse entrar</u>. (compl. de preposição)

Correspondentemente, as construções com *que* (qualquer que seja o modo) recebem papel temático típico de SN; assim, em [23] é Agente, e em [24] é Conteúdo (de uma declaração). Comparar com

[26] <u>A falta de notícia</u> deixou todo mundo preocupado.

[27] O pai lamentou <u>a falta de notícia</u>.

20.3 RESUMINDO: ORAÇÕES SUBORDINADAS

Resumindo, temos então basicamente cinco tipos de orações subordinadas. Dessas, quatro são estudadas no presente capítulo (fica faltando um quinto tipo, muito importante, que são as **orações relativas**, ou **adjetivas**, estudadas no capítulo 23):

a) com verbo no infinitivo (sem conjunção):

[11] Eu adoro <u>viajar com a turma</u>.

b) com verbo no gerúndio (sem conjunção):

[12] O cavalo passou <u>correndo</u>.

c) com conjunção e verbo no subjuntivo:

[24] O pai lamentou que <u>ela estivesse desempregada</u>.

d) com conjunção e verbo no indicativo:

[19] A Beth disse que <u>ele adoeceu</u>.

[28] O gato pulou quando <u>o telhado caiu</u>.

O mecanismo que permite à língua encaixar dessa maneira orações dentro de orações apresenta diversas complicações, que serão estudadas em capítulos posteriores. Aqui vou apenas mencionar duas delas, como sendo as mais importantes.

Primeiro, existe o problema de distinguir, dentre as estruturas com mais de um verbo, quais as que comportam orações subordinadas e quais as que não comportam. A frase

[29] O Fábio resolveu bater no cachorro.

tem dois verbos (*resolveu* e *bater*) e duas orações, sendo a segunda uma subordinada de infinitivo. Mas a frase

[30] O Fábio vai bater no cachorro.

só tem uma oração, embora tenha igualmente dois verbos. As razões dessa distinção serão expostas no capítulo 21.

O segundo problema é que as orações subordinadas apresentam muitas vezes uma estrutura sintaticamente "incompleta" (embora sua semântica seja plena). Assim, na frase

[12] O cavalo passou <u>correndo</u>.

temos *o cavalo* como sujeito e Agente de *passou*; *correndo* não tem sujeito, mas se entende como tendo o mesmo Agente, isto é, novamente o cavalo. Outro exemplo é

[31] A menina acha que <u>está na casa dela</u>.

onde ocorre a oração *está na casa dela*, que normalmente não ocorreria sozinha, porque falta o sujeito. No entanto, nessa frase sua ocorrência é normal, e se entende que a Coisa.localizada de *está* é a menina. Esses são casos de redução anafórica, que serão examinados no capítulo 22.

Capítulo 21

Contando orações

21.1 UMA ORAÇÃO OU DUAS?

Vamos retomar a pergunta feita no final do capítulo precedente: Dada uma frase com dois verbos, quando é que temos uma oração e quando é que temos duas? E para que fazer essa distinção? Por exemplo,

[1] O Fábio decidiu sumir com o caderno.

[2] O Fábio vai sumir com o caderno.

Em [1] há duas orações, e em [2] apenas uma. Vamos ver agora o porquê dessa distinção; e para isso temos que voltar a um ponto básico da descrição gramatical: as valências verbais.

Cada verbo, como sabemos, tem uma valência, ou seja, um conjunto de diáteses em que pode ocorrer. E cada diátese define um conjunto de complementos (funções sintáticas, papéis temáticos). Assim, uma oração com dois verbos deve manifestar dois conjuntos de complementos, ou seja, duas diáteses; só assim ambos os verbos terão sua valência satisfeita, e a frase será aceitável.

Examinando [1] à luz dessa consideração, vemos que temos aí o verbo *decidir*, que pode ocorrer em uma diátese com sujeito Agente e objeto Paciente (ou seja, a construção transitiva). É o que vemos em [1]: o sujeito é *o Fábio*, que é o Agente (a pessoa que decide), e o Paciente (a coisa que é resolvida)[1] é *sumir com o caderno*. Desse modo, a ocorrência de *decidir* em [1] não acarreta inaceitabilidade, porque o verbo está construído corretamente.

O outro verbo da frase, *sumir*, também faz suas exigências; por exemplo, ele tem um complemento da forma **com** SN, com o papel temático Paciente. Se trocarmos esse complemento por um que não se coadune com esse verbo, o resultado será inaceitável:

[3] * O Fábio decidiu sumir ao caderno.

Assim, na frase [1] temos dois verbos, cada qual com sua valência, que precisa ser satisfeita[2]. Dizemos então que a frase [1] tem duas orações, e formulamos a generalização de que cada oração realiza uma diátese de seu verbo. A oração principal de [1] é *Fábio decidiu sumir com o caderno*, que realiza uma das diáteses de *decidir*; e a oração subordinada é *sumir com o caderno*, onde se realiza uma das diáteses de *sumir*.

Agora vamos examinar o caso da frase

[2] O Fábio vai sumir com o caderno.

À primeira vista temos a mesma situação anterior: há dois verbos (*vai, sumir*), logo espera-se que haja duas orações e duas diáteses realizadas. Mas não é isso o que acontece: em [2] podemos verificar a presença de uma diátese de *sumir*, com sujeito Agente[3] e complemento **com** SN com o papel de Paciente, e só isso. A presença do verbo *vai* não altera a situação, porque esse verbo não faz exigência nenhuma quanto à presença, forma e significado de

---

1. Relembro que uma oração infinitiva é um SN, e portanto pode ser objeto de um verbo.

2. Uma valência é satisfeita em uma frase quando uma das diáteses que formam essa valência é realizada nessa frase.

3. *Sumir* nessa frase não parece ter sujeito; mas o sujeito de *vai* vale igualmente para *sumir*, segundo regras que veremos no cap. 22.

eventuais complementos. Por exemplo, qualquer sujeito que seja aceito por *sumir* é aceito por *vai* nessa frase; e qualquer sujeito que seja rejeitado por *sumir* é rejeitado por *vai*. É como se *vai* + *sumir* fosse um único verbo, com um único conjunto de exigências semânticas e sintáticas; as condições de aceitabilidade de [2] são exatamente as mesmas de

[4] O Fábio sumiu com o caderno.

onde o verbo *vai* não aparece.

Em resumo, em frases como [2], embora haja dois verbos, apenas um deles tem uma valência a satisfazer; o outro é totalmente inoperante desse ponto de vista. Dizemos então que [2] é formada de apenas uma oração, e realiza apenas uma diátese, controlada pelo verbo *sumir*. Essa situação se verifica sempre que ocorre o verbo *ir* seguido de um infinitivo. Consequentemente, analisamos tanto [2] quanto [4] como realizações da mesma diátese do verbo *sumir* – a diferença entre *vai sumir* e *sumiu* é colocada no mesmo plano das diferenças de tempo (*sumiu, sumia, some* etc.), que também não afetam a diátese[4].

O verbo *ir* não é o único que tem essa propriedade de ser transparente à valência quando seguido de outro verbo (este no infinitivo, no gerúndio ou no particípio verbal). O mesmo fenômeno se observa em várias outras sequências, como por exemplo

estar + gerúndio

[5] O Fábio está batendo no cachorro.

---

4. Isso é implicitamente reconhecido nas análises tradicionais que classificam sequências como *vai sumir* como "tempos compostos" do verbo. Note-se que *decidiu sumir* nunca se analisa como tempo composto.

***ter* + particípio verbal**[5]

[6] O Fábio tem batido no cachorro.

***começar a* + infinitivo**

[7] O Fábio começou a bater no cachorro.

***acabar de* + infinitivo**

[8] O Fábio acabou de bater no cachorro.

e alguns outros. Esses verbos são chamados **auxiliares**.

Resta notar que, quando *ir* ocorre sozinho, fora da sequência *ir* + **infinitivo**, como em *eu fui à praia*, ele se comporta como um verbo normal, com sua valência própria; o mesmo se dá com todos os outros auxiliares. Isso mostra que "auxiliar" não é propriamente uma classe de verbos, mas uma função que alguns verbos podem desempenhar.

21.2 INFINITIVO E SUBJUNTIVO LIVRES

No português padrão escrito ocorrem construções de infinitivo e de subjuntivo livres, isto é, em oração principal. Mesmo no padrão, essas estruturas são excepcionais e restritas a contextos específicos. Por exemplo, temos frases imperativas do tipo

[9] Olhar à esquerda!

[10] Manter esta porta sempre fechada.

e subjuntivos de valor optativo (expressam desejo):

[11] Possa você vencer esse obstáculo!

---

5. Veremos adiante (21.3) a distinção entre particípio verbal e particípio nominal.

Essas construções não ocorrem no PB, onde o infinitivo e o subjuntivo são marcas de subordinação em todos os casos. Exceções aparentes são fórmulas, como

[12] Deus te ajude.

mas isso é uma expressão fixa[6], não a realização de uma construção gramatical.

21.3 OS PARTICÍPIOS

21.3.1 O particípio nominal

As gramáticas tradicionais costumam apresentar outro tipo de oração subordinada, a **oração de particípio**[7]. Um exemplo seria

[13] <u>Encerrada a sessão</u>, todos se retiraram da sala.

No entanto, há argumentos fortes contra essa análise, que demonstram, em particular, que a sequência sublinhada em [13] não é uma oração.

Para verificar isso, voltemos, ainda uma vez, à valência verbal. Um princípio que não admite exceção é que cada verbo tem uma valência própria, que funciona qualquer que seja a forma flexional assumida. Ou seja, a valência de *bater* é exatamente a mesma de *batemos, bate, batia, bato, bateu* etc. As formas não conjugadas, como *batendo* e *bater*, não são exceção, e ocorrem precisamente nas mesmas construções que as outras formas verbais, acompanhadas pelos mesmos complementos e os mesmos papéis temáticos. Por isso podemos falar do verbo *bater* como um item lexical único (um **lexema**[8]); um lexema se comporta como uma unidade para efeitos de

---

6. Pronunciada pelos meninos de rua de Belo Horizonte como [dewskaˈʒudɐ].

7. Cf. p. ex., Cunha (1976) p. 571; Bechara (2009), p. 524.

8. Também chamado **lema**.

valência. A valência se define para cada verbo (lexema verbal) sem consideração do tempo, modo, pessoa ou número em que esteja.

Mas isso não se aplica ao particípio. Voltando a *bater*, esse verbo pode ocorrer com sujeito Agente e complemento Paciente da forma *em* **SN**:

[14] O Fábio bateu no cachorro.

e assim para

[15] O Fábio bate / batia / está batendo no cachorro.

[16] O Fábio batendo no cachorro é um espetáculo triste.

[17] O Fábio bater no cachorro foi a gota d'água.

Mas o particípio *batido* não pode ocorrer com esses complementos: a sequência abaixo é inaceitável, mesmo como parte de uma frase maior:

[18] * O Fábio batido no cachorro.

O particípio tem uma valência própria, diferente da do verbo – e isso mostra que o particípio não é parte do lexema verbal que inclui *bato, bater, batia, batendo* etc. O particípio se parece mais com um nominal (um adjetivo) do que com uma forma verbal.

Outro aspecto que distingue o particípio das formas componentes do lexema verbal, e que reforça a ideia acima, é sua irregularidade semântica. Dentro do lexema verbal as relações semânticas são inteiramente sistemáticas; assim, as diferenças semânticas entre *bato, batia* e *batendo* são exatamente as mesmas para *corro, corria, correndo* ou para *sou, era, sendo*, e assim por diante. No entanto, isso não vale para o particípio, que tem um significado frequentemente imprevisível a partir do significado do verbo. Por exemplo, *batido* evoca o resultado de um evento (*um carro batido*); *sabido* é a pessoa que sabe, não necessariamente o resultado do evento de saber, ao passo que *conhecido* é o resultado de um conhecimento, nunca uma pessoa que conhece. Veja-se a variedade de relações semânticas expressas por particípios como *divertido, decidido, puxado* (*um curso muito puxado*), *desconfiado* etc. Nada disso se verifica dentro do lexema verbal: sabendo o que quer dizer *extrapolar*, sabe-se automaticamente o que quer dizer *extrapolava* e *extrapolando*.

Outra diferença é que o particípio se comporta morfologicamente de maneira diversa das formas verbais por admitir flexão de número com o sufixo *-s* (os verbos fazem plural, mas nunca em *-s*) e de gênero (*batido, batida*).

Tudo isso indica que o particípio não é uma forma verbal – é antes um nominal relacionado ao verbo através de derivação. Assim como temos relação derivacional entre *suportar* e *suportável*, temos também relação derivacional entre *suportar* e *suportado*[9].

Ora, se o particípio não é uma forma verbal, não é núcleo de uma oração; por conseguinte, não existem em português orações de particípio. Uma forma como *batido* em *um carro batido* deve ser denominada **particípio nominal**; na verdade, trata-se de um nominal, um tipo do que tradicionalmente se denomina "adjetivo".

21.3.2 Particípio nominal e particípio verbal

Agora chegamos a um ponto de complexidade: tudo indica que, além do particípio nominal, existe outra forma, esta sim parte do lexema verbal, e que, para a maioria dos verbos, é formalmente idêntica ao particípio nominal: trata-se do **particípio verbal**[10]. Para ver do que se trata, vamos pegar o exemplo

[19] O Fábio tem batido no cachorro.

---

9. A diferença entre flexão e derivação é estudada mais detalhadamente no cap. 41.

10. Essas duas formas mereceriam denominações independentes; no entanto, mantenho o termo **particípio** porque adoto a estratégia de só introduzir termos novos quando isso é inevitável.

Aqui temos um particípio, *batido*, mas, ao contrário do que se viu em [18], a valência de *bater* está satisfeita, com o sujeito Agente e o complemento Paciente da forma **em SN**. E esse *batido* não concorda nem em gênero nem em número:

[20] A Débora tem batido / *batida no cachorro.

[21] Os meninos têm batido / *batidos no cachorro.

Além disso, a relação semântica expressa pela sequência *ter* + **particípio verbal** é sistemática, sendo a mesma para todos os verbos. Concluímos que *batido* em [19] se comporta como um membro do lexema de *bater*. Essa situação se verifica sempre que o particípio ocorre associado ao verbo auxiliar *ter*, e só aí. Assim, dizemos que essa construção se compõe de um verbo auxiliar, *ter*, mais o **particípio verbal** do verbo da oração.

Alguns verbos têm os dois particípios morfologicamente diferentes, e é interessante observar que nesses casos a forma regular é sempre o particípio verbal, e o particípio nominal é a irregular – o que se harmoniza com a ideia de que o particípio nominal se relaciona com o verbo através de derivação, não de flexão (a flexão tende a ser bem mais regular do que a derivação). Por exemplo, *acender* se relaciona com *acendido* e *aceso*. O primeiro se comporta como *batido* em [19], ou seja, é uma parte legítima do verbo *acender*:

[22] Alguns moleques tinham acendido a luz do parque.

Naturalmente, [22] não é uma "oração de particípio" – é uma oração principal, no caso sozinha em seu período, e que comporta um verbo auxiliar. O verbo de [22] não é *acendido*, mas a sequência *tinham acendido*, já que o auxiliar não forma oração e não tem valência própria. Note-se a regularidade da relação semântica e a impossibilidade de flexão de número e gênero, assim como a associação necessária com o auxiliar *ter*. Trata-se, evidentemente, do particípio verbal de *acender*. Já em

[23] A luz acesa ficava na varanda.

temos uma forma diferente, *acesa*, que concorda em gênero e número com o núcleo do SN a que pertence. Trata-se de um particípio nominal, e sua relação com o verbo *acender* é derivacional.

Existe uma tendência a identificar formalmente os dois particípios, mas com alguns verbos a diferença existe (são os verbos tradicionalmente chamados "abundantes"). Nos seguintes casos a diferença se mantém no PB:

aceitar (PV: *aceitado*, PN: *aceito*)

acender (PV: *acendido*, PN: *aceito*)

eleger (PV: *elegido*, PN: *eleito*)

entregar (PV: *entregado*, PN: *entregue*)

matar (PV: *matado*, PN: *morto*)

morrer (PV: *morrido*, PN: *morto*)

prender (PV: *prendido*, PN: *preso*)

suspender (PV: *suspendido*, PN: *suspenso*)

e mais alguns verbos. Mas outros verbos tendem a unificar os particípios formalmente, como *benzer*, que em geral só admite *benzido*:

[24] Ela tinha uma imagem benzida pelo bispo.

Em alguns casos, como o de *benzer*, a forma regular se generaliza; em outros, fica a forma irregular:

[25] A diretoria já tinha expulso dois alunos. (irregular)

[26] Eu já tinha imprimido umas 250 páginas. (regular)

Trata-se de uma tendência, com muita variação; acredito que muitos falantes também aceitam *expulsado* em [25]; já em [26] *impresso* não é aceitável.

Agora podemos apreciar mais uma diferença entre os dois particípios: todos os verbos têm particípio verbal, mas nem todos têm particípio nominal. Por exemplo, *ser* tem particípio verbal:

[27] Seu tio tem sido muito atencioso comigo.

Mas não existe particípio nominal de *ser* – uma forma que comportaria flexões como *sida, *sidas, *sidos, paralelas a *aceita, aceitas, aceitos*. Isso vale para outros verbos da língua, que nem por isso devem ser considerados defectivos: assim como nem todo verbo admite derivação em *-vel* (*sível, *tível), nem todo verbo se associa a um particípio nominal.

21.3.3 Consequências para a análise da construção passiva

Essa análise dos dois particípios levanta a questão de como analisar a construção **passiva**, exemplificada em

[28] A encomenda foi entregue pelo porteiro.

A dúvida surge do fato de que na passiva aparece o particípio nominal, não o verbal – e já verificamos que o particípio nominal não é parte do lexema verbal. E se *entregue* não é uma forma do verbo *entregar*, certamente não se pode dizer que [28] realiza uma das diáteses desse verbo (já que não o contém).

Já se observou que muitos casos de passiva não têm ativa correspondente (a correspondente ativa seria uma construção transitiva). Por exemplo,

[29] Essa dona é antipatizada por todos os moradores do prédio.

mas

[30] * Todos os moradores do prédio antipatizam essa dona.

Existem mesmo certas passivas cujo particípio não corresponde a verbo nenhum, como

[31] Debussy foi incompreendido por seus contemporâneos.

mas o verbo *incompreender não existe.

Ainda outra diferença é ilustrada pelas frases

[32] O Zé matou o pernilongo.

[33] O pernilongo foi morto pelo Zé.

[34] O Zé matou a questão.

[35] * A questão foi morta pelo Zé.

Observamos aqui que *morto* não tem a mesma polissemia de *matar*: parece ter uma semântica própria, o que é normal se analisarmos *matar* e *morto* como lexemas distintos – o que é precisamente a tese defendida aqui. *Morto* significa algo como "que sofreu o processo de perder a vida", mas não "que sofreu o processo de ser entendido". Isso mostra com bastante clareza que *morto* e *matar* não podem pertencer ao mesmo lexema; e, consequentemente, que a passiva não é uma diátese do verbo *matar*, que não está presente em [34].

O caso de [34] a [35] não é excepcional, e uma situação semelhante se verifica em

[36] O Zé dobrou a camisa. / A camisa foi dobrada pelo Zé.

[37] O Zé dobrou a esquina. / ?? A esquina foi dobrada pelo Zé.

[38] Ludwig compôs essa sonata. / Essa sonata foi composta por Ludwig.

[39] A menina compôs o vestido. / ?? O vestido foi composto pela menina.

[40] A neta agradava muito o avô[11]. / O avô era muito agradado pela neta.

[41] O filme agradou o público jovem. / ?? O público jovem foi agradado pelo filme.

---

11. No sentido de que a neta fazia agrados ao avô.

Não há caso incontroverso de verbo cuja polissemia se limite a apenas alguns membros do lexema; em outras palavras, se *matar* significa duas coisas ("tirar a vida" e "solucionar"), *matamos, mato* e *matando* também necessariamente significam essas mesmas duas coisas. Os exemplos acima mostram que o particípio nominal não pertence ao lexema do verbo ao qual é tradicionalmente associado.

Essas considerações sugerem fortemente que a frase

[28] A encomenda foi entregue pelo porteiro.

é simplesmente realização de uma diátese do verbo *ser*, mais ou menos semelhante a

[42] A encomenda era leve.

ou seja, o verbo *ser* com um complemento de valor qualificativo.

Resta apurar por que *pelo porteiro* (o "agente da passiva") tem o papel temático de Agente. Mas isso pode ser atribuído à preposição *por*, ou seja, é um dos papéis temáticos que essa preposição pode veicular. Note-se, aliás, que *por* pode ter esse papel temático em construções que não são passivas:

[43] A destruição da cidade pelos inimigos.

Aqui *pelos inimigos* é claramente um Agente.

Não quero dar a impressão de que a questão está decidida de uma vez por todas. Mas a evidência disponível não é pouca, e indica que a construção passiva não é uma diátese do verbo morfologicamente relacionado ao particípio nominal – ou seja, [28] não é uma diátese do verbo *entregar*.

Capítulo 22

Anáfora

22.1 ANÁFORA, DÊIXIS E PRÓ-FORMAS

A língua tem recursos para construir os enunciados de forma econô-
mica, evitando repetições excessivas – exemplos são o uso dos pronomes
pessoais e a omissão de material facilmente recuperável. **Anáfora** é um termo geral que se refere ao fenômeno da omissão de um elemento, ou sua
redução a uma pró-forma, quando esse elemento é recuperável a partir do
contexto linguístico. Por exemplo, podemos dizer

[1] O velho resolveu fechar a loja.

Aqui entendemos não só que o velho "resolveu" alguma coisa, mas que
ele é que deve "fechar" a loja; ou seja, o sujeito do primeiro verbo vale para
o segundo, para efeitos de interpretação semântica. Ou então

[2] A Nívia descobriu que eu odeio ela.

Essa frase significa que eu odeio Nívia; o pronome *ela* se refere ao SN *a
Nívia*, em virtude da posição dos dois elementos dentro da frase. Nos dois
exemplos acima vemos a recuperação de um item semântico com base em
um sintagma presente na frase; esse sintagma se chama o **antecedente**. No
caso de [1] temos uma **elipse**, ou seja, a omissão pura e simples de um
elemento, que não obstante é incluído na interpretação semântica. No caso
de [2] temos uma **pronominalização**, ou seja, o uso de um pronome que

remete a um antecedente explícito na frase. Na verdade, isso não acontece apenas com pronomes; temos casos como

[3] Meu irmão mora em Lavras e eu sempre vou lá.

O elemento *lá* se refere ao sintagma *em Lavras*, embora não seja um pronome. Por isso se fala de **pró-formas**, para incluir casos como o de *lá* em [3]. O pronome pessoal seria um tipo de pró-forma. Todos os exemplos acima são casos de anáfora.

O termo **dêixis** denota basicamente o mesmo fenômeno que a anáfora, com a diferença de que a base para a recuperação do elemento omitido ou reduzido não está no contexto linguístico imediato, mas no contexto situacional (extralinguístico). Assim, se eu disser

[4] Ela me adora.

apontando para Nívia, fica claro para o ouvinte que esteja por perto que quem adora é Nívia (a pessoa apontada), e quem é adorado sou eu (o falante). Como se vê, os recursos linguísticos utilizados para marcar a anáfora também funcionam para marcar a dêixis. Mas há elementos especializados para marcar a referência dêitica, como *eu*, que se refere à pessoa que está falando, ou *hoje*, que se refere ao dia em que o enunciado é produzido. Essas palavras nunca são usadas para marcar anáforas de base textual.

22.2 ANÁFORA NAS ESTRUTURAS COORDENADAS

O processamento dessas estruturas truncadas foi objeto de muita pesquisa em sintaxe desde pelo menos os anos de 1960; há muitas complexidades envolvidas, mas as linhas gerais são suficientemente claras. O processo começa pela percepção de uma estrutura como incompleta; por exemplo, *minha tia Manaus*, em um contexto em que se esperaria uma oração – no caso, coordenada a uma oração, *meu tio adorava Porto Alegre*:

[5] Meu tio adorava Porto Alegre, e minha tia Manaus.

Nesse caso as regras da língua nos autorizam a introduzir um elemento semântico correspondente ao encontrado na primeira oração (o significado de *adorava*) na representação semântica da segunda, de maneira que acabamos entendendo que "minha tia **adorava** Manaus".

É importante notar que esse processo não envolve a reposição da forma verbal *adorava*; a segunda oração é truncada e permanece truncada. É na representação semântica que a recuperação ocorre. Todo o processo tem a ver com a interpretação (a compreensão) do enunciado, que parte de duas estruturas sintaticamente diferentes, uma com verbo e a outra sem verbo, para chegar a uma representação semântica paralela, ambas com o esquema de "adorar". Ou seja, embora [5] e [6] signifiquem a mesma coisa, elas são sintaticamente (formalmente) diferentes:

[6] Meu tio adorava Porto Alegre, e minha tia adorava Manaus.

Podemos analisar *minha tia Manaus* como **oração anaforicamente reduzida**, e sua ocorrência é limitada a contextos em que a recuperação semântica é possível. Por exemplo, não podemos dizer simplesmente

[7] * Minha tia Manaus.

Isso não é uma oração, e não pode ser um período. Nem podemos dizer

[8] * O cachorro está latindo e minha tia Manaus.

porque a primeira oração não fornece um elemento que possa ser plausivelmente introduzido na semântica da segunda.

Esse tipo de omissão anafórica não se limita a orações; nós a encontramos também em sintagmas coordenados, como em

[9] O Samuel consertou o relógio do Zé e o da Regina.

Aqui temos uma sequência logo depois de *consertou* que deveriam ser dois SNs, mas um deles parece estar incompleto: *o da Regina*, coordenado ao SN (completo) *o relógio do Zé*. Novamente, a primeira estrutura nos fornece o elemento que vai preencher a semântica da segunda: entendemos que "o Samuel consertou o relógio do Zé e o **relógio** da Regina". Note-se que essa interpretação não é duvidosa: não dá para entender nada além do relógio da Regina como sendo a outra coisa consertada pelo Samuel. Aqui a regra de recuperação da anáfora não deixa margem a dúvidas. Em outros casos a recuperação não é tão fácil, como em

[10] O Samuel consertou o relógio do Zé e o rádio.

Aqui é possível que se trate do rádio do Zé (recuperando "do Zé" do sintagma anterior), mas também pode ser um rádio que não pertence ao Zé. Nesses casos, a ambiguidade é em geral resolvida pelo contexto ou pelo conhecimento prévio do receptor[1].

Como se vê, nas estruturas coordenadas é sempre a segunda que pode aparecer reduzida; e de fato não ocorrem no PB sequências como

[11] * O gato o queijo e o cachorro comeu a carne.

22.3 ANÁFORA NAS ESTRUTURAS SUBORDINADAS

Ocorrem também reduções anafóricas nas estruturas compostas por subordinação. Um exemplo clássico é

[12] A menina planejou fugir de casa.

Aqui temos dois verbos – e duas orações, pelos critérios vistos no capítulo 21. O primeiro verbo tem um sujeito, *a menina*, que exprime o seu

---

1. É possível caracterizar sintaticamente os casos em que a ambiguidade aparece, mas não podemos entrar nesse assunto aqui.

Agente. O segundo verbo, *fugir*, tem também um Agente, mas não tem sujeito; o Agente é recuperado com base no sujeito do verbo precedente.

Para ser mais exato: o verbo *fugir* tem sempre um Agente, expresso normalmente por um sujeito, e o problema quando não há sujeito é estabelecer a identidade (a **referência**) desse sujeito. Em outras palavras: *fugir* tem Agente, mas quem é o Agente de *fugir* em [12], onde esse verbo aparece sem sujeito?

O Agente de *fugir* é recuperado a partir do sujeito de *planejou*; é como se disséssemos que o sujeito de *planejou* vale também para *fugir*. Trata-se aqui do sujeito, não do Agente, porque os papéis temáticos podem ser diferentes:

[13] A menina planejou ficar em casa.

Aqui o verbo principal (*planejou*) tem Agente, mas o infinitivo *ficar* tem uma Coisa.localizada. Conclui-se que o papel temático do verbo subordinado se recupera a partir do elemento faltante e da valência do verbo: no caso de *ficar* falta o sujeito, que é a Coisa.localizada conforme a valência de *ficar*. Daí, completamos a representação semântica com o papel temático que *ficar* atribui ao seu sujeito (Coisa.localizada) e a referência do sujeito da principal ("a menina"). O resultado é que entendemos que a pessoa que planejou é a mesma que vai ficar em casa.

No caso de [12] e [13], essa é a única base para a recuperação; em outros casos há mais uma pista, como em

[14] Eu disse que fiquei em casa.

Além do processo acima descrito, temos a forma do verbo, que confirma que a Coisa.localizada de *fiquei* é de primeira pessoa do singular, ou seja, "eu". Nesse caso, o PB admite a repetição do sujeito:

[15] Eu disse que eu fiquei em casa.

Já no caso de [12] e [13] a oração subordinada não pode ter sujeito explícito:

[16] * A menina planejou ela ficar em casa.

O oposto, a saber, completar a principal com base na subordinada, não é possível. Assim, em

[17] * Disse que a menina ficou em casa.

não podemos completar o sujeito de *disse* com "a menina", de modo que essa frase não pode ser entendida como afirmando que a menina disse alguma coisa.

Como se vê, o elemento que serve de base para a recuperação (o **antecedente**) pertence sempre à oração principal. Em geral, a forma completa precede a lacuna a preencher na ordem linear: é o que acontece sempre em estruturas coordenadas. Mas nas estruturas compostas por subordinação às vezes o processo de recuperação se dá na ordem inversa, isto é, o antecedente aparece depois da lacuna (embora sempre na oração principal):

[18] Preparar aula me irrita.

Entende-se que quem prepara aulas sou eu – ou seja, o antecedente é o pronome *me*, presente na segunda oração. Aqui o sujeito da primeira oração (que é subordinada, pois é o sujeito de *me irrita*) é que está faltando, e é semanticamente preenchido com base no objeto da oração principal, *me*. Essa situação ocorre quando a oração subordinada vem no início da principal.

Esse sistema de recuperação de referentes para ocupar os diversos papéis temáticos definidos pelo verbo subordinado é complexo, e vai além do explicitado nas notas acima. Mas o essencial do processo é esse aí: os complementos faltantes são preenchidos, semanticamente, com base em antecedentes presentes na oração principal, e essa recuperação é condicionada pela estrutura sintática – em particular, pela diferença entre orações subordinadas e principais.

22.4 USO DOS PRONOMES PESSOAIS ANAFÓRICOS

As possibilidades de referência anafórica dos pronomes pessoais são controladas por certos aspectos da estrutura sintática. Na frase

[2] A Nívia descobriu que eu odeio ela.

vimos que *ela* se refere a Nívia – ou, mais exatamente, pode se referir a Nívia, e pode igualmente se referir a uma terceira pessoa, não mencionada na frase. Mas na frase

[19] A Nívia maquiou ela.

ela não pode ser Nívia, tem que ser uma terceira pessoa. A diferença é, basicamente, que em [2] *a Nívia* e *ela* estão em orações diferentes, ao passo que em [19] estão na mesma oração. Daí podemos deduzir a regra de que

> o pronome *ele* (e suas flexões *ela, eles, elas*) não pode ter como antecedente um SN que esteja na mesma oração.

O pronome anafórico usado para se referir a um SN na mesma oração é *se* (chamado **pronome reflexivo**):

[20] A Nívia se maquiou.

Aqui entendemos que *se* se refere a Nívia, ou seja, a pessoa que maquiou (Agente) e a que foi maquiada (Paciente) são a mesma pessoa.

Os pronomes *eu, nós, a gente* etc. não entram na regra porque são de referência fixa, ao contrário de *ele*. Ou seja, *eu* só pode se referir a uma pessoa (o falante), e portanto não depende de relacionamento anafórico para sua interpretação; já o pronome *ela* pode ser muita coisa (Nívia, a gata, a escrivaninha, a ciência, a Argentina), e portanto só pode ser entendido através de um processo de recuperação anafórica ou dêitica.

22.5 ELIPSE

Voltando aos casos de elipse: no PB encontramos lacunas correspondentes a diversas funções sintáticas. O sistema funciona, ao que parece, assim: o receptor tem em sua memória as construções sintáticas da língua[2]; ao ouvir [1],

[1] O velho resolveu fechar a loja.

ele observa que há uma sequência que deveria ser uma oração (*fechar a loja*), mas está fragmentária porque falta o sujeito. Isso é um sinal para que ele ponha em ação o sistema de recuperação anafórica, que vai procurar na frase um SN na posição adequada para ser o antecedente da lacuna percebida. Uma vez localizado esse SN, ele coloca sua referência e seu papel temático na representação semântica (não na frase propriamente dita) da oração elíptica. O resultado é entender que *fechar* tem um Agente, que é "o velho" – não custa repetir, não o SN *o velho*, mas o conceito (esquema) a que ele se refere.

Outro caso é o de

[21] Simão era solteiro, mas Aline não era.

Aqui a oração truncada é *Aline não era*. Temos aí o verbo *era*, que normalmente tem um complemento com o papel temático Qualidade – como está na primeira oração do período –, mas aqui esse complemento falta. Do jeito que está, a frase não cabe em nenhuma construção da língua, pois a valência do verbo *ser* exige um complemento. Isso é indicação de que sua interpretação vai depender da recuperação de alguma anáfora; no caso, a lacuna detectada na segunda oração. O sistema completa a interpretação, de modo que se entende que a mesma Qualidade atribuída a Simão na primeira oração vale também para Aline na segunda[3].

---

2. Seja como uma lista, seja como um sistema de regras.

3. Notar que, sintaticamente, isso não funcionaria, porque na primeira temos *solteiro* no masculino, o que não seria adequado como complemento da segunda oração, onde o sujeito é feminino. Mas como a recuperação é puramente semântica, isso não importa; vale a Qualidade, papel temático sem marca de gênero.

Agora em

[22] Ele cortou a carne e eu coloquei na panela.

temos o verbo *coloquei*, que normalmente teria um objeto com o papel temático de Paciente. A recuperação da lacuna nos informa que a coisa colocada na panela é a mesma que foi cortada, a saber, a carne.

Em alguns casos o sistema recupera mais de uma lacuna. Por exemplo, em

[23] O Simão disse que era solteiro, mas não era.

Aqui temos que repor o sujeito de *era*, "o Simão", e também o complemento de *era*, "solteiro". Também em

[24] Meu vizinho planta milho e eu também.

é claro que temos que repor "planto" e "milho" na interpretação da segunda oração.

É muito frequente a falta do verbo na oração incompleta, como em

[5] Meu tio adorava Porto Alegre, e minha tia Manaus.

e em

[25] Caio trouxe o balaio e Maria a melancia.

É fácil ver que o elemento recuperado em [25] é o esquema semântico correspondente a "trouxe".

Capítulo 23

Orações relativas (adjetivas)

23.1 A ESTRUTURA RELATIVA

Nos capítulos anteriores estudamos diversos tipos de orações subordinadas: de conjunção e verbo no indicativo, de conjunção e verbo no subjuntivo e sem conjunção, de infinitivo e de gerúndio. Ficou faltando um tipo importante, as **orações relativas**, que são introduzidas por um grupo de elementos especializados, os **relativos**[1].

As estruturas relativas têm uma estrutura muito peculiar, e são fáceis de identificar. Elas em geral se compõem de um **nominal** (que pode ser acompanhado de determinante e/ou modificador), seguido de um **relativo** (*que, quem, onde*), seguido de **uma estrutura oracional aparentemente incompleta**, isto é, faltando um dos complementos. E essa sequência de nominal + relativo + estrutura oracional incompleta forma um **sintagma nominal**. Antes de passar adiante, vamos ver um exemplo:

[1] <u>A bobagem que o cara disse</u> me deixou irritado.

---

1. Na nomenclatura tradicional, "pronomes relativos". Não vejo vantagem em classificar esses itens como pronomes, por isso prefiro falar simplesmente de **relativos**. Esse termo também não me agrada, mas temos que seguir o princípio de só inovar na nomenclatura quando não houver outro jeito, de modo que vou manter a designação tradicional pelo menos em parte. A construção relativa se denomina tradicionalmente "subordinada adjetiva", mas a designação "relativa" é tradicional em linguística.

A estrutura relativa é a porção sublinhada dessa frase; note-se que é um SN, a saber, o sujeito da oração que contém o verbo *deixou*. Essa estrutura consta de um nominal, no caso acompanhado de determinante (*a bobagem*). Depois do nominal, temos a palavra *que*, que é um relativo; e logo depois temos a sequência *o cara disse*. Essa sequência seria uma oração se tivesse um objeto, como em *o cara disse uma bobagem*. Como está, é incompleta, porque o verbo *dizer* exige a presença de um objeto, que não está em seu lugar habitual, logo depois do verbo. Concluímos que estamos na presença de uma estrutura relativa.

A estrutura incompleta deveria causar inaceitabilidade, porque à primeira vista a valência de *dizer* foi desobedecida; que isso causa inaceitabilidade se pode ver em

[2] * O cara disse.

Mas a estrutura relativa, como já vimos, tem suas peculiaridades, e uma delas é que ela pode "consertar" tais defeitos na realização da valência do verbo. Para ser exato, na estrutura relativa a valência do verbo continua sendo satisfeita, mas de maneira sintaticamente diferente.

O complemento faltante na estrutura oracional incompleta é justamente o nominal (com seus eventuais acompanhantes) que precede a ocorrência do relativo; no caso de [1], *a bobagem*. E com efeito o receptor ao ouvir [1] entende que o que o cara disse foi a bobagem, de modo que não há incompletude semântica nessa estrutura.

A construção relativa é um recurso que a língua tem para singularizar um dos SNs da oração subordinada e fazer dele um dos complementos da principal. Explicando: a oração

[3] O cara disse uma bobagem.

pode ser inserida como subordinada em uma principal que consiste em *X me deixou irritado* de mais de uma maneira. Primeiro, o complemento faltante (representado por *X*) pode ser o fato inteiro denotado por [3]; nesse caso teremos uma subordinada (não relativa) com *que* ou de infinitivo:

[4] <u>O cara dizer uma bobagem</u> me deixou irritado.

[5] <u>Que o cara dissesse uma bobagem</u> me deixou irritado[2].

Mas o complemento faltante pode não ser o fato – ou seja, o que me deixou irritado não foi o fato em si, mas algum componente dele. Pode ser a bobagem dita, e nesse caso temos que singularizar o SN *a bobagem* através de uma estrutura relativa:

[1] <u>A bobagem que o cara disse</u> me deixou irritado.

Ou pode ser o próprio cara que disse a bobagem, e nesse caso temos

[6] <u>O cara que disse a bobagem</u> me deixou irritado.

Dessa maneira a sintaxe da língua consegue variar o tópico, fazendo afirmações sobre um ou outro componente da oração subordinada. As estruturas relativas têm como função focalizar um dos elementos internos dessa oração – que então se diz ter sido **relativizado** – a fim de fazer alguma afirmação sobre ele.

23.2 A ESTRUTURA RELATIVA NO PB

23.2.1 A preposição é mantida

Vamos considerar agora a estrutura relativa tal como se manifesta no PB. Nos exemplos vistos, [1] e [6], o elemento relativizado é um SN; nesses casos, o relativo usado é simplesmente *que*. Mas pode ser que se tenha que relativizar um componente de outra forma, por exemplo, um

---

2. Frase bastante estranha, mesmo na língua escrita. Mas fique aqui como exemplo.

formado de **preposição + SN**. Aí surgem problemas especiais, que a língua resolve de mais de uma maneira. Digamos que se queira relativizar o constituinte sublinhado em

[7] Meu vizinho ainda chora por causa daquela modelo.

Vamos inserir essa oração na principal composta de *X já mudou da cidade*. O SN *aquela modelo* vai aparecer no início da construção; o problema é o que fazer com a preposição *por causa de*. Uma solução adotada pelo PB é colocar o SN no início da construção, deixando para trás a preposição; e esta é seguida de um pronome pessoal que se refere (anaforicamente) ao SN inicial. Assim, o resultado é

[8] Aquela modelo que meu vizinho ainda chora por ela já mudou da cidade.

O pronome *ela* retoma *aquela modelo*; fora isso, temos a mesma estrutura relativa vista anteriormente. Outros exemplos são:

[9] O funcionário que você conversou com ele não veio trabalhar hoje.

[10] Esse é um conselho que eu posso muito bem ficar sem ele.

Com certas preposições, o pronome pode ser omitido:

[11] Essa é a mesa que todo mundo bota o chapéu em cima (dela).

23.2.2 A preposição é omitida

Em outros casos, a preposição é simplesmente omitida:

[12] O funcionário que você falou é esse aí?

Note-se que a diátese do verbo requer um complemento da forma *de*+SN: *você falou desse funcionário*. Mas na estrutura relativa a preposição não aparece; pode aparecer, como em

[13] <u>O funcionário que você falou dele</u> é esse aí?

mas certamente a forma [12] é a preferida.

No caso de [12], a valência do verbo é desrespeitada[3], porque a preposição *de*, normalmente obrigatória, não aparece. Isso ocorre em casos de estrutura relativa, mas nunca em orações principais ou subordinadas de outros tipos.

No caso de *falar*, há mais de uma possibilidade de complemento preposicionado: *de*+SN ou então *com*+SN:

[14] Eu falei do diretor.

[15] Eu falei com o diretor.

No entanto, há pelo menos uma forte tendência de entender "de" (isto é Assunto), e não "com" (o interlocutor) quando a preposição é omitida em uma estrutura relativa. Assim, [12] se entende que você falou do funcionário, não com o funcionário[4]. Ou seja, parece que a língua dá um jeito de evitar ambiguidades nesses casos. É preciso notar que essa estrutura ainda está por estudar.

23.2.3 Sintagmas adverbiais

É também possível relativizar sintagmas adverbiais, como por exemplo em

[16] <u>A casa velha onde eu morei</u> já foi demolida.

---

3. Não é bem isso, claro; a valência inclui casos especiais, como o de ocorrência em orações relativas, onde a presença da preposição é dispensada. Esse fenômeno não é conhecido em detalhe, mas deverá ser eventualmente incluído no sistema valencial.

4. Essa é a minha intuição imediata; isso ainda não foi sistematicamente investigado. Luisandro Mendes de Souza me informa que para ele [12] é ambígua.

No caso, como se trata do papel temático Lugar, pode-se usar o relativo *onde*, que corresponde aí ao sintagma adverbial *na casa velha*. Aqui é igualmente possível relativizar com preposição, ou ainda com *que* e sem preposição, de forma que as frases [17] e [18] são sinônimas de [16]:

[17] A casa velha que eu morei nela já foi demolida.

[18] A casa velha que eu morei já foi demolida.

Destas duas últimas, [18] é a mais corrente.

23.2.4 Relativas livres

Todas as estruturas relativas vistas acima são compostas de um nominal (com ou sem determinante e/ou modificador), mais um relativo, mais uma oração fragmentária. Mas existe também uma construção parecida em que a primeira porção não aparece, sendo portanto composta apenas do relativo mais a oração. Nesses casos, o relativo é *quem*, *o que* ou *onde*:

[19] Quem conhece o Jacinto confia nele.

[20] Quem você convidar eu vou receber de boa vontade.

[21] Eu sempre aceito o que você propõe.

[22] Onde ela morava hoje é uma escola de línguas.

Essa construção se denomina **relativa livre**, e pode ocorrer com preposição, que neste caso se coloca sempre antes do relativo:

[23] O Inácio fala mal até de quem ajuda ele.

[24] Eu só trabalho para quem me paga bem.

Uso das formas verbais: modo, tempo e pessoa

Capítulo 24

Subjuntivo e indicativo na oração subordinada com *que*

24.1 UM SISTEMA COMPLEXO

Vimos no capítulo 20 que as orações subordinadas introduzidas por conjunção podem ter o verbo no modo indicativo ou no subjuntivo. Neste capítulo veremos alguns dos fatores que determinam o modo da oração subordinada com conjunção[1].

Quando um verbo ocorre em uma oração subordinada, seu modo é governado por um item presente na principal; este pode ser um verbo, uma preposição, uma conjunção ou um nominal. Por exemplo, quando a oração principal tem o verbo *querer*, o verbo da subordinada fica no subjuntivo ou no infinitivo, nunca no indicativo:

[1] A professora quer que eu <u>leia</u> tudo isso. (subjuntivo)

[2] A professora quer <u>ler</u> tudo isso. (infinitivo)

A preposição *sem* requer subjuntivo ou infinitivo na subordinada:

[3] Ela saiu sem que você <u>visse</u>. (subjuntivo)

---

1. A descrição deste capítulo focaliza uma forma bastante conservadora do PB. O uso do subjuntivo, em especial do presente, é diferente em outras variedades, como se verá em 25.3.

[4] Ela saiu sem você ver. (infinitivo)

ao passo que *desde* admite o subjuntivo ou o indicativo, mas não o infinitivo:

[5] Ela não parou de chorar desde que você saiu. (indicativo)

[6] Podemos ir a qualquer restaurante, desde que seja limpo. (subjuntivo)

[7] * Podemos ir a qualquer restaurante, desde ser limpo. (infinitivo)

Notar que com *desde* o papel temático da subordinada muda de acordo com o modo: com indicativo *desde* + **oração** é Tempo, mas com subjuntivo é Condição.

As conjunções também determinam o modo; por exemplo, *já que* requer indicativo:

[8] Já que ninguém se apresenta, eu mesmo vou. (indicativo)

Embora requer subjuntivo:

[9] Embora o cachorro seja barulhento, eu gosto dele. (subjuntivo)

Em certos casos, um nominal pode determinar o modo do verbo subordinado; isso ocorre quando a oração subordinada pertence ao complemento do nominal, como em

[10] A possibilidade de que você venha... (subjuntivo)

Confronte-se com

[11] A notícia de que você veio... (indicativo)

Nesses casos o nominal é seguido por uma preposição; mas como ela é a mesma nos dois casos (*de*), temos que atribuir a diferença de modos ao nominal. A diferença de modo, em casos como [10] e [11], tem algo a ver com a semântica do nominal – no caso, *possibilidade* exprime um evento de realização ainda incerta, ao contrário de *notícia*, que se refere a um evento realizado. Algo parecido ocorre na construção formada por uma oração subordinada a uma sequência de *ser* + nominal:

[12] É importante que ele <u>compareça</u>. (subjuntivo)

[13] É evidente que ele <u>compareceu</u>. (indicativo)

Como se vê, o fenômeno é complexo, e envolve fatores de diversas naturezas. Aqui vou apenas arrolar os casos mais importantes, sem procurar uma síntese geral.

É possível enxergar alguns princípios, que têm a ver com o significado da subordinada em relação à principal. Atribui-se tradicionalmente ao subjuntivo três tipos de significado: **persuasão, incerteza** e **emoção**. Embora essas designações sejam muito vagas, elas nos fornecem um ponto de partida, de modo que vou considerá-las nas seções seguintes. Esses três tipos semânticos se aplicam aos casos em que um verbo subordinado é governado por um verbo ou nominal na oração principal, com a conjunção *que*. Casos de modo controlado por outras conjunções ou por preposições serão considerados separadamente no capítulo 25.

24.2 SUBJUNTIVO DE PERSUASÃO

A regra seguinte foi descoberta por Bull (1965) para o espanhol, e vale também para o português:

> Qualquer propósito, intenção ou desejo por parte do Agente de um verbo ou nominal da oração principal de influenciar o comportamento do sujeito do verbo subordinado acarreta o uso do subjuntivo [ou do infinitivo].

Ou seja, nessas situações nunca se usa o indicativo. O termo Agente é usado aqui de maneira muito pouco rigorosa; por exemplo, o sujeito de *querer* não é um Agente, mas desencadeia a regra. Esse aspecto da regra de Bull é ainda apenas uma aproximação – provavelmente se refere ao sujeito, qualquer que seja seu papel semântico, não exclusivamente ao Agente.

Aplicando a regra, temos:

[14] A Marina **sabia** que a Mônica <u>almoçava</u> às 12 horas.

[15] A Marina **queria** que a Mônica <u>almoçasse</u> às 12 horas.

A primeira frase denota algo que Marina sabe de fato, e esse fato é expresso na subordinada com indicativo. A segunda frase denota o desejo de Marina de influenciar o comportamento de Mônica, e por isso se usa o subjuntivo. Outro exemplo:

[16] Eu **notei** que a Mônica já <u>estava</u> pronta.

[17] Eu **mandei** que a Mônica <u>estivesse</u> pronta.

A regra de uso do subjuntivo se aplica a verbos em orações subordinadas a verbos principais como *aconselhar, adorar, conseguir, deixar, desejar, detestar, exigir, gostar, insistir, mandar, obrigar, odiar, pedir, permitir, precisar, proibir, querer* e outros semanticamente semelhantes, que exprimem "propósito, intenção ou desejo por parte do Agente de um verbo ou nominal da oração principal de influenciar o comportamento do sujeito do verbo subordinado"[2].

A regra se aplica também a casos em que a oração é subordinada a um nominal, desde que as condições semânticas descritas se verifiquem:

[18] A **exigência** de que vocês <u>trabalhem</u> no domingo veio da diretoria.

[19] Recebemos **ordens** de que a festa <u>seja</u> um verdadeiro banquete.

Os fatos aqui são paralelos aos que se observa com os verbos: os nominais *exigência* e *ordens* expressam a intenção de alguém de influenciar o

---

2. *Precisar* não é um verbo de persuasão, mas se estrutura como *querer: eu preciso que você me ajude, eu preciso sair mais cedo.*

comportamento de outra pessoa, e por isso requerem subjuntivo. Já *informação* não contém esse traço semântico, e o verbo fica no indicativo:

[20] A **informação** de que vocês <u>trabalham</u> no domingo veio da diretoria.

Note-se, finalmente, que a intenção ou desejo de influenciar comportamento se aplica ao Agente do verbo ou nominal principal, não ao próprio falante. Assim, quando Laura diz

[21] O diretor **mandou** que o Alex <u>consertasse</u> o elevador.

não se entende que a própria Laura quer influenciar as ações de Alex; essa intenção é atribuída ao diretor, ou seja, à entidade denotada pelo sujeito do verbo principal *mandou*.

24.3 SUBJUNTIVO DE INCERTEZA

A segunda regra que governa a ocorrência do subjuntivo pode ser formulada assim:

> Quando o verbo ou nominal principal expressa **incerteza, dúvida** ou **negação** por parte do Agente da oração principal a respeito dos eventos descritos na subordinada, esta deve ter o verbo no subjuntivo.

Por exemplo,

[22] É **possível** que Elvis <u>esteja</u> vivo. (incerteza)

[23] Os estudantes **duvidam** que o professor <u>conheça</u> a matéria. (dúvida)

[24] O acusado **negou** que <u>possuísse</u> uma arma. (negação)

[25] A **possibilidade** de que Elvis <u>esteja</u> vivo foi mencionada no debate. (incerteza)

Aqui também a incerteza, dúvida ou negação mencionada na regra se atribui ao Agente da oração principal, não ao falante.

Nominais que expressam **falsidade** – tais como *falso* ou *mentira* – funcionam da mesma maneira, talvez porque expressam negação da verdade; assim, requerem subjuntivo na subordinada:

[26] É **falso** que o presidente pretenda se reeleger.

[27] Era **mentira** que a casa estivesse pegando fogo.

A regra acima não é tão confiável quanto a do subjuntivo de persuasão, e comporta exceções: alguns verbos, como *suspeitar, desconfiar, pensar*, que pertencem à mesma categoria semântica que *duvidar*, são geralmente construídos com indicativo:

[28] A Carla **suspeita** que o vizinho é um espião. [*também*: ...seja um espião]

Com *achar* **no presente**, só se admite indicativo:

[29] Você **acha** que eu estou mentindo? [*... que eu esteja mentindo?]

Mas quando *achar* está no pretérito, o subjuntivo é aceitável:

[30] Você **achou** que eu estava / estivesse mentindo?

Mas é preciso notar que o subjuntivo nesse caso é raro no PB, embora seja plenamente aceitável na língua escrita.

As exceções observadas à regra do subjuntivo de incerteza podem ser produto de nossa ignorância relativa do assunto; uma formulação mais cuidadosa poderá chegar a uma regra mais categórica.

24.4 SUBJUNTIVO DE EMOÇÃO

A terceira regra que governa o uso do subjuntivo é a seguinte:

> Quando o verbo ou nominal principal expressa uma **emoção** do Agente, a subordinada deve ficar no subjuntivo.

A emoção pode ser medo, tristeza, alegria etc.:

[31] O povo **teme** que <u>venha</u> aí outro pacote econômico.

[32] Eu **lamento** muito que a escola <u>esteja</u> fechada.

[33] Foi **ótimo** que <u>chovesse</u> ontem.

[34] O **medo** de que <u>estourasse</u> uma guerra...

24.5 O MODO NAS ORAÇÕES FACTUAIS

Diz-se nas gramáticas tradicionais que o indicativo é o modo usado na expressão de fatos; mas isso é uma simplificação porque o subjuntivo também aparece com a mesma característica. Os dois modos se complementam de maneira bastante sistemática, e para descrever essa interação será necessário fazer uma breve digressão para conceituar uma importante oposição semântica entre **asserção** e **pressuposição**.

Podemos começar com os exemplos seguintes:

[35] É evidente que ele <u>está</u> bêbado.

[36] É uma pena que ele <u>esteja</u> bêbado.

Das duas frases se infere que ele está, de fato, bêbado; mas a primeira tem o verbo no indicativo (*está*) e a segunda no subjuntivo (*esteja*).

A razão para essa diferença de modos é que a factualidade da oração subordinada é apresentada diferentemente nas duas frases. Em [35] o nominal *evidente* tem como função semântica principal **asserir** (fazer uma asserção) a crença do falante de que o que se segue é verdadeiro. Já em [36] o nominal *pena* não tem nada a ver diretamente com a asserção da verdade; em vez disso, assere que o que se segue é uma coisa lamentável – essa é a opinião do falante. Agora, ao ouvir [36] o receptor infere que a subordinada também deve ser verdadeira porque é improvável que o falante teça comentários sobre um evento sem acreditar que ele seja verdadeiro. Dizemos então que o conteúdo da oração subordinada é **asserido** em [35], e **pressuposto** em [36].

Essa distinção pode parecer sutil, mas é essencial para descrever o uso dos dois modos em frases factuais. A regra é a seguinte:

> Quando uma oração subordinada expressa um fato (na opinião do falante), seu verbo fica no indicativo se esse fato é asserido, e no subjuntivo se ele é pressuposto.

Mais alguns exemplos: em

[37] Afirmo que o governo errou.

o falante usa o verbo *afirmo* para asserir sua crença de que o governo errou. Consequentemente, a subordinada fica no indicativo. Mas em

[38] Lamento que o governo tenha errado.

o verbo *lamento* afirma não a crença do falante de que o governo está errado, mas os sentimentos do falante sobre esse fato – que, por sua vez, é pressuposto, ou seja, tem sua verdade inferida pelo receptor. O verbo, consequentemente, fica no subjuntivo.

Capítulo 25

Modo governado pelo conectivo

25.1 MODO GOVERNADO POR CONJUNÇÃO

Quando uma oração subordinada finita (isto é, não de infinitivo nem de gerúndio) é introduzida por um conectivo, esse conectivo pode governar o modo da subordinada. Isso acontece com conjunções em geral. A exceção é *que*, quando ocorre fora de combinações como *já que*, *desde que* etc.; nesses casos, como vimos no capítulo anterior, o modo é determinado por um elemento presente na oração principal.

Os coordenadores, como *mas*, *e*, *ou* etc. não governam o modo das orações que ligam; ou seja, orações coordenadas têm modo independente.

Para começar com alguns exemplos, temos:

[1] A gente fechou a porta **para que** o cachorro não <u>entrasse</u>. (subjuntivo)

[2] A gente vai fechar a porta, **já que** o cachorro <u>entrou</u>. (indicativo)

[3] **Se** ela <u>quisesse</u>, eu bem que casava com ela. (subjuntivo)

Nesses exemplos o modo da subordinada é selecionado de acordo com o conectivo usado: *para que* rege subjuntivo, *já que* indicativo. O conectivo *se* rege subjuntivo quando em seu significado condicional; mas quando significa *já que*, rege indicativo:

[4] **Se** você <u>está</u> tão cansado, por que não senta um pouco?

Como até hoje ainda não temos estudos de amplitude satisfatória sobre as condições que governam o modo nas orações introduzidas por conectivos, vou apenas dar a lista dos conectivos mais importantes, juntamente com suas exigências quanto ao modo da oração que introduzem. Pode-se distinguir cinco tipos de conectivos, a saber:

> **Grupo 1: Conectivos usados apenas com o indicativo:**
> *assim como, dado que, já que, porque, visto que*

Esses conectivos são sempre seguidos de uma oração no indicativo, qualquer que seja o tempo do verbo. Na prática, isso quer dizer que os dois verbos são independentes um do outro, e a seleção do tempo, por exemplo, depende exclusivamente do significado pretendido de cada verbo, não de alguma relação de regência entre eles. Por exemplo:

[5] Vou esconder o biscoito, **já que** o cachorro <u>entrou</u> / <u>está entrando</u> / <u>vai entrar</u>...

[6] **Visto que** chove muito em Belém, <u>levei</u> / <u>levo</u> / <u>vou levar</u> / um guarda-chuva.

> **Grupo 2: Conectivos usados apenas com o presente e imperfeito do subjuntivo:**
> *a fim de que, a menos que, a não ser que, ainda que, antes que, caso, contanto que, embora, mesmo que, nem que, para que, sem que*

Esses conectivos nunca são usados com o futuro do subjuntivo[1]; quando a subordinada se refere a um evento futuro usa-se o presente do subjuntivo:

---

1. Parece haver uma tendência a usar o futuro do subjuntivo com *mesmo que* e *nem que*: *mesmo que ele contar tudo...*

[7] Vamos entrar em casa **antes que** chova.

[8] Eles (se) encontravam **sem que** ninguém soubesse.

[9] Esse intervalo é **para que** as crianças possam brincar.

Grupo 3: Conectivos usados com indicativo ou subjuntivo:
até que, de maneira que, de modo que, desde que

Esses conectivos, tais como os do grupo 2, não podem ser usados com o futuro do subjuntivo; para exprimir um evento futuro usa-se o presente do subjuntivo:

[10] Ela vai reclamar **até que** alguém ouça.

A escolha do modo com esses conectivos acarreta uma diferença de significado. Isso fica muito claro com *desde que*, que com o subjuntivo tem significado condicional, e com o indicativo tem significado temporal:

[11] Os policiais não vão te incomodar **desde que** você se comporte.

[12] Os policiais estão procurando ele **desde que** ele fugiu.

Com os outros conectivos, a diferença é mais sutil; por exemplo,

[13] A Helena calava **logo que** o Antônio começava a falar.

[14] A Helena calava **logo que** o Antônio começasse a falar.

[13] dá como um fato que Antônio começava a falar em certas ocasiões, ao passo que [14] não se compromete: diz apenas que se e quando Antônio começava a falar, Helena se calava[2].

---

2. Muitos falantes só usam o indicativo nesses casos.

> **Grupo 4: Conectivos submetidos a correlação modo-temporal entre as duas orações – ou seja, o modo e o tempo da subordinada precisam se harmonizar com os da principal, de acordo com a seguinte tabela:**
>
> | Principal | Subordinada |
> |---|---|
> | pres. indicativo | pres. indicativo |
> | imperf. indicativo | imperf. indicativo |
> | perfeito indicativo | perfeito indicativo |
> | futuro indicativo | futuro subjuntivo |
> | condicional (fut. do pret.) | imperf. subjuntivo |
>
> *como, depois que, enquanto, logo que, quando, quanto mais... mais[3], sempre que*

Essa tabela é uma aproximação, válida para orações introduzidas por *quando*; falta um levantamento mais completo, mas a ideia geral está aí. Exemplos:

[15] Eu levo guarda-chuva quando chove.

[16] Eu levava guarda-chuva quando chovia.

[17] Eu levei guarda-chuva quando choveu.

[18] Eu vou levar guarda-chuva quando chover.

[19] Eu levaria guarda-chuva quando chovesse.

[20] Eu ia levar guarda-chuva quando chovesse.

No pretérito há complicações. Nas frases [16] e [17] entende-se que os dois eventos são contemporâneos; mas se se entender que o evento da subordinada ocupa apenas um momento dentro do tempo do evento da principal, usa-se **imperfeito do indicativo** na principal e **perfeito** na subordinada:

---

3. E suas variantes *quanto menos ... menos, quanto menos ... mais, quanto mais... menos*: *quanto mais ele dormir, mais sono ele vai ter.*

[21] Eu <u>estava levando</u> guarda-chuva quando <u>choveu</u>.

Evidentemente, aqui há alguma coisa a investigar.

Grupo 5: conjunção *se*

Essa conjunção é peculiar e merece um estudo separado. Podemos distinguir quatro usos de *se*, a saber:

a) *Se* condicional

Se pode expressar uma condição do evento expresso na oração principal, como em

[22] **Se** você <u>pedir</u>, ele certamente vai te ajudar.

[23] **Se** ele <u>está</u> sonegando, vai acabar sendo pego.

O *se* condicional pode coocorrer com o indicativo em qualquer tempo, ou com o imperfeito ou futuro do subjuntivo (nunca com o presente do subjuntivo). Outros exemplos:

[24] **Se** alguém <u>precisa</u> de ajuda, posso dar uma mãozinha.

[25] **Se** o Marcos <u>fez</u> isso, errou.

[26] Vou ficar feliz **se** você <u>fizer</u> esse tratamento.

[27] **Se** a Cláudia <u>estava</u> no Rio nesse dia, deve ter visto os fogos.

b) *Se* contrafactual

Pode ser considerado uma variante do *se* condicional. Quando o verbo subordinado está no imperfeito do subjuntivo, há uma forte insinuação de que o que ele denota não é verdadeiro, nem provável:

[28] **Se** você <u>fizesse</u> esse tratamento, ficaria curado.

[29] **Se** eu <u>tivesse</u> uns dez mil sobrando, iria passar uns dias em Nova York.

Essa insinuação só funciona quando o verbo da subordinada está no imperfeito do subjuntivo; comparar [28] com

[30] **Se** você <u>fizer</u> esse tratamento, vai ficar curado.

Aqui fica em aberto a possibilidade de que você realmente faça o tratamento.

c) *Se* factivo

A oração introduzida por *se* pode exprimir um fato, como em

[31] **Se** você <u>resolveu</u> todos os seus problemas financeiros, por que continua reclamando?

Essa frase deixa claro que você resolveu os problemas (isso é pressuposto). Outro exemplo é

[32] **Se** a cidade <u>é</u> tão grande, não vai ser difícil encontrar um apartamento.

O *se* factivo ocorre sempre com verbo no indicativo.

d) *Se* nominalizador

Finalmente, *se* pode ser usado para introduzir uma interrogativa indireta, como em

[33] Ninguém sabe **se** essa cerveja <u>presta</u>.

[34] A Camila perguntou **se** o Sérgio <u>estava</u> em casa.

O *se* nominalizador ocorre com o verbo no indicativo.

25.2 MODO EM ESTRUTURAS RELATIVAS

Vamos considerar agora o modo nas subordinadas relativas, isto é, introduzidas por *que, quem, o que, quanto, onde*[4]. Vamos começar com alguns exemplos:

[35] A pianista que tocou ontem é portuguesa.

[36] A pianista que eu falei é portuguesa.

[37] O teatro onde a pianista portuguesa tocou fica na rua da Bahia.

[38] Quem quiser ir ao concerto pode pegar um bilhete na secretaria.

[39] Vou te dar quanto você pedir.

Na língua escrita, o verbo na estrutura relativa pode estar no indicativo ou no subjuntivo; há uma forte tendência no PB no sentido de eliminar o uso do **presente** do subjuntivo (usando-se o presente do indicativo), mas os demais tempos (imperfeito e futuro) continuam sendo correntes. A regra tradicional de uso dos modos é a seguinte:

> Em orações subordinadas relativas, o indicativo se usa para expressar a crença por parte do falante de que o SN que contém a estrutura se refere a uma entidade existente e específica; o subjuntivo se usa quando esse SN se refere a uma entidade hipotética, não necessariamente existente.

No exemplo [35],

[35] A pianista que tocou ontem é portuguesa.

a referência do SN *a pianista que tocou ontem* é a uma pessoa real, cuja existência é pressuposta. Mas em

[40] A pianista que tocar nessa sala vai ficar decepcionada.

---

4. O relativo *cujo* não ocorre no PB; *o qual* é bastante raro.

o SN *a pianista que tocar nessa sala* não se refere a uma pessoa específica e pressuposta como existente, mas a qualquer pessoa que se encontrar na situação descrita ("tocar nessa sala") – ou seja, quem quer que toque nessa sala vai ficar decepcionado. Não há sequer compromisso de que alguém vai, de fato, tocar nessa sala; mas se isso acontecer haverá decepção.

Outro exemplo:

[41] Estou procurando uma secretária que tem cabelo ruivo.

[42] Estou procurando uma secretária que tenha cabelo ruivo.

Na primeira frase (no indicativo) o falante se refere a uma pessoa específica, que deve existir. Na segunda (no subjuntivo), o falante simplesmente descreve o que ele procura, sem necessariamente ter ninguém em mente, e pode até acontecer de não existir nenhuma secretária ruiva.

Muitos falantes do PB usariam [41] para os dois casos, neutralizando assim a diferença semântica apontada; essa diferença, caso seja relevante, vai ter que ser depreendida de fatores contextuais.

25.3 O SUBJUNTIVO NO PB

A descrição dada acima para os usos do subjuntivo não vale para todas as variedades do PB. Uma observação informal parece indicar variação regional: no Nordeste os usos do PB são um tanto mais próximos dos da língua escrita, e podemos considerar essas variedades, nesse particular, mais conservadoras. Já no Sul e Sudeste se verifica uma forte tendência a reduzir o uso do subjuntivo, colocando em seu lugar o indicativo ou, em certos casos, o infinitivo. Assim, nessas regiões se prefere dizer [44] em vez de [43]:

[43] Eu fiz o café para que você ficasse mais tempo na cama.

[44] Eu fiz o café para você ficar mais tempo na cama.

E igualmente se prefere [46] a [45] – que, no entanto, é corrente no Nordeste:

[45] Você quer que eu vá lá? [Nordeste]

[46] Você quer que eu vou lá? [Sul/Sudeste]

É importante repetir que esse processo afeta o **presente** do subjuntivo, mas não o futuro e o imperfeito, que continuam em uso corrente em todas as regiões (me refiro aqui aos dialetos urbanos).

O estudo desses fenômenos ainda está por ser feito, de modo que vou me limitar a essas observações sumárias.

Capítulo 26

Usos do infinitivo

26.1 CARÁTER DO INFINITIVO PORTUGUÊS

O infinitivo é de uso muito amplo em português, em orações subordinadas. Em orações principais, tem uso restrito na língua escrita (em avisos como *não fumar*, ou ordens como *olhar à esquerda!*), mas não ocorre na língua falada.

O infinitivo é tradicionalmente chamado uma **forma nominal do verbo**, e há razões para essa designação. Ele é "do verbo" porque tem uma valência, a mesma do verbo a que pertence, o que mostra que se trata de uma forma do paradigma (lexema) verbal. Mas é "nominal" porque pode ocorrer como núcleo de um SN – função que as outras formas do paradigma verbal não podem ter. Assim, o potencial funcional do infinitivo apresenta traços típicos de verbos e traços típicos de nominais.

26.1.1 O infinitivo núcleo do SN

O SN cujo núcleo é um infinitivo ocorre em ambientes sintáticos normais para os SNs em geral. Por exemplo, pode ser sujeito, como em

[1] <u>Tomar café de manhã</u> é uma tradição brasileira.

ou objeto:

[2] Eu adoro <u>tomar café de manhã</u>.

ou complemento de preposição:

[3] O costume de <u>tomar café de manhã</u> é raro na China.

[4] Oito hóspedes chegaram sem <u>avisar</u>.

O infinitivo em qualquer dessas funções pode inclusive ser precedido de determinante e qualificado por um modificador:

[5] Ninguém suporta <u>esse seu reclamar constante</u>.

[6] Ela gostava de ouvir <u>o cantar dos passarinhos</u>.

[7] A vida dele é <u>um eterno pedir favores</u>.

O infinitivo pode ter sujeito explícito, como em

[8] Meu medo é <u>o preço aumentar</u>.

Ou pode ter sujeito recuperado anaforicamente, como em [2]; ou, ainda, pode ser usado sem sujeito como meio de indeterminá-lo, como em [3].

26.1.2 O infinitivo com auxiliar

Em outros casos, o infinitivo não corresponde a um nominal, mas vem complementado por um auxiliar:

[9] Eu <u>vou correr</u> na maratona esse ano.

[10] A chuva <u>começou a cair</u> para valer.

Esse é um uso totalmente distinto do anterior: em frases como [9] e [10] o infinitivo não é núcleo de um SN, e a sequência de **auxiliar (+ preposição) + infinitivo** funciona como uma unidade para efeitos de valência, isto é, a valência do verbo no infinitivo vale para toda a construção, sem levar em conta o auxiliar. O infinitivo preserva sua valência própria inclusive quando é núcleo de um SN, de modo que frases como [1] a [8] acima são aceitáveis porque as valências de ambos os verbos – o infinitivo e o verbo da oração principal – foram satisfeitas.

26.2 CONDIÇÕES DE USO DO INFINITIVO

Como parte de sua valência, o verbo da oração principal determina se e como o infinitivo vai ocorrer na subordinada. A seguir, vou apresentar sistematicamente cada grupo de verbos com as condições que impõem ao uso do infinitivo. Cada uma das seções abaixo recebe, como título, um membro típico da classe descrita.

26.2.1 *Querer*

Com verbos do grupo de *querer*, usa-se o subjuntivo quando o sujeito da oração principal e o da subordinada devem ser entendidos como se referindo a entidades distintas; mas se os dois sujeitos devem ser entendidos como sendo correferentes, usa-se o infinitivo sem sujeito na subordinada.

Por exemplo,

[11] A tia Carolina quer que <u>você **faça** aquele bolo famoso</u>.

[12] A tia Carolina quer <u>**fazer** aquele bolo famoso</u>.

Note-se que no primeiro exemplo entende-se que os sujeitos das duas orações devem ser distintos: a tia Carolina quer, e você vai fazer o bolo. Mas no segundo exemplo os dois sujeitos são correferentes: a tia Carolina quer que o bolo seja feito por ela mesma.

Verbos que seguem esse tipo de alternância infinitivo/subjuntivo são:

querer, desejar, detestar, esperar, odiar, preferir

Convém notar que aqui também há uma tendência, em certas regiões do Brasil, a substituir o subjuntivo pelo indicativo. Assim, em Minas se ouve correntemente

[13] Você quer que eu vou na padaria?

26.2.2 *Tentar*

Com alguns verbos, como *tentar*, os dois sujeitos são necessariamente correferentes. Nesse caso, aparece sempre o infinitivo, ou seja, esses verbos seguem a mesma regra dada acima:

[14] Ela tentou vencer o concurso.

Não é possível colocar sujeitos distintos com esses verbos:

[15] * Ela tentou que você vencesse o concurso.

Verbos que se comportam como *tentar* são:
    ameaçar, buscar, procurar, dever, ousar, costumar

O verbo *saber* funciona como esses, mas somente quando exprime uma habilidade:

[16] Elza sabe falar inglês e alemão.

Quando *saber* denota a obtenção ou posse de informação, ocorre com indicativo:

[17] Elza sabe que o irmão dela bebe.

26.2.3 *Ver* e os verbos de percepção e de persuasão

Com um grupo de verbos, alguns de percepção (*ver, ouvir, sentir*) e outros de persuasão (*mandar, deixar, fazer* no sentido de "obrigar") o infinitivo participa de uma construção bastante peculiar, que aliás vem intrigando os linguistas há muito tempo[1]. Um exemplo é

[18] O guarda viu o rapaz pular a cerca.

A característica mais notável dessa construção é o papel sintático e semântico do SN *o rapaz*. Esse SN completa a diátese de *ver* (que comporta um sujeito e um objeto); mas igualmente completa a diátese de *pular* – no caso, funcionando como sujeito desse verbo. Os papéis temáticos confirmam isso: ao ouvir [18], entende-se não apenas que o rapaz foi visto (Estímulo de *ver*), mas também que pulou (Agente de *pular*). Temos aqui um caso excepcional (mas não único) de sintagma que tem dupla função sintática, em duas orações diferentes, e os papéis temáticos correspondentes[2].

Essa construção ocorre com os verbos de percepção e de persuasão mencionados, como mostram os exemplos

[19] O guarda ouviu o rapaz pular a cerca.

[20] A diretora mandou os alunos ficar na sala[3].

[21] Mamãe me deixou brincar na rua.

Observe-se a forma *me* do pronome em [21], que sugere que é objeto; mas há uma variante dessa frase com o pronome em forma de sujeito:

[22] Mamãe deixou eu brincar na rua.

É interessante observar que uma frase como [22] é aceita e usada em registros onde nunca se usa *eu* como objeto. Temos que concluir que essa

---

1. Em sua longa história essa construção já recebeu muitos nomes: **accusativus cum infinitivo**, construção de alçamento (**raising**), minioração (**small clause**) etc.

2. Isso motivou Said Ali (1919) a afirmar que esse SN é ao mesmo tempo objeto do verbo principal e sujeito do subordinado.

3. Ou *ficarem*, principalmente na escrita; mas na escrita também ocorre *ficar*.

construção segue regras próprias, e que de alguma maneira temos que reconhecer a função dupla do SN que aparece entre as duas orações.

Alguns verbos de persuasão funcionam da maneira acima descrita, mas com a exigência extra de uma preposição antes do SN compartilhado, ou antes do infinitivo, ou uma preposição antes do SN e outra antes do infinitivo. É o caso de

[23] O cozinheiro permitiu ao Manuel provar a torta. [preposição antes do SN]

[24] O cozinheiro proibiu o Manuel de entrar na cozinha. [prep. antes do infinitivo]

[25] O cozinheiro pediu ao Manuel para entrar na cozinha. [duas preposições]

Aqui cada verbo parece fazer suas exigências próprias, que precisam figurar na formulação de sua valência.

26.2.4 Alternância livre infinitivo / subjuntivo

Com muitos verbos e conectivos há uma alternância livre entre o infinitivo e o subjuntivo; aparentemente, não há diferença semântica entre as duas versões. Por exemplo,

[26] Eu lamento que a sua firma tenha falido.

[27] Eu lamento a sua firma ter falido.

Menos frequentemente, ocorre a alternância entre infinitivo e indicativo:

[28] Meu grande problema é que eu ganho pouco.

[29] Meu grande problema é ganhar pouco.

Um exemplo do mesmo fenômeno governado por um conectivo é

[30] O cachorro morreu antes que o veterinário chegasse[4].

[31] O cachorro morreu antes do veterinário chegar.

Aqui também parece haver bastante variedade, e pelo menos por ora temos que descrever o comportamento de cada item (verbo, conectivo) separadamente, como informação lexical. Conectivos que funcionam como *antes de* são:

a fim de, antes de, depois de, para, sem, até, de maneira a, de modo a

26.3 OUTRAS CONSTRUÇÕES DE INFINITIVO

O infinitivo participa de outras construções, além das examinadas acima; vou dar alguns exemplos.

26.3.1 *Difícil de ler*

Um exemplo dessa construção é

[32] Esse livro é difícil de ler.

Essa construção é bastante frequente, e é governada pelo nominal (em [32], *difícil*); entre os nominais que a admitem temos

difícil, duro, fácil, bom, ruim, agradável, desagradável

Além disso, certos SNs participam da mesma construção: *esse livro foi uma dureza de ler.*

---

4. Notar a omissão do *de* que normalmente ocorre com *antes*; esse é um fenômeno geral.

Em [32] entende-se *esse livro* como simultaneamente a Coisa.qualificada (a Qualidade é *difícil*) e o Paciente do verbo – ou seja, entende-se que o livro é lido. Essa é a interpretação mais comum dessa construção. Mas ela ocorre também em outra interpretação, na qual o SN inicial é entendido como Agente (não Paciente) do verbo final; assim, diz-se

[33] Eu sou difícil de sair de noite.

Como se vê, aqui novamente encontramos um SN (*esse livro*) com duplo papel temático, um fenômeno que já vimos nas construções do tipo *o guarda viu o rapaz pular a cerca*.

26.3.2 O infinitivo em expressões idiomáticas

O infinitivo aparece como parte de expressões idiomáticas; listo abaixo algumas delas.

***ao* + infinitivo**

Essa sequência se usa como sinônimo de ***quando* + indicativo**, de modo que as duas frases abaixo são equivalentes:

[34] Ela percebeu tudo <u>ao entrar no quarto</u>.

[35] Ela percebeu tudo <u>quando entrou no quarto</u>.

***no* + infinitivo**

Essa expressão é também sinônima de ***quando* + indicativo**, talvez com o acréscimo de uma nuança causal:

[36] <u>No virar de lado</u>, os pratos quebraram.

por + infinitivo

Essa expressão denota uma atividade programada, mas ainda não realizada:

[37] Eu tenho ainda uns quatro capítulos <u>por terminar</u>.

Ou então denota uma Causa:

[38] <u>Por odiar o genro</u>, a mulher acabou prejudicando a filha.

que + infinitivo

Sabe-se que a conjunção *que* e o infinitivo se excluem mutuamente: onde ocorre uma não pode ocorrer o outro. Na construção

[39] Eu tenho muito <u>que fazer</u>.

tudo indica que *que* não é a conjunção, mas uma forma reduzida do relativo *o que*. Tanto é assim que também se pode dizer

[40] Eu tenho muito <u>o que fazer</u>.

Essa construção ocorre normalmente nesse contexto, isto é, depois de *ter muito / pouco / bastante*.

Capítulo 27

Tempo verbal: presente e futuro

27.1 TEMPO E ASPECTO

Os capítulos seguintes dão uma ideia, bastante incompleta, da sintaxe e semântica das formas verbais nas orações principais (e portanto no indicativo). Vamos começar com os tempos.

O tempo verbal tem a ver basicamente com a situação de eventos e estados no tempo cronológico. Assim, podemos localizar no tempo o mesmo evento através da forma do verbo, como em

[1] O João trabalhou aqui.

[2] O João trabalha aqui.

[3] O João vai trabalhar aqui.

Essas frases exemplificam os três tempos básicos: o passado, o presente e o futuro.

Sobre esse esquema simples a língua constrói um sistema muito mais rico, incluindo: a expressão da relação temporal entre dois eventos igualmente do passado (um antes do outro); a representação de um evento passado como tendo ocorrido apenas uma vez ou repetidamente, ou durante um período extenso de tempo; a visão de um evento presente como habitual ou como momentâneo (simultâneo com o momento da fala), e assim por diante. Tecnicamente, nem todas essas relações são de "tempo" (algumas são de "aspecto"), mas aqui vão ser tratadas juntamente com o tempo, já que o aspecto e o tempo não têm representação formal distinta em português. Além disso, costumam invadir um o território do outro, o que ajuda a complicar o quadro geral. Assim, por exemplo, pode-se exprimir o futuro usando o tempo chamado "presente":

[4] Eu te devolvo esse livro amanhã.

Antes de passar ao estudo da expressão do tempo (e do aspecto) do verbo, é necessário fazer algumas considerações sobre como se codificam formalmente essas relações semânticas.

Em alguns casos as oposições em questão se expressam por diferenças morfológicas expressas por sufixos, como no caso de *falei, falava* etc. No entanto, em outros casos as *mesmas* oposições semânticas se expressam através do uso de auxiliares; assim, a diferença entre *tenho falado* e *estou falando* é uma diferença de aspecto. Por isso, essas formas compostas merecem ser incluídas no paradigma verbal ao lado das formas simples, pois desempenham papéis semânticos análogos. Essa semelhança fica evidente quando se consideram formas simples e compostas que têm a mesma função semântica, como *falarei* e *vou falar*, ou *falara* e *tinha falado*. Essas quatro formas coexistem na língua padrão escrita, mas no PB as formas simples desapareceram em favor das compostas.

Dessa forma, o paradigma de um verbo deve incluir não apenas formas simples (isto é, formadas de uma só palavra), mas também formas compostas; e as formas compostas são formadas dos auxiliares *ter* (mais particípio verbal)[1]; *estar* (mais gerúndio); e *ir* (mais infinitivo). Exemplificando, o paradigma (isto é, o lexema) do verbo *falar* inclui, entre outras, as formas

falo, falei, falavam, tinha falado, estou falando, vamos falar

---

1. Cf. o conceito de **particípio verbal** (em oposição a **particípio nominal**) no cap. 21.

etc. Do ponto de vista sintático e semântico, as formas compostas não se distinguem das formas simples[2].

27.2 PRESENTE

27.2.1 Variedades de expressão do presente

O **presente** expressa, basicamente, eventos ou estados atuais. Podemos distinguir duas formas, o **presente simples** (*eu falo*) e o **presente progressivo** (*eu estou falando*). Essas duas formas não são sinônimas. O presente simples é usado para exprimir um evento habitual, uma propriedade permanente ou um estado permanente. Por exemplo,

[5] Esse vizinho sempre <u>faz</u> barulho de noite. [evento habitual]

[6] A Carolina <u>tem</u> cabelo louro. [propriedade permanente]

[7] A casa dele <u>fica</u> atrás do parque. [estado permanente]

O presente simples também se usa para exprimir uma verdade geral, que não depende de tempo:

[8] A água <u>ferve</u> a cem graus.

Nos exemplos acima o evento ou estado descrito vale para o momento presente, mas também para uma certa extensão no passado e no futuro. Esse é o significado básico do presente simples. O presente simples *não* é usado para exprimir um evento que se verifica no momento da fala; assim, a frase

[9] Meu pai <u>trabalha</u> na garagem.

---

2. Isso só é reconhecido parcialmente nas gramáticas tradicionais, que incluem no paradigma as formas com *ter* + particípio verbal, mas não as com *estar* + gerúndio e *ir* + infinitivo (cf. BECHARA, 2009, p. 252-253).

exprime um evento habitual (= meu pai é um empregado da garagem), não alguma coisa que meu pai está fazendo no momento da fala. Para exprimir um evento que se dá no momento da fala, usa-se o **presente progressivo**, isto é, o auxiliar *estar* mais o gerúndio. Por exemplo,

[10] Meu pai <u>está trabalhando</u> na garagem.

[11] O cachorro <u>está latindo</u>.

[12] <u>Está chovendo</u> lá fora.

O evento expresso pelo presente progressivo não precisa se referir a um ponto no tempo, e pode ter alguma extensão no passado e no presente, ou ser habitual, mas nunca é uma propriedade permanente:

[13] <u>Está chovendo</u> muito em Belém.

Essa frase pode significar que está chovendo neste momento, ou que tem chovido ultimamente em Belém, mas não que Belém é (permanentemente) uma cidade chuvosa; nesse caso se diria

[14] <u>Chove</u> muito em Belém.

Isso explica por que não se pode dizer, por exemplo,

[15] * A Carolina está tendo cabelo louro.

[16] * A casa dele está ficando atrás do parque.

27.2.2 O presente expressando o futuro

O presente simples pode ser usado para expressar um evento futuro (normalmente acompanhado de uma expressão temporal que elimina a ambiguidade).

Por exemplo,

[17] Amanhã bem cedo eu te <u>telefono</u>.

Esse uso não vale para eventos vistos como muito remotos no futuro. Assim, pode-se dizer

[18] O sol vai se extinguir dentro de dois bilhões de anos.

mas não

[19] * O sol se extingue dentro de dois bilhões de anos.

embora se possa dizer

[20] O sol nasce dentro de cinco minutos.

27.2.3 O presente expressando o passado

O presente simples é usado às vezes para expressar um evento passado.

Isso acontece quando se deseja dar um caráter mais vivo a uma narração, como por exemplo em

[21] Entrei no quarto e o que é que eu vejo? A Anita rasgando os vestidos!

27.2.4 O presente em expressões de tempo decorrido

Em frases modificadas por um sintagma que indica tempo decorrido, usa-se o presente se a condição descrita é ainda verdadeira; por exemplo,

[22] Ele é uma pessoa doente desde 1999.

[23] Há doze dias que ela não para de tossir.

[24] Eu moro aqui há mais de dez anos.

27.2.5 Com o verbo *estar*

Finalmente, o presente simples do verbo *estar* se usa para expressar uma condição atual:

[25] A porta está fechada.

A razão é provavelmente a impossibilidade de usar *estar* no presente progressivo, o que nos daria uma sequência de dois verbos iguais: * *a porta está estando fechada*. Igualmente, não se faz o futuro de *ir* usando o mesmo verbo como auxiliar: em vez de *eu vou ir* se diz *eu vou*[3]. No entanto, *tenho tido, tinha tido* ocorrem normalmente.

27.2.6 O presente progressivo

> O presente progressivo (*estar* + gerúndio) se usa para exprimir um evento visto como simultâneo ao momento da fala.

Por exemplo,

[26] Silêncio, porque os meninos estão dormindo.

[27] A Lucinha já está fazendo o almoço.

> O presente progressivo é também usado para comunicar a ideia de uma situação transitória, em oposição ao presente simples que, no mesmo contexto, expressa uma situação permanente.

[28] Eu estou trabalhando nessa escola.

[29] Eu trabalho nessa escola.

[28] significa que eu comecei a trabalhar na escola recentemente, ou que vejo meu emprego lá como temporário; [29] significa que eu tenho um emprego permanente na escola.

O presente progressivo pode também ser usado para expressar um futuro imediato:

[30] Amanhã a gente está indo para Goiânia.

[31] Dentro de cinco minutos eles estão servindo o jantar.

---

3. Julgamento meu; algumas pessoas aceitam essa sequência.

Essa interpretação depende da presença de elementos contextualizadores, como *amanhã*, *dentro de cinco minutos* etc.

27.3 FUTURO

O **futuro simples** (*falarei, seremos*) é de uso muito raro no PB, e pode ser considerado uma forma própria do padrão escrito. O futuro é expresso no PB através da construção formada do auxiliar *ir* mais o infinitivo, que podemos chamar **futuro composto**:

[32] A presidente <u>vai falar</u> hoje às nove horas.

Além dessa forma composta, fatos futuros são frequentemente expressos, como vimos, pelo presente simples.

O padrão escrito tem uma forma de futuro anterior, que se refere a um evento futuro temporalmente precedente a outro evento também futuro, como em

[33] Quando vocês chegarem eu já <u>terei terminado</u> / <u>vou ter terminado</u> o meu trabalho. (escrito)

No PB, usa-se nesse caso o perfeito:

[34] Quando vocês chegarem eu já <u>terminei</u> o meu trabalho.

27.4 CONDICIONAL (FUTURO DO PRETÉRITO)

O **condicional** (ou **futuro do pretérito**), ao contrário do futuro simples, aparece com certa frequência no PB.

O condicional é usado para expressar um evento que poderia ocorrer sob certas condições (expressas ou subentendidas). O condicional nesses casos em geral se interpreta como contendo uma afirmação não factual.

Por exemplo,

[35] A velhinha só <u>tocaria</u> se o piano fosse um Steinway.

[36] Eu <u>sairia</u> com vocês, mas estou gripado.

Como se vê, a condição é expressa pelo imperfeito do subjuntivo (*fosse*). No segundo exemplo, a condição está subentendida ("se eu não estivesse com gripe"); e entende-se que eu não vou sair com vocês.

> O condicional é também usado para expressar futuro em relação a um evento passado.

Esse uso é bem raro no PB[4]:

[37] Em 1980 eu era amigo de um homem que anos depois <u>seria</u> eleito presidente.

> Com verbos de desejo, o condicional é usado para fazer um pedido, acrescentando um matiz de polidez.

Por exemplo,

[38] Eu <u>gostaria</u> de participar da exposição.

[39] Minha irmã <u>adoraria</u> conhecer o seu apartamento.

Existe uma construção paralela ao futuro composto (*vou sair*), que pode ser considerada um condicional composto (*ia sair*), e que substitui opcionalmente o condicional. Assim, as frases seguintes são equivalentes a [35] e [39], respectivamente:

[40] A velhinha só <u>ia tocar</u> se o piano fosse um Steinway. (= [35])

[41] Minha irmã <u>ia adorar</u> conhecer o seu apartamento. (= [39])

---

4. Embora tenha sido tomado como base para denominar esse tempo "futuro do pretérito"; prefiro a designação antiga "condicional".

O condicional é substituído em muitos casos pelo imperfeito do indicativo, como em

[42] A Cristiana disse que mandava um e-mail.

[43] Se eu tivesse tempo fazia uma quiche para você.

Essas frases são semanticamente equivalentes a

[44] A Cristiana disse que mandaria um e-mail.

[45] Se eu tivesse tempo faria uma quiche para você.

As versões com o imperfeito parecem mais coloquiais e espontâneas do que as com o condicional.

27.5 FUTURO DO SUBJUNTIVO

27.5.1 Forma supletiva do futuro do indicativo

O futuro do subjuntivo é um tempo bastante peculiar, e ocorre em situações bem diferentes daquelas em que ocorrem os outros tempos do subjuntivo. É chamado de "subjuntivo" por tradição, mas talvez mereça um nicho separado, dadas as idiossincrasias de seu comportamento gramatical.

Um dos usos do futuro do subjuntivo é o de forma alternativa do futuro do indicativo. Assim para exprimir dois eventos simultâneos no presente ou no passado, usa-se simplesmente duas ocorrências do tempo em questão:

[46] Quando eu saio, levo guarda-chuva.

[47] Quando eu saía, levava guarda-chuva.

Nessas frases, ambas as orações estão no indicativo e no mesmo tempo, obedecendo às exigências do conectivo *quando*. Mas se quisermos exprimir o futuro, teremos que dizer

[48] Quando eu <u>sair</u>, <u>vou levar</u> / <u>levarei</u> guarda-chuva.

[49] Se eu <u>sair</u>, <u>vou levar</u> guarda-chuva.

Na oração subordinada, em vez do indicativo *vou sair*, ou *sairei*, encontramos o futuro do subjuntivo. Note-se que o presente do subjuntivo não ocorre com *quando* nem com *se*: **quando eu saia*, **se eu saia*.

A maneira de exprimir isso é reconhecer que o futuro do subjuntivo, em frases como [48], é uma forma supletiva do futuro do indicativo, que ocorre com certas conjunções (*se* e *quando*). Não há razão para chamá-lo de "subjuntivo" nesses casos.

27.5.2 Futuro do subjuntivo em orações relativas

No entanto, quando ocorre em uma oração relativa, o futuro do subjuntivo se comporta como os demais tempos do subjuntivo, o que certamente complica a questão. Assim, temos

[50] Eu estou procurando atrizes que sabem alemão.

[51] Eu estou procurando atrizes que saibam alemão.

[50] significa que há atrizes que sabem alemão, e que eu as estou procurando. Já [51] significa que eu quero encontrar atrizes que saibam alemão, e podem nem existir – trata-se apenas da minha intenção ou desejo de encontrá-las. A diferença, como se vê, é marcada pela oposição entre indicativo (em [50]) e subjuntivo (em [51])[5].

Agora, se passarmos a frase para o futuro, o verbo da oração relativa vai ocorrer no futuro do subjuntivo:

[52] Eu vou contratar atrizes que souberem alemão.

---

5. Esse efeito vale para o português escrito, e para muitos falantes do PB. Outros falantes usariam [50] nas duas situações, de maneira que o efeito se perde.

[52] tem significado paralelo ao de [51], ou seja, não há compromisso quanto à existência dessas atrizes. Aqui o futuro do subjuntivo se comporta exatamente como o presente do subjuntivo, e portanto deve ser analisado como realmente um dos tempos do subjuntivo.

Um dilema, portanto: o futuro do subjuntivo se comporta como tempo do indicativo em [48] e [49], mas como tempo do subjuntivo em [52]. Um problema a examinar mais de perto, o que pode levar a uma análise diferente da tradicional. Por ora, mantenho aqui a designação "futuro do subjuntivo", como não pior do que a de "futuro 2° do indicativo".

27.5.3 O imperfeito do subjuntivo nesses ambientes

Mas a complexidade não para aí. O imperfeito do subjuntivo, que funciona em muitos ambientes como uma forma legítima do subjuntivo,

[53] Ela quer que você limpe as janelas.

[54] Ela queria que você limpasse as janelas.

funciona igualmente como segunda forma do condicional, em frases como

[55] Quando eu saísse, levaria guarda-chuva.

Ou seja, qualquer análise que for elaborada para as idiossincrasias do futuro do subjuntivo vai ter que levar em conta esse traço do imperfeito do subjuntivo. Um verdadeiro emaranhado, à espera de quem o deslinde.

Capítulo 28

Tempo verbal: passado

A expressão do passado é especialmente complexa no PB, e merece um capítulo à parte.

Há dois passados simples em português, o **pretérito perfeito** e o **pretérito imperfeito** – abreviadamente, o **perfeito** e o **imperfeito**. Nesta seção dou algumas regras que dão conta da maioria dos usos desses dois tempos, mas não fica excluído que haja surpresas ocasionais, porque a diferença de uso entre eles é um problema ainda não totalmente resolvido pelos linguistas.

Essa incerteza, claro, se refere apenas à análise gramatical do fenômeno, porque para o falante nativo a diferença é clara, e as formas nunca são confundidas. Isso quer dizer que deve haver regras à espera de formulação definitiva. Por ora, o que se sabe está explicitado a seguir, como um conjunto de regras sem tentativa de generalização.

28.1 PERFEITO E IMPERFEITO

28.1.1 Delimitação temporal

A diferença principal entre o perfeito e o imperfeito é que

o **perfeito** focaliza os limites temporais da situação descrita

ao passo que

> com o **imperfeito** o verbo indica um evento ou estado habitual, ou uma qualidade considerada como válida para um período extenso no passado.

Para exemplificar, vamos pegar as frases

[1] Ele viajou para os Estados Unidos.

[2] Ele viajava para os Estados Unidos.

A frase [1] descreve uma viagem única e [2] descreve um evento habitual. Com *viajou* os limites temporais do evento (princípio e fim) são definidos; com *viajava* eles ficam em aberto.

Outros exemplos:

[3] O senador foi grosseiro durante a entrevista.

[4] O senador era grosseiro durante as entrevistas.

Aqui novamente temos uma diferença de foco temporal. [3] significa que houve uma entrevista específica durante a qual o senador foi grosseiro; [4] deixa claro que houve um número não especificado de entrevistas e que o senador tinha o costume de ser grosseiro durante essas ocasiões. O imperfeito denota um evento habitual (ou seja, não delimitado temporalmente), e o perfeito denota um evento específico, puntual.

Mais alguns exemplos:

[5] Ela falou inglês. (digamos, durante a entrevista)

[6] Ela falava inglês. (sabia inglês o suficiente para falar, ou tinha o hábito de usar a língua)

[7] Os meninos aprenderam rápido. (em um evento único de aprendizagem)

[8] Os meninos aprendiam rápido. (tinham essa habilidade)

[9] Mamãe plantou um jardim. (quando comprou a casa).

[10] Mamãe plantava um jardim. (sempre que achava um lote vago)

O fato de que o imperfeito não é temporalmente delimitado o habilita a exprimir estados válidos por uma extensão indeterminada de tempo, como em

[11] O Renato <u>foi</u> muito bonito.

[12] O Renato <u>era</u> muito bonito.

Em ambos os casos, Renato não é mais bonito, porque se usou um tempo passado. Mas a primeira frase significa que Renato foi bonito durante um período relativamente curto, e depois deixou de ser, ao passo que a segunda se refere a um período extenso, possivelmente toda a vida de Renato.

28.1.2 O imperfeito como cenário de outros eventos

O imperfeito pode estabelecer um cenário, ou pano de fundo, para outra afirmação, que vem no perfeito. Por exemplo,

[13] O Renato <u>era</u> muito bonito quando nós casamos.

Aqui o imperfeito *era muito bonito* descreve um cenário temporal no qual se inclui o perfeito *nós casamos*. Isso se torna possível justamente pelo fato de que o imperfeito é temporalmente ilimitado e o perfeito limitado. O perfeito no lugar do imperfeito seria inaceitável nesse caso:

[14] * O Renato <u>foi</u> muito bonito quando nós casamos.

Outro exemplo do imperfeito funcionando como cenário temporal para um evento mais puntual é

[15] A gente ainda <u>era</u> casado no final dos anos 90.

Aqui o evento puntual é expresso pelo sintagma adverbial *no final dos anos 90*. Aqui também o perfeito seria inadequado:

[16] * A gente ainda <u>foi</u> casado no final dos anos 90.

Agora vamos considerar o par

[17] Meu pai <u>trabalhou</u> na alfândega.

[18] Meu pai <u>trabalhava</u> na alfândega.

Como a ação expressa por *trabalhar* é por natureza um processo extenso (espera-se que um empregado mantenha seu emprego por algum tempo), a diferença entre o perfeito e o imperfeito é atenuada, e há muitas situações em que ambos são apropriados. Mas isso não quer dizer que sejam sinônimos; há uma diferença perceptível. A frase com imperfeito, [18], não apenas afirma que meu pai trabalhava na alfândega no passado, mas prepara o receptor para a possibilidade de outro evento que se deu naquele período. A frase poderia ser complementada assim:

[19] Meu pai <u>trabalhava</u> na alfândega quando aconteceu o escândalo.

Já a versão [17], com perfeito, afirma apenas que meu pai trabalhou na alfândega, sem expectativa de complementação. Assim, podemos dizer que

> o uso do imperfeito normalmente levanta a expectativa de que outro evento também será mencionado; esse segundo evento se expressa no perfeito, e é temporalmente contido no período delimitado pelo imperfeito.

Isso não significa que o período descrito pelo imperfeito seja longo; basta que seja entendido como fundo para outro evento. É o que acontece com a hora do dia, como em

[20] <u>Eram</u> duas horas quando vovô telefonou.

Como dar a hora é praticamente sempre entendido como fundo de outro evento, usa-se sempre o imperfeito.

28.1.3 Eventos acabados e inacabados

Outro efeito do uso do imperfeito é que

> o imperfeito frequentemente veicula a noção de um processo inacabado, em oposição ao perfeito, que expressa um evento acabado.

As frases seguintes exemplificam essa oposição:

[21] Foi um erro vender a casa.

[22] Era um erro vender a casa.

A diferença entre as duas frases é que a primeira (com o perfeito *foi*) deixa claro que a casa foi de fato vendida; já a segunda apenas afirma que seria um erro vender a casa, sem esclarecer se ela foi vendida ou não.

28.1.4 Eventos contínuos e descontínuos

Outra propriedade da oposição entre perfeito e imperfeito é a seguinte:

> O imperfeito tende a exprimir eventos contínuos; o perfeito tende a exprimir eventos descontínuos.

Assim, podemos dizer

[23] Ele foi rico duas vezes na vida.

mas não

[24] * Ele era rico duas vezes na vida.

porque o sintagma *duas vezes na vida* representa o fato de ele ser rico como seccionado em episódios discretos, descontínuos. Já no exemplo seguinte o imperfeito evoca uma situação genérica, não um evento descontínuo:

[25] O Joaquim não gostava desse vinho.

Se disséssemos

[26] O Joaquim não <u>gostou</u> desse vinho.

seria necessário entender que se trata de uma ocasião específica em que alguém deu o vinho a Joaquim e ele não gostou.

Um exemplo que deixa essa oposição bastante clara é

[27] Eu <u>estive</u> em todos os cômodos da casa.

[28] * Eu <u>estava</u> em todos os cômodos da sala.

[27] é aceitável porque significa que eu estive em todos os cômodos, um por um, em visitas separadas. Mas em [28] o imperfeito comunica a estranha mensagem de que eu estava em todos os cômodos da casa ao mesmo tempo. A frase pode ser "consertada" se colocarmos *o cheiro* como sujeito:

[29] O cheiro <u>estava</u> em todos os cômodos da casa.

Aqui é o perfeito que fica estranho, por razões óbvias:

[30] * O cheiro <u>esteve</u> em todos os cômodos da casa.

28.2 PASSADOS COMPOSTOS

28.2.1 *Tenho feito*

O auxiliar *ter* (+ particípio verbal) se usa para exprimir diversos matizes aspectuais:

> a construção com auxiliar *ter* no presente mais o particípio verbal indica um evento que começou no passado e continua sem interrupção até o presente.

Por exemplo,

[31] <u>Tem chovido</u> horrores nos últimos dias.

[32] Essa menina <u>tem estudado</u> demais.

Uma consequência da semântica dessa construção é que ela é incompatível com qualquer indicação de que o evento relatado já se completou; isso explica por que não se pode dizer

[33] * Eu já <u>tenho publicado</u> alguns livros.

Igualmente a construção é inadequada se o evento não continua até o presente:

[34] * Nós <u>temos vivido</u> juntos de 1998 a 2004.

Nesses casos é preciso usar o pretérito perfeito:

[35] Eu já <u>publiquei</u> alguns livros.

[36] Nós <u>vivemos</u> juntos de 1998 a 2004.

28.2.2 O mais-que-perfeito composto

Trata-se da construção com *ter* no imperfeito + particípio verbal, que se refere a um evento situado no passado e anterior a outro evento igualmente no passado:

[37] O candidato declarou que <u>tinha lido</u> todos os livros do programa.

O mais-que-perfeito simples (*lera, fora, fizera*) é totalmente desusado no PB, e mesmo no padrão escrito é muito raro hoje em dia, podendo ser considerado arcaico.

28.2.3 Outras formas compostas com *ter*

O futuro composto, *vou ter feito*, é pouco usado no PB; em geral, em vez de dizer

[38] ?? O jogo já <u>vai ter acabado</u> quando você chegar.

prefere-se

[39] O jogo já <u>acabou</u> quando você chegar.

Já as formas com *ter* no infinitivo são usadas, e a frase abaixo é aceitável no PB:

[40] A companhia devia <u>ter avisado</u> desse atraso.

Existem também formas com *ter* no gerúndio e nas formas do subjuntivo, a saber, *tendo feito, tenha feito, tivesse feito* e *tiver feito*. Dessas a mais corrente parece ser a com *tivesse*:

[41] Se ela <u>tivesse consertado</u> a fechadura, as portas não iam ficar assim.

28.3 FORMAS PROGRESSIVAS

Como vimos, uma forma progressiva é formada de *estar* mais gerúndio; e já vimos que a construção *estou fazendo* é a maneira normal de relatar um evento simultâneo ao momento da fala. Há também formas progressivas com *estar* no passado, a saber, *estive fazendo* e *estava fazendo*; e no futuro, como *vou estar fazendo* – na verdade, qualquer forma de *estar*, exceto o próprio gerúndio, pode ser base de uma construção progressiva. Por exemplo,

[42] Alguns meninos <u>estavam fazendo</u> barulho lá fora.

[43] Eu <u>estive trabalhando</u> no meu projeto durante uma semana.

[44] Quando o dia amanhecer <u>eu vou estar dormindo</u>.

Essas formas expressam eventos em andamento, seja no presente, no passado ou no futuro. Algumas são mais correntes do que outras, mas não há levantamentos que permitam dar maiores detalhes a respeito.

Capítulo 29

Tempo governado

Nos capítulos anteriores estudamos apenas os usos dos tempos do indicativo; agora vamos considerar os usos dos tempos do subjuntivo. Eles têm que ser considerados separadamente porque quando um verbo está no indicativo seu tempo é **autônomo**, ou seja, é determinado por ingredientes semânticos como a expressão de eventos atuais, ou passados etc., sem levar em conta o tempo de outros verbos que podem ocorrer na sentença. Mas quando um verbo está no subjuntivo seu tempo pode ser determinado pelo tempo do verbo principal: não é autônomo, mas **governado** (ou **regido**). Por exemplo, na frase

[1] A Catarina queimou o bolo.

a escolha do perfeito *queimou* é determinada por aquilo que o falante quer dizer: nesse caso, expressar um evento passado, puntual e acabado. Se ele quisesse falar de um evento futuro ele diria *vai queimar*. Esse é um exemplo de tempo autônomo.

Agora vamos ver a frase

[2] A Catarina tinha medo que eu queimasse o bolo.

O falante escolhe o tempo de *ter*: no caso, *tinha*. Mas uma vez feito isso não há mais escolha livre quanto ao tempo (ou modo) de *queimar*:

precisa ficar no imperfeito do subjuntivo *queimasse*, e não por exemplo no presente do subjuntivo *queime*, nem em qualquer forma do indicativo, *queimei, queimo* etc. Esse é um caso de **tempo governado**: sempre que o verbo principal está no passado, um subjuntivo a ele subordinado tem que estar também no passado. O tempo governado ocorre quando a subordinada tem verbo no subjuntivo[1].

Se reformularmos a frase, colocando o verbo principal no presente, o verbo subordinado vai para o presente do subjuntivo:

[3] A Catarina tem medo que eu queime o bolo.

O mesmo fenômeno do verbo principal controlar o tempo do subordinado se dá com alguns casos de subordinadas introduzidas por conectivos. Por exemplo, quando a subordinada é introduzida por *caso*, o verbo subordinado fica no subjuntivo e em um tempo determinado pelo tempo do verbo principal:

[4] Eu <u>lavo</u> o carro, caso ninguém mais <u>queira</u>.
      presente   presente

[5] Eu <u>lavaria</u> o carro, caso ninguém mais <u>quisesse</u>.
      condicional   imperfeito

Outros exemplos de correlação temporal entre o verbo principal e o subordinado:

[6] A Catarina pediu que eu comesse o bolo.

[7] A Catarina vai querer que eu coma o bolo.

---

1. Ou seja, o tempo governado é uma decorrência do modo governado.

Essa correlação obedece à tabela seguinte:

Verbo principal (indicativo)	Verbo subordinado (subjuntivo)
Presente	Presente
Perfeito ou imperfeito	Imperfeito
Condicional	Imperfeito
Futuro	Presente

Note-se que o correlato do futuro da oração principal é o **presente** do subjuntivo na subordinada – não o futuro do subjuntivo, que nunca ocorre em subordinadas regidas por verbos ou nominais. O futuro do subjuntivo segue regras próprias, diferentes das dos outros tempos do subjuntivo.

A exposição acima leva em conta o estado de coisas nas variedades do PB que preservam o presente do subjuntivo. Em algumas variedades, nas quais o presente do subjuntivo não é usado, é o indicativo que ocorre na subordinada. Assim, em vez de [3], em Minas Gerais se ouve mais comumente

[8] A Catarina tem medo que eu queimo o bolo.

Já o imperfeito do subjuntivo continua de uso geral; [2] é também a forma mineira da construção:

[2] A Catarina tinha medo que eu queimasse o bolo.

Capítulo 30

Auxiliares e modais

Já encontramos os verbos auxiliares com certa frequência nos capítulos precedentes. Agora vamos reunir em um só capítulo as informações principais sobre eles, já que são elementos importantes na formação da oração.

30.1 O QUE É UM VERBO AUXILIAR

Alguns verbos podem se combinar com o gerúndio, o infinitivo ou o particípio verbal de outro verbo, criando sequências que são semântica e valencialmente semelhantes a formas verbais simples. Por exemplo, *estou cantando* funciona, para efeitos de valência, como *cantávamos*: ocorrem ambos com exatamente as mesmas diáteses, que são as associadas ao verbo *cantar*. A presença da forma do verbo *estar* não afeta a valência, embora acrescente elementos de tempo, modo, pessoa e número, que em *cantávamos* são expressos pela morfologia verbal – ou seja, pelos sufixos de modo-tempo-aspecto (no caso, *-va*) e de pessoa-número (no caso, *-mos*). É a transparência valencial que caracteriza o verbo como auxiliar – ao contrário de sequências como *resolvemos cantar*, onde estão presentes, e precisam ser satisfeitas, as valências de ambos os verbos[1].

---

1. Isso foi explicado mais detalhadamente no cap. 21.

30.2 *TER, IR E ESTAR*

Para começar, vamos examinar os seguintes auxiliares:

• *ter*, que é complementado pelo particípio verbal: *eu tinha comido*;

• *ir*, que é complementado pelo infinitivo: *eu vou comer*;

• *estar*, que é complementado pelo gerúndio: *eu estou comendo*.

São esses auxiliares que formam os "tempos compostos", dos quais os formados por *ter* mais particípio verbal encontram lugar nos paradigmas tradicionais, e os formados de *ir* mais infinitivo ou *estar* mais gerúndio são geralmente excluídos. Não conheço nenhuma razão para essa diferença de tratamento; mas, de qualquer forma, essa não é uma questão importante, e para nós serão todos auxiliares seguidos de formas especiais do verbo (particípio verbal, infinitivo ou gerúndio).

Ter, como sabemos, ocorre com o particípio verbal formando os tempos passados compostos vistos em 28.2. *Ir* forma com o infinitivo o futuro composto, que como vimos alterna com o presente para exprimir fatos futuros (27.3) ou fornece um condicional alternativo (27.4). *Estar*, com o gerúndio, forma os tempos progressivos vistos em 28.3. Essa construção pode ocorrer não apenas com *estar*, mas com *andar, vir* e *ir*:

[1] Eu estou trabalhando muito.

[2] Eu ando trabalhando muito.

[3] Eu venho trabalhando muito.

[4] Você pode fritar os bolinhos enquanto eu vou fazendo a sobremesa.

A forma com *vir* é relativamente rara no PB. A forma com *ir* tem um significado um pouco diferente: enquanto *estar, andar* exprimem apenas um evento em curso, *ir* parece ser dependente de outro evento mais ou menos simultâneo.

30.3 MODAIS

A definição de **auxiliar** (baseada na transparência valencial) se aplica também a outros verbos, chamados **modais**, que podem portanto ser acrescentados à lista dos auxiliares. Trata-se de um grupo bastante heterogêneo, semanticamente falando, mas que tem comportamento sintático e valencial análogo ao dos demais auxiliares. Os modais se conectam a um infinitivo através de preposição. Por exemplo,

começar (a), acabar (de), terminar (de), continuar (a), parar (de)

[5] Ele começou a chorar.

[6] Continuou a chover o dia todo.

[7] A TV acaba de estragar.

Alguns também podem ocorrer com gerúndio (sem preposição):

[8] Continuou chovendo o dia todo.

[9] O rapaz acabou brigando com os colegas.

Os modais acima acrescentam um ingrediente semântico aspectual, que tem a ver com o início, o final ou a continuação do evento.

Entre os modais também podem ser incluídos os verbos *dever*, *ter que* e *querer*, em alguns de seus usos. *Dever* funciona como um modal no significado de "é provável", como em

[10] Deve chover ainda hoje. (= é provável que chova)

O mesmo verbo *dever* ocorre em construções em que tem valência própria, não funcionando portanto, nesses casos, como auxiliar:

[11] Esse cara deve dinheiro a todo mundo.

[12] Você deve respeitar os mais velhos. (= tem obrigação de respeitar...)

Ter que (ou *ter de*) funciona como auxiliar em

[13] Esse menino tem que estudar mais.

[14] Tem que chover, senão vamos perder a safra.

Querer, normalmente um verbo que exprime desejo (e que tem valência própria), funciona como auxiliar – e nesse caso sempre no gerúndio com *estar* – quando denota um evento iminente:

[15] Esse telhado está querendo cair.

[16] Está querendo chover.

Dever, ter que e *querer*, como se vê, são complementados por um infinitivo.

30.4 AUXILIARES EM SEQUÊNCIA

É possível usar mais de um auxiliar em sequência, como em *ele tem estado trabalhando*. Essas sequências não são comuns no PB, mas ocorrem às vezes; e obedecem a uma ordenação estrita dos auxiliares, a saber, *ir - ter - estar*. Teoricamente, seria possível dizer algo como

[17] Ele <u>vai ter estado trabalhando</u> mais de duas horas, quando você chegar.

Uma sequência completa como a de [17] provavelmente não ocorre nunca. Mas ocorre em fragmentos, e sempre na ordem indicada:

[18] Ele tem estado trabalhando.

[19] Ele vai ter almoçado.

etc.

30.5 PROPRIEDADES DAS CONSTRUÇÕES COM AUXILIAR

Vamos resumir agora algumas características importantes das construções com auxiliar. Algumas dessas características permitem distinguir os auxiliares modais dos não modais como *ter*, *ir* e *estar*.

a) Um auxiliar (não modal) acrescenta ao verbo principal um ingrediente semântico que não é previsível a partir de seu significado quando tomado separadamente. Assim, *ir* é um verbo de movimento, mas não em *eu vou almoçar*, onde indica apenas um futuro. Igualmente, *andar* não expressa movimento em *ele anda dormindo demais*, *ter* não é posse em *eu tenho dormido demais*, nem *estar* exprime localização em *eu estou almoçando*. Já os modais têm significado constante em seu uso como auxiliar ou como verbo principal: *ele começou a trabalhar*, *ele começou o trabalho*.

b) Os auxiliares (tanto modais quanto não modais) não admitem um sujeito diferente do do verbo principal. Assim, não é possível construir uma frase com *ir* mais infinitivo com um sujeito para cada verbo. Isso é possível com *querer* (no sentido de "desejar", isto é, em função não auxiliar): *quero sair*, *quero que ela saia*.

c) Os auxiliares (modais ou não modais), como vimos, são valencialmente transparentes.

d) Um auxiliar não modal pode ser negado, mas não o verbo principal. Assim, dizemos *eu não vou sair*, mas não **eu vou não sair*. A negação pode ocorrer com qualquer dos verbos de uma sequência sem auxiliar: *eu não resolvi sair*, *eu resolvi não sair*. A bem dizer, essa característica merece mais estudo. Em alguns casos parece que a negação do verbo principal é aceitável mesmo com auxiliar: *eu vou não me mexer daqui até você voltar* é aceitável para alguns falantes.

Já os modais têm comportamento variado quanto à ocorrência da negação; com alguns é possível negar qualquer dos verbos:

[20] O cachorro não continuou a latir.

[21] O cachorro continuou a não latir.

Com outros, só o modal pode ser negado:

[22] Ele não deve chegar hoje.

[23] * Ele deve não chegar hoje.

E alguns parecem recusar qualquer negação:

[24] * Ele acaba de não chegar.

[25] * Ele não acaba de chegar.

Esses exemplos parecem ser de aceitabilidade variável de pessoa para pessoa, e talvez de contexto para contexto. Temos aqui um problema ainda a estudar.

e) A contribuição semântica dos modais é muito diferente da de um verbo principal seguido de infinitivo. Por exemplo, em

[26] O Celso decidiu mudar de emprego.

temos a composição de uma "decisão" de Celso mais uma "mudança" também de iniciativa de Celso. Mas em

[27] O Celso pode ser demitido a qualquer momento.

não estamos falando de nenhuma capacidade de Celso, como seria no caso de

[28] O Celso pode levantar um peso de 120kg.

mas de uma possibilidade atribuída ao evento "o Celso ser demitido" – assim, [27] é um sinônimo aproximado de

[29] É possível que o Celso seja demitido a qualquer momento.

Em outras palavras, *pode* em [27] não se refere a Celso, mas ao evento de demitir. O mesmo acontece com

[30] O Celso deve ser demitido a qualquer momento.

[31] O Celso começou a ser perseguido pelo chefe.

Em [30], o que "deve" (= é provável) é o Celso ser demitido; em [31] o que "começou" é a perseguição. Em nenhum desses casos existe uma relação temática entre o modal e o SN que é o seu sujeito formal.

Essa é uma característica dos auxiliares em geral, e os distingue claramente dos não auxiliares. E é provavelmente a explicação de por que o auxiliar não acrescenta à frase exigências valenciais: em [31], por exemplo, a única exigência feita por *começou* é que o evento descrito pelo verbo principal possa ter um início.

Capítulo 31

Pessoa

Neste capítulo vamos examinar o uso dos pronomes pessoais e das formas verbais que correspondem a eles na frase; no capítulo 11 o leitor encontra uma lista completa dos pronomes pessoais, com suas flexões.

31.1 PESSOA GRAMATICAL E PESSOA DO DISCURSO

O termo **pessoa** é tradicionalmente usado para se referir a duas coisas muito diferentes. Primeiro, chama-se **pessoa** o ser que emite um enunciado, ou que é o destinatário dele, ou que é mencionado nele – trata-se, como se vê, de entidades do mundo real. E, depois, chama-se também **pessoa** uma forma verbal, caracterizada por um sufixo particular, e associada a certos sintagmas nominais como *eu, nós* ou *a escrivaninha velha*, e também a certos sufixos verbais – aqui estamos falando de unidades gramaticais ou lexicais. São conceitos profundamente diferentes, e não existe correspondência simples entre os dois tipos de "pessoa", de maneira que se impõe estabelecer uma distinção terminológica entre eles. Aqui vou denominar o primeiro tipo **pessoa do discurso**, e o segundo **pessoa gramatical**[1].

Em uma frase como

[1] Eu vou sair agora.

---

1. Mantenho a denominação comum de **pessoa**, que é bastante infeliz, mas está firmemente entrincheirada na tradição gramatical.

o SN *eu* é de "primeira pessoa (do discurso)", porque denota o emissor do enunciado; e é de "primeira pessoa (gramatical)" porque é representado por um pronome "de primeira pessoa do singular" (*eu*) e se associa a uma forma também rotulada como de primeira pessoa do singular (*vou*). Neste caso a pessoa do discurso e a pessoa gramatical se correspondem.

Mas essa correspondência nem sempre se verifica. Na frase

[2] Você vai sair agora.

a referência do sujeito é ao receptor da mensagem, e portanto se trata da segunda pessoa do discurso, ou seja, o receptor ou enunciatário; mas a forma associada do verbo é de terceira pessoa (pois é idêntica à que se usa com *ele*, por exemplo). No PB, os SNs de segunda pessoa do discurso se associam geralmente às mesmas formas verbais que os SNs de terceira pessoa do discurso[2].

Essa falta de correlação entre os dois tipos de pessoas fica evidente em uma frase como

[3] Agora a menina vai dormir porque a mamãe precisa lavar os pratos.

quando dita pela própria mamãe. Como se vê, tanto o enunciador (primeira pessoa do discurso) quanto o enunciatário (segunda pessoa do discurso) são expressos por formas da terceira pessoa gramatical. Por isso é necessário distinguir estritamente as noções de pessoa do discurso e pessoa gramatical.

No PB, observa-se que a terceira pessoa gramatical pode exprimir qualquer das pessoas do discurso; a primeira pessoa gramatical exprime apenas a primeira pessoa do discurso, ou a primeira pessoa do discurso mais alguma outra pessoa; e a segunda pessoa gramatical só ocorre em algumas variedades, e nesse caso exprime a segunda pessoa do discurso:

[4] Tu fizeste a lista de compras que eu pedi?   (regional)

---

2. A exceção são os falantes que usam *tu* com formas de segunda pessoa gramatical. Mas o mais frequente é usar *tu* com forma de terceira pessoa gramatical: *tu vai no show?*

É bom notar que em todas as variedades do PB se encontra a terceira pessoa gramatical exprimindo a segunda do discurso, porque os SNs *o senhor* e *você* são também usados mesmo nas variedades que preservam o uso de *tu* com formas de segunda pessoa gramatical.

31.2 REFLEXIVOS

Os pronomes reflexivos, a saber:

pessoa gramatical	pronome reflexivo[3]
1ª (singular)	*me*
3ª (singular)	*se*
1ª (plural)	*nos*
3ª (plural)	*se*

são usados em três situações, explicitadas a seguir.

31.2.1 Sujeito e objeto idênticos

Quando o objeto de uma oração é entendido como referencialmente idêntico ao sujeito da mesma oração, o objeto é expresso pela forma reflexiva:

[5] Eu <u>me</u> olhei no espelho[4].

[6] O Luizinho <u>se</u> considera um gênio.

O reflexivo tem a mesma pessoa gramatical e número do sujeito.

---

3. Apenas *se* é realmente um pronome reflexivo especializado; os outros são idênticos às formas oblíquas não reflexivas *me* e *nos*.

4. O reflexivo ocorre antes do verbo por ser um clítico, ou seja, um pronome oblíquo; cf. 11.3.

31.2.2 Recíprocos

Os reflexivos são também usados para expressar a reciprocidade, ou seja, quando o sujeito e o objeto são partes simétricas de um evento ou estado: o papel temático do sujeito vale também para o objeto, e vice-versa, considerando-se a mesma ação ou evento. Por exemplo,

[7] A Amélia e eu <u>nos</u> amamos loucamente.

Essa frase deixa claro que Amélia me ama e que eu amo Amélia. Naturalmente, isso leva a casos de ambiguidade, como em

[8] O rapaz e a moça <u>se</u> beliscaram.

Aqui não fica claro se cada um beliscou a si mesmo ou se o rapaz beliscou a moça e a moça beliscou o rapaz. A ambiguidade é resolvida pelo contexto, ou então pelo uso de formas enfáticas (cf. 31.2.4).

31.2.3 Verbos reflexivos

No português padrão escrito, muitos verbos ocorrem em uma construção semelhante à ergativa, mas marcada pela presença de um reflexivo, que aí não tem a função semântica normal dos reflexivos. Assim, escreve-se

[9] Carolina <u>se</u> arrependeu.

onde naturalmente não se diz que ela arrependeu a si mesma, mas simplesmente que foi Paciente de um processo de arrependimento. Muitos usuários do PB dispensam o reflexivo nesses casos, usando a construção ergativa:

[10] Carolina arrependeu.

A ergativa (sem reflexivo) também ocorre no padrão com certos verbos; por exemplo, o reflexivo nunca ocorre em

[11] Carolina engordou. / * Carolina se engordou.

Essa construção é generalizada no PB para quase todos os verbos que no padrão escrito ocorrem com reflexivo para marcar o sujeito Paciente. Mas é preciso notar que isso não vale para todos os falantes, nem para todas as regiões. Embora todos os falantes do PB usem a ergativa, muitos usam a forma com reflexivo com certos verbos, de modo que a ergativa para eles tem um uso mais restrito. A tendência parece ser generalizar a ergativa às custas da construção com reflexivo – ou seja, generaliza-se a construção exemplificada em [10] às custas de [9]. Não conheço estudos sistemáticos sobre o fenômeno, de modo que fica aqui apenas a observação, e mais alguns exemplos:

[12] Eles casaram em 2004. (*ou* se casaram)

[13] A gente divertiu demais na feira. (*ou* se divertiu)

[14] De repente eu senti mal, e tive que deitar. (*ou* eu me senti mal...)

Alguns verbos continuam exigindo o reflexivo em todas as variedades, como em

[15] A máquina se compõe de três partes.

Dentre os verbos desse grupo que são usados no PB, pode-se citar[5]:

se compor:
[16] A máquina se compõe de três elementos.

se dar:
[17] Isso se deu antes da Independência.

---

5. Coloco o reflexivo antes do verbo para respeitar a ordenação normal no PB.

se achar:
[18] Berlim se acha no leste da Alemanha.

se virar:
[19] Ela se virou com uma alavanca improvisada.

se abrir:
[20] O rapaz se abriu com a mãe.

se mostrar:
[21] Esse cachorro se mostrou um verdadeiro amigo.

se tratar.

Se tratar tende a ocorrer em uma construção nova, exemplificada (na escrita!) por

[22] O porta-voz declarou que a invasão se trata de uma manobra preventiva[6].

Tratar-se tradicionalmente ocorre sem sujeito:

[23] O porta-voz declarou que se trata de uma manobra preventiva.

31.2.4 Formas enfáticas

A semântica do reflexivo pode ser veiculada por formas enfáticas, que têm a vantagem de evitar eventuais ambiguidades. Essas formas enfáticas se compõem de um pronome não reflexivo acompanhado do item *mesmo*:

[24] O rapaz e a moça beliscaram eles mesmos.

[25] Eu vi eu mesmo (não outra pessoa) no telão.

Como se vê, os pronomes enfatizados são as formas retas, não as oblíquas.

6. *Folha de S. Paulo*, 03/01/2009.

Sintagma nominal

Capítulo 32

O núcleo do sintagma nominal

32.1 O SINTAGMA NOMINAL (SN)

O **sintagma nominal** (abreviado **SN**) é um constituinte composto de uma ou mais palavras, que apresenta certas propriedades, a saber:

a) o SN pode ocorrer nas funções sintáticas de **sujeito, objeto** ou **complemento de preposição**; por exemplo:

[1] <u>Minha irmã</u> trabalha no banco. (sujeito)

[2] Eu adoro <u>esses biscoitos que você faz</u>. (objeto)

[3] A Marli veio na chuva sem <u>sombrinha</u>. (complemento da preposição *sem*)

As sequências sublinhadas acima são SNs; e somente SNs podem ocorrer nessas três funções[1].

Como mostram os exemplos, a estrutura interna do SN pode variar amplamente: um SN pode ser composto de um possessivo + um nominal (*minha irmã*), ou apenas de um nominal (*sombrinha*), e pode mesmo conter

---

1. A rigor, apenas o sujeito e o complemento de preposição é que definem funcionalmente o SN; o objeto se define como um SN não sujeito, e portanto não pode ser utilizado como parte da definição de SN.

uma oração subordinada (*esses biscoitos que você faz*). Essas são apenas três das muitas maneiras de construir um SN. O que caracteriza sintaticamente o SN é seu potencial funcional – a lista das funções que ele pode desempenhar na oração – assim como sua estrutura interna. Nos termos utilizados neste livro, o SN é uma *classe de construções* – pode ter várias estruturas internas, mas sempre o mesmo potencial funcional.

b) Semanticamente, o SN pode se referir a uma entidade do mundo (real ou imaginário); essa entidade pode ser entendida como um objeto específico (*minha irmã*), uma classe geral (*os seres humanos*) ou uma abstração (*a sabedoria*). Nesse particular o SN difere de outros tipos de sintagmas, como o sintagma verbal, que nunca se refere a uma entidade mas a um evento (*trabalha no banco*), um estado (*está triste*) ou uma qualidade (*dá muito trabalho*); ou o sintagma adverbial, que denota um momento no tempo (*hoje de manhã*), ou um lugar (*aqui*), ou uma maneira (*com muito cuidado*) etc. Dizemos então que o SN tem **potencial referencial**, ao contrário dos outros sintagmas da língua. O potencial referencial do SN é sua propriedade semântica básica, e condiciona o modo como ele é construído internamente. Não é possível fazer referência a uma entidade do mundo usando a língua a não ser com um SN.

Isso não quer dizer que o SN **sempre** seja usado para se referir a uma entidade; mas todos eles **podem** ser usados para isso, e essa é uma propriedade exclusiva dos SNs.

Como veremos, o SN se compõe internamente de um **centro de referência** e diversos **limitadores**. Semanticamente, esses termos funcionam para singularizar uma entidade (uma **coisa**[2]): o núcleo informa o tipo geral de coisa a que se quer fazer referência (*carro, Manuel, teoria*). Os limitadores restringem a referência dessa coisa até o ponto desejado pelo falante.

---

2. **Coisa** é aqui um termo técnico, difícil de definir de maneira simples; para quem quiser examinar o problema de perto recomendo o cap. 5 de Langacker (1987).

Há limitadores que situam a coisa no espaço (*esse, aquele*); outros que lhe conferem uma qualidade (*amarelo, novo*), ainda outros que avisam que se trata de algo que já foi mencionado, ou está presente no contexto (*o*). Cada qual à sua maneira, eles vão restringindo a referência até chegar ao ponto desejado – digamos, *aquele carro amarelo da Rosinha*.

O SN é um tipo de construção – mais exatamente, uma classe de construções. Internamente, ele apresenta uma grande variedade de estruturas sintáticas, assim como de relações semânticas (papéis temáticos, por exemplo). Em

[4] Aquele passarinho azul.

a estrutura sintática se compõe de **determinante + núcleo + modificador**. O determinante *aquele* tem a função semântica de situar o referente do núcleo (o passarinho) no espaço (trata-se de um passarinho não muito próximo), e o modificador (*azul*) lhe dá uma qualidade que também ajuda a identificar o referente. É assim que o SN desempenha sua função básica de singularizar as coisas referidas.

Só uma nota final: **centro de referência** e **limitador** são funções semânticas, que correspondem a determinadas funções sintáticas: o centro de referência corresponde ao **núcleo do SN**, e os limitadores têm diversas funções, como **modificador, determinante, predeterminante** etc. Estes se definem por suas propriedades sintáticas – principalmente por seu posicionamento dentro do sintagma.

32.2 NÚCLEO E LIMITADORES

32.2.1 Definições

Em um SN típico se encontra uma palavra que resume sua referência; essa palavra é o **núcleo** do SN[3]. Por exemplo, o SN

---

3. Mais corretamente, **centro de referência**; mas é comum usar o termo **núcleo** mesmo quando se fala da função semântica.

[4] Aquele passarinho azul.

se refere a um passarinho, e não, por exemplo, à cor azul. Não se trata de qualquer passarinho: é *aquele* passarinho, e um passarinho *azul*. Agora, em

[5] Aquele azul berrante.

a referência é à cor azul, com as especificações de ser *aquele* e *berrante*. Dizemos então que o núcleo de [4] é *passarinho*, e o de [5] é *azul*. Os outros elementos são **limitadores**; como se vê, há palavras que podem ser núcleos ou limitadores, como *azul* em [4] e em [5].

Em geral os falantes não têm dificuldade nenhuma em saber onde está o núcleo, como mostram os exemplos seguintes:

SN	Núcleo	Limitador(es)
minha irmã	*irmã*	*minha*
esses bolinhos de bacalhau	*bolinhos*	*esses, de bacalhau*
Alexandre	*Alexandre*	–
o primeiro presidente do Brasil	*presidente*	*o, primeiro, do Brasil*

A distinção entre núcleo e limitadores é essencial para a compreensão do SN; se não soubermos que *esses bolinhos de bacalhau* está falando primariamente de bolinhos, e não de bacalhau, não se pode dizer que compreendemos esse SN. O núcleo é o **centro referencial** do SN, e é o que determina do que se está falando.

Além dessa função semântica básica, o núcleo tem certas propriedades importantes no plano sintático. O núcleo determina:

a) as condições de concordância nominal dentro do SN: em *meu carro amarelo* tanto *meu* quanto *amarelo* estão no masculino singular porque o núcleo, *carro*, é masculino e está no singular[4];

---

4. A rigor, essa regra funciona no padrão. No coloquial, frequentemente o número é marcado apenas no determinante (*as janela quebrada*, construção comum na linguagem de praticamente todos os falantes de todas as classes sociais e regiões do país). Aqui, como em outros pontos, optei por descrever uma forma bastante conservadora do PB, mesmo porque falta um estudo adequado desse fenômeno.

b) o ponto de referência para descrever a maioria das relações de ordem dentro do SN. Assim, falamos de limitadores que aparecem antes do núcleo e depois do núcleo;

c) algumas propriedades do SN como um todo; assim, podemos dizer que *o carro da Rosinha* é um SN masculino e singular, porque seu núcleo tem esses traços.

32.2.2 Como se identifica o núcleo do SN

Eu disse acima que os falantes não costumam ter dificuldade em identificar o núcleo de um SN. Vale perguntar agora como é que eles conseguem fazer isso com tanta facilidade. A resposta é um tanto complexa, mas é possível dar uma ideia geral aqui.

Cada nominal da língua tem um potencial referencial: uns podem, outros não podem evocar uma entidade do mundo real ou imaginário (isto é, uma **coisa**). Assim, o nominal *livro* evoca um objeto, *Darci* evoca uma pessoa, *raiva* evoca um sentimento etc. Já *enorme* evoca uma qualidade, mas não uma coisa; em outras palavras, não existe nenhuma coisa chamada *enorme* – mas existem coisas chamadas *livro*, *Darci* e *raiva*. Assim, podemos distinguir os nominais da língua entre aqueles que têm potencial referencial (podem se referir a uma coisa) e os que não têm.

Paralelamente, cada nominal tem um potencial qualificativo: ou pode ou não pode designar uma propriedade atribuída a uma coisa. *Enorme* tem essa propriedade, assim como *velho*, *verde* e *antipático*. Já *Darci*, *livro* e *raiva* não têm: designam coisas, mas não qualidades ou propriedades das coisas.

Os nominais que podem designar coisas são marcados com o traço [+R] (de "referencial"), e os que não podem são marcados com [-R]; os que podem designar propriedades são marcados com [+Q] (de "qualificativo"), e os que não podem são [-Q][5]. Os nominais citados acima têm, então, os seguintes traços:

---

5. Note-se que [+R] é um traço do item lexical, e significa que aquele item *pode* ser usado para se referir a uma coisa; mas o item pode também ser usado de outra maneira. O mesmo para [+Q], que também designa uma potencialidade.

livro [+R, -Q]
Darci [+R, -Q]
raiva [+R, -Q]
enorme [-R, +Q]

Agora, existem nominais (e são muitos) que têm as duas propriedades. Assim, *velho* pode designar uma coisa:

[6] Aquele velho quer falar com você.

mas também pode designar uma propriedade:

[7] Estou me tratando com um dentista velho.

Assim, *velho* vai ter que ser marcado como

velho [+R, +Q]

Existem, finalmente, palavras que não podem nem designar coisas nem propriedades: é o caso de *corria, éramos, sem, quando* etc. Essas palavras, marcadas [-R, -Q], não vão nos interessar aqui.

O usuário da língua precisa conhecer o potencial referencial e qualificativo de cada nominal, pois esses são traços essenciais do seu significado. Se alguém não sabe que *velho* é [+R, +Q], simplesmente não conhece essa palavra, e não consegue usá-la corretamente ao usar o português. E é esse conhecimento que lhe possibilita identificar o núcleo dos SNs que produz ou recebe.

Digamos que o SN seja

[4] Aquele passarinho azul.

O receptor vai processar esse SN tendo em mente o potencial semântico de cada uma das palavras, e também um princípio que vale para todos os SNs:

> cada SN tem um centro de referência, e apenas um.

Isso quer dizer que todo SN pode se referir a uma coisa[6], e nunca há duas referências diferentes dentro do mesmo SN. Um SN pode se referir a várias entidades, mas só se estas estiverem englobadas em um plural ou coletivo; não é possível, por exemplo, construir um SN único que denote Darci e um abacaxi ao mesmo tempo, a não ser usando um elemento plural ou coletivo que inclua os dois ("aqueles dois objetos", por exemplo), ou então usando uma coordenação: *Darci e o abacaxi*; mas note-se que aqui temos três SNs: *Darci, o abacaxi* e o SN maior que engloba os dois menores.

Agora podemos examinar o SN [4], a fim de determinar seu núcleo. O SN se compõe de três palavras; destas, *aquele* não tem potencial referencial, ou seja, é [-R], não pode ser o núcleo, e portanto fica excluído. Sobram *passarinho* e *azul*, ambos [+R]: Qual deles é o núcleo?

Se o núcleo for *azul*, entenderemos que o SN se refere primariamente à cor azul. Mas se o núcleo for *azul*, a outra palavra, *passarinho*, vai ter que ser o qualificativo; e *passarinho* não tem potencial qualificativo, sendo [-Q]; em outras palavras, não existe uma propriedade das coisas que se exprima através da palavra *passarinho*. Se *azul* for o núcleo de [4], *passarinho* vai ficar sem papel temático (não é Referencial, e não pode ser Qualificativo); e uma estrutura que inclui um elemento sem papel temático é necessariamente inaceitável.

Já *azul* é [+Q] (além de ser [+R]), e pode ser entendido como uma propriedade. Assim, a solução tem que ser: *passarinho* é o núcleo, e portanto o centro de referência do SN; e *azul* é uma qualidade atribuída ao núcleo. Entende-se, daí, que o SN se refere a um passarinho (Referencial) que tem a Qualidade de ser azul.

O sistema não é perfeito, e às vezes pode gerar ambiguidades. Assim, o SN *um velho palhaço* pode ser interpretado de duas maneiras, porque tanto *velho* quanto *palhaço* são marcados no léxico como [+R, +Q]. Por isso o SN

---

6. Apenas *pode*. É possível usar um SN de maneira não referencial, mas não precisamos levar em conta aqui esse detalhe.

pode significar "um palhaço idoso" ou então "um velho que se comporta como palhaço".

Além desses fatores semânticos, também fatores sintáticos interferem nas possibilidades de localização do núcleo do SN. Vimos que o sintagma *um velho palhaço* é ambíguo, pois tanto *velho* quanto *palhaço* podem ser o núcleo. Mas o sintagma *um palhaço velho* não é ambíguo, e o núcleo só pode ser *palhaço*; o sistema, tal como desenvolvido até o momento, não dá conta desse fato.

Acontece que, embora tanto *palhaço* quanto *velho* possam ser tanto qualificativos quanto referenciais, pois ambos são marcados [+R, +Q], *velho* pode assumir qualquer dessas funções semânticas independentemente de sua posição no sintagma. Assim, em *amigo velho* temos *velho* como qualificativo depois do núcleo, e em *velho amigo* temos (em uma das acepções possíveis) o mesmo item como qualificativo antes do núcleo. Mas *palhaço* só pode ocorrer como qualificativo se vier depois do núcleo: tanto é assim que *um palhaço professor* só pode ser interpretado como um palhaço que trabalha como professor (isto é, *palhaço* é o núcleo), nunca um professor que se comporta de maneira cômica – para isso temos que dizer *um professor palhaço*. É por isso que *palhaço velho* não é ambíguo como *velho palhaço*: no primeiro sintagma *palhaço* só pode ser núcleo, ou seja, referencial, no segundo *palhaço* pode ser núcleo ou limitador.

Esse exemplo ilustra bem o emaranhado de fatores formais e semânticos que controlam as possibilidades de interpretação semântica do SN em português.

32.2.3 SNs sem núcleo explícito

Em alguns casos um SN não tem nenhuma palavra funcionando como núcleo. Isso ocorre em duas situações, a saber:

Contexto anafórico

Vimos no capítulo 22 que construções em contexto anafórico são frequentemente reduzidas, faltando um ou mais constituintes, preenchidos semanticamente com base em informação externa à construção. É o que acontece em

[8] Meu tio tem um carro vermelho e um azul.

Um azul deve ser um SN, tanto é assim que está coordenado a um SN, *um carro vermelho*. O núcleo (ou melhor, a parte semântica do núcleo) é recuperado com base no do SN precedente, isto é, trata-se de um **carro** azul.

Com quantificadores

Em alguns casos bem delimitados, envolvendo marcadores de quantidade como *poucos, muitos, alguns*, não se pode identificar o núcleo do SN como uma palavra presente no sintagma. No entanto, o centro de referência é preenchido (senão o SN não teria referência possível), e é sempre um ser humano:

[9] Poucos escapam de um tsunami.

[10] Muitos votaram no Edmundo sem nem conhecer ele.

[11] Alguns acham que educação é escola.

Note-se como sempre se entende que a referência se faz a seres humanos. É possível que esses SNs devam ser analisados como sem núcleo.

Capítulo 33

Ordem dos termos no SN

A ordem dos diversos elementos dentro do SN obedece a fatores sintáticos, semânticos e discursivos. Essa ordenação é descrita, primariamente, em termos da posição dos diversos limitadores em relação ao núcleo ou ao início do sintagma.

33.1 ELEMENTOS PRÉ-NUCLEARES

33.1.1 Predeterminante, determinante, quantificador etc.

Dos elementos que aparecem sempre antes do núcleo, alguns ocorrem necessariamente no início do SN. Na língua escrita, são apenas dois itens: *todos* e *ambos*, como em

[1] Ambos os rapazes. (escrito)[1]

[2] Todos os rapazes.

Como se vê, ocorrem antes do determinante *os*. Há uma forte tendência a omitir o determinante dessa sequência, de modo que se diz

[3] Todos rapazes.

---

1. *Ambos* não se usa no PB.

A forma *todos os rapazes*, com o determinante, também ocorre no PB, embora nem todos os falantes a usem. Ainda assim, no PB *todos* continua distinto dos determinantes em geral, por causa de sintagmas como

[4] Todos esses rapazes.

onde a ordem é fixa. Podemos então chamar *todos* de **predeterminante**; o termo que se segue imediatamente é o **determinante**. Os determinantes usados no PB são:

> **Determinantes**
> *o, um, esse, aquele, algum, nenhum, cada, que, qual*[2]

Logo depois se colocam outros elementos:

> **Quantificadores**
> *quantos, tantos, poucos, muitos, vários, qualquer, certos, meio*
>
> **Possessivos sintéticos**[3]
> *meu, seu, nosso*
>
> **Numerais**
> *um, dois, três* etc. e *primeiro, segundo, terceiro* etc.

A regra geral de posicionamento dos termos pré-nucleares é a seguinte:

> A ordem básica dos termos é **predeterminante – determinante – quantificador / possessivo sintético / numeral**.

Ou seja, o predeterminante ocorre sempre em primeiro lugar; se não houver predeterminante, o primeiro termo é o determinante; se não houver

---

2. E, naturalmente, seus femininos e plurais. *Este* não se usa no PB, e suas funções são assumidas por *esse*.

3. Os possessivos sintéticos se opõem aos possessivos analíticos, que ocorrem sempre depois do núcleo: são eles *dele, deles, de vocês*.

predeterminante nem determinante, o primeiro termo é o quantificador, possessivo sintético ou numeral:

[4] Todos esses rapazes
    Predet   Det

[5] Esses dois rapazes.
    Det   Num

[6] Quantos rapazes?
    Quant

    Segundo a regra dada acima, a ordenação do quantificador, possessivo sintético e numeral é indiferente; mas há dúvidas a respeito, e nem tudo foi esclarecido. Por exemplo,

[7] Os meus poucos amigos / ?? os poucos meus amigos
    Det Poss Quant   Det Quant Poss

    A ordenação é difícil de verificar às vezes porque há incompatibilidades de ocorrência; por exemplo, não ocorre a sequência * *muitos quatro*, por razões semânticas óbvias. Assim, é preciso deixar a ordenação desses elementos pré-nucleares meio indefinida, à espera de pesquisas que a esclareçam.

    Vários dos itens listados acima também ocorrem depois do núcleo; assim, temos

[8] Nenhum professor / professor nenhum

    Na maioria dos casos, essa diferença de posição se correlaciona com uma diferença nítida de significado:

[9] Qualquer mulher / mulher qualquer

[10] Alguma pessoa / pessoa alguma

[11] Um certo exercício / um exercício certo

Os possessivos sintéticos, quando pospostos e sem artigo, têm significado genérico, ou seja, referem-se a uma classe geral, não a um ou mais indivíduos. Assim, *meu amigo* é uma pessoa específica, mas em

[12] Amigo meu não passa necessidade.

trata-se de todo e qualquer amigo.

Quando o possessivo é usado em conexão com os determinantes *um, aquele, esse* entretanto, a posposição não tem esse efeito, de modo que as duas frases seguintes são sinônimas:

[13] Esse meu amigo ganhou o prêmio.

[14] Esse amigo meu ganhou o prêmio.

Já o determinante *o* só ocorre com possessivo anteposto: *o meu amigo*, mas não *o amigo meu.

Os numerais cardinais (*um, dois, três...*) ocorrem antes do núcleo quando indicam quantidade:

[15] Os cinco capítulos devem ser lidos até amanhã.

Mas quando pospostos os numerais cardinais indicam ordem:

[16] O capítulo cinco deve ser lido até amanhã.

Aqui o cardinal equivale ao numeral ordinal (*primeiro, segundo...*). Essa construção é usada para evitar o uso do cardinal com números mais altos: prefere-se dizer *o capítulo quarenta e quatro* em vez de *o quadragésimo quarto capítulo*. O cardinal é usado às vezes mesmo anteposto para indicar ordem: ouve-se *o vinte e dois andar, o quarenta e três aniversário*[4]. Desse modo se contorna a complicação extrema dos ordinais no padrão escrito,

---

4. Em espanhol esse uso é muito comum e se estende à língua escrita: *el cuarenta y tres cumpleaños*.

mal conhecidos até mesmo pelos falantes nativos: formas como *quadringentésimo sexagésimo sexto* simplesmente não ocorrem no PB.

Todos ocorre também posposto, não só depois do núcleo, como até mesmo deslocado para depois do verbo:

[17] Todos os macacos fugiram do zoológico.

[18] Os macacos todos fugiram do zoológico.

[19] Os macacos fugiram todos do zoológico.

Naturalmente, quando está posposto *todos* já não tem a função de predeterminante: terá que ser analisado de maneira diferente, talvez como modificador. Note-se que a posposição só vale para o plural *todos*, não para *todo*:

[20] Todo cidadão tem direitos.

[21] * Cidadão todo tem direitos. (cf. os cidadãos todos têm direitos)

33.1.2 Itens de posição fixa (pré-nuclear)

Além dos itens vistos acima, há alguns que, embora sejam semanticamente semelhantes aos elementos pós-nucleares (isto é, exprimem qualidade ou propriedade) aparecem sempre antes do núcleo, aparentemente em virtude de uma marca idiossincrática, sem correlato semântico[5]. Por exemplo: *mero, pretenso, reles, suposto, parco*:

[22] Um mero subalterno.

[23] O suposto vencedor.

---

5. Muitos deles têm sentido algo pejorativo; mas não deve ser isso que faz deles elementos pré-nucleares, porque a maioria dos itens pejorativos podem ocorrer depois do núcleo: *falso, ruim, fraco, bobo* etc.

Além desses, há também alguns itens invariáveis em gênero e número, todos eles denotando intensidade, que só ocorrem antes do núcleo: *big*, *baita*, *puta*:

[24] Um baita salário.

33.2 ELEMENTOS PÓS-NUCLEARES

33.2.1 Antes ou depois do núcleo

Os elementos pré-nucleares vistos na seção precedente são em número limitado e todos compostos de apenas uma palavra. Há algumas exceções, como os superlativos: *a mais animada participante da quadrilha*; e modificadores intensificados como em *um bem treinado cavalo de corrida*.

Já os elementos que ocorrem depois do núcleo do SN constituem uma classe aberta, de número indefinido e composição interna muito variada. Por exemplo,

[25] A casa nova.

[26] A casa da Vera.

[27] A casa daquela dentista lourinha de Campo Belo.

[28] A casa do meu primo que trabalhava na prefeitura.

Desses, *nova* pode também ocorrer antes do núcleo – no caso, com diferença de significado:

[29] A nova casa.

Note-se que somente modificadores compostos de uma palavra podem ocorrer antes do núcleo: sequências como **a da dentista casa* são totalmente inaceitáveis. Os modificadores pós-nucleares, como se vê, podem ser compostos de uma ou mais palavras, e podem mesmo incluir orações, como em [28], que tem a oração relativa *que trabalhava na prefeitura*.

A maioria dos nominais pode ocorrer tanto antes quanto depois do núcleo – nesse caso imediatamente antes do núcleo, ou seja, depois dos eventuais predeterminantes, determinantes, quantificadores etc. Em alguns casos há diferença nítida de significado, como em [26] a [29], ou em

[30] Uma secretária simples.

[31] Uma simples secretária.

[32] Um homem grande.

[33] Um grande homem.

Por outro lado, há nominais que só podem aparecer depois do núcleo. Esses são de dois tipos: primeiro, há nominais invariáveis em gênero e número, muitos dos quais designam cores, como *laranja, rosa, gelo, grená*, aos quais podemos acrescentar *alerta*. Os nominais que designam cores e variam em gênero e número podem ocorrer antes ou depois do núcleo: *um vestido branco, o branco vestido da noiva*[6].

Além desses, alguns outros nominais só ocorrem depois do núcleo, sem nenhum correlato semântico conhecido: entre eles *ruim* (mas não *mau*), *comum, esnobe, macho, fêmea*[7].

33.2.2 Colocação do modificador: papéis temáticos

Vamos considerar agora os nominais que podem ocorrer antes ou depois do núcleo do SN, e que são possivelmente a maioria dos nominais com potencial qualificativo[8]. A posição do nominal relativamente ao núcleo sempre acarreta alguma diferença, seja de efeito informacional, seja

---

6. Há muitas exceções, ainda não relacionadas exaustivamente.

7. *Comum* aparece antes do núcleo na expressão idiomática *de comum acordo*.

8. "Potencial qualificativo" pode ser definido em termos dos papéis temáticos que o nominal pode assumir, em especial o papel temático Qualidade.

semântica, como no caso de [30] a [33], onde o nominal muda muito seu significado. No que se segue veremos um rápido panorama do que já se sabe a respeito desse fenômeno.

Para começar com os fatores semânticos, observa-se que certos papéis temáticos só são disponíveis em uma das posições possíveis. Assim, um modificador pode ter o papel temático de Agente, como em

[34] A invasão japonesa.

O modificador *japonesa* denota o Agente da ação de "invadir". Um modificador com esse papel temático só pode ocorrer depois do núcleo, nunca antes; não existem exceções. Isso não quer dizer que sempre que um modificador estiver posposto deve ter esse papel temático; quer dizer apenas que esse papel temático não pode ser expresso por um modificador anteposto.

Existe uma lista de papéis temáticos que, como o Agente, só podem se associar a modificadores pós-nucleares; já foram identificados os seguintes:

Agente
[34] A invasão japonesa (cf. * a japonesa invasão)

Paciente
[35] Preservação ambiental

Posse
[36] O palácio presidencial

Autor
[37] As sonatas mozartianas

Proveniência ou origem
[38] O café brasileiro

Classificação
[39] Um engenheiro mecânico

O papel temático Classificação exprime um exemplo de uma das subdivisões de uma classe. Assim, se perguntarmos que tipos de engenheiros existem, a resposta vai ser muito provavelmente: engenheiro mecânico, eletricista, nuclear, civil, químico etc. Essas são as classes "naturais" dos engenheiros, em oposição a simpático, gordo, francês ou competente, que também ocorrem entre os engenheiros, mas não são privativas dos engenheiros. Qualquer pessoa pode ser simpática, mas só um engenheiro pode ser civil no sentido que ocorre em *engenheiro civil* (com não engenheiros, *civil* significa "não militar"). Outros exemplos de ocorrência desse papel temático são:

[40] Linguista histórico. (que se ocupa da história da língua)

[41] Cirurgião plástico.

[42] Agente secreto.

Comportamento estereotipado
[43] Um amigo cachorro. (= mau amigo)

[44] Um cozinheiro porco. (= cozinheiro sujo)

Aqui *cachorro* e *porco* se usam não para se referir aos animais, mas como modificadores, atribuindo ao núcleo alguma qualidade estereotipicamente ligada ao animal[9]. Correspondentemente, o significado da palavra quando usado como modificador não pode ser derivado de seu significado quando usado como núcleo, isto é, referencialmente (*um cachorro*). A relação é mais ou menos arbitrária, embora às vezes se possa ver uma vaga motivação semântica. Outros exemplos: *eleitor fantasma, indivíduo burro* etc.

Qualificação extensional
[45] Um filho médico.

[46] Meu irmão deputado.

---

9. Melhor não especular sobre o que esses usos revelam da justiça dos julgamentos humanos a respeito dos animais.

Nesses casos pode-se subentender "que é", ou algo equivalente, antes do modificador. Assim, *um filho médico* é uma pessoa que é ao mesmo tempo filho e médico; difere da relação semântica precedente, porque *um amigo cachorro* não é literalmente um cachorro.

Já foi observado que nesses casos o modificador é uma palavra usada normalmente como núcleo, e que aqui estaria em "desvio de função" – em outras palavras, todos esses itens são [+R]. Pode ser que haja alguma verdade nessa observação, mas por ora nada mais se pode dizer a respeito. Por ora, temos que reconhecer que itens como *médico* se usam referencialmente (como núcleo), e também qualificativamente (como modificador) – e neste caso obrigatoriamente depois do núcleo.

Os casos de Qualificação extensional comportam algumas incertezas. Assim, pode-se dizer que há uma diferença semântica entre os SNs

[47] Um amigo médico.

[48] Um médico amigo.

embora seja certamente bem sutil: em [47] estamos falando de um amigo, em [48] de um médico. Mas com o par

[49] Um jovem pianista.

[50] Um pianista jovem.

a diferença já não aparece, e nos dois sintagmas *pianista* parece ser (ou pelo menos pode ser) o núcleo. Aqui, como em tantos outros pontos, há muito o que pesquisar.

33.2.3 Colocação do modificador: restritividade

Um traço semântico ligado à posição do modificador é a restritividade. Comparando as frases

[51] O escritor <u>famoso</u> está no banheiro.

[52] O <u>famoso</u> escritor está no banheiro.

vemos que no primeiro caso podemos estar fazendo referência ao único escritor **famoso** dentre vários escritores presentes. Nesse sentido, *famoso* tem a função (entre outras) de singularizar o escritor de que estamos falando – ou seja, o SN tem acepção **restritiva**.

Mas em [52] *famoso* se entende como informação extra, e a interpretação mais imediata é de que só há um escritor em questão (que por acaso é famoso). Dizemos então que o SN tem acepção **não restritiva**[10]. O SN *o escritor famoso* também admite a acepção não restritiva, mas *o famoso escritor* não pode ser restritivo. Ou seja,

> os modificadores antepostos são interpretados como não restritivos; os modificadores pospostos podem ser interpretados como restritivos ou não restritivos.

Essa é a regra geral. Existem algumas exceções, das quais as mais importantes são:

Dêiticos

Os modificadores **dêiticos** são sempre restritivos, mesmo quando pré-nucleares. Uma palavra dêitica é uma que só pode ser entendida em relação à situação na qual é enunciada; por exemplo, *hoje* (o dia exato a que essa palavra se refere depende do dia em que foi falada). Algumas palavras dêiticas podem funcionar como modificadores pré-nucleares:

[53] O <u>próximo</u> mês.

[54] O <u>atual</u> presidente.

---

10. O termo tradicional é "explicativa", que me parece inadequado.

Embora antepostos, são restritivos: *o atual presidente* singulariza um presidente dentre vários.

Superlativos

Os **superlativos relativos** como *melhor, mais inteligente* também se entendem restritivamente, mesmo quando antepostos:

[55] O melhor aluno da escola.

[56] O mais brilhante cientista do século.

Itens excepcionais

Finalmente, alguns itens que só ocorrem antes do núcleo, ou que têm um significado específico só quando estão antes do núcleo, podem também ser restritivos mesmo quando antepostos:

[57] Os grandes homens criam ideias; os pequenos ganham dinheiro com elas.

33.2.4 Mudanças de significado

Como vimos, algumas palavras, como *grande*, ocorrem antes ou depois do núcleo, mas com uma mudança radical de significado. Isso acontece com os seguintes itens:

simples, pobre, verdadeiro, antigo, certo, semelhante, caro

É interessante observar que *verdadeiro*, quando anteposto, significa exatamente que algo não é verdadeiro, mas apenas uma aproximação aceitável:

[58] Foi um verdadeiro furacão.

Aqui entendemos que não chegou a ser um furacão, mas quase, ou apenas metaforicamente, um furacão.

Com *velho*, *novo* e *antigo* a mudança de significado é bem grande, mas não é estritamente vinculada à ordenação. Assim, o significado que esses nominais têm quando antepostos também vale para quando estão pospostos, mas aí há um outro significado disponível, de modo que o sintagma é ambíguo. Por exemplo, em

[59] Um novo carro.

entende-se que é um carro recentemente adquirido, não necessariamente zero. Já em

[60] Um carro novo.

pode ser isso, ou então um carro zero. Algo semelhante ocorre com

[61] Um velho amigo / um amigo velho.

As observações acima dão uma ideia das correlações entre a posição do modificador e sua semântica, mas há mais a dizer e principalmente a pesquisar. Por exemplo, o item *grande* se comporta de maneira variada segundo o núcleo que acompanha: *um grande homem* não diz nada do tamanho físico do homem, mas *uma grande cidade* é necessariamente uma cidade de grandes dimensões, assim como *um grande edifício*. Tudo indica que há, na área da semântica da posição do modificador, uma grande incidência de casos particulares, ainda por estudar e mapear devidamente.

33.2.5 Sequências fixas

Existem, finalmente, expressões idiomáticas onde o modificador é colocado em determinada posição e não admite outra. Exemplos de expressões com modificador anteposto são

doce ilusão, alta burguesia, santa Igreja, triste sina

33.3 MODIFICADORES EXPANDIDOS

Quando um modificador é expandido, isto é, contém um elemento adverbial ou um sintagma preposicionado, é colocado depois do núcleo, como por exemplo

[62] Um vestido <u>lindo de morrer</u>.

[63] Batatas <u>boas para sopa</u>.

[64] Uma mulher <u>bonita como um anjo</u>.

Isso está de acordo com a regra geral de que os termos pré-nucleares do SN são sempre formados de apenas uma palavra. Mas há algumas exceções, que envolvem o uso do advérbio *bem*:

[65] Um <u>bem treinado</u> cavalo de corrida.

Concordância

Capítulo 34

Concordância verbal

34.1 O QUE É A CONCORDÂNCIA VERBAL

Tradicionalmente se entende a **concordância verbal** como uma espécie de harmonia entre o verbo e um dos termos da oração, o **sujeito**: o verbo assumiria certa forma conforme o SN que preenche a função de sujeito, e por isso se diz *eu vou*, mas *você vai* e *eles vão*. Vou argumentar que essa análise não é adequada, e que é necessário elaborar um novo conceito desse fenômeno.

É preciso observar antes de mais nada que a concordância verbal é mais restrita no PB do que no português escrito. Não só não se usam as formas ditas "de segunda pessoa (gramatical)", como *vais* ou *ides*[1], mas mesmo as formas de terceira pessoa do plural, *vão* e *andam*, tendem a perder espaço em favor das de terceira do singular, *vai* e *anda*; frases como

[1] Elas não consegue subir no banco.

são correntes na fala da maioria dos usuários do PB. Aqui vou descrever primariamente a forma mais conservadora, ou seja,

[2] Elas não conseguem subir no banco.

mas é importante ter em mente que há muita variação nesse ponto[2].

---

1. A forma *vais* é corrente em muitas áreas do Sul e Nordeste; *ides* está totalmente extinta.

2. Mas todas as variedades do PB têm **alguma** concordância verbal, porque nenhuma aceita **eu chegou* ou **ela cheguei*.

Voltando então ao fenômeno da concordância: sabemos que se pode dizer [3], mas não [4] ou [5]:

[3] O Márcio chegou de Salvador.

[4] * O Márcio cheguei de Salvador.

[5] * Eu chegou de Salvador.

Qual é o mecanismo responsável por isso? Tradicionalmente, como sabemos, se vê aí uma regra sintática que "adapta" o verbo aos traços de pessoa e número do SN precedente, o sujeito. Mas essa explicação se choca com uma série de problemas.

O primeiro deles é a existência de frases como

[6] Cheguei de Salvador.

A que termo da oração é que o verbo estaria se adaptando? Não pode ser *de Salvador*, e não há mais nenhum sintagma na oração além desse e do próprio verbo. A saída tradicional é postular um "sujeito oculto", um *eu* que estaria na oração apenas para efeito de disparar a concordância. Essa solução é muito suspeita: cria-se um sintagma (abstrato) para dar conta da concordância, mas que não pode aparecer, e por isso é depois eliminado. O problema é que não há evidência de que tal sintagma realmente exista ali – note-se que estamos falando de um sintagma, isto é, uma sequência de uma ou mais palavras, não de uma unidade puramente semântica.

É verdade que ao ouvir [6] entende-se que quem chegou de Salvador fui "eu"; mas isso se deve, evidentemente, à terminação verbal, que não é ambígua. Isto é, não há necessidade de postular o sujeito oculto para dar conta desse elemento semântico. Conclui-se que o sujeito oculto foi criado apenas para salvar a hipótese de que a forma do verbo depende de concordância com o sujeito. Se admitirmos que a terminação indica adequadamente o Tema de *cheguei* – o que é inevitável – não há necessidade do sujeito oculto. Escapamos igualmente da necessidade de explicar por que ele não está presente na oração [6].

Outro problema com a análise tradicional é semântico: tomando as frases

[6] Cheguei de Salvador.

[7] Eu cheguei de Salvador.

é necessário reconhecer que [7] é redundante em um ponto em que [6] não é: em [7] o Tema de *cheguei* é representado duas vezes, a saber (a) pelo sujeito, e (b) pela terminação verbal. Já em [6] o Tema só é representado uma vez, pela terminação. Isso é um fato passível até de comprovação experimental: a frase [7] é mais fácil de entender em más condições de transmissão, como em uma ligação telefônica ruim, ou com muito barulho ambiente – simplesmente porque há nela duas pistas quanto ao Tema do verbo, e se o receptor perder uma ainda sobra a outra.

A análise tradicional nega isso, porque afirma que tanto [6] quanto [7] têm sujeito, logo ambas seriam redundantes – mas isso é negado pela experiência. Agora, se dissermos que o sujeito (oculto) de [6] existe, dispara a concordância, mas não vale para a interpretação semântica, teremos agora dois tipos de sujeito: um que dispara a concordância e é semanticamente interpretado, outro que dispara a concordância, mas não é semanticamente interpretado. É pelo menos uma complicação, e a meu ver uma complicação inútil.

Podemos escapar desses problemas assumindo uma análise mais concreta. Vamos admitir que o sujeito é um SN presente na oração. Nesse caso, [7] tem sujeito (*eu*) e [6] não tem. E vamos admitir que um dos papéis temáticos associados ao verbo pode ser representado duplamente na sintaxe: pelo sujeito e/ou pela terminação verbal (o sufixo de pessoa-número). Essa sinalização dupla só afeta o sujeito, e não ocorre em todos os casos, como se vê em [6]; mas em [7] ela está presente. E o sujeito é justamente o SN que recebe o mesmo papel temático também indicado pelo sufixo de pessoa-número.

Essa análise nos libera da necessidade de criar e depois eliminar um sujeito abstrato ("oculto") em frases como [6]; e nos libera da afirmação de que esse sujeito vale para certas coisas (dispara a concordância), mas não para outras (não fornece uma indicação redundante de um dos papéis temáticos associados ao verbo).

Além disso, essa análise segue mais de perto o processamento que se realiza na mente do receptor. Ao escutar [6], ele precisa recuperar o papel temático Tema de *cheguei*, e a única pista que ele tem é o sufixo do verbo; e essa pista é suficiente para a recuperação do papel temático. Não há necessidade de passar por um estágio intermediário de recuperação do sujeito para só depois chegar ao papel temático, e com efeito não há evidência de que o receptor faça isso.

Agora, como dar conta da impossibilidade de dizer [5], por exemplo?

[5] * Eu chegou de Salvador.

Isso pode ser explicado em termos de semântica. Na frase [5] o que temos é uma indicação contraditória sobre qual é o Tema da oração: o sujeito nos diz que sou "eu", mas o sufixo verbal diz que é de terceira pessoa (do discurso, ou seja, não pode ser "eu"). Consequentemente, a frase é semanticamente malformada. O mesmo para

[8] * O Chico chegamos de Salvador.

e assim por diante. Essa é uma decorrência automática do reconhecimento de que o Tema de *chegou* é indicado redundantemente pelo sujeito e pelo sufixo de pessoa-número.

O papel temático assim redundantemente sinalizado varia de verbo para verbo e segundo a construção em que o verbo ocorre; com *chegar*, como vimos, é o Tema; mas com *comer* é o Agente, e com *assustar* pode ser o Agente (se o verbo estiver na construção transitiva) ou o Paciente (se estiver na ergativa). Essas informações sobre cada verbo, naturalmente, constam da valência de cada um deles.

A redundância a que me refiro é total ou parcial, conforme o caso. O sufixo de primeira pessoa do singular fornece informação completa: o Tema de *cheguei* só pode ser "eu", ninguém mais. A primeira do plural é um pouco mais vaga: o Tema de *chegamos* pode ser: "eu" + "você", "eu" + "ele", "eu" + "vocês" etc., mas sempre incluindo "eu". Já a terceira pessoa (gramatical) dá informação muito menos especificada, e comporta uma série de complicações. Por exemplo, em

[9] O Chico chegou de Salvador.

o sufixo verbal só nos diz que o falante ("eu") não está incluído no sujeito, e que se trata de um singular; este pode ser "ele", "ela", "você", "o Chico" ou "uma caixa de sorvete de umbu". Assim, a redundância é parcial, porque o sujeito fornece informação essencial para a compreensão da frase. Por isso mesmo, o sujeito não pode ser omitido, exceto em situação anafórica; a frase seguinte não é aceitável por si só:

[10] * Chegou de Salvador.

Essa frase pode ser usada como parte de um texto maior – em contexto anafórico – como em

[11] O Chico estava viajando. Chegou de Salvador ontem.

Ou então dentro de um contexto em que, digamos, o falante aponta para o Chico e diz [10] – mas mesmo aqui seria mais comum usar o pronome:

[12] Ele chegou de Salvador.

Note-se como esses fatos decorrem naturalmente da nossa análise da concordância como condição de congruência semântica, com representação dupla de um dos papéis temáticos da sentença.

Voltando à terceira pessoa, já vimos (no capítulo 7) que ela pode ocorrer sem sujeito quando este se entende como indeterminado:

[13] Quebraram a janela.

[14] Nessa fazenda planta café e milho.

Nesse caso especial se pode usar o verbo na terceira pessoa gramatical sem sujeito, fora de contexto anafórico.

Isso estabelecido, vemos que o fenômeno da concordância verbal se reduz a um aspecto do mecanismo geral que filtra frases de significado anômalo. Não é necessário incluir na gramática uma regra especial para excluir frases como

[5] * Eu chegou de Salvador.

porque ela é semanticamente malformada, e é rejeitada pelos falantes justamente por isso.

34.2 A CONCORDÂNCIA VERBAL NO PB

No PB, o sistema é bem mais reduzido do que no português escrito, por causa de fenômenos como a eliminação histórica da segunda pessoa gramatical. Mesmo nas variedades que preservam o uso do pronome *tu* a forma verbal é muitas vezes a de terceira pessoa, que assim vai se firmando como uma espécie de forma não marcada; frases como [15] são correntes nessas áreas:

[15] Tu gosta de camarão?

Outros falantes, em geral mais escolarizados, mantêm a forma de segunda pessoa e dizem

[16] Tu gostas de camarão?

Para esses, naturalmente, o filtro marca [15] como inaceitável[3].

No PB, a diferença entre a terceira pessoa do singular e do plural tende a desaparecer. Embora em geral não se diga (nas áreas urbanas pelo menos)

[17] * Eles é do Rio.

com verbos onde a diferença é fonologicamente menos saliente a distinção nem sempre é respeitada:

[18] Eles gostava de camarão.

Os estudos realizados mostraram que frases do tipo de [18] ocorrem mesmo na fala de pessoas escolarizadas, ao lado da variante com *gostavam*[4]. Além disso, existe uma forte tendência a só observar a concordância com sujeito anteposto ao verbo, permitindo frases como

[19] Chegou mais de vinte pacotes para o senhor.

Outra alteração que se está processando é o gradual abandono do pronome *nós* em favor de *a gente*. *A gente* era originariamente uma expressão genérica, análoga ao francês *on*, de modo que se dizia

[20] A gente trabalha demais e ganha pouco.

mas não

[21] A gente foi no cinema ontem.

No entanto, a maioria dos falantes hoje aceita [21][5]. O uso de *nós* continua geral, de modo que a primeira pessoa do plural gramatical ainda não se

---

3. Não creio que seja literalmente inaceitável, mesmo para quem diz [16] consistentemente. Aqui precisaríamos de uma noção mais sofisticada de "(in)aceitabilidade": para esses falantes, frases como [15] seriam aceitáveis (pois certamente as ouvem todo o tempo, sem estranheza), mas eles mesmos não as produzem.

4. O estudo clássico sobre o assunto é o de Lemle e Naro (1977).

5. Estou descrevendo um processo histórico que se verificou em Minas durante a minha vida, e que pude observar em primeira mão.

reduziu à terceira. Se isso acontecer, porém, teremos um sistema de concordância reduzido apenas a duas pessoas: a primeira pessoa do singular (*eu cheguei*) e uma "pessoa" geral que engloba todas as outras (*ele chegou; você chegou; a gente chegou*). Em geral, como observei, a terceira pessoa do plural continua distinta (*eles chegaram*), mas não universalmente; nas variedades que aceitam *eles chegou* – e que por ora são consideradas não padrão – o sistema só admite duas formas pessoais do verbo.

Todos esses fatos mostram que seria oportuno reanalisar a concordância, assim como talvez a própria noção de sujeito no PB.

Capítulo 35

Concordância nominal

35.1 O QUE É A CONCORDÂNCIA NOMINAL

A concordância nominal é o fenômeno de harmonia de gênero e número entre diversos nominais dentro do SN:

[1] Um computador novo.

[2] Uma impressora nova.

Observa-se concordância também com nominais externos ao SN, mas ligados a ele por uma relação temática, como

[3] Os computadores são novos.

[4] A impressora chegou quebrada.

A relação temática é a presença de papéis emparelhados (cf. 14.2): nesses casos, Coisa.qualificada e Qualidade.

Ao contrário da concordância verbal, a concordância nominal não é redutível a fatores semânticos, principalmente porque o gênero dos nominais não tem correlato semântico coerente: *computador* é masculino, *impressora* é feminino, por razões idiossincráticas. Como veremos, os fatores semânticos também interferem, mas de maneira bem distinta do que se verifica no caso da concordância sujeito-verbo.

35.2 GÊNERO

35.2.1 Gênero inerente e governado

Todo nominal usado referencialmente, isto é, para denotar uma coisa, pertence a um gênero: assim, *computador* é masculino, *impressora* é feminino. Os termos "masculino" e "feminino" designam as duas classes em que se dividem todos os nominais que têm potencial referencial, isto é, marcados [+R]. Dizemos que um nominal referencial tem **gênero inerente** – ele *é* masculino ou feminino.

Já um nominal usado qualificativamente mostra – em geral – **gênero governado**, ou seja, precisa ficar no mesmo gênero que o núcleo de seu SN; o núcleo, naturalmente, é referencial e tem gênero inerente. Assim, em *computador novo* a palavra *computador* é masculina – não **está** no masculino; note-se que não existe o feminino de *computador*. Mas *novo* **está** no masculino – e tem uma forma feminina, *nova*. Consequentemente, os nominais que podem ser qualificativos, marcados [+Q], geralmente vêm em pares, um masculino e um feminino: *novo / nova, vermelho / vermelha, meu / minha* etc.[1]

Todos os nominais usados referencialmente têm gênero inerente – são masculinos ou femininos, sem exceção; e o SN do qual são o núcleo "herda" esse mesmo gênero, de modo que podemos dizer não só que *xícara* é feminino, mas também que o SN *a minha xícara de café* é feminino. Isso vale, por exemplo, para efeitos de concordância:

[5] A minha xícara de café está vazia.
    feminino   feminino

Já os nominais usados não referencialmente – ou seja, qualificativamente ou como determinantes, quantificadores etc. – têm em geral gênero gover-

---

1. Para ser mais exato, essa propriedade é de todos os itens que podem ser termo de um SN e não referenciais; assim, vale para os artigos (*o, um*), possessivos, quantificadores etc.

nado, isto é, precisam ter o mesmo gênero do núcleo; mas aqui há muitas exceções, porque muitos desses itens não variam em gênero. Por exemplo:

[6] <u>Cada</u> menina / <u>cada</u> menino

[7] Vestido <u>laranja</u> / sapato <u>laranja</u>

[8] Uma <u>baita</u> colocação / um <u>baita</u> emprego

[9] Um rapaz <u>inteligente</u> / uma moça <u>inteligente</u>

[10] <u>Quatro</u> moças / <u>quatro</u> rapazes

e muitos outros. Em geral se analisa esses casos dizendo que esses itens têm masculino e feminino formalmente idênticos – é uma maneira de dizer que eles são excepcionais.

35.2.2. Gênero gramatical e gênero natural (sexo)

A nomenclatura dos gêneros pode levar a confusão. Essencialmente, o gênero gramatical não tem nada a ver com o sexo, e é perfeitamente possível fazer referência a um homem usando o feminino (*a vítima, a pessoa, a criança*) ou a uma mulher usando o masculino (*o cônjuge, o participante, o personagem*)[2]. E, naturalmente, para a maioria dos casos não há sexo envolvido: *xícara, impressora* e *teoria* são femininos, mas só gramaticalmente.

Isso dito, é inegável que existe uma tendência a correlacionar gênero e sexo nos nominais que designam pessoas e certos animais: *o homem / a mulher, o professor / a professora, o gato / a gata* etc. Mas esse fato não tem relevância na gramática, porque um feminino como *professora* (que designa uma mulher), um como *pessoa* (que pode designar tanto homem quanto mulher) e um como *xícara* (que não designa nem macho nem fêmea de espécie nenhuma) são gramaticalmente idênticos em seu comportamento. Em particular, funcionam da mesma maneira para efeitos de concordância.

---

2. Mas note-se que são todos referentes aos dois sexos; aparentemente não existem itens masculinos que se refiram *necessariamente* a criaturas do sexo feminino, ou vice-versa.

35.3 NÚMERO

35.3.1 Singular e plural

O número (**singular, plural**) funciona até certo ponto de maneira paralela ao gênero. Mas também há diferenças.

Um nominal usado referencialmente tem número; mas aqui as coisas são mais complicadas do que no caso do gênero. Primeiro, em geral não se pode dizer que um nominal *é* singular ou plural, porque a imensa maioria tem os dois números; há exceções, como *férias*, que só pode ser plural, e *ouro*, que é sempre singular, mas são relativamente poucas.

Depois, o número não é semanticamente neutro: há uma relação, embora não simples, entre o número e a quantidade de elementos a que se faz referência. Em geral, o plural se refere a mais de um elemento: *xícaras*, e o singular a apenas um: *xícara*. Isso vale mesmo para os coletivos, porque embora *bando* se refira a mais de um pássaro, não é sinônimo de *pássaros*: trata-se de um conjunto de pássaros organizados de certo modo, nem que seja por estarem todos juntos. Mas *férias* e *costas* (parte do corpo) são sempre plurais, e se referem a uma coisa só. Outros, como *óculos*, embora dados como plurais nas gramáticas, são singulares no PB: *o seu óculos está na mesa*. De qualquer forma, o número não é uma categoria tão arbitrária quanto o gênero. Embora seja necessário distinguir número gramatical de quantidade, há uma correlação inegável entre as duas coisas.

35.3.2 Concordância de número no PB

No padrão escrito, a concordância de número se faz da mesma maneira que a de gênero, isto é, o núcleo determina o número dos modificadores, determinantes, quantificadores e outros elementos não nucleares:

[11] O livro / os livros

[12] Essa menina despenteada / essas meninas despenteadas

No entanto, o PB trata essa regra de maneira diferente da língua escrita. A marca de plural, a saber, o sufixo *-s* (e suas variantes alomórficas) o mais das vezes ocorre apenas no primeiro elemento do SN, quando este é um determinante, um quantificador ou um possessivo (ou seja, os elementos pré-nucleares, exceto o modificador). Assim, ambas as formas dadas abaixo são aceitáveis:

[13] Os livros / os livro

[14] Essas meninas despenteadas / essas menina despenteada

[15] Meus filhos / meus filho

Se não há termos pré-nucleares, o núcleo pode aparecer sem marca de plural, e nesse caso a concordância é toda feita no singular. Assim, o que no padrão se escreve

[16] Meninas são muito estudiosas.

no PB fica

[17] Menina é muito estudiosa.

Essa construção está por estudar. Aparentemente, a forma do SN singular sem elementos pré-nucleares, que tem acepção genérica, estaria substituindo o plural em alguns de seus usos. Assim, tanto [16] quanto [17] são afirmações a respeito de toda e qualquer menina, não a respeito de uma menina ou meninas em particular.

É bom insistir em um ponto: essas são regras gerais do PB, seguidas por praticamente todos os falantes, de todas as classes sociais e de todas as regiões. Não se trata de linguagem "inculta", ou "regional", mas do vernáculo comum a todos os brasileiros. E é preciso enfatizar o caráter morfológico desse fenômeno: não se trata de simples omissão do s final. Provas disso são, primeiro, a conservação do s quando ele não é marca de plural: *atrás, nós, Luís* sempre mantêm o s. E, depois, alguns itens que sofrem abertura da vogal média no plural conservam essa abertura mesmo quando perdem o **s**: assim, diz-se muitas vezes *os óvo*, *os ólho* com **o** aberto: [ʊ 'zɔvʊ], [ʊ 'zɔλʊ] ou [ʊ 'zɔjʊ] (esta última pronúncia, *os óio*, pode ser considerada mais "popular", o que não a faz menos frequente)[3].

Uma outra maneira de exprimir o plural (com a denotação de totalidade) é acrescentar o elemento invariável *tudo* depois do núcleo ou do verbo, como em

[18] As menina tudo ficou gritando.

[19] As menina ficou tudo gritando.

[20] O mecânico perdeu os parafuso tudo.

Notar o uso do verbo no singular em [18] e [19], embora o SN sujeito seja plural. A construção com *tudo* é talvez menos universalmente usada do que as anteriores, mas suspeito que também ocorre na fala da maioria dos falantes[4].

35.4 CONCORDÂNCIA NOMINAL FORA DO SN

A concordância nominal não se processa apenas entre os termos do SN; funciona também em um outro grupo de construções, exemplificadas por

[21] As fichas estão espalhadas.

[22] Os clientes entraram na loja furiosos.

Aparentemente o que dispara a concordância é um fator semântico, a saber, o fato de que nessas construções a qualidade (ou o que seja) expressa pelo nominal final é atribuída ao núcleo do SN inicial: *espalhadas* se aplica a *as fichas*, e *furiosos* a *os clientes*. Mais precisamente, essas construções se caracterizam por terem uma Coisa.qualificada e uma Qualidade, como em

---

3. Existe também a pronúncia sem abertura, ou seja, idêntica ao singular: [ʊ 'zovʊ] etc.

4. Não posso evitar ser um tanto inseguro quanto à extensão de uso dessa construção, pois ela nunca foi pesquisada, que eu saiba pelo menos.

SujV	**V**	**SAdj**
Coisa.qualificada		Qualidade

Esses dois papéis temáticos ocorrem sempre assim, em pares (emparelhados): para cada Qualidade há sempre uma Coisa.qualificada; e

> todo sintagma com o papel temático Qualidade deve concordar em gênero e número com a Coisa.qualificada, desde que seja morfologicamente capaz disso.

Esta última restrição é necessária por causa de

[23] <u>Os caras do 402</u> são <u>sem educação</u>.

onde não há concordância porque *sem educação* não varia em gênero e número; a concordância se verificaria se fosse *mal-educados* (masculino, plural).

A regra dada acima é provavelmente mais geral; parece que se aplica a todos os casos de papéis temáticos emparelhados, ou seja, que ocorrem sempre em número de dois, semanticamente relacionados. Um exemplo é

[24] A fábrica fica bem próxima.

onde *próxima* tem o papel temático Lugar, e *a fábrica* o de Coisa.localizada.

35.5 MARCADOS E NÃO MARCADOS

A última regra vista tem uma exceção: quando o SN tem significado genérico, sem determinante, o sintagma qualificativo fica no masculino singular:

[25] Água mineral é <u>bom</u> para a saúde.

Compare-se com

[26] Essa água mineral é <u>boa</u> para a saúde.

onde o SN sujeito (Coisa.qualificada) não é genérico.

O nominal *bom* em [25] não concorda; e nesse caso vai para o masculino. Temos aqui um exemplo de um fenômeno mais geral da língua: a forma que chamamos "masculino" é na verdade a forma não marcada – aquela que aparece quando não há concordância nominal em ação. Assim, em frases como

[27] Está <u>cheio</u> de abelha(s) no quintal.

[28] Fazer conta de cabeça é <u>chato</u>.

o nominal não qualifica nenhum núcleo em especial, e portanto não tem com quem concordar. Nesse caso, vai automaticamente para o masculino, ou seja, a forma não marcada[5].

É assim que se deve encarar o fenômeno da concordância nominal: em certos casos especiais, é necessário usar a forma marcada (*boa, cheia, chata*) para concordar com um núcleo igualmente marcado (isto é, "feminino"); em todos os outros casos, inclusive quando não há concordância, usa-se a forma não marcada (*bom, cheio, chato*).

Assim como o masculino é o gênero não marcado, o singular é o número não marcado. Isso se vê em casos como

[17] <u>Menina</u> é muito estudiosa.

onde, como vimos, o singular é usado para designar uma entidade genérica. Igualmente, usa-se o singular em casos como

[27] Está <u>cheio</u> de abelha(s) no quintal.

[28] Fazer conta de cabeça é <u>chato</u>.

onde, a bem dizer, o número enquanto expressão da quantidade não se aplica.

---

5. Não é coincidência os adjetivos virem no dicionário na forma masculina: *bom*, e não *boa* – é a forma não marcada, ou seja, básica, que aparece ali.

Classes de palavras

Capítulo 36

Classificação

36.1 CLASSES E FUNÇÕES

A descrição da estrutura de uma língua depende crucialmente de classificações: classes de palavras, classes de sintagmas, classes de morfemas. As classes de palavras tradicionalmente reconhecidas são o substantivo, o verbo, a preposição etc. As classes de sintagmas são o sintagma nominal, o sintagma adverbial, a oração etc. E os morfemas também se classificam: temos sufixos e prefixos, e dentre os sufixos os de pessoa-número, de tempo-modo-aspecto, de plural dos nominais, de diminutivo, e assim por diante. Aqui vamos nos ocupar principalmente das classes de palavras, mas é bom deixar claro que se trata apenas de um caso especial das classes de formas. O leitor verá que a língua apresenta, nesse particular, grandes complexidades; por isso, a exposição é também um tanto complexa (mas, espero, não obscura). Não tenho que pedir desculpas por isso: quando os fatos são complexos, não há maneira de apresentá-los de maneira simples.

Como a questão da classificação das formas é tratada de maneira bastante inadequada nas gramáticas tradicionais, é necessário, antes de mais nada, fazer algumas considerações teóricas sobre o que vem a ser uma classe; e, para começar, distinguir **classe** (advérbio, nominal, verbo intransitivo etc.) de **função** (sujeito, objeto etc.)[1].

---

1. Gostaria de observar que a discussão que se segue não tem no fundo nada de inovador ou revolucionário; tudo o que faço é partir das noções tradicionais de **classe** e **função** e levá-las a suas conclusões lógicas.

Essa distinção, embora seja essencial, nem sempre se encontra explicitada nas análises tradicionais. O problema se manifesta com frequência em afirmações de que elementos de determinada classe "funcionam" como se pertencessem a outra classe em determinado contexto. Por exemplo, encontram-se referências à "realização intransitiva de um verbo transitivo", ou a "adjetivo que funciona em certo contexto como advérbio" e assim por diante, o que é uma maneira inadequada de descrever os fatos. Vou tentar esclarecer esse ponto, e para adiantar minhas conclusões, formulo o seguinte princípio:

As **funções** se definem no contexto em que ocorrem; as **classes** se definem fora de contexto.

Pode-se testar isso formulando perguntas como:

(a) A que classe pertence a palavra *gato*?

(b) Qual é a função sintática da palavra *gato*?

Não há grande dificuldade em responder (a) – *gato* é, digamos, um substantivo[2]. Mas a pergunta (b) não tem resposta possível; só pode ser respondida se for fornecido um contexto, porque *gato* pode ter diversas funções sintáticas: para usar de modo bem informal a terminologia tradicional, pode ser sujeito, objeto direto, predicativo do sujeito, núcleo de um SN, complemento de preposição[3]. Ou seja, uma função se caracteriza pela inserção do item em determinado entorno gramatical; *gato* é sujeito em

[1] Gato dá muito trabalho.

mas pode ser outra coisa em outra oração.

---

2. Na terminologia tradicional; para nós, *gato* é, entre outras coisas, [+R, +Q] (cf. adiante).

3. Insisto na informalidade dessas afirmações porque, por exemplo, a **palavra** *gato* não pode ser sujeito; o que pode ser sujeito é o **sintagma nominal** composto da palavra *gato*. Mas vamos manter as coisas simples por enquanto.

36.2 PARA QUE CLASSIFICAR?

Eu disse acima que a descrição precisa fazer uso de classes. Vamos ver agora por quê.

A descrição é composta de afirmações a respeito de determinadas unidades. Assim, verificamos que a palavra *cavalo* faz o plural por meio do sufixo -*s*, e esse plural é utilizado para se referir a mais de um cavalo. Muitas outras palavras se comportam da mesma maneira nesse particular: *cama / camas*; *xícara / xícaras*; *flor / flores* (onde -*es* pode ser considerado uma variante de -*s*); *simbólico / simbólicos* etc. São literalmente dezenas de milhares.

Essas mesmas palavras têm outras propriedades: por exemplo, muitas delas podem ser núcleo de um SN (*simbólico* não pode, de maneira que essa propriedade não vale para todas); e muitas delas (aliás as mesmas que podem ser núcleos) designam objetos concretos ou abstratos, ou seja, **coisas**. Ora, é claro que não podemos construir uma gramática mencionando, para cada uma dessas propriedades, a lista dos itens que a possuem; algo como:

as palavras *aba, abadá, abacate* .... *zumbido, zunzum, zurro* podem ocorrer como núcleo de um SN.

Onde está "...." vão algumas dezenas de milhares de palavras. E quando formos falar das palavras que fazem o plural em -*s*, temos que colocar de novo a mesma lista; e ao mencionar a possibilidade de se referir a coisas, novamente damos a lista, ou grande parte dela. É evidente que desse jeito a gramática vai ficar ilegível de tão longa. Mas podemos tomar um atalho: colocamos todas as palavras que podem ser núcleo de um SN em uma classe, e fazemos a afirmação nos referindo à classe, não às palavras individuais; de outra forma a formulação das regras gramaticais se torna inviável.

Essa é a relevância das classes de palavras, descritivamente falando. Mas elas são importantes também sob outro ponto de vista: tudo indica que nosso conhecimento da língua, ou seja, o sistema que temos programado em nosso cérebro e que nos permite usar a língua, inclui como parte essencial uma classificação das formas. É o que faz com que não precisemos aprender todas as formas de *levitar* – basta identificar essa palavra como um verbo, e aí já sabemos que existem as formas *levitando, levitei, levitava*, e que significado cada uma delas tem.

Nos próximos capítulos vamos fazer uma rápida excursão pelo léxico do PB, com exemplos das classes de palavras. Mas antes precisamos examinar com mais profundidade como se classificam as palavras – um sistema de surpreendente complexidade, como se verá.

36.3 CLASSES DE PALAVRAS E COMPLEXIDADE

Vamos examinar algumas palavras tradicionalmente classificadas como "substantivos" e "adjetivos". Veremos que a classificação tradicional, além de ser teoricamente incorreta, é excessivamente simples para dar conta da extrema complexidade dos fatos da língua; nesta seção vou dar uma ideia dessa complexidade. Gostaria de dizer que a descrição exposta na presente *Gramática* não pode levar em conta toda a riqueza de detalhes relativos à classificação das palavras, primeiro por razões de espaço, mas principalmente porque a área não foi suficientemente pesquisada, e permanece como um desafio aos futuros linguistas (e a sua capacidade de trabalho). No entanto, é importante contar como são as coisas, para dar ao leitor uma noção realista do problema, e também para orientar a pesquisa futura.

36.3.1 Palavras R, Q e R-e-Q

Vejamos, para começar, a palavra *barulho*. Tradicionalmente é um substantivo; vejamos o que é que isso significa.

Em primeiro lugar, *barulho* é o nome de uma coisa (ao contrário de *gástrico, perto* e *aqui*). Por isso mesmo, pode aparecer como núcleo de um SN, como em

[2] [O barulho]$_{SN}$ não me deixou dormir.

Vamos designar essa propriedade com o símbolo **R** (de "referencial"). Isso quer dizer que a palavra *barulho* pode ser usada para se referir a uma coisa. Desse modo, marcamos *barulho* positivamente para o traço semântico [R]:

barulho [+R]

O sinal + significa um potencial: [+R] se entende como "pode ser referencial". Em casos concretos, colocamos simplesmente [R], sem +, o que se entende como "é referencial (neste contexto)".

Antes de passar adiante, é bom lembrar que esse traço precisa ser conhecido por todo e qualquer usuário da língua portuguesa. Se uma pessoa não sabe que *barulho* é nome de uma coisa, e que pode ocorrer como núcleo de um sintagma nominal, simplesmente não conhece a palavra e não vai conseguir usá-la corretamente. Qualquer pessoa, seja ela analfabeta, sabe muito bem que [2] é uma boa frase do português – ainda que não possa colocar esse conhecimento em termos técnicos, dizendo que "*barulho* tem o traço [+R]".

Há palavras que não têm a marca [+R]. Por exemplo, *sufocante* não é o nome de uma coisa, e por isso a frase seguinte é muito estranha:

[3] * O sufocante me fez um mal danado.

Ou seja, *sufocante* é marcado negativamente para o traço [R]:

sufocante [-R].

A palavra *sufocante* serve para restringir a referência de outras palavras. Isto é, se temos uma palavra [+R] – como por exemplo *calor* – podemos restringir sua referência usando *sufocante*. Isso quer dizer que *calor* pode ser qualquer calor, mas *calor sufocante* é um tipo mais restrito de calor. Exprimimos isso dizendo que *sufocante* tem o traço [+Q].

É fácil verificar que *barulho* não tem a propriedade Q. Assim, as duas palavras podem ser marcadas como

barulho   [+R, -Q]
sufocante   [-R, +Q]

Até aqui não fizemos mais do que formalizar uma coisa que a gramática tradicional também diz: *barulho* é um substantivo (porque é nome de uma coisa) e *sufocante* é um adjetivo (porque restringe a referência de um substantivo). Se as coisas fossem simples assim, a análise tradicional, nesse particular, seria correta.

Mas as coisas não são simples assim. Vamos pegar uma terceira palavra, *amigo*. A pergunta é como se classifica essa palavra com referência às propriedades R e Q. Acontece que *amigo* é o nome de uma coisa, e é também um restritor de referências; tanto é assim que podemos dizer

[4] Meu amigo me telefonou ontem.

[5] Vou consultar um médico amigo.

Em [4] *amigo* se refere a uma coisa (no caso, uma pessoa); em [5], a coisa é *médico*, e *amigo* restringe sua referência: não se trata de qualquer médico, mas de um médico amigo. Ou seja, essa palavra tem que ser marcada positivamente quanto aos dois traços estudados:

amigo [+R, +Q]

Amigo, então, não tem o mesmo comportamento gramatical nem de *barulho* nem de *sufocante* – pergunta-se, então: Em que classe se coloca *amigo*? É substantivo ou adjetivo? Temos um problema, se quisermos manter a dicotomia tradicional: é evidente, pelo que vimos, que essas três palavras têm comportamentos gramaticais diferentes; são três tipos de palavras, não apenas dois.

Uma solução a que se recorre às vezes é dizer que *amigo* é substantivo em [4] e adjetivo em [5]. Mas isso confunde classes e funções, e define as classes em contexto, o que já sabemos que não é correto (cf. 36.1). Queremos saber quais são as potencialidades de cada palavra, para explicar como é que uma pessoa consegue colocar cada uma em seus contextos adequados. Defini-las em contexto equivale a dizer que *amigo* é substantivo quando está no contexto de substantivo (por exemplo, quando é núcleo de um SN). Mas então de onde o falante ficou sabendo que poderia colocar aquela palavra (e não *sufocante*) naquele contexto? Simplesmente porque *sufocante* não pode ser substantivo, isto é, não pode ocorrer naquele contexto. Como se vê, trata-se de uma explicação circular que não nos leva a lugar nenhum.

Mas não temos nenhuma necessidade de preservar a análise tradicional a todo custo. Ela pode estar errada, e neste caso está. Temos três, não duas classes, e é melhor encarar essa realidade – os fatos são mais complicados do que dá a entender a análise tradicional. Assim, vamos aceitar que essas três palavras se classificam em três classes, a saber,

barulho	pertence à classe definida como	[+R, -Q]
sufocante	pertence à classe definida como	[-R, +Q]
amigo	pertence à classe definida como	[+R, +Q]

e, é claro, uma palavra como *sempre* pertence a uma classe definida como [-R, -Q], pois não é nem nome de uma coisa nem restringe a referência de alguma coisa.

36.3.2 Outros traços classificatórios

Esses dois traços permitem classificar um grande número de palavras. No entanto, nem chegam perto de descrever o comportamento gramatical delas de maneira completa. Vamos examinar a palavra *Portugal*. À primeira vista, parece muito semelhante a *barulho*, porque afinal de contas Portugal é uma coisa (um país), e não é uma qualidade. Assim, temos

Portugal [+R, -Q]

Mas quem sabe só isso ainda não vai poder usar a palavra corretamente. Pela classificação acima, *Portugal* seria igual a *barulho*. Mas há diferenças: podemos usar o artigo com *barulho*, como vimos em

[2] O barulho não me deixou dormir.

mas com *Portugal* isso não é possível:

[6] * O Portugal vai jogar amanhã contra a Alemanha.

Temos que dizer, em vez,

[7] Portugal vai jogar amanhã contra a Alemanha.

Ou seja, *Portugal* e *barulho* têm comportamento gramatical diferente. Vamos exprimir isso com o traço [**Art**], que significa a propriedade de ocorrer com artigo, e nada mais, no SN. Assim, essas palavras vão se classificar assim:

Portugal	[+R, -Q, -Art]
barulho	[+R, -Q, +Art]

Acrescentando as outras palavras, teremos

Portugal	[+R, -Q, -Art]
barulho	[+R, -Q, +Art]
amigo	[+R, +Q, +Art]
sufocante	[-R, +Q, -Art]

Até este ponto temos quatro palavras e **quatro** classes, porque não há duas com o mesmo comportamento gramatical.

36.3.3 Procurando classes homogêneas

É claro que *deve* haver palavras idênticas quanto ao comportamento gramatical, e que consequentemente pertencem exatamente à mesma classe.

Mas quando tentamos encontrar algumas, muitas vezes temos surpresas. Vamos ver, por exemplo, se *mecânico* funciona exatamente como *amigo*. À primeira vista, parece que vai dar:

amigo   [+R, +Q, +Art]
mecânico   [+R, +Q, +Art]

como mostram as frases

[8] O <u>mecânico</u> me telefonou. [R] e também [Art]

[9] Meu carro tem um defeito <u>mecânico</u>. [Q]

Agora, *mecânico* tem uma particularidade curiosa: quando usado para restringir a referência de um [R], ele pode atribuir uma qualidade a esse elemento, como em [9], onde se entende que o defeito é efetivamente mecânico. Nesses casos podemos usar *mecânico* também como complemento do verbo *ser*, como em

[10] O defeito do meu carro é mecânico (e não elétrico).

Mas em outros casos *mecânico*, ao restringir uma referência, não qualifica o elemento [R], mas outra coisa – muitas vezes uma atividade que esse elemento desempenha:

[11] Contratamos uma engenheira mecânica.

Aqui não estamos dizendo que a engenheira tem a qualidade de ser mecânica (uma robô?), mas que ela lida com alguma coisa mecânica. E nessa acepção não podemos usar *mecânico* como complemento de *ser*; a frase

[12] Essa engenheira é mecânica.

quer dizer que ela é, de fato, um robô.

Isso acontece muito frequentemente com designações profissionais, como *cirurgião gástrico*, *físico nuclear* ou *linguista indo-europeu*, onde o modificador denota o tipo de atividade da pessoa. Já *amigo* não tem essa propriedade: quando o usamos para restringir uma referência, é sempre qualificando o elemento [Q]. Isso diferencia essas duas palavras, e pode ser expresso pelo traço [class] – "classificador" como em *engenheira mecânica* em oposição a [qual] – "qualificador" como em *defeito mecânico* e *médico amigo*. Assim, temos que dizer que *amigo* é [-class, +qual] e *mecânico* é [+class, +qual]. Ou seja, ao aumentar nosso grupo para cinco palavras, obtemos **cinco** classes:

Portugal	[+R, -Q, -Art, -class, -qual]
barulho	[+R, -Q, +Art, -class, -qual]
amigo	[+R, +Q, +Art, -class, +qual]
sufocante	[-R, +Q, -Art, -class, +qual]
mecânico	[+R, +Q, +Art, +class, +qual]

36.3.4 Perseguindo a complexidade

Até agora, examinando apenas palavras tradicionalmente chamadas "adjetivos" e "substantivos", já chegamos a cinco classes. Fizemos isso utilizando propriedades comuns, conhecidas de todo e qualquer falante, e que certamente fazem parte do conhecimento linguístico desses falantes.

Vamos acrescentar mais uma propriedade (traço) à nossa análise: a propriedade de ser um nome próprio, ou seja, de se referir a uma entidade única e não a um conjunto de entidades semelhantes. Desse ponto de vista, *Portugal* é diferente de todas as outras, e pode ser marcada [**+próprio**]; as outras todas são [**-próprio**]. Essa oposição não é somente lexical – ela tem repercussões gramaticais. Um nominal [-próprio], quando aparece sozinho no SN, tem significado genérico. Assim, em

[13] Barulho incomoda demais.

entende-se que a frase fala de todo e qualquer barulho. Mas com nominais [+próprio] isso não acontece, e a referência continua específica:

[14] Portugal recebe bem os turistas.

É claro que [14] não significa "todo e qualquer Portugal recebe bem os turistas". Assim, podemos acrescentar esse novo traço à nossa matriz, obtendo

Portugal	[+R, -Q, -Art, -class, -qual, +próprio]
barulho	[+R, -Q, +Art, -class, -qual, -próprio]
amigo	[+R, +Q, +Art, -class, +qual, -próprio]
sufocante	[-R, +Q, -Art, -class, +qual, -próprio]
mecânico	[+R, +Q, +Art, +class, +qual, -próprio]

Continuamos tendo cinco classes. Mas e se acrescentarmos *Haiti* ao grupo? Pode-se pensar que *Haiti*, sendo um nome de país, vai ficar igual a *Portugal*. Mas não: *Portugal*, como vimos pelas frases [7] e [14], é marcado como [-Art] e não se usa com artigo. Mas *Haiti* aceita artigo:

[15] O Haiti vai jogar amanhã contra o Peru.

Haiti e *Portugal*, portanto, são muito parecidas, mas não são idênticas. E a matriz (devidamente rearranjada para ficar mais clara) fica assim:

[16]

	R	Q	Art	class	qual	próprio
Portugal	+	-	-	-	-	+
barulho	+	-	+	-	-	-
amigo	+	+	+	-	+	-
sufocante	-	+	-	-	+	-
mecânico	+	+	+	+	+	-
Haiti	+	-	+	-	-	+

Seis palavras, seis classes.

36.3.5 Classificação cruzada

Ainda a respeito do quadro [16], há uma observação importante a fazer. A classificação que é representada ali não pode ser reduzida a uma hierarquia de classes e subclasses. Por exemplo, a classe das palavras [+Q] não se subdivide em [+class] e [-class]; isso porque, embora todas as palavras [-Q] sejam também [-class], há palavras [+Q] que são [+class] (*mecânico*) e palavras [+Q] que são [-class] (*amigo*). Ou seja, em princípio cada traço define um recorte independente do definido pelos outros traços.

Isso de certa forma é reconhecido na análise tradicional – mas, tipicamente, de maneira pouco explícita e sistemática. Assim, sabemos que os substantivos podem ser masculinos e femininos, e também próprios e comuns. Mas não se pode dizer que próprios e comuns são subclasses dos masculinos, por exemplo, porque há palavras masculinas próprias, masculinas comuns, femininas próprias e femininas comuns. Assim, um quadro como [16] não define classes e subclasses, mas fornece uma classificação cruzada. E, como as coisas são mesmo complexas, isso não impede que haja subclassificações parciais: as palavras [+R] se dividem em [+próprio] e [-próprio]. Mas não se pode dizer o mesmo para todos os pares de traços: é preciso investigar caso a caso.

36.3.6 Limites da complexidade

E agora temos **seis** palavras e **seis** classes. Uma boa notícia: *Brasil, Peru, Canadá* e *Japão* funcionam (quanto a esses seis traços) da mesma maneira que *Haiti*. Mas não podemos deixar de pensar: Onde é que isso vai parar? Será que vamos chegar a ter uma classe para cada palavra? E se for isso, como é que a gente consegue aprender uma língua? Resposta a essas perguntas é algo que ainda não temos, mas já é possível fazer algumas suposições plausíveis, que podem pelo menos indicar direções promissoras para a pesquisa empírica. A complexidade que vimos acima parece ser inevitável, mas existem alguns caminhos que permitem lidar com ela de maneira mais eficiente.

Em primeiro lugar, há todo um sistema de acarretamentos do tipo: "se uma palavra é [-R], é também necessariamente [-Art]". Ou seja, algumas das marcas da matriz de traços são redundantes. Por exemplo, para a palavra *Haiti*, temos

Haiti   [+R, -Q, +Art, -class, -qual, +próprio]

Mas é possível derivar alguns desses traços de outros traços mais básicos. No caso, o fato de que *Haiti* é [-Q] acarreta que é necessariamente [-class] e [-qual] (esse tipo de regra se denomina **de redundância**). Já na palavra *sufocante*,

sufocante   [-R, +Q, -Art, -class, +qual, -próprio]

a marca [-R] acarreta que a palavra é [-próprio] (em termos tradicionais, só substantivos podem ser próprios, não há verbos ou preposições "próprias"). Isso quer dizer que a matriz [16] é na verdade mais simples do que parece à primeira vista: várias das marcas podem ser eliminadas, porque acabam sendo preenchidas por regras de redundância como essas que vimos para *Haiti* e *sufocante*.

Outro fator que ajuda a aprendizagem é que há uma hierarquia entre os traços, de modo que aprender uns é mais importante do que aprender outros. Digamos que um estrangeiro diga *o Portugal vai ganhar a copa* – é claro que ele cometeu um erro, mas esse erro é certamente menos grave do que se ele dissesse *o sufocante me atrapalhou*, que é até difícil de entender. Isso indica que o traço [Art] é menos importante do que [R], pelo menos no que concerne aos interesses da comunicação.

Um terceiro fator, possivelmente o mais importante, é que existe uma relação entre o comportamento gramatical de uma palavra e o significado dessa palavra. Quando aprendemos uma palavra nova, não começamos por seus traços gramaticais, mas pelo significado: *barulho* é o nome de uma coisa. Daí já se pode retirar bastante informação sobre como essa palavra vai funcionar nas sentenças da língua. Por exemplo, vai ser [+R] e isso quer dizer que podemos utilizá-la como núcleo de um SN (*esse barulho, o barulho do motor*), mas não como núcleo de uma oração (ou de um sintagma verbal): *a Gabi barulho o dia inteiro*. Por outro lado, essa relação entre significado e comportamento gramatical não é infalível, e o significado de uma palavra não nos diz se ela vai ser [+Art] ou [-Art]: afinal, *Portugal* e *Haiti* são ambos nomes de países, ambos masculinos, logo porque será que só *Haiti* aceita artigo? Essa é uma idiossincrasia que tem que ser aprendida individualmente. Há muitos pontos em que a semântica não permite prever o comportamento gramatical, e esses precisam ser mapeados individualmente na gramática e no léxico.

Finalmente, tudo indica que quando se aprende uma língua a atenção se dirige primariamente aos traços classificatórios, e não às classes propriamente ditas. Cada vez que uma criança ouve uma palavra em contexto, ela formula uma hipótese, e essa hipótese se expressa em traços – a palavra é armazenada de acordo com sua composição em traços, e não em uma "gaveta" exclusiva. Isso permite que a classificação vá se fazendo progressivamente, com o acréscimo de novos traços classificatórios. Por exemplo, digamos que a criança ouve

[17] Meu amigo telefonou.

Essa frase permite deduzir que *amigo* é [+R] – o que por sua vez acarreta que é o nome de uma coisa; que tem um plural em *-s*; que pode ocorrer como complemento do verbo *ser*, como em *ele é meu amigo*. Depois, quando ouve

[18] Vou procurar um médico amigo.

torna-se possível enriquecer a matriz de *amigo* acrescentando [+Q] e também [+qual]. Desse modo o conhecimento de regras gerais da língua nos permite dar conta de grande parte da classificação de cada palavra. Mas observe-se que todo o tempo estamos observando e fazendo hipóteses sobre a composição em traços da palavra, não propriamente sobre sua classe, considerada globalmente. Quando uma criança diz *eu fazi três anos*, ela está lidando com uma representação parcialmente correta de *fazer*: sabe que é um verbo da segunda conjugação, que ocorre com objeto, mas supõe que seja regular, e nesse ponto está enganada. Como se vê, a criança elabora suas hipóteses em termos de traços (propriedades), e não globalmente para cada palavra. Desse modo fica possível lidar com grande número de palavras e grande número de classes de maneira eficiente.

Não é possível dar uma lista dessas regras e relações de acarretamento no momento porque não são suficientemente conhecidas – sabemos que existem, mas não temos detalhes, nem uma lista de tais regras. Eventualmente, porém, elas vão acabar sendo incluídas como parte, de pleno direito, da estrutura da língua. Na verdade, é em função dessas relações que podemos falar de "classes" em um sentido próximo do tradicional. Por exemplo, as palavras marcadas [+R] têm também a propriedade de poderem ser núcleo de um SN, e portanto núcleo de sujeitos, objetos e complementos de preposição. Palavras com essa composição de traços são muitos milhares na língua, e podem ser encaradas como constituindo uma classe mais ou menos no sentido tradicional. No entanto, é bom ter em mente, em primeiro lugar, que essa classe só é homogênea quanto a certos traços – dentre esses milhares de itens temos alguns que são próprios, outros comuns; masculinos e femininos; [+Art] e [-Art]; [+Q] e [-Q]; e alguns itens [+Q] que têm a propriedade de ocorrer com o papel temático Modo – o que distingue *alto* (*ele fala alto*) de *bom* (*ele fala bom); e mais uma multidão de outros traços que os diferenciam, de modo que só podemos considerar esse grupo como homogêneo fingindo que não vemos as diferenças entre seus componentes.

E é preciso também reconhecer que mesmo nessa versão resumida há classes em número muito maior do que as mais ou menos dez que encontramos nas descrições tradicionais, e que algumas têm um número muito reduzido de membros. Um exemplo é a palavra *como*, que tem traços que a identificam com as "conjunções" tradicionais, como em

[19] Esse autor explica a matéria como ele a entende.

Aqui *como* está conectando duas orações, uma função típica das conjunções. Mas *como* também aparece introduzindo um sintagma não oracional:

[20] Esse autor escreve como um especialista.

onde a função de *como* é a de marcar um dos complementos de *escrever*, atribuindo a ele um papel temático (Modo) – e essa é uma função típica das preposições. Essa amplitude funcional não é típica – as "preposições" em geral só ocorrem antes de SNs (e antes de orações infinitivas, que também são SNs), e as "conjunções" antes de orações não infinitivas. O resultado é que *como* está mais ou menos sozinha em sua classe.

Resumindo, embora a noção de **classe** continue fundamental para a descrição, ela precisa ser reconceituada nas linhas mostradas acima, a fim de se ajustar aos fatos observados. Aqui, como em tantos outros pontos da gramática, encontramos um alto grau de complexidade, talvez inesperado, mas inevitável.

36.3.7 Potencial funcional

Voltando por um momento à matriz [16]: um traço como [+R] significa que a palavra em questão *pode* se referir a uma coisa – mas, naturalmente, isso não quer dizer que ela sempre se refira a uma coisa. Já vimos que *amigo* pode se referir a uma coisa (*meu amigo telefonou*) ou não (*um médico amigo*, onde *amigo* é qualidade e a coisa é *médico*). Isso significa que [+R] exprime algo que a palavra *pode* ser – é parte da receita de como utilizar essa palavra para construir enunciados. Todos os traços utilizados na classificação das palavras são como esse: trata-se de um conjunto de traços classificatórios, e cada um deles exprime um aspecto do **potencial funcional** da palavra em questão. O potencial funcional de uma palavra é o conjunto de todos os traços que se aplicam a ela; a matriz [16] não é completa, mas mostra como isso se faz para as seis palavras estudadas. A matriz é classificatória porque **uma classe é o conjunto das formas que têm o mesmo potencial funcional**. E agora podemos voltar à pergunta vista anteriormente,

Qual é a função sintática da palavra *gato*?

e reformulá-la de maneira mais adequada, a saber,

Que funções (sintáticas e semânticas) pode desempenhar a palavra *gato*?

ou seja, perguntamos agora qual é o potencial funcional dessa palavra. E agora a pergunta pode ser respondida.

A esta altura, já dá para desconfiar que não vamos ter muitos grupos de palavras com *exatamente* o mesmo potencial funcional. Como fica então a validade da definição?

36.3.8 Calibrando regras

Naturalmente, podemos conceber as classes como agrupamentos aproximativos de palavras que têm em comum a maioria dos traços, ou talvez apenas os traços mais importantes. Mas há uma maneira muito mais adequada[4] de tratar do problema, e para isso temos que refinar um pouco mais a própria noção de "classe gramatical".

Vamos começar com uma analogia tirada da fonologia. Sabemos que muitos falantes do português pronunciam o fonema /t/ como [ʧ] antes de [i], e também o fonema /d/ como [ʤ], no mesmo ambiente. Para formular essa regra, desprezamos uma diferença entre /t/ e /d/, a saber o fato de que um é surdo e o outro sonoro; isso não é relevante para a regra em questão.

---

4. E teoricamente mais sofisticada; mas o que verdadeiramente conta é a maior adequação empírica dessa solução.

Mas para a aplicação de outras regras a diferença, antes desprezada, tem relevância: há uma regra que sonoriza o /s/ antes de consoantes sonoras, ou seja, que funciona antes de /d/, mas não antes de /t/.

Em vista desses fatos, podemos perguntar: Mas, afinal de contas, como se classificam /t/ e /d/? O traço [+sonoro] é ou não parte de sua classificação? A resposta é que a classificação se compõe de todos os traços, mas nem todos são relevantes em cada momento particular da análise: para descrever a regra de palatalização, o traço de sonoridade é irrelevante, e não precisa aparecer na regra; mas para descrever a regra de sonorização, ele é relevante – e outros traços de /t/ e /d/, como o de serem obstruintes e coronais, passam a ser irrelevantes. Voltamos a um princípio básico da taxonomia, o de que **uma classificação só faz sentido quando se define um objetivo**. Por isso não se tem que perguntar, sem mais nada, "quais são as classes de fonemas (ou de palavras) do português?" E por isso não faz sentido, gramaticalmente falando, dar de saída a lista das classes de palavras da língua – que é o que fazem todas as gramáticas tradicionais, e é o que pressupõe boa parte da literatura linguística atual. As classes existem, mas cada regra ou afirmação gramatical é calibrada para considerar um subconjunto dos traços que definem a classe de cada palavra. No caso da regra de sonorização, só importa se o fonema (consonantal) seguinte é sonoro ou surdo, o resto é desprezado.

Vamos transferir essas considerações agora para o caso das classes de palavras que estamos examinando. Voltando à palavra *barulho*, sabemos que ela pode constituir o núcleo de um SN:

[21] O barulho do motor me incomodou.

O aparecimento da palavra nesse contexto é, naturalmente, resultado da aplicação de regras. Essas regras precisam levar em conta que *barulho* é [+R] e [+Art], pois em [21] se fala de uma coisa chamada *barulho*, e a palavra correspondente vem precedida de artigo. Mas o fato de *barulho* ser [-Q] não tem relevância neste momento, e as regras em questão não precisam mencionar esse traço. Já se a tarefa for a de acrescentar um qualificativo, digamos ao SN incompleto *um motor...*, é o traço [-Q] que nos impede de completar o sintagma de maneira inapropriada, gerando **um motor barulho*; aqui temos que procurar uma palavra que seja [+Q] (e que seja semanticamente adequada ao que queremos dizer), e o resultado pode ser por exemplo *um motor barulhento*. Para essa regra que estamos aplicando, os traços [+R] e [+Art] de *barulho* não têm importância. Um item que seja [-R] também serve para completar o sintagma, desde que seja [+Q]: podemos dizer então *um motor estragado*, com uma palavra que é [-R], mas é [+Q], e é isso o que interessa no momento.

Como se vê, então, há traços que são cruciais para a formulação de regras gramaticais – e esses traços são os que precisam aparecer na descrição de uma língua. Esse critério é importante porque o número de traços possíveis é quase ilimitado: pegando por exemplo a palavra *barulho*, ela não só é [+R], [-Q], [+Art] etc., mas também designa um fenômeno sonoro (em oposição a *brilho*). No entanto, este último traço semântico, por mais que faça parte do significado da palavra, não tem relevância gramatical porque nenhuma regra o utiliza – ele não serve para definir a função sintática, ou a posição na sentença, ou algum tipo de concordância, da palavra *barulho*. Se não tivéssemos critérios para selecionar os traços gramaticalmente relevantes, a descrição cairia em uma complicação sem limites. E, para dar uma boa notícia, a complicação da gramática é grande, mas tem limites bem definíveis[5].

36.4 SIGNIFICADO "BÁSICO" DAS CLASSES

A gramática tradicional procura definir as classes semanticamente; assim, encontramos definições como

> Substantivo – é a classe de lexema que se caracteriza por significar o que convencionalmente chamamos *objetos substantivos*, isto é, em primeiro lugar,

---

5. Embora, no momento, bem pouco definidos. Mas isso é tarefa da pesquisa nos próximos anos.

substâncias (*homem, casa, livro*) e, em segundo lugar, quaisquer outros objetos mentalmente apreendidos como substâncias, quais sejam qualidades (*bondade, brancura*), estados (*saúde, doença*), processos (*chegada, entrega, aceitação*) [BECHARA, 2009, p. 112].

Definições como essa, ainda que nem sempre sejam muito claras, têm sua razão de ser: não há dúvida de que essas palavras possuem um componente semântico comum – isso aparece com clareza se contrastamos as palavras citadas por Bechara com *sempre, chegamos, aí* e *com*.

Há também tentativas de capturar essa noção de maneira mais elaborada. Langacker (2008, p. 105-108) define uma "coisa", no fundo, como um objeto ou conjunto de objetos que pode ser concebido como uma unidade; isso corresponde ao "objeto substantivo" de Bechara. É importante que seja **concebido** como uma unidade: ou seja, ser uma coisa depende, em última análise, de nossa capacidade de delimitar trechos da realidade – uma coisa, linguisticamente falando, é uma construção mental, mais do que um objeto independente por si[6]. Aqui não é possível levar adiante essa discussão; sugiro que o leitor interessado leia a passagem de Langacker, como ponto de partida para uma compreensão mais profunda do que vem a ser uma coisa, para efeitos de análise linguística. Aqui temos que nos contentar com uma noção bastante intuitiva do que é uma "coisa".

Voltando à definição de Bechara, ela na verdade não define diretamente uma classe de palavras, mas antes um traço semântico, exatamente aquele que aqui recebeu o nome de [R]. As palavras que contêm esse traço podem ter comportamento gramatical bem diverso: se pegarmos as palavras *barulho, nós, verde* e *aquilo*, encontraremos diferenças gramaticais relevantes, tanto na sintaxe quanto na semântica; no entanto todas têm a potencialidade de se referir a uma "coisa"[7].

---

6. A definição de Bechara reconhece isso, quando fala de "objetos mentalmente apreendidos como substâncias".

7. *Verde* é [R] em frases como *o verde da sua camisa é bonito* ou *é preciso preservar o verde em nossa cidade.*

Se insistirmos em procurar o significado das classes, em oposição aos traços, acredito que acabaremos com definições complexas e um tanto desinteressantes: há certamente um grupo de palavras com os traços [+Q, +class, +qual], como *mecânico, civil, nuclear, militar, ambiental* e *mecatrônico*, mas não é uma classe muito interessante dentro do panorama da estrutura da língua. Concentração em alguns outros traços dá muito mais rendimento para a descrição: por exemplo, só palavras [+R] podem ser núcleo de um SN, e para isso não importa se a palavra é [+Q] ou [-Q], e o mesmo para [class], [qual] e muitos outros traços. Finalmente, é bom notar que muitos traços não possuem conteúdo semântico nenhum, como [Art], que só tem a ver com a possibilidade de ocorrer com artigo (*Portugal* x *Haiti*), ou os traços que definem o gênero (masculino x feminino). Certamente, parte dos traços usados na subclassificação das palavras tem conteúdo semântico, e é importante explicitar esse conteúdo. Mas devemos fazer isso para cada traço, não (em um primeiro momento pelo menos) para grandes grupos de itens lexicais. E é bom manter em mente que a classificação também leva em consideração propriedades gramaticais que não têm conteúdo semântico nenhum.

36.5 FORMA E SIGNIFICADO NA CLASSIFICAÇÃO DAS PALAVRAS

O problema da classificação das palavras foi apresentado na exposição acima de maneira muito informal. Em particular, exemplifiquei a classificação usando tanto traços formais, isentos de qualquer importe semântico, quanto traços de significado. No primeiro caso temos [Art], que exprime uma propriedade sem relação (que se saiba) com o significado do item: dizemos *o Haiti, a França*, mas *Portugal, Honduras* e *Cuba*; no campo dos nomes de cidades, a maioria não usa o artigo (*São Paulo, Belo Horizonte, Paris, Tóquio*), mas há algumas que vêm sempre com artigo (*o Rio de Janeiro, o Porto, o Cairo*), e ainda algumas que variam, como (*o*) *Recife*, (*a*) *Filadélfia*. Já outros traços são claramente semânticos: [R] exprime a propriedade de poder se referir a uma coisa, e [Q] a de restringir a referência de outros itens.

Essa mistura de tipos diferentes de traços é válida porque as palavras se classificam segundo vários critérios gramaticalmente relevantes, e alguns são formais, outros semânticos: para descrever o comportamento da palavra *Portugal* na língua temos que saber que é [+R] e [-Q] (semânticos) e também [-Art] (formal). Mas é bom nunca perder de vista que estamos lidando com dois tipos bem distintos de propriedades. Podemos vir a precisar dessa distinção, por exemplo para formular regras importantes como a que diz que **somente palavras [+R] podem ter a função de núcleo do sintagma nominal**. Essa regra exprime nada menos que um dos aspectos da relação entre forma e significado que constitui o objetivo principal da ciência da linguagem. Por isso mesmo, temos que considerar que temos aqui dois traços claramente distintos, [+R] e [+NSN], sendo que este significa a propriedade de poder ser núcleo de um SN. O fato de que os mesmos itens têm esses dois traços não significa que sejam o mesmo traço – ao contrário, essa constatação é uma afirmação gramatical importante, e mostra um dos detalhes da relação forma-significado.

Capítulo 37

Nominais

Vimos no capítulo precedente os princípios sobre os quais se deve basear a classificação das palavras. Mas uma coisa é explicitar os princípios, e muito outra classificar realmente as palavras.

Não se sabe ao certo quantas palavras tem uma língua. Sem dúvida o número varia bastante de falante para falante; uma estimativa[1] dá cerca de 20.000 lexemas que seriam conhecidos por falantes escolarizados. Só daí já se pode ver que o trabalho a realizar é vasto. Mas o número de palavras a classificar é o menor problema. É necessário, paralelamente, estabelecer a lista das propriedades gramaticais (traços) a serem consideradas relevantes, e ninguém sabe quantas são, nem quais são, à parte algumas propostas preliminares.

Nesse contexto, não é nada fácil elaborar a parte relativa às classes de palavras em uma gramática. Assim, o leitor deve esperar, nestes capítulos mais ainda do que no restante deste livro, expressões de incerteza e indicações puramente programáticas. A isso nos força o estado atual do conhecimento na área.

37.1 DEFINIÇÃO DE "NOMINAL"

A distinção tradicional entre substantivos e adjetivos é inadequada, como vimos no capítulo 36. Ao examinar o comportamento sintático de palavras

---

1. Mencionada por Nation (2001) como "confiável". A estimativa foi formulada para o inglês, mas provavelmente não seria muito diferente para o português.

como *mesa, alto, pulmonar* e *amigo,* o que encontramos não são dois tipos nitidamente opostos, mas um grande número de propriedades gramaticais, que nos forçam a definir mais do que duas classes. Mas, por outro lado, essas quatro palavras têm também traços em comum; o mais importante é que **podem ocorrer como constituintes imediatos de um SN**.

Um constituinte imediato é uma parte do SN que não é parte de nenhuma outra construção que é parte desse SN. Isso parece meio complicado, dito desse jeito, mas é na verdade uma condição bastante simples; por exemplo, no SN

[1] Essa blusa branca da Patrícia.

as seguintes palavras são constituintes imediatos do SN: *essa, blusa, branca.* A palavra *Patrícia* faz parte do SN, mas não imediatamente, porque é parte do sintagma *da Patrícia,* que é parte do SN (*da Patrícia* é também um constituinte imediato do SN, só que não é uma palavra). A palavra *Patrícia* pode ser constituinte imediato de um SN, quando é núcleo, como em

[2] A Patrícia.

mas não é em [1]. Ou seja, um constituinte imediato resulta do primeiro "corte" que se faz em uma construção; no caso de [1], o primeiro corte dá

$$(\text{[essa] [blusa] [branca] [da Patrícia]})_{SN}$$

Assim, as palavras do português se dividem nas que podem ser constituintes imediatos de um SN e as que não podem. As que podem vamos chamar de **nominais**; entre as que não podem estão *que, cheguei, onde, não* e *de* – essas palavras não são nominais. Essa definição nasce da hipótese de que ser ou não constituinte imediato de um SN é um traço gramaticalmente importante.

Os nominais possuem alguns traços gramaticais importantes em comum, como

Traços formais:

(a) Todos e somente os nominais podem ser constituintes imediatos de um SN.

(b) Somente os nominais têm gênero (inerente).

(c) Somente os nominais podem ter plural marcado pelo sufixo -s.

Traços de significado:

(d) Somente os nominais têm potencial referencial (ou seja, só eles têm o traço [+R]).

Note-se que o traço (a) vale para todos os nominais, e somente eles; os outros traços, (b)-(d), valem para muitos nominais, mas nem todos. Por exemplo, *simples* não tem gênero, nem variação de número; e *gástrico* não tem potencial referencial. Esses traços funcionam em conjunto, de modo que qualquer palavra que tenha um deles é nominal; isso nos dá recursos para identificar nominais, mas não para defini-los de maneira geral. São todos traços gramaticais importantes, mas nenhum deles – exceto (a) – é definitório. Certamente, há outros traços que caracterizam os nominais, e nos ajudariam a chegar a uma definição melhor; mas como ainda não são conhecidos, vamos deixar a questão como está acima, pelo menos por ora.

Há muita coisa a pesquisar no que diz respeito à definição de nominal; certamente não se trata de um grupo homogêneo, mas por outro lado podem ser contrastados com bastante clareza com as outras classes de palavras da língua. Esse grupo inclui todos os itens tradicionalmente chamados "substantivos", assim como os chamados "adjetivos". Os "artigos" e "pronomes demonstrativos" da gramática tradicional também são nominais; por exemplo, o artigo *o* tem as propriedades (a), (b) e (c), mas não (d); a palavra *maternal* tem (a), (c) e (d), faltando (b) porque não varia em gênero. A palavra *cada* tem (a) e nenhum dos outros traços, o que faz dela um membro bastante marginal dessa classe.

As propriedades (a)-(d), tais como expressas acima, não comportam exceções, mas as propriedades opostas comportam: por exemplo, não podemos dizer que **todos** os nominais podem ter gênero, mas podemos dizer que **somente** os nominais podem. Assim, em vez de uma definição simples, o que temos é um complexo de afirmações, que em seu conjunto delimitam um grupo de itens lexicais, colocando-os em oposição a outros. Nesse grupo figuram *mesa, ele, alto, amigo, cada, esse, pulmonar, simples, maternal,* que são nominais, e se distinguem de palavras como *então, de, certamente, cheguei, quando, agora,* que não são. Alguns dos nominais listados acima têm as quatro propriedades, outros apenas três, outros duas, outros apenas uma. Isso pode ser representado em uma matriz, da seguinte maneira:

Propriedades:	(a)	(b)	(c)	(d)
alto	+	+	+	+
amigo	+	+	+	+
cada	+	-	-	-
ele	+	+	+	+
esse	+	+	+	-
maternal	+	+	+	+
mesa	+	+	+	+
pulmonar	+	-	+	-
simples	+	-	-	+

Fig. 37.1

A figura 37.1 mostra nove palavras que se distribuem em cinco grupos, a saber:

grupo 1: *alto, amigo, ele, maternal, mesa*

grupo 2: *cada*

grupo 3: *esse*

grupo 4: *simples*

grupo 5: *pulmonar*

Apenas o grupo 1 parece ser mais numeroso e homogêneo quanto a suas propriedades gramaticais. No entanto, é preciso lembrar que só utilizamos quatro traços, e há muitos outros que são relevantes para a descrição da língua. Por exemplo, a palavra *alto* tem uma propriedade que nenhuma outra do grupo 1 tem: a de ocorrer modificando diretamente um verbo, como em

[3] Você está falando alto.

Ou seja, o grupo 1 precisa ser desmembrado para exprimir essa propriedade especial de *alto*. Mas as coisas não param aí: a palavra *ele* aparece obrigatoriamente sozinha no SN, não aceitando artigo, nem demonstrativo, nem modificador:

[4]a. Ele me telefona sempre.
   b. * O ele me telefona sempre. (cf. *o rapaz...*)
   c. * Ele magrinho me telefona sempre. (cf. *o rapaz magrinho...*)
   d. * Esse ele me telefona sempre. (cf. *esse rapaz...*)

As outras palavras do grupo 1, exceto *esse*, podem aparecer acompanhadas desses termos. Isso quer dizer que o grupo 1 (já amputado do item *alto*) precisa ser desmembrado mais uma vez, porque *ele* e *esse* se comportam de maneira peculiar.

Mas mesmo assim não terminamos de exprimir as propriedades gramaticais desse pequeno grupo de palavras: *mesa*, ao contrário de *amigo, alto* e *maternal*, não pode ocorrer como modificador. Assim, podemos dizer *um rapaz amigo, um móvel alto, um gesto maternal*, mas nunca **um móvel mesa* ou coisa equivalente.

Se incluirmos então esses três novos traços (modificar diretamente um verbo; ocorrer com outros elementos no SN; ocorrer como modificador), teremos que distinguir os nove itens examinados em nada menos que oito grupos: apenas *amigo* e *maternal* continuam idênticos. E note-se que só lidamos com propriedades gramaticais importantes, que qualquer falante da língua precisa dominar: se alguém não sabe que *alto* pode modificar um verbo (exprimindo um "modo", como na frase [3]), não sabe bem português. E o mesmo vale para os demais traços utilizados.

Como ficamos, então? Será que vamos chegar ao extremo de distinguir uma classe para cada palavra, ou quase isso? E se for assim, como é que as pessoas conseguem aprender a língua? Um falante adulto pode chegar a dominar cerca de 20.000 palavras – será que temos que aprender independentemente cada um desses itens? E quando aparecer a palavra de número 20.001, temos que começar tudo de novo?

É claro que não; se fosse assim não se explicaria como as pessoas aprendem uma língua em um tempo relativamente curto, e conseguem usá-la eficientemente. A alternativa é bastante simples: ao aprender uma palavra nova, procuramos sempre analisá-la em termos dos **traços** que já conhecemos.

Para ver como isso se processa, vamos realizar o que se chama às vezes um "experimento mental". Vamos imaginar uma criança que ouve pela primeira vez uma palavra, digamos *maternal*. É claro que a palavra vem como parte de um enunciado, por exemplo

[5] Nós vamos levar a sua irmãzinha no maternal.

A partir dessa frase a criança pode levantar diversas hipóteses: (i) *maternal* é o nome de uma coisa; (ii) essa coisa é um lugar – e não, por exemplo, um brinquedo ou uma comida; (iii) a palavra correspondente é masculina. Em outras palavras, ela já começa associando certos traços (morfossintáticos e semânticos) à palavra *maternal*. Como a criança já tem algum conhecimento da língua, desses três traços ela já pode deduzir que *maternal* pode ocorrer dentro do SN acompanhado de um artigo (*o*, e não *a*) ou de um demonstrativo (*esse*, e não *essa*).

Depois, ela ouve a frase

[6] Vão abrir uma escola maternal aqui perto.

e pode acrescentar a sua ficha de *maternal* a informação de que pode ocorrer como modificador. Assim, a criança vai elaborando a matriz de propriedades de cada palavra. Mas note-se que ela lida primariamente com os traços, não diretamente com as classes de palavras. Consequentemente, mesmo lançando mão de um número limitado de traços, o resultado pode ser um número extremamente grande de matrizes diferentes para os itens lexicais aprendidos. É desse modo que os falantes conseguem aprender a classificação de palavras imensamente complexa que é necessária para o uso da língua.

Essa concepção da classificação de palavras reduz termos como **nominal**, **advérbio**, **demonstrativo** etc. a simples abreviaturas convenientes. Quando falo de um nominal, estou me referindo a um grupo de itens lexicais que têm certas propriedades em comum – mas não todas as propriedades, de modo que entre os nominais encontramos uma diversidade notável. Para nós, no contexto desta Gramática, um nominal é qualquer item que possa figurar como constituinte imediato de um SN; mas, como vimos, os itens dessa classe variam bastante quanto a outras propriedades.

Chomsky e Halle (1968) expressam bem claramente essa situação. Vale a pena citar a passagem aqui, porque embora se aplique às unidades fonológicas da língua, o fenômeno geral é o mesmo:

> Entendemos "traços distintivos" como os elementos mínimos dos quais se compõem as transcrições fonéticas, lexicais e fonológicas, por combinação e concatenação. Os símbolos alfabéticos que usamos livremente [ou seja, as designações dos fonemas, como /a/, /p/ etc. /MAP] devem portanto ser vistos como nada mais do que abreviaturas *ad hoc* convenientes para feixes de traços [...]. Assim, por exemplo, quando o símbolo /i/ aparece na discussão, deve ser entendido como a abreviatura de um complexo de traços [...] [CHOMSKY & HALLE, 1968, p. 64].

Analogamente, quando usamos o termo **nominal**, estamos abreviando um grupo de traços distintivos, como por exemplo "a propriedade de ocorrer como constituinte imediato de um SN". Todas as propriedades (traços distintivos) são essenciais para se usar corretamente a língua. E observe-se como elas recortam o grupo de maneiras variadas, cada qual impondo um recorte próprio. É assim que se classificam as palavras.

Examinando os cortes acima, é possível vislumbrar certos agrupamentos; por exemplo, *alto, amigo, maternal, simples* compartilham mais de um traço (podem ser núcleo do SN; podem ocorrer depois do núcleo). E alguns traços coincidem totalmente: toda palavra que pode ser núcleo de um SN pertence a um gênero (é masculina ou feminina), e vice-versa. Essa não é uma verdade necessária, e não decorre da definição dos traços, por isso é gramaticalmente importante. Certamente é necessário procurar essas coincidências parciais, porque elas podem revelar algo das grandes linhas de construção da gramática – e portanto fornecer indicações preciosas para a descrição[2]. No momento essa procura de linhas está ainda no início, porque não dispomos de grande número de palavras analisadas segundo grande número de propriedades. Mas é uma direção evidente para a pesquisa futura.

37.2 TIPOS DE NOMINAIS

Agora podemos distinguir alguns tipos principais de nominais; aqui tenho que seguir em parte a tradição, de modo que a subclassificação abaixo deve ser encarada como um convite à pesquisa, mais do que um resultado de pesquisa.

37.2.1 Nomes

Vamos chamar de **nomes** um grupo de itens tradicionalmente chamados "substantivos" e "adjetivos"; os nomes, nessa definição, são uma subclasse dos nominais. Segundo os seis traços vistos na seção 37.1, os nomes da lista são *mesa, alto, amigo* e *pulmonar*, e se caracterizam por coocorrer com determinante (*o, esse, aquele...*) no SN, como em

Essa <u>mesa</u>
O <u>alto</u> da montanha
Um <u>amigo</u>
Aquela <u>doença</u> <u>pulmonar</u> do Chico

---

2. Mas é impossível determinar esses cortes seguindo as linhas tradicionais; p. ex., como distinguir "adjetivos" de "substantivos" usando os traços acima?

Confesso que estou aqui fazendo um esforço para salvar a intuição tradicional que agrupa esses itens – as gramáticas antigas falam de "nomes substantivos" e "nomes adjetivos"[3]. No entanto, não vejo como chegar a uma definição mais confiável na ausência de levantamentos amplos do léxico.

Uma característica dos nomes como grupo é muitos deles terem potencial referencial, e muitos potencial qualificativo. O potencial referencial não é exclusivo dos nomes (outros nominais, como *ele*, também têm); e o potencial qualificativo parece ser também assumido por verbos, como *ela brilha*, um sinônimo próximo de *ela é brilhante*. De qualquer maneira, os nomes todos têm ou um ou outro desses potenciais, e muitos têm os dois (como *amiga* em *minha amiga* e *uma pessoa amiga*) – são os itens marcados [+R, +Q].

37.2.2 Pronomes

Os **pronomes pessoais** (*eu, ele/ela, eles/elas, você, vocês, nós* e também *tu* para muitos falantes, além do reflexivo *se*) só ocorrem como núcleo do SN; aqui são chamados simplesmente de **pronomes**. Eles não admitem outros termos no SN, ou seja, um SN cujo núcleo é um pronome só contém esse pronome, e mais nada:

[7] Nós chegamos.

[8] * Os nós / * nós cansados chegamos.

Pode-se dizer

[9] Nós, cansados, chegamos.

mas nesse caso *nós, cansados* não constitui um SN; o sujeito é apenas *nós*, e *cansados* é um termo à parte. Esse elemento pode aparecer em outras posições da oração, sem diferença de significado:

[10] Nós chegamos cansados.

---

3. Já em Soares Barbosa (1822).

Isso nunca se aplica a um termo do SN, tanto é que se diz

[11] O rapaz cansado chegou.

mas essa frase não é sinônima de

[12] O rapaz chegou cansado.

Esses dois traços portanto definem o que chamamos de **pronome** (estudados mais detalhadamente no capítulo 11). Note-se que formas como *o senhor* e *a gente*, muitas vezes analisados como pronomes, são SNs de núcleo nominal, de acordo com nossa definição; *senhor* e *gente* se diferenciam nitidamente de *você*, *eu*, *ele*, que por exemplo não podem ocorrer com artigo. Por outro lado, *o senhor* e *a gente* são semelhantes aos pronomes por não aceitarem outros companheiros de SN além do artigo.

Alguns outros itens também tradicionalmente chamados "pronomes" (mas não "pessoais") são semelhantes aos acima por só ocorrerem no SN como núcleo: *alguém, ninguém, nada*. Por outro lado, ao contrário dos pronomes pessoais, podem ocorrer no SN acompanhados de outro termo, como em *alguém carinhoso, nada de novo*. Esses itens não são classificados aqui como pronomes.

37.2.3 Artigos e predeterminante

Os **artigos** se caracterizam por ocuparem a primeira posição no SN (com a exceção de *todos*, cf. adiante). Em português existem apenas dois artigos: *o* e *um* (e, naturalmente, seus femininos e plurais):

[13] Uma menina.

[14] As duas pobres meninas.

O item *todos* pode ocorrer, no PB, na mesma posição de um artigo:

[15] Todas meninas.

No entanto, *todos* pode coocorrer com o artigo *um*, e nesse caso vem antes:

[16] Ele apresentou toda uma argumentação em favor da teoria.

Já *todos* com *os* ocorre em estilos mais formais, em que se respeita a regra da língua escrita que exige o artigo nesses casos:

[17] Todas as meninas.

O uso do artigo nesse ambiente, raro na fala, está desaparecendo mesmo na escrita, conforme atestam até textos de jornal. De qualquer maneira, *todos* ainda merece um tratamento especial, porque pode ocorrer em outras posições da oração, onde os artigos não podem:

[18] As meninas foram todas para o pátio.

[19] Todas essas meninas.

Assim, vou manter a classificação de *todos* à parte dos artigos, por sua propriedade de ocorrer na função de **predeterminante**. Na escrita ocorre outro item que pode ser predeterminante, *ambos*, mas essa palavra praticamente não se usa no PB. No PB, consequentemente, *todos* é a única palavra de sua classe[4].

37.2.4 Quantificadores etc.

Dos nove itens analisados na seção 37.1 há um, *cada*, que se caracteriza por só ter uma das seis propriedades mencionadas (a ocorrência como constituinte imediato de um SN). *Cada* ocorre sempre antes do núcleo do SN[5], e é geralmente incluído entre os **quantificadores**. Esses são um grupo

---

4. E que nome tem essa classe? Vou deixar essa pergunta em aberto: o que interessa são as propriedades de *todos*, não o rótulo que podemos dar a sua (pequena!) classe.

5. Pode também ocorrer fora do SN: *eles ganharam quatro bombons cada*.

bastante heterogêneo de itens, que têm em comum pouco mais do que sua posição normal antes do núcleo: além de *cada*, temos *poucos, muitos, alguns, vários, nenhum*. Uns podem coocorrer com o artigo, outros não, e de maneiras diferentes: diz-se *cada jogador*, mas não *um cada jogador; no entanto, às vezes se ouve *cada um jogador*. *Poucos* pode vir com artigo anteposto: *os poucos jogadores* / *uns poucos jogadores*; *muitos* aceita *os*, mas não *uns*: *os muitos jogadores* / *uns muitos jogadores. E alguns podem ocorrer sozinhos no SN, como em [*poucos*]$_{SN}$ *conseguem entender a teoria de Einstein*, ao passo que outros não podem: *cada, vários* nunca ocorrem sozinhos no SN[6].

Outro, qualquer, próprio e *certo* têm comportamento semelhante ao dos quantificadores, embora sua semântica seja nitidamente diferente; *outro* frequentemente ocorre com o artigo *um*, sem diferença de aceitabilidade nem de significado, e pode também coocorrer com o artigo *o*:

[20] Outra menina me chamou / uma outra menina me chamou.

[21] Pode chamar o outro candidato.

Já *certo* no singular tem artigo:

[22] Um certo doutor Pereira / * certo doutor Pereira[7].

mas no plural pode ocorrer com ou sem artigo:

[23] Uns certos professores deixam a porta aberta.

[24] Certos professores deixam a porta aberta.

Como se vê, esses itens, aqui englobados sob o rótulo de quantificadores, têm propriedades gramaticais distintas, e estão à espera de um estudo detalhado[8].

---

6. Exceto em contexto anafórico: *eu tenho muitos cachorros; <u>vários</u> são vira-latas*. Mas *cada* não ocorre nem aí.

7. Relembro que estamos considerando o PB; na língua escrita *certo doutor Pereira* ocorre às vezes.

8. Alguma coisa nesse sentido foi feita em Perini et al. (1996).

Os numerais cardinais têm certas afinidades com os quantificadores, e por ora serão classificados junto com eles. Ocorrem tipicamente antes do núcleo, aceitam artigo *o* e podem vir antes ou depois dos demais quantificadores:

[25] Quatro capítulos.

[26] Os quatro outros capítulos / os outros quatro capítulos.

Naturalmente, são incompatíveis com vários dos quantificadores por razões semânticas: não se pode dizer **muitos quarenta capítulos* porque *muitos* exprime uma quantidade aproximada, e *quarenta* uma quantidade exata.

Os cardinais ocorrem também depois do núcleo, e aí designam a ordem em uma sequência; ou seja, têm significado idêntico ao dos ordinais, e na verdade os substituem como forma de contornar a complicação extrema do sistema de ordinais do português padrão:

[27] O capítulo quarenta e nove.

Os quantificadores ocorrem antes do modificador ou do núcleo do SN; ou seja, quantificadores aparecem no SN antes dos nomes:

[28] Alguns pobres rapazes.

[29] Outro bom amigo.

Já os ordinais – isto é, aqueles que estão em uso no PB – funcionam como nomes, e portanto ocorrem depois dos quantificadores (mas sempre antes do núcleo):

[30] Os muitos segundos colocados.

Finalmente, é bom notar que diversos quantificadores podem ocorrer depois do núcleo, e nesse caso têm significado idiossincrático, nitidamente distinto do que têm quando em posição pré-nuclear:

[31] Uma certa prova / uma prova certa.

[32] A própria casa / a casa própria.

Outros não têm essa versatilidade, e só ocorrem antepostos.

O exame de todos esses itens revela uma heterogeneidade notável: fica difícil vislumbrar uma maneira de definir uma ou mais classes dentre eles. E a solução pode ser justamente que não há aí classes verdadeiras: pelo menos alguns desses itens são aprendidos individualmente (ou seja, cada qual forma uma classe por si só). Nada impede que isso ocorra; relembro que as classes são agrupamentos aproximativos, e talvez no caso dos quantificadores estejamos simplesmente diante de um caso extremo de variabilidade gramatical, onde mesmo a definição de classes aproximativas se mostra impossível.

37.2.5 Possessivos

As palavras *meu*, *seu* e *nosso* são chamadas **possessivos**[9], tirando esse nome de seu significado mais típico. Mas elas são capazes de veicular outros papéis temáticos além do de Possuidor:

[33] Meu carro. (Possuidor)

[34] Minha decisão. (Agente)

[35] O seu livro. (Autor, ou Possuidor)

[36] O meu espancamento. (Paciente)

A posição normal do possessivo é antes do quantificador:

[37] Meu outro carro.

[38] Os nossos poucos amigos.

---

9. A esses se deve acrescentar *teu*, usado mesmo por falantes que não empregam o pronome pessoal *tu*: *você vai perder aí o teu casaco*.

O possessivo coocorre livremente com o artigo *o*, sem diferença de significado. No PB a preferência parece ser a de incluir o artigo, de modo que [39] soa mais natural do que [40]:

[39] A casa do meu tio.

[40] A casa de meu tio.

Os três itens mencionados (*meu, seu, nosso*) podem ser chamados **possessivos sintéticos**; eles são complementados semanticamente por **possessivos analíticos** como *dele* e *de vocês*. Assim, o sistema de possessivos é complexo; os possessivos analíticos se comportam como sintagmas preposicionados, colocando-se depois do núcleo:

[41] O <u>meu</u> livro / o livro <u>dele</u> / o livro <u>de vocês</u>.

Como se sabe, os possessivos correspondem aos pronomes pessoais; essa correspondência segue a seguinte tabela:

Pronome pessoal	possessivo
eu	*meu* (sintético)
você	*seu* (sintético)
ele	*dele* (analítico)
nós	*nosso* (sintético)
vocês	*de vocês* (analítico)
eles	*deles* (analítico)

Correspondência de pronomes pessoais e possessivos

O possessivo *seu*, que no português escrito pode corresponder aos pronomes *você, ele, vocês* e *eles*, no PB é especializado para *você*, de modo que o sintagma

[35] O seu livro.

não é ambíguo, e denota apenas o livro do receptor da mensagem.

Finalmente, é interessante observar que *vocês* corresponde ao possessivo analítico *de vocês*, mas **de você* não ocorre como possessivo de *você*.

435

Capítulo 38

Verbos

38.1 IDENTIFICANDO O VERBO

De todas as classes de palavras o verbo é certamente a mais fácil de reconhecer, por seus sufixos característicos (*andamos, andam, andava, andasse*) e pela relação com os outros membros do seu lexema. Com efeito, o lexema verbal é de longe o mais rico da língua, e apresenta características muito peculiares: são palavras que se opõem em tempo, modo, pessoa e número. No PB o lexema verbal é um pouco simplificado em comparação com o do padrão escrito, mas mesmo assim é bastante complexo.

Sem entrar em todos os detalhes, vou dar a seguir um apanhado da estrutura do verbo no PB, tal como foi revelado pelas pesquisas realizadas[1].

38.2 ELENCO DE FORMAS

38.2.1 Pessoas

O verbo no PB apresenta uma variação máxima de quatro pessoas gramaticais, exemplificadas em

---

1. A contribuição básica nesse ponto é Pontes (1972).

1ª pessoa do singular: *eu faço*
3ª pessoa do singular: *ele faz*
1ª pessoa do plural: *nós fazemos*
3ª pessoa do plural: *eles fazem*

onde a forma de terceira pessoa[2] vale para *ele(s)* e também para *você(s)* e os outros indicadores de segunda pessoa do discurso (*o senhor*); e ainda para *a gente*, que como vimos é um sinônimo de *nós*. Para muitos falantes do Nordeste e do Sul, existe uma quinta forma, correspondente à segunda pessoa gramatical, a saber:

2ª pessoa do singular: *tu fazes*

Mas já vimos que mesmo os falantes que usam *tu* o mais das vezes empregam a forma de terceira pessoa do singular: *tu faz*. A segunda pessoa do plural (*vós fazeis*) é totalmente desusada no PB, assim como no padrão escrito.

O exemplo dado acima, do verbo *fazer*, é um caso de diferenciação máxima de pessoas; muitos falantes empregam paradigmas simplificados, incluindo formas como *eles vai / eles ia*; *nós faz / nós fazia*[3].

38.2.2 Tempos e modos

Restringindo-nos aqui aos tempos simples (isto é, que não incluem auxiliar), o verbo no PB apresenta as seguintes formas:

---

2. Aqui as pessoas referidas são sempre as gramaticais, exceto quando explicitado "do discurso". Cf. comentário em 31.1.

3. Essas formas são mais frequentes em casos de oposição menos saliente, ou seja, quando não há alteração em sílaba tônica; essa diferença foi descoberta por Lemle e Naro (1977).

Modo	Tempo	
Indicativo	presente	*eu faço*
	pretérito imperfeito	*eu fazia*
	pretérito perfeito	*eu fiz*
	condicional (fut. do pret.)	*eu faria* *
Imperativo		*faz*
Subjuntivo	presente	*eu faça* *
	imperfeito	*eu fizesse*
	futuro	*eu fizer*
Gerúndio		*fazendo*
Particípio verbal		*feito*
Infinitivo		*fazer*

Tempos verbais do PB (as formas marcadas com * são de uso restrito)

O uso dessas formas, assim como das formas compostas (*vou correr, tinha corrido* etc.) foi exposto nos capítulos 24 a 29.

Em comparação com o padrão escrito, note-se a ausência do mais-que--perfeito do indicativo (*eu fizera*) e do futuro do indicativo (*eu farei*), que não existem no PB. O condicional, como vimos, é bastante raro e geralmente restrito a certas fórmulas; e o presente do subjuntivo, comum em grande parte do Brasil, tende a desaparecer de uso no Sudeste.

O infinitivo pessoal (*para nós fazermos*) ocorre ocasionalmente no PB, mas o mais normal é o uso do infinitivo invariável mesmo com sujeito explícito:

[1] Esse carrinho é para eles levar o caixote maior.

38.3 MORFOLOGIA

38.3.1 Imperativo

A forma mais frequente do imperativo no Sudeste é idêntica ao presente do indicativo, terceira pessoa do singular:

[2] Faz um sanduíche para mim, por favor.

[3] Vem cá um momento.

No Nordeste prefere-se a forma idêntica ao subjuntivo: *faça um sanduí-che..., venha cá*. Mesmo no Sudeste, entretanto, se diz *esteja* (de *estar*) e *seja* (de *ser*), em vez dos esperados **está* e **é*.

A forma de primeira pessoa do plural, dada nas gramáticas do padrão como *façamos*, é formada no PB com uma forma de *ir*:

[4] Vamos fazer um sanduíche! (*pronunciado* [vãm fa'ze] ou [vãw̃ fa'ze])

38.3.2 Futuro do subjuntivo

O futuro do subjuntivo é idêntico ao infinitivo em todos os verbos regulares. Em muitos verbos irregulares as duas formas são diferentes: infinitivo *fazer*, futuro do subjuntivo *fizer*. No entanto, há uma tendência a identificar as duas formas mesmo nos verbos que as distinguem tradicionalmente; esse processo está mais avançado em certos casos do que em outros, de modo que se ouve frequentemente *se você pôr...*, *quando eu fazer*, mas não **se eu ir...*, **quando eu ser*.

O caso mais extremo é o de verbos compostos, que quase sempre regularizam o futuro do subjuntivo:

[5] Se você compor um samba para mim... (padrão *compuser*)

[6] Se eu desfazer o combinado... (padrão *desfizer*)

O futuro do subjuntivo de *ver* no PB é *ver* (não *vir* como consta das gramáticas).

38.3.3 Pronúncia do infinitivo

O **r** final das formas verbais é sempre omitido, de modo que *correr* se pronuncia [ko'he], *fizer* [fi'zɛ] e *ir* [i]. Mas o infinitivo de *vir* não é, como seria de esperar, [vi], mas [vĩ], com **i** nasal (a pronúncia sem nasalização também ocorre, mas é mais rara)[4]:

[7] A menina queria vim [= vir] pra casa.

---

4. É uma exceção curiosa, até que se aprende que em latim havia um **n** ali, que nasalizou a vogal precedente. Isso era marcado na escrita até a Idade Média com um til: *vĩir* (cf. VAS-CONCELOS, 1922, p. 196).

Capítulo 39

Conectivos

Vimos no capítulo 19 a diferença entre **coordenadores** e **conjunções** (na gramática tradicional, respectivamente, "conjunções coordenativas" e "conjunções subordinativas"). Além disso, temos lidado constantemente com as **preposições**. Agora vamos examinar mais detidamente essas classes de palavras.

39.1 PREPOSIÇÕES

39.1.1 Preposições predicadoras

Vamos começar pelas **preposições**. Basicamente, uma preposição é uma palavra que se coloca antes de um SN de maneira que a sequência resultante é um **sintagma adjetivo** ou um **sintagma adverbial**. Assim, por exemplo em

[1] O homem do paletó preto.

temos um sintagma, *do paletó preto*, que se compõe de uma preposição (*de*) mais um SN (*o paletó preto*) e que funciona como modificador dentro do SN maior *o homem do paletó preto*; o próprio SN, *o paletó preto*, não pode ter essa função. Nessa construção poderíamos colocar um nominal no lugar do sintagma preposicionado, assim:

[2] O homem encapotado.

Como se vê, o acréscimo de *de* cria um sintagma adjetivo, que pode funcionar como modificador dentro de um SN.

Em outros casos o resultado é um sintagma adverbial, como em

[3] A Teresa saiu sem uma palavra.

Aqui juntamos a preposição *sem* mais o SN *uma palavra* e o resultado é um adjunto com o papel temático Modo, tal como o advérbio *silenciosamente* em

[4] A Teresa saiu silenciosamente.

A preposição é, portanto, uma das palavras cuja função é criar, a partir de uma construção pertencente a uma classe, outra construção pertencente a uma classe diferente.

Algumas preposições são funcionalmente especializadas; por exemplo, *depois de* e *durante* só formam sintagmas adverbiais. Outras, como *de*, funcionam de duas maneiras: em [1], como vimos, junto com seu SN forma um sintagma adjetivo; mas em [5] *de* forma um sintagma adverbial:

[5] A Teresa saiu de cara amarrada.

As preposições, como já vimos, requerem uma forma especial do pronome pessoal *eu*, a saber, *mim*: *depois de mim* (e também *depois de ti*, para os falantes que usam *tu*), *para mim*, *sem mim*. Mas há exceções: *exceto* e *fora* (sem *de*, sinônimo de *exceto*) requerem a forma reta do pronome:

[6] Todo mundo foi servido, fora eu.

Fora de é regular: *fora de mim*. *Entre*, quando seguida de SN complexo, em geral aceita a forma reta: *entre você e eu*; diz-se em geral *entre eu e você*, mas também se ouve às vezes *entre mim e você* – mas a forma oblíqua nunca é a segunda: **entre você e mim* é definitivamente estranho.

Com, como sabemos, se junta a formas especiais dos pronomes: *comigo, conosco, contigo*.

Existem cerca de 50 preposições no PB (contando as compostas como *apesar de, a fim de* etc.). O principal motivo de haver tantas é que elas atribuem papel temático ao sintagma que ajudam a formar, como por exemplo:

[7] A Renata viajou <u>com</u> os filhos. (Companhia)

[8] O violinista tocou <u>durante</u> o almoço. (Tempo)

[9] Minha casa fica <u>abaixo</u> do shopping. (Lugar)

[10] Eu acabo de chegar <u>de</u> Salvador. (Fonte)

[11] Ela canta <u>que nem</u> um sabiá. (Modo)

As preposições que atribuem papel temático se denominam **preposições predicadoras**. Além dessa propriedade de atribuir papel temático (que lembra os verbos), as preposições também podem ter orações subordinadas a elas, e inclusive fazem exigências quanto ao modo verbal dessas orações. Quando introduzem orações – ou, mais exatamente, SNs que contêm orações – as preposições compostas com *de* perdem o *de* se a oração subordinada é de subjuntivo ou de indicativo, mas não quando a subordinada é de infinitivo. Por exemplo:

[12] O garçom entrou na sala <u>antes de</u> mim.

[13] O garçom entrou na sala <u>antes de</u> servir o jantar.

[14] O garçom entrou na sala <u>antes</u> que os hóspedes chegassem.

[15] A pianista tocou um choro <u>depois</u> da sonata.

[16] A pianista tocou um choro <u>depois de</u> voltar ao palco.

[17] A pianista tocou um choro <u>depois</u> que o barulho parou.

39.1.2 Preposições funcionais

Em algumas construções a preposição ocorre sem atribuir papel temático. Nesses casos o papel temático é atribuído pelo verbo. Um exemplo é

[18] Eu gosto de você.

Aqui *de você* é um Estímulo; mas esse papel temático não pode ser atribuído pela preposição, porque esta é *de*, que tem uma semântica extremamente variada – isto é, não poderíamos dizer que *de* é um marcador de Estímulo. *De* só se associa ao papel temático Estímulo quando o verbo é *gostar*, o que equivale a dizer que é o verbo o responsável pelo papel temático desse sintagma. Também não se pode mostrar que em [18] *de você* funciona como um sintagma adverbial ou adjetivo, porque não é possível substituir *de você* por nenhuma dessas categorias. O melhor é dizer simplesmente que essa preposição é uma exigência da diátese, que no caso é a

Construção de objeto indireto[1]		
SujV	**V**	**Prep SN**
Experienciador		Estímulo

Outros exemplos de frases com preposições funcionais:

[19] A menina confia <u>em</u> todo mundo.

[20] O chefe está contando <u>com</u> a gente para esse serviço.

As preposições funcionais são bem poucas: *de, em, com* e mais as seguintes:

[21] O armário está cheirando <u>a</u> naftalina.

[22] Você deve se comportar <u>como</u> um cavalheiro.

[23] O povo culpou o ministro <u>pela</u> crise.

---

1. Trata-se na verdade de um conjunto de construções, porque a preposição varia; com *gostar* é *de*, com *confiar* é *em*.

Há dúvidas quanto a *como* e *por*; pode ser que se trate de preposições predicadoras, mesmo nessas frases[2].

39.1.3. As preposições e os filtros esquemáticos

Já vimos como a atribuição dos papéis temáticos depende em parte da ação de filtros esquemáticos. O mesmo fenômeno se verifica também com algumas preposições. Um bom exemplo é *com*: essa preposição marca os papéis Companhia, Instrumento e Modo. Vimos em 15.3.2 como a preposição *com* é objeto de três regras de encadeamento, e como o resultado é filtrado, de maneira que em

[24] Meu irmão foi para o Rio com o carro novo.

o sintagma sublinhado só é entendido como Instrumento, não por razões léxico-gramaticais, mas porque não faz sentido entender *com o carro novo* como a expressão de uma Companhia ou de um Modo.

39.2 CONJUNÇÕES

As conjunções têm uma função paralela à das preposições, mas em vez de se acrescentarem a SNs, acrescentam-se a orações. Por exemplo, a conjunção *que* mais uma oração formam um SN:

[25] A tia Rosa disse que vai chover.

A sequência *que vai chover* é um SN, e aí é objeto do verbo *disse*. Uma sequência de *que* + oração é um SN e pode ter função sintática e papel

---

2. Mas não há dúvidas de que *como* tem traços de preposição (*proceder como um cavalheiro*), além de traços de conjunção (*como a moça estava assustada, acabou nem dizendo nada*). Essa é uma palavra de potencial funcional bastante rico, mas nas gramáticas e dicionários é geralmente analisada simplesmente como "conjunção".

temático como qualquer SN; em [25] é o objeto da oração e tem o papel temático de Mensagem.

Existem cerca de 30 conjunções em português e, tal como as preposições, muitas são especializadas em um papel temático específico. Assim, *quando* exprime Tempo:

[26] A tia Rosa se irritou quando vocês começaram a fazer barulho.

Se bem que exprime Concessão[3]:

[27] Eu quase morri de calor, se bem que eu fiquei parado no sol.

Se exprime Condição:

[28] Se você comesse menos talvez conseguisse emagrecer.

Se, tal como *que*, pode exprimir diversos papéis temáticos; marca a Mensagem em

[29] A polícia não disse se alguém entrou lá.

Já vimos no capítulo 20 que as conjunções também controlam o modo da oração subordinada a elas.

Muitas conjunções são compostas de preposição + *que*, como *antes que, apesar que* (no padrão, *apesar de que*), *para que, sem que* etc. Apesar de compostas de mais de uma palavra, essas sequências funcionam exatamente como conjunções simples, e são estudadas juntamente com elas.

39.3 COORDENADORES

Temos finalmente os **coordenadores** (tradicionalmente chamados "conjunções coordenativas"). Eles têm uma função radicalmente diferente da

---

3. **Concessão** é algo como uma consideração que diminui a força de um argumento dado.

das conjunções, pois não "criam" uma categoria a partir de outra. Em vez disso, os coordenadores ligam dois constituintes da mesma classe, formando um constituinte maior, igualmente da mesma classe. Por exemplo, podemos juntar dois SNs com o coordenador *e*, formando um SN maior:

[30] O pai da Elza *e* o vizinho do 304.

É fácil verificar que essa sequência funciona como um SN; e igualmente *o pai da Elza*, assim como *o vizinho do 304*, são SNs.

O mesmo pode ser feito com orações:

[31] O pai da Elza faz barulho *e* o vizinho do 304 reclama.

e também com outras classes:

[32] O pai da Elza <u>compra *e* vende</u> carros. (verbos)

[33] Eu vou ao concerto <u>com *ou* sem</u> você. (preposições)

O que define os coordenadores, frente às preposições e conjunções, é que não há relação de subordinação: os constituintes coordenados mantêm sua independência, por exemplo quanto ao modo verbal, e não recebem papel temático por efeito do coordenador.

Vimos acima os coordenadores *e* e *ou*. Existem outros, com propriedades bastante distintas. *Mas* tem uma distribuição limitada, certamente por causa de sua semântica. Assim, pode-se coordenar com *mas* duas orações:

[34] Essa escola tem um curso de Letras, *mas* não confere diploma.

O significado de *mas* é o de negar uma expectativa: se a escola tem um curso de Letras, seria de esperar que conferisse diplomas; *mas* essa expectativa não é confirmada. Isso quer dizer que quando um constituinte não levanta expectativas não pode ser coordenado através de *mas*; é o que ocorre com *o pai da Elza*, e por isso não temos SNs como

[35] * O pai da Elza, *mas* o vizinho do 304.

Os coordenadores são um grupo bastante heterogêneo, ainda à espera de estudos detalhados. A lista dos coordenadores correntes no PB inclui os itens *e, ou* e *mas*. Há vários outros nas listas tradicionais de "conjunções coordenativas", mas seu comportamento é tão variado que prefiro não os incluir aqui, à espera de pesquisas que esclareçam seu papel na gramática[4].

---

4. São itens como *porque, que* em *vamos sair daqui que vai chover, não só... mas também* e outros.

Capítulo 40

Adverbiais

Palavras como *sempre, gravemente, bem* e *sim* são tradicionalmente analisadas como "advérbios". Aqui vou preferir o termo mais geral **adverbiais**, porque o que temos aí não é uma classe de palavras, mas várias classes bem diferenciadas. "Advérbio" é usado de vez em quando neste livro, mas informalmente, apenas como um termo da gíria profissional.

Na gramática tradicional se fala de advérbios de modo, de tempo, de lugar etc., o que em nossos termos corresponde a papéis temáticos que podem ser expressos pelos adverbiais; mas há outros "advérbios" que não têm papel temático, como *sim* e *não*, por exemplo. Um adverbial é membro de uma classe muito generalizada que se define apenas como "palavra invariável (em gênero, número, pessoa etc.) que não é um conectivo". E os adverbiais frequentemente têm potencial funcional paralelo a sintagmas maiores; assim, *apressadamente* ocupa algumas das funções e tem alguns dos mesmos papéis temáticos que o sintagma *com pressa*. Por outro lado, aqui não há identidade nem sintática nem semântica, porque podemos dizer *ela está com pressa*, mas não **ela está apressadamente*: isso se deve ao potencial funcional mais amplo do sintagma preposicionado, que pode ser modificador além de adjunto adverbial. De qualquer modo, grande parte das afirmações feitas abaixo sobre os adverbiais valem igualmente para os sintagmas que podem veicular os mesmos papéis temáticos, e que têm a estrutura de sintagmas preposicionados.

Os adverbiais possuem algumas propriedades importantes, em particular a **posição** e o **escopo**, que vamos examinar aqui. Além disso, têm como vimos **papel temático**, que é uma das bases para sua subclassificação. A seguir vamos estudar os adverbiais mais típicos, deixando de lado partículas como *sim* e *não*, que precisam ser consideradas à parte.

40.1 POSIÇÃO

O posicionamento de um adverbial depende de ser ele complemento ou adjunto[1]; de estar vinculado sintaticamente a um verbo ou a um nominal; e também do seu escopo (cf. 40.2 abaixo). A regra abaixo é uma hipótese, que parece adequada em vista de dados parciais, mas ainda está por ser testada com dados amplos:

> Quando um adverbial é complemento de um verbo, ocorre em regra imediatamente depois do verbo.

Por exemplo, os sintagmas sublinhados abaixo são, ao que tudo indica, complementos:

[1] O Tomás morava <u>em Campinas</u>.

[2] A reunião durou <u>uma hora</u>.

[3] Eles já estavam sentindo <u>bem</u>.

[4] O Tomás mora <u>com os quatro filhos</u>.

Esses complementos podem ocorrer antepostos (topicalizados) em caso de forte ênfase:

[5] <u>Com os quatro filhos</u>, o Tomás mora (mas não viaja com eles).

---

1. A dicotomia complemento/adjunto, como já vimos, não é a rigor adequada, embora capture pelo menos parte do fenômeno. Vou usar aqui "complemento" como sinônimo de "constituinte que figura na diátese".

Fora isso, não podem ser deslocados:

[6] * O Tomás em Campinas morava.

[7] * A reunião uma hora durou.

[8] * Eles já estavam bem sentindo. / * eles já bem estavam sentindo.

[9] * O Tomás com os quatro filhos mora.

Algumas dessas frases podem ocorrer na língua escrita – particularmente em poesia tradicional. Mas no PB são inaceitáveis.

Quando o adverbial é adjunto[2], seu posicionamento é muito mais livre:

[10] O Tomás comprou um carro novo no Natal.

[11] O Tomás comprou no Natal um carro novo.

[12] O Tomás no Natal comprou um carro novo.

[13] No Natal o Tomás comprou um carro novo.

O adverbial (ou melhor, certos adverbiais) pode também ocorrer dentro de um sintagma adjetivo, modificando um nominal qualificativo; por exemplo,

[14] A diretora está [bastante doente]$_{SAdj}$

Nesses casos a posição do adverbial é fixa: não pode ser movimentado para nenhum outro lugar do sintagma ou da oração. Outros adverbiais que funcionam dessa maneira são *bem, mal, gravemente, totalmente*:

[15] O muro está bem pintado.

[16] A moto ficou totalmente destruída na batida.

---

2. Ou seja, tematicamente transparente e de ocorrência opcional.

Em alguns casos temos mesmo o que parece ser um adverbial modificando um nominal referencial. Isso acontece com *só, somente*, como em

[17] Somente um gênio vai conseguir salvar esse time.

Aqui também a posição de *somente* é fixa, antes do SN que modifica.

40.2 ESCOPO

Quando um adverbial funciona como adjunto, tem às vezes muita liberdade de ocorrência em várias posições, mas nem sempre seu posicionamento é indiferente, porque pode afetar o seu **escopo**. Para definir essa noção, vamos examinar alguns exemplos. Nas frases seguintes, o adverbial *somente* pode ocorrer em vários lugares:

[18] Somente a professora passou a palavra ao visitante.

[19] A professora somente passou a palavra ao visitante.

[20] A professora passou somente a palavra ao visitante.

[21] A professora passou a palavra somente ao visitante.

Essas quatro frases não significam a mesma coisa; as diferenças têm a ver com a porção da frase que *somente* modifica. [18] significa que a professora, e ninguém mais, passou a palavra ao visitante. [19] significa que a professora passou a palavra ao visitante, mas não fez nada mais. [20] significa que ela passou apenas a palavra, nada mais, ao visitante. E [21] significa que ela passou a palavra ao visitante e a ninguém mais. Essas são diferenças de **escopo**; considerando as quatro frases acima, podemos dizer que *somente* vale para o constituinte que o segue imediatamente; este é o seu escopo. Repito agora as frases acima, com o escopo de *somente* marcado em cada uma:

[18] Somente a professora passou a palavra ao visitante.

[19] A professora <u>somente</u> passou a palavra ao visitante.

[20] A professora passou <u>somente</u> a palavra ao visitante.

[21] A professora passou a palavra <u>somente</u> ao visitante.

O escopo de um adverbial é parte de seu significado. Alguns adverbiais têm escopo fixo, de maneira que seu deslocamento para várias posições na sentença não acarreta diferenças como as que vimos acima. É o caso de *agora*, em frases como

[22] <u>Agora</u> a professora passou a palavra ao visitante.

[23] A professora <u>agora</u> passou a palavra ao visitante.

[24] A professora passou <u>agora</u> a palavra ao visitante.

[25] A professora passou a palavra <u>agora</u> ao visitante.

Essas frases dão a mesma mensagem, apesar das posições diferentes do adverbial.

É interessante observar que o escopo dos adverbiais se manifesta não só semanticamente, como no caso acima, mas também tem efeitos sobre a morfossintaxe. Certos adverbiais exigem que o verbo de sua oração fique no subjuntivo, mas apenas quando o verbo vem depois do adverbial – ou seja, quando está dentro de seu escopo:

[26] Talvez ele <u>já tenha chegado</u>. (subjuntivo)

[27] <u>Ele já chegou</u>, talvez. (indicativo)

Certos adverbiais podem tomar toda a sentença como seu escopo; nesse caso, eles exprimem a atitude do falante quanto ao conteúdo da oração, como em

[28] <u>Felizmente</u>, a inundação não atingiu a biblioteca.

[29] <u>Francamente</u>, a sua tese não traz nada de novo.

Os adverbiais que podem ter essa função são chamados **adverbiais de sentença**, e podem ocorrer livremente em qualquer posição, sem diferença de escopo:

[30] A inundação, <u>felizmente</u>, não atingiu a biblioteca.

[31] A inundação não atingiu a biblioteca, <u>felizmente</u>.

O caso de *bastante* em

[14] A diretora está <u>bastante</u> doente.

onde vimos que o adverbial não pode ser movido para outra posição, pode ser descrito em termos de escopo: o escopo de *bastante* é o nominal *doente*, e por isso o adverbial ocorre logo antes do nominal. O mesmo para casos como

[32] Ele é um músico <u>muito</u> brilhante.

O escopo é frequentemente a parte da oração que fica depois do adverbial; mas isso nem sempre acontece, especialmente quando o adverbial vem no final da oração, como em

[33] O brasileiro trabalha <u>demais</u>.

[34] A professora passou a palavra ao visitante, <u>somente</u>.

Em [33] o escopo de *demais* é *trabalha* (ou talvez *o brasileiro trabalha*); e em [34] o escopo de *somente* parece ser toda a oração[3].

Na fala o escopo pode ser manipulado até certo ponto usando a entonação. Assim, em

[19] A professora <u>somente</u> passou a palavra ao visitante.

---

3. O caso de [34] não é muito claro; talvez se possa também entender essa frase com *ao visitante* como escopo de *somente*.

o escopo de *somente* é, como vimos, o sintagma verbal *passou a palavra ao visitante*. Mas se a frase for pronunciada com entonação ascendente em *somente*, seguida por uma quebra descendente, o escopo de *somente* pode ser entendido como *a professora*, ou seja, a frase significa "somente a professora passou a palavra ao visitante".

Vimos alguns exemplos acima em que o adverbial ocorre sintática e semanticamente ligado a um constituinte do SN:

[14] A diretora está <u>bastante</u> doente.

[32] Ele é um músico <u>muito</u> brilhante.

Nesses casos, o adverbial vem sempre antes do nominal a que se refere (que é sempre um modificador) se o adverbial for composto de apenas uma palavra; mas se for composto ele deve ocorrer depois do nominal:

[35] Esse jogador está gordo <u>em demasia</u>.

[36] O cara é feio <u>de espantar</u>.

As exceções são *um pouco*, *um tanto*:

[37] Esse jogador está <u>um pouco</u> gordo.

Esses fenômenos de escopo dos adverbiais ainda requerem pesquisa[4]. Em parte o escopo é determinado por propriedades lexicais de cada adverbial – isso explica as diferenças vistas acima entre frases com *somente* e com *agora*. O mais provável é que as diferenças de escopo se correlacionem com traços semânticos de cada item. De qualquer forma, chamo a atenção do leitor para a heterogeneidade da classe (se é que é uma classe!) dos chamados advérbios, ou adverbiais.

---

4. Mas já há trabalhos preliminares de qualidade: p. ex., Castilho et al. (2008).

Capítulo 41

Flexão e derivação

Neste capítulo vou explicitar alguns princípios que viemos aplicando de maneira mais ou menos informal, definindo algumas noções que são importantes para a classificação e análise das palavras da língua.

41.1 A FLEXÃO E OS LEXEMAS

A estrutura interna das palavras se organiza segundo dois processos fundamentais: flexão e derivação. Assim temos que começar seu estudo conceituando esses dois tipos de relação entre palavras morfologicamente relacionadas.

As palavras são tradicionalmente agrupadas segundo suas partes comuns; por exemplo, *correr, correndo* e *corríamos* são consideradas "formas" do verbo *correr* – em nossos termos, são membros do lexema *correr*. Todos os membros do lexema têm em comum um **radical**, que aparece nesse caso como *corr-* e veicula o significado básico de "correr". A relação entre os diversos membros de um lexema se denomina **flexão**.

Mas não basta um radical comum para que um grupo de palavras seja um lexema; há outras razões para agrupá-las como formas flexionadas do mesmo lexema. Em primeiro lugar, seus membros apresentam regularidade morfológica: assim como temos *correr, correndo* e *corríamos*, temos *comer, comendo, comíamos*; *mexer, mexendo, mexíamos*, e assim por diante. Essa regularidade é limitada por dois fatores: primeiro, pode haver tipos morfológicos (no caso, conjugações), que no entanto mostram a mesma regularidade dentro de cada um: *andar, andando, andávamos*; *abrir, abrindo, abríamos* etc.

E, depois, há irregularidades puras e simples, em diversos graus. Em um caso extremo, como o do verbo *ir* (*ir, vou, fui*...), é impossível identificar formalmente um radical. Mas a regularidade se mostra em outros aspectos: as relações semânticas são exatamente as mesmas que se observa nos verbos regulares – a diferença de significado entre *vou* e *foram* é a mesma que há entre *ando* e *andaram*, e esse paralelismo vale para todos os verbos, regulares ou não. Ou seja, as formas irregulares apresentam identidade funcional – sintática e semântica – com as regulares, o que nos autoriza a definir não apenas *correr*, mas também *ir, ser* etc. como lexemas. Aqui não há exceção nenhuma; não há nenhum verbo cujo pretérito perfeito signifique "futuro", por exemplo.

Há também um acarretamento de existência entre os membros de um lexema. Isso significa que se existe *resolver*, podemos contar que existem também *resolvendo, resolvíamos, resolvi, resolvesse* etc. Esse acarretamento também tem suas exceções, a saber os chamados verbos defectivos, como *colorir*, que não tem *coloro nem *coloramos. Mas o acarretamento de existência vale para a imensa maioria dos verbos, e pode ser considerado um traço distintivo dos lexemas.

Uma quarta característica do lexema verbal é que todos os seus membros têm a mesma valência: se *bater* pode ocorrer com sujeito Agente e Paciente expresso por **em SN**, isso vale para *bati, batendo, batêssemos, bato* e todas as formas do verbo. Aqui também não existe exceção – seria o caso, por exemplo, de um verbo que tem Paciente com preposição no presente, mas sem preposição no futuro. Isso simplesmente não ocorre em português.

Todas essas regularidades caracterizam o que chamamos **flexão**. Um lexema é um grupo de palavras que se relacionam flexionalmente.

Os exemplos dados acima se referem todos a lexemas verbais; mas há outros tipos de lexema na língua, embora nenhum chegue perto da riqueza e complexidade dos lexemas verbais. Um exemplo é o de nominais com potencial qualificativo, que apresentam quatro formas:

vermelho (masculino singular)

vermelha (feminino singular)

vermelhos (masculino plural)

vermelhas (feminino plural)

O leitor poderá verificar por si mesmo que esse lexema apresenta todas as características apontadas acima como válidas para os lexemas em geral.

Os nominais sem potencial qualificativo (referenciais) apresentam um lexema mais simples, composto apenas de singular e plural:

cama (singular)

camas (plural)

O fato de *cama* ser feminino não tem a ver com sua flexão, porque não há forma masculina correspondente dentro do lexema – o gênero aqui é inerente, não governado (cf. definição dessas noções na seção 35.2).

41.2 DERIVAÇÃO

Há uma outra maneira pela qual palavras se associam: por **derivação**. A derivação não apresenta o alto grau de regularidade que se observa na flexão, e desse ponto de vista os dois tipos de relação estão em nítido contraste. Um exemplo pode ser *casa, casar, casamento, casario, casadouro, caseiro* e *casarão*. À primeira vista, seria um grupo flexional comparável aos que vimos na seção anterior. No entanto, um exame mais detido mostra que essas palavras não formam um lexema.

Primeiro, não é possível estabelecer um acarretamento de existência entre formas paralelas a essas. Por exemplo, temos *lata*, mas não **latar*, **latamento*, **latario*, **lateiro* ou **latarão*. Depois, mesmo quando há formas formalmente semelhantes, a relação semântica não é uniforme: temos *casa* e *caseiro*, e temos *faca* e *faqueiro*, mas *faqueiro* é um conjunto de facas (e outros talheres), ao passo que *caseiro* pode ser uma pessoa que toma conta da casa ou então alguém que gosta de ficar em casa. Existe o aumentativo de *cama*, mas é *camona* e não *camarão*. Existem *beber* e *bebedouro*, mas este é o lugar onde se bebe, ao passo que *casadouro* é alguém preparado para se casar.

Os exemplos são muitos, e ilustram como é impossível generalizar as relações formais ou semânticas observadas no grupo de *casa*. Na verdade, os membros desses grupos precisam em geral ser aprendidos independentemente: saber que existe *casa* não significa que já sabemos que tem que existir também *casarão*. Se a palavra for *faca*, o aumentativo é *facão* – e, na verdade, nem sequer isso, porque um facão não é apenas uma faca grande, mas um tipo especial de faca. O mesmo se diga para *portão*, que não é uma porta grande, e para *carrão*, que em geral significa não um carro grande, mas um carro caro e luxuoso. Note-se como fica difícil estabelecer um significado coerente para os morfemas utilizados: *-inho* nem sempre é diminutivo, e *–ista* significa coisas muito diferentes em *socialista, violinista* e *paulista*. E *andarilho*, embora presumivelmente derivado de *andar*, tem um sufixo que não aparece, com essa forma e significado, em nenhuma outra palavra da língua.

Aqui estamos muito longe do panorama organizado que se observa nos lexemas. Para efeitos práticos, vale mais a pena considerar *casa, casarão, casamento, casar* etc. como lexemas distintos, a serem aprendidos separadamente. A relação que existe entre essas palavras é tradicionalmente chamada **derivação**. E, a meu ver, é uma relação pouco útil, mesmo porque, em termos da língua atual, não é possível determinar se *casar* é derivado de *casamento* ou vice-versa. A relação que existe de fato é histórica (diacrônica), mas isso não interessa ao estudo da língua tal como é atualmente, e tal como funciona na memória dos falantes: é perfeitamente possível utilizar corretamente as palavras *casar* e *casamento* sem saber qual delas deriva da outra.

Há casos em que a distinção entre flexão e derivação não é muito nítida. Por exemplo, o sufixo *-vel* que se encontra em *legível* parece indicar o significado de "algo que pode ser X-do": *legível* é algo que pode ser lido. Mas ainda aqui a regularidade é duvidosa, e a relação semântica nem sempre é essa: *amável* não é alguém que pode ser amado, e *responsável* não tem relação semântica com *responder*[1]. Já os sufixos *-íssimo* e *-mente* se acrescentam a bases nominais de maneira bastante sistemática, e é possível que duplas de palavras como *forte / fortíssimo* e *carinhoso / carinhosamente* possam ser consideradas lexemas.

41.3 O QUE DISTINGUE A FLEXÃO DA DERIVAÇÃO?

A distinção entre esses dois processos tem sido definida de vários modos na literatura, mas nenhum deles é realmente satisfatório. Mattoso Camara caracterizou a derivação como introduzindo uma diferença semântica "acessória que não muda a significação fundamental" [CAMARA, 1977, p. 92]. Mas não temos meio de identificar elementos semânticos acessórios (em oposição aos fundamentais), de modo que esse critério fica difícil de aplicar na prática.

Outro critério, também apontado por Mattoso Camara, seria uma mudança de potencial funcional (mudança de classe, ou "aplicação diferente na frase"). O exemplo dado é o de *forma* (substantivo) e *formoso* (adjetivo) [CAMARA, 1977, p. 93]. Mas esse critério, pelo menos na forma como foi expresso, também é falho, porque casos claros de flexão acarretam diferença de potencial funcional – basta comparar o potencial de *corremos* com o de *correr* ou de *correndo*. Suspeito que esse critério poderá ser útil no futuro, mas isso vai depender de alguma elaboração. Enquanto isso, ele continua sendo utilizado; cf. Basilio (2004, p. 32ss.). Trask (1992, p. 142) acaba caindo em circularidade, ao definir **flexão** parcialmente como "um morfe preso particular que expressa uma distinção flexional". Por ora, temos que deixar a questão em aberto; eu tendo a favorecer o critério da regularidade das relações formais e semânticas encontradas dentro do lexema como fator definitório da flexão.

---

1. Não tem relação sincrônica; historicamente a relação existe, mas não nos interessa aqui.

É interessante ver como a distinção entre flexão e derivação se integra na maneira tradicional como nos referimos aos itens lexicais. Assim, dizemos que *correr, corria* e *correndo* são "formas do verbo *correr*", mas não que *leitura* é "uma forma da palavra *leitor*" – aqui em geral se fala de outra palavra (ou seja, em nossos termos, outro lexema). O conjunto *leitor* + *leitura* não é considerado uma unidade, e não tem nome tradicional, como tem "o verbo *correr*".

41.4 REVISITANDO OS PARTICÍPIOS

Vamos voltar brevemente à questão dos dois particípios (verbal e nominal), examinada no capítulo 21[2]. Agora temos condições de avaliar a natureza da relação de cada um deles com o verbo ao qual são tradicionalmente associados.

Em frases como

[1] Os vizinhos tinham trancado a porta.

o particípio (que ocorre com o auxiliar *ter*) é claramente parte do lexema do verbo *trancar*, pois apresenta

(a) **acarretamento de existência**: todos os verbos têm uma forma semelhante: *tinha trancado, tinha sido, tinha chegado*;

(b) **regularidade semântica**: o conjunto *tinham* + particípio tem uma semântica regular (algo como "passado anterior"), qualquer que seja o particípio e qualquer que seja o verbo principal;

(c) **valência constante**: a valência de *tinham trancado* é a mesma que se observa para todas as formas, simples ou compostas, do verbo *trancar*;

(d) **morfologia compatível com a do verbo**: assim como todos os membros do lexema de *trancar*, *trancado* em [1] não varia em gênero nem faz o plural em *-s*.

---

2. Parte da informação dada aqui já foi apresentada no cap. 21; repito-a aqui para relacionar a análise dos particípios com as noções de flexão e derivação.

O particípio encontrado em [1] também não varia em pessoa, e isso ele tem em comum com o gerúndio[3]: isto é, o particípio verbal, como o gerúndio, é uma forma um tanto excêntrica do lexema verbal. Mas ainda assim apresenta as características fundamentais de uma forma flexionada do verbo, e é portanto analisado como parte do verbo *trancar*. Por isso se chama o **particípio verbal** de *trancar*.

Mas na frase

[2] A casa está trancada.

a palavra *trancada* não pode ser analisada como uma forma do particípio verbal – trata-se de um **particípio nominal**, que não é parte do lexema do verbo, e não pertence ao verbo *trancar*. Isso pelas seguintes razões:

(a) **não há acarretamento de existência**: muitos verbos não correspondem a formas como *trancada*: **sida* (de *ser*), **tida* (de *ter*), **estada* (de *estar*), **brilhada*, **ficada*, **ida*, **gostada*. E há também particípios verbais sem verbo correspondente: *irrealizada*, mas não **irrealizar*; *incompreendida*, mas não **incompreender*. Note-se que não há particípio verbal *incompreendido*:

[3] * Ela tinha incompreendido as minhas instruções.

(b) **Não há regularidade semântica**: quando explicitamos as relações semânticas entre um particípio nominal e as formas do lexema verbal ao qual supostamente pertenceria, descobrimos que não são regulares; em vez disso, variam idiossincraticamente em muitos casos. Assim, temos:

[4] Um carro amassado. [*amassado*: resultado de um processo; *carro*: Paciente]

[5] Uma aula aborrecida. [*aborrecida*: qualidade; *aula*: Coisa.qualificada]

[6] Eu já estou almoçado. [*almoçado*: resultado de um processo; *eu*: Agente]

---

3. E também com o infinitivo, para os falantes que não empregam o infinitivo pessoal.

Podemos acrescentar exemplos como *uma pessoa sofrida, estudada, desconfiada, exibida*; *o vovô anda muito esquecido*; *não estou lembrado de você* etc., que ilustram bem a variedade de relações semânticas que o particípio nominal pode exprimir. Essa irregularidade semântica não aparece entre os membros de um lexema verbal: se alguém conhece a diferença de significado entre *comer, comi, comeu* e *comendo*, automaticamente também sabe a que existe entre *ler, li, leu, lendo* ou *voar, voei, voou* e *voando*, e assim por diante. Não há exceções: o significado é determinado para cada forma temporal, aspectual e pessoal de uma vez por todas para todos os verbos. Mas o particípio nominal não obedece a essa regularidade, o que mostra que não é parte do lexema verbal.

(c) **Não há coincidência de valência com o verbo**: a valência de um particípio nominal é diferente da do verbo a que tradicionalmente se associa. Por exemplo, temos

[7] A menina matou / matando / mataria / tinha matado / estava matando o pernilongo.

mas não

[8] * A menina matada o pernilongo.

Temos

[9] A menina bateu / batendo / tinha batido / estava batendo no gato.

mas não

[10] * A menina batida no gato.

Temos

[11] A menina apanhou / apanhando / apanharia / tinha apanhado da colega.

mas não

[12] * A menina apanhada da colega.

e assim por diante, para todos os casos. Novamente, o caso do particípio nominal contrasta com o de todos os membros do lexema verbal: a valência de um verbo vale para todas as suas formas.

Finalmente, o particípio nominal não apresenta

(d) **morfologia compatível com a do verbo**: ele tem formas de masculino e feminino, e faz o plural em -*s*, o que é característico dos nominais, mas nunca ocorre nas formas verbais.

Temos que concluir daí que uma forma como *trancada* em

[2] A casa está trancada.

é relacionada com o verbo *trancar* por derivação, não por flexão. A relação é semelhante à que existe entre *comer* e *comestível*, *casa* e *casarão*, *andar* e *andarilho*. Existe uma relação formal e também uma relação semântica, mas é irregular em vários aspectos, o que denuncia um tipo de relação que podemos chamar de lexical, e não gramatical.

Para concluir: temos que distinguir duas formas bem diferenciadas em português: o **particípio verbal**, que é parte do lexema do verbo e que só ocorre com o auxiliar *ter* (na língua escrita também, ocasionalmente, *haver*). E o **particípio nominal**, que não é parte do lexema verbal, conforme se mostrou acima. Em geral essas duas formas são idênticas formalmente, mas para alguns verbos (listados em 21.2.2) são distintas: *acendido* (particípio verbal), *aceso* (particípio nominal). Como vimos no capítulo 21, é o particípio nominal que ocorre na construção passiva, que é uma diátese do verbo *ser*.

Capítulo 42

O sistema flexional do verbo

42.1 ESTRUTURA DA FORMA VERBAL

O sistema flexional do verbo no PB é mais simples do que o do português escrito padrão, mas ainda assim é bastante rico.

Uma forma verbal se analisa em alguns segmentos ordenados de maneira fixa. Esses segmentos são os seguintes: primeiro, o **radical**, seguido por diversos sufixos, a saber a **vogal predesinencial, o sufixo de modo e tempo (MT)** e o **sufixo de pessoa e número (PN)**[1]. O sistema comporta diversas complicações, mas no fundo é esse aí. Tomando a forma verbal *amávamos*, os segmentos (**morfemas**) são os seguintes:

AM	Á	VA	MOS
radical	vogal pred.	suf.MT	suf. PN

Semanticamente,

- o **radical** veicula o significado básico do verbo – aquele que aparece em todas as formas do lexema. No caso, trata-se de uma vinculação ao esquema "amar";
- a **vogal predesinencial** não tem significado nenhum, e é apenas um elemento de ligação (voltaremos a ela mais adiante);

---

1. Chamo esse segmento de **radical** porque **tema** (designação utilizada por PONTES, 1972) se tornou um termo confuso, à força de ser utilizado em diversos sentidos. Nesta Gramática, Tema se refere exclusivamente ao papel temático do elemento que sofre movimentação. Correspondentemente, em vez de falar de **vogal temática** como fazem muitos autores, chamo o morfema que se segue ao radical **vogal predesinencial,** termo criado pelo Professor Rubens Romanelli.

• o **sufixo de MT** expressa o tempo (presente, passado, futuro) e o modo (indicativo, subjuntivo, condicional), na medida em que o modo tem significado;

• o **sufixo de PN** expressa a pessoa (primeira ou terceira)[2] e o número (singular ou plural).

Com exceção da vogal predesinencial, pode-se trocar cada um desses morfemas e verificar a mudança semântica resultante: **limp***ávamos* tem significado radical diferente, mas o mesmo modo, tempo, pessoa e número de *amávamos*. *Amarmos* muda o modo e o tempo; *ama***va***m* muda a pessoa.

Termos como **radical, vogal predesinencial, sufixo de MT** e **sufixo de PN** definem classes de morfemas: ou seja, para cada uma dessas funções há uma classe de morfemas que podem ocupá-la. Estamos aqui lidando, mais uma vez, com o potencial funcional de unidades, só que em vez de palavras temos morfemas.

Os morfemas que podem ser radicais de verbos são em grande número – alguns milhares, certamente. Por exemplo, temos *am-*, *limp-*, *escrev-*, *part-*, que aparecem como parte dos verbos *amar, limpar, escrever* e *partir*, respectivamente.

Os morfemas que ocorrem como vogal predesinencial (VP) são apenas quatro. Eles se distribuem pelos radicais, de forma que cada radical ocorre apenas com uma vogal predesinencial: com *am-* temos a vogal *a*, e por isso o infinitivo fica *amar*. Mas com *escrev-* a vogal predesinencial é *e*, o que dá *escrever*, e não **escrevar*. Com *part-* temos *i*: *partir*. E com *p-* temos *o*, o que dá o infinitivo *pôr*[3]. Essa distribuição não tem nenhuma motivação

---

2. Como já vimos, a segunda pessoa é de uso restrito no PB. Para os falantes que a utilizam, o sufixo de PN também a expressa; aqui vamos considerar de início uma variedade que só lida com duas pessoas. É bom enfatizar que estou me referindo à pessoa gramatical, não à pessoa do discurso (cf. discussão na seção 31.1).

3. O verbo *pôr* e seus compostos (*dispor, compor* etc.) são os únicos que têm vogal predesinencial *o*. Mas são tão irregulares que há dúvidas sobre se eles têm de fato tal vogal, que só aparece em algumas formas do lexema. Talvez *pôr* seja apenas mais um verbo anômalo, que não pertence a nenhuma conjugação.

semântica conhecida, e é considerada aleatória: cada radical seleciona a sua vogal, e nada mais.

Mas a seleção da vogal predesinencial tem consequências na forma de vários outros sufixos. Os sufixos de MT variam conforme a vogal predesinencial do verbo: por exemplo, o sufixo que exprime o pretérito imperfeito é *va* com verbos de vogal predesinencial *a*: *amávamos*; mas é *a* com verbos de vogal *e* ou *i*: *escrevíamos, partíamos*. O presente do subjuntivo se forma com o sufixo *e* para verbos de VP *a*: *ame*, mas com o sufixo *a* para verbos de VP *e* ou *i* : *escreva, parta*. Já outros sufixos de MT são sempre os mesmos: o infinitivo é sempre formado com *r*, independentemente da VP: *amar, escrever, partir*. O resultado desse jogo de VP com sufixos é o que tradicionalmente se denomina a **conjugação** dos verbos. Os verbos de VP *a* se chamam de **primeira conjugação**, os de VP *e* são de **segunda conjugação**, e os de VP *i* são de **terceira conjugação**.

Os morfemas que marcam pessoa e número (PN) são quatro (cinco para as variedades que utilizam *tu andavas*), a saber: primeira e terceira pessoas do singular, primeira e terceira do plural: *(eu) andava, (ele) andava, (nós) andávamos, (eles) andavam*. Em alguns tempos a primeira e terceira do singular são iguais, mas isso nem sempre acontece: *(eu) ando, (ele) anda*. Esses morfemas variam bastante; por exemplo, ouve-se de falantes nativos do PB *nós andávamos, nós andavam, nós andava* e também *a gente andava*. A distribuição precisa dessas formas quanto a região, classe social e etária e grau de escolarização ainda não está totalmente mapeada.

42.2 MORFES CUMULATIVOS

A forma *andávamos* que examinamos acima apresenta os quatro morfemas nitidamente segmentáveis e enfileirados: *and-á-va-mos*, o que facilita muito a análise. Mas a segmentação nem sempre é tão clara. Por exemplo, a forma *andamos* que ocorre em *ontem nós andamos mais de cinco quilômetros* não pode ser segmentada nos quatro constituintes esperados – em particular, não se consegue identificar aí a forma do morfema de MT separadamente da VP: *and-a-mos*. E em *ando* os três sufixos estão acumulados na terminação *-o*, que não pode ser segmentada.

Esses casos apresentam um problema para a segmentação formal; mas é importante observar que os componentes semânticos esperados estão sempre presentes. Ou seja, apesar de não haver um segmento da palavra *andamos* ao qual se possa atribuir claramente o significado "pretérito perfeito", esse elemento semântico está presente com toda clareza na palavra. Um caso extremo é o de *fui*, onde fica impossível identificar a maioria dos constituintes: será que *f-* é o radical? Mas o verbo é *ir*, seu presente é *vou*, e o imperfeito é *ia*, o que lança dúvidas sobre qualquer segmentação. No entanto, *fui* funciona exatamente como qualquer **perfeito** do ponto de vista semântico: um falante percebe claramente que a oposição *fui / vou* é, semanticamente, equivalente à oposição *andei / ando*. A distribuição dessas formas na oração e no discurso confirma essa intuição: *andei bastante ontem / *amanhã*, assim como *fui ao concerto ontem / *amanhã* etc. Conclui-se que formas como *fui, vou, ia, ir* etc., no que pese sua anomalia formal, são semanticamente regulares, e podem ser consideradas membros do mesmo lexema (o "verbo *ir*").

Esses casos são idiossincráticos: por exemplo, não existe nenhum outro verbo que mostre as mesmas anomalias de *ir*. Em outros casos, as anomalias se aplicam a grupos de verbos, em geral grupos pequenos e/ou derivacionalmente relacionados. É o caso de *pôr* (*ponho, pus, posto...*), cuja anomalia se repete em *compor, dispor, depor, expor* etc.[4] Esses verbos anômalos precisam ser estudados individualmente, sem possibilidade de generalizações no que

---

4. No PB a relação é mais complexa: para muitos falantes, *compor* tem presente *componho*, pretérito perfeito *compus*, mas futuro do subjuntivo *compor*, e não *compuser* como no português escrito. Essa regularização é comum nos compostos; ocorre também com *pôr*, mas mais raramente.

diz respeito a sua forma. Quanto às relações semânticas dentro de cada lexema, como se viu, são totalmente regulares.

A solução é simplesmente considerar que certos segmentos representam cumulativamente as mesmas relações semânticas que outros representam sequencialmente: *é*, por exemplo, resume em uma letra os quatro morfemas que *andávamos* mostra com toda clareza em quatro segmentos. Formas como *é* são chamadas **morfes cumulativos**.

Não obstante, o verbo *ir* e outros anômalos podem ser considerados lexemas, em virtude da regularidade das relações semânticas que expressam em seus membros; essa é a análise tradicional, que me parece adequada. Aqui, naturalmente, temos lexemas menos prototípicos: das quatro características apontadas em 41.1 como definitórias do lexema, a primeira (regularidade morfológica) não se aplica a esses casos. Mas a regularidade das relações semânticas, o acarretamento de existência e a identidade de valência valem para eles sem alteração.

42.3 IRREGULARIDADES MORFOLÓGICAS NO LEXEMA VERBAL

42.3.1 Verbos irregulares e anômalos

O que caracteriza um verbo irregular é mostrar mudanças no radical, que nos regulares é invariável. Assim, *partir* (regular) tem *parto, parte*, mas *cuspir* tem *cuspo, cospe*. Os sufixos, nesses verbos, são regulares.

Há também um grupo relativamente pequeno de verbos que têm formas irregulares dos sufixos, diferentes das encontradas nos demais verbos. Um exemplo é *estar*, cujo presente do indicativo é *estou, está* (e não *esto*, *esta*, como seria de esperar); esses verbos se denominam **anômalos**. Os anômalos são em pequeno número, mas estão entre os mais frequentes da língua: *ser, ir, dar, estar, pôr, ter, vir (haver)*[5]. *Fazer, querer, dizer* e *trazer*

---

5. *Haver* é de uso muito raro no PB, onde é substituído por *ter: tem um armário bem grande no banheiro*. Como se vê, coloco aqui *pôr* como anômalo, o que me parece a solução mais plausível.

também têm sufixo especial na forma de 3ª pessoa do singular do presente do indicativo: *faz* (em vez de **faze*), *quer* (em vez de **quere*)[6], *diz* (em vez de **dize*) e *traz* (em vez de **traze*), mas não são considerados anômalos. Os anômalos não são sujeitos a regra nenhuma, e precisam ser aprendidos um a um. Já os irregulares (não anômalos) podem ser reduzidos a certo número de formas primitivas, que veremos logo adiante. Há sete (ou oito, se contarmos *haver*) verbos anômalos na língua. Os irregulares são muito mais numerosos; cerca de 25 são muito frequentes, mas há muitos outros de frequência mais baixa.

Assim, um verbo é irregular quando tem algumas formas imprevisíveis a partir das tabelas de conjugação que valem para a maioria dos verbos. A irregularidade é um fenômeno estritamente morfológico: esses verbos são regulares quanto às oposições sintáticas e semânticas que exprimem. Assim como os verbos regulares, todos eles têm presente e pretérito, perfeito e imperfeito, indicativo e subjuntivo etc., e essas formas se comportam, sintática e semanticamente, exatamente como as formas correspondentes dos verbos regulares.

42.3.2 Formas primitivas do verbo

Formas primitivas são algumas formas das quais se pode derivar as outras de maneira regular: ou seja, a irregularidade se concentra nas formas primitivas. Por exemplo, para todos os verbos o **perfeito**, o **imperfeito do subjuntivo** e o **futuro do subjuntivo**[7] derivam da mesma forma do radical. Com os verbos regulares, essa é a única forma do radical. Já os irregulares frequentemente têm uma forma especial do radical para esses tempos. Assim *caber* faz o perfeito *coube*, e daí se deriva também *coubesse* e *couber*[8]. Por

---

6. *Quere* é normal no português europeu, mas nunca no PB.

7. Além do mais-que-perfeito, que só ocorre (e raramente) na língua escrita.

8. Estou aqui considerando uma forma bastante conservadora do PB. Há uma tendência muito forte a regularizar o futuro do subjuntivo: *se isso caber na gaveta* (em vez de *couber*). Já **cabi* e **cabesse* não parecem ocorrer nunca.

isso, incluímos o perfeito (primeira pessoa do singular) como uma das formas primitivas.

É possível então reduzir a irregularidade dos verbos não anômalos a seis formas primitivas, a saber:

infinitivo	*poder*
presente do indicativo, 1ª pessoa do singular	*posso*
presente do indicativo, 3ª pessoa do singular	*pode*
pretérito perfeito, 1ª pessoa do singular	*pude*
pretérito perfeito, 3ª pessoa do singular	*pôde*
particípio verbal	*podido*

Formas primitivas do verbo

O quadro da página seguinte explicita a derivação de cada um dos tempos e modos correntemente usados no PB a partir das seis formas primitivas.

Essas seis formas são todas necessárias para os verbos mais irregulares (como *poder*), mas para muitos verbos irregulares apenas algumas são suficientes. Por exemplo, a irregularidade de *perder* se concentra na segunda dessas formas, *perco* em vez de **perdo* – no mais, *perder* se conjuga como os verbos regulares.

As formas primitivas deixam de prever algumas irregularidades: três verbos, *fazer, trazer* e *dizer*, fazem o futuro do indicativo irregularmente: *farei, trarei* e *direi*, em vez dos esperados **fazerei, *trazerei, *dizerei*. Esse detalhe não é muito importante porque o futuro do indicativo é muito pouco usado no PB. A mesma irregularidade, entretanto, vale para o condicional: *faria, traria, diria*.

As formas primitivas também não preveem a abertura do *e* na terminação de alguns verbos. Assim, de *vender* temos *vendesse*, com [e], mas de *saber* temos *soubesse*, com [ɛ]. Esses verbos incluem todos os anômalos (exceto *ser* e *ir*, que não têm um *e* ali), mais os seguintes: *caber, dizer, fazer, poder, querer, saber, trazer*.

Forma primitiva	**Formas derivadas**
Infinitivo *pod-er*	**Presente do indicativo** (1ª p. plural e 3ª p. plural) *pod-emos, pod-em*
	Imperfeito do indicativo *pod-ia* etc.
	Gerúndio *pod-endo*
	Imperativo *com-e*

Nota: O imperativo aparece aqui e entre os derivados do presente do indicativo, 1ª pessoa do singular. Trata-se de variação dialetal. O verbo *poder* não é na verdade um bom exemplo, porque quase nunca se usa no imperativo; por isso dou o exemplo de *comer*: muitos falantes dizem *come* e muitos outros *coma*.

	Futuro do indicativo *pod-erei* etc.
	Condicional *pod-eria* etc.

Nota: três verbos fazem o futuro do indicativo e o condicional irregularmente: *fazer, farei, faria; trazer, trarei, traria; dizer, direi, diria.*

Presente do indicativo, 1ª **pessoa do singular** *poss-o*	**Presente do subjuntivo** *poss-a* etc.
	Imperativo *com-a*

Nota: *Coma* é a outra forma corrente do imperativo, além de *come*, dada acima.

Presente do indicativo, 3ª **pessoa do singular** *pod-e*	(apenas a própria forma)

Nota: a forma *pod-e* não é base para a derivação de outras formas; aparece no quadro só como explicitação de si mesma. Na verdade, esta forma é regular para a maioria dos verbos, mas é incluída aqui porque há seis verbos que a formam irregularmente: *faz, diz, traz, ri, lê, vê*.

Perfeito, 1ª **pessoa do singular** *pud-e*	**Perfeito, exceto a** 3ª **pessoa do singular** *pud-e, pud-emos, pud-eram*
	Imperfeito do subjuntivo *pud-esse* etc.
	Futuro do subjuntivo *pud-er* etc.

Perfeito, 3ª **pessoa do singular** *pôd-e*	(apenas a própria forma)
Particípio verbal *pod-ido*	(apenas a própria forma)

Nota: o particípio verbal de *poder* é regular. Mas há verbos que o formam irregularmente, como *salvar : salvo; fazer : feito* etc.

Derivação dos tempos e modos das formas primitivas do verbo

Como se vê, o sistema, embora mais simples do que o do português padrão escrito, é ainda assim muito complexo. Um verbo no PB pode distinguir cerca de 36 formas, e a incidência de irregularidade é relativamente alta[9].

42.3.3 Verbos defectivos

Algumas formas não existem na conjugação de certos verbos, que são chamados **defectivos**. Praticamente todos pertencem à terceira conjugação (vogal predesinencial *i*) e podem ser descritos em dois grupos, a saber:

Primeiro, verbos que **não têm a primeira pessoa do singular do presente do indicativo** e, consequentemente, o **presente do subjuntivo**. Exemplos são *demolir, abolir, emergir*; os dicionários dão também *colorir*, embora se ouça com frequência *eu coloro*.

Depois, verbos que **não têm nenhuma das formas em que o acento tônico cai sobre o radical**. Por exemplo, no presente do indicativo esses verbos têm apenas a primeira pessoa do plural: *nós falimos*, mas não **se falta crédito a companhia fale*. Por efeito do quadro de derivações, esses verbos também não têm o presente do subjuntivo: **eles querem que a gente fala* (de *falir*). As outras formas ocorrem regularmente: *ele faliu, nós falimos, estamos em perigo de falir, se nós falíssemos* etc.

Além desses grupos, pode-se acrescentar *crer*, que não ocorre no perfeito: **eu cri, *ele creu* soam muito estranhos; as formas do imperfeito também não são muito comuns: ?? *eu cria nessas ideias todas*.

---

9. Digo "cerca de 36" formas porque há alguma variação entre os falantes. Comparar com o inglês, que tem oito formas no seu verbo mais complexo (*be, am, are, is, was, were, being, been*).

Capítulo 43

Expressões idiomáticas

43.1 O QUE É UMA EXPRESSÃO IDIOMÁTICA

As línguas naturais mostram uma forte tendência a fixar sequências de palavras, utilizando-as como unidades, como se fossem palavras singulares. Essas sequências, uma vez fixadas, têm um significado próprio que nem sempre é derivado dos significados das palavras componentes. Assim, a sequência *nado de costas* é tomada como uma unidade, e seu significado é derivado das palavras componentes mais a maneira como se estruturam. Ou seja, pode ser tomada como uma construção, com a particularidade de que é usada com muita frequência, e em geral não admite substituição de itens por sinônimos: não se diz *natação de costas*, embora em princípio seja a mesma coisa.

Já a sequência *bicho de sete cabeças* tem um significado próprio, sem relação semântica com o significado de *bicho*, *cabeça*, *sete* ou da construção formada de **nominal** + *de* + **SN**. As regras que fornecem a interpretação das construções não se aplicam a essa sequência, de tal modo que para entendê-la é indispensável aprendê-la separadamente, como uma unidade – exatamente como se fosse um item lexical tradicional.

Aqui vamos nos ocupar principalmente do segundo tipo, ou seja, *bicho de sete cabeças*: uma sequência de palavras com significado próprio **não** derivado dos significados das palavras individuais:

[1] A álgebra é um bicho de sete cabeças para os alunos.

Trata-se, como sabemos, de alguma coisa muito difícil e um tanto assustadora. Não é um bicho, nem tem sete cabeças. A essas sequências chamamos **expressões idiomáticas**; as expressões idiomáticas são um caso especial das **expressões fixas**, que incluem também casos como o de *nado de costas*.

As expressões idiomáticas sempre violam alguma regra da língua: em geral uma regra semântica, mas às vezes também regras da sintaxe. E às vezes elas contêm itens lexicais que não aparecem em nenhum outro contexto. Na verdade, se alguma coisa define a expressão idiomática é justamente a presença de alguma violação gramatical ou lexical.

Para dar alguns exemplos:

a) a expressão *ao pé da letra* não pode ser interpretada como um sintagma normal. Se não se tratasse de uma expressão, teríamos uma referência a uma parte de uma letra, chamada *pé*, e, por causa da preposição *a*, o sintagma teria provavelmente o papel temático de Meta, como em *ao pai da Leda* em *entreguei a carta ao pai da Leda*. Mas não é nada disso que se observa: *ao pé da letra* é um adverbial que significa "literalmente". É essencial notar que não há regra na língua que nos autorize a derivar esse significado dos elementos da sequência *ao pé da letra*: a sequência assume esse significado como um todo, sem aplicação de regras componenciais. O usuário da língua precisa aprender a sequência independentemente, como se fosse uma palavra nova. Temos aqui um exemplo que viola as regras semânticas que nos fornecem o significado dos sintagmas nominais[1].

b) Em outros casos a expressão viola regras sintáticas. Por exemplo, dois elementos coordenados com *e* podem ter sua ordem invertida, como em

[2] Arroz e feijão / feijão e arroz.

---

1. Quando falo de "violação", entenda-se que se trata de uma restrição ao efeito da regra; essa restrição é parte da estrutura da língua, e não há violação real, tanto é assim que a sequência é aceitável. É diferente em *essa quadro, onde houve de fato violação.

Mas as expressões em geral não admitem essa inversão:

[3] A ferro e fogo / * a fogo e ferro.

[4] De mala e cuia / * de cuia e mala.

Ou podemos encontrar um elemento em posição idiossincrática. A palavra *assim* se coloca depois do verbo ao qual se vincula semanticamente:

[5] Ele dança assim.

mas na expressão *por assim dizer* essa palavra se coloca antes do verbo, e não pode ser deslocada; * *por dizer assim.*

c) A expressão *a granel* significa algo como "não embalado previamente". A palavra *granel* não existe fora dessa expressão, que consequentemente tem que ser aprendida independentemente. Temos aqui uma palavra (*granel*) que não é, a rigor, um item lexical, pois não ocorre independentemente. Talvez *a granel* seja uma expressão idiomática apenas porque a tradição ortográfica vê aí duas palavras; uma razão para isso é a grande ocorrência de expressões idiomáticas começadas por *a*: *a sangue-frio, a saber, à solta, à deriva* etc.[2]

Nada impede que uma expressão idiomática seja homônima de um sintagma "normal". Por exemplo, o **sintagma** *a última palavra* tem significado nitidamente diferente da **expressão idiomática** *a última palavra*. No primeiro caso, trata-se de uma palavra que foi enunciada depois de todas as outras – temos aqui um significado composto do significado individual das três palavras, mais o da construção em que elas aparecem. Esse sintagma aparece em

[6] A última palavra dos *Lusíadas* é *inveja.*

---

2. O uso do hífen é caótico na atual ortografia. Aqui levo a discussão como se ele não existisse.

No segundo caso, a referência é a alguma coisa que está na moda do momento:

[7] Sapato verde sem meia é a última palavra.

43.2 TIPOLOGIA DAS EXPRESSÕES IDIOMÁTICAS

O que as expressões idiomáticas têm em comum é uma propriedade negativa: não se ajustam às regras da língua em algum ponto. Fora isso, há vários tipos, bem diferentes uns dos outros. Muitas funcionam como se fossem um nominal simples; por exemplo, *pé de boi*, que significa uma pessoa trabalhadora, pode ser núcleo de um SN:

[8] Esse meu filho é um pé de boi.

Outras funcionam como um nominal de potencial qualificativo, como *de marca maior*:

[9] Ela é uma mentirosa de marca maior.

Outras ainda funcionam como sintagmas verbais, como *bater as botas*; essas apresentam flexão em seu elemento verbal:

[10] O cachorro bateu / vai bater as botas.

Ou como adverbiais:

[11] O casamento deles vai de vento em popa.

Muitas inclusive nem sequer formam um constituinte; por exemplo, *estar careca de*:

[12] Eu estou careca de conhecer esse sujeito.

Ou então *fazer de*:

[13] Não fica fazendo de bonzinho comigo não.

Um tipo de expressão idiomática que é frequentemente ignorado são as que funcionam como elementos conectivos; por exemplo, *em virtude de*, que é um marcador do papel temático Causa:

[14] O Congresso se renovou <u>em virtude do</u> resultado das eleições.

Como se vê, essa expressão funciona de modo paralelo a uma preposição. É uma expressão idiomática legítima, seguindo a definição dada, pois nem sua semântica nem sua sintaxe são deriváveis de seus componentes, mais as regras gerais da língua.

43.3 IMPORTÂNCIA DAS EXPRESSÕES IDIOMÁTICAS NA DESCRIÇÃO

Ao se fazer o levantamento das expressões idiomáticas do português, verificou-se (com alguma surpresa) que elas são muito numerosas, e muito frequentes na fala. Esse levantamento foi feito por Fulgêncio (2008); sua lista, que inclui apenas as expressões idiomáticas de uso normal no PB, conhecidas por todos os falantes, tem mais de 8.000 itens.

Isso significa que as expressões idiomáticas são um ingrediente importante do conhecimento da língua, e não podem ser consideradas um fenômeno marginal. Embora sua listagem esteja fora das possibilidades de uma gramática (elas por si sós constituem um dicionário), é necessário fazer algumas considerações sobre o que significa a existência dessas sequências para a análise da estrutura da língua.

As propriedades das expressões idiomáticas nos obrigam a reconhecer uma coisa importante: as construções da língua, isto é, suas generalizações morfossintáticas e semânticas, somadas às palavras individuais, não são tudo o que o usuário precisa saber para construir frases. Ele precisa também conhecer sequências de palavras que, formalmente, em geral se assemelham a construções, mas que têm interpretação semântica imprevisível, e são aprendidas uma a uma. E essas sequências imprevisíveis (as expressões idiomáticas) são muito numerosas e de ocorrência muito frequente. A descrição da língua não pode prescindir de uma lista completa das expressões idiomáticas; e não há meio de apresentar as expressões a não ser em uma lista pura e simples, porque não existem regras que possam produzi-las.

Dito de outra forma, o conhecimento da língua inclui, ao lado de regras gerais e itens lexicais individuais, um grande componente formado de peças prontas, que só aparentemente são construções (e às vezes nem isso, como *estar careca de*), e que precisam ser memorizadas individualmente. Essas peças, chamadas expressões idiomáticas, são importantes tanto em número quanto em frequência de ocorrência na fala.

43.4 AS EXPRESSÕES IDIOMÁTICAS SÃO METÁFORAS?

Uma última observação: diz-se às vezes que as expressões idiomáticas são metáforas; no entanto, não conheço nenhum sentido razoável da palavra *metáfora* que se aplique a esse caso. É possível (eu não me comprometo) que algumas expressões, talvez mesmo muitas delas, tenham tido origem, historicamente, em enunciados metafóricos; mas as expressões idiomáticas usadas na língua são codificadas, e não podem ser interpretadas em termos de seus componentes, como as expressões metafóricas podem. Assim, se alguém diz

[15] Esse menino é uma bomba atômica.

mesmo quem nunca ouviu essa expressão aplicada a um menino pode entender que se trata de um menino destruidor, ou excessivamente barulhento, ou algo desse tipo. Aqui temos uma metáfora, algo que requer um trabalho de interpretação para ser entendido. A metáfora depende da percepção prévia de uma inadequação: um menino não pode ser literalmente uma bomba atômica, daí o ouvinte precisa procurar algum significado aparentado que faça sentido.

Não é essa a situação com as expressões idiomáticas: elas têm significado codificado, que é parte das conexões forma-significado da língua. Se alguém diz que

[11] O casamento deles vai de vento em popa.

o ouvinte tem um significado de *de vento em popa* disponível em seu repertório previamente adquirido de conexões forma-significado: *de vento em popa* se refere a algo que tem sucesso. Essa interpretação não passa pela percepção de que *de vento em popa* não se aplica a um casamento, nem pelo processo de procurar um significado que funcione naquele contexto. O significado de *de vento em popa* consta do nosso dicionário mental, exatamente como o significado de *casamento* ou *menino*; e essa expressão pode perfeitamente ser compreendida mesmo por uma pessoa que, digamos, não saiba o que significa *popa*. Quem não conhece a expressão *de vento em popa* não tem como interpretá-la; uma tentativa por vias metafóricas não funciona, porque se pode pensar que essa expressão significa "rapidamente", ou "na direção certa", que seriam interpretações metafóricas aceitáveis do sintagma *de vento em popa*, mas que estão erradas.

Em outros casos a interpretação metafórica é implausível porque não há ponto de partida aceitável. Por exemplo, a interpretação metafórica de *aos trancos e barrancos* não dá certo, porque *barrancos* não tem nenhum significado suficientemente próximo de *trancos* para que se inicie o processo de busca semântica que caracteriza a metáfora. E *a granel* não pode nem começar, porque a palavra *granel* não existe no léxico do português.

As expressões idiomáticas são unidades armazenadas no léxico da língua uma a uma, e são aprendidas pelos usuários igualmente uma a uma; elas ilustram a nossa grande capacidade de memorização, assim como a importância dos elementos memorizados no conhecimento da língua.

Discurso

Capítulo 44

Topicalização

44.1 TÓPICO E TOPICALIZAÇÃO

O **tópico** é um elemento da sentença cuja função é delimitar o assunto principal do enunciado. Ele pode ter, ao mesmo tempo, uma das funções sintáticas tradicionais (objeto, sujeito etc.), mas, como veremos, isso não é necessário. No PB, o tópico é tipicamente marcado por sua posição no início do enunciado, como em

[1] Essa cerveja ninguém vai beber.

O efeito de colocar o sintagma *essa cerveja* (Paciente de *beber*) no início é mais ou menos o de dizer "falando dessa cerveja..." – uma instrução ao ouvinte para entender que o que se segue é um comentário sobre a cerveja em questão. Comparando com

[2] Ninguém vai beber essa cerveja.

vemos que as duas frases têm a mesma informação; o que muda é a maneira como essa informação é apresentada. Em [1], a informação é apresentada como um comentário sobre um elemento privilegiado (a cerveja); em [2] a informação é apresentada de maneira mais neutra, sem privilegiar nenhum dos termos. Ou seja, o tópico é o "elemento do qual se diz alguma coisa", que as gramáticas tradicionais costumam confundir com o sujeito.

Esse é um fenômeno muito importante em PB, embora nem sempre seja mencionado nas gramáticas. Uma das maneiras de marcar o tópico é colocá-lo no início, como está em [1]; mas há outros recursos para fazer o mesmo, como veremos.

44.2 TÓPICO SINTÁTICO

O tópico pode ser marcado em construções do tipo usual, entre as quais as mais importantes são as **de deslocamento à esquerda**, **a passiva** e as **clivadas**.

44.2.1 Construção de deslocamento à esquerda

Essa construção (ou, mais exatamente, grupo de construções) se caracteriza pelo posicionamento de um dos termos no início do período; esse termo é interpretado como tópico, e se conforma às exigências valenciais do verbo. Há restrições sintáticas quanto ao que pode aparecer como tópico; os seguintes casos são autorizados:

[1] Essa cerveja ninguém vai beber. (SN, Paciente)

[3] Para você eu faço qualquer coisa. (*para* + SN, Beneficiário)

[4] Inteligente ele é, sem dúvida. (SAdj, Qualidade)

[5] No Ceará a gente comprou umas rendas lindas. (*em* + SN, Lugar)

e outros mais, já que o PB é bastante liberal nas possibilidades de topicalização. Até mesmo certos elementos internos do SN podem ser topicalizados:

[6] Dessa menina eu conheci a mãe e o pai.

No entanto, muitos falantes não aceitam a topicalização de um termo com o papel temático Qualidade em construções de dois ou mais SNs:

[7] * <u>Um completo idiota</u> a Maria considera o marido.

E não é possível topicalizar o verbo, nem partículas como a negação.

44.2.2 Construção passiva

Uma das funções da construção passiva é marcar o Paciente como tópico. Assim, em

[8] <u>A dona Eulália</u> foi homenageada pelos membros do clube.

entende-se que o ato de fala é motivado principalmente pela intenção de dizer alguma coisa sobre dona Eulália – e não, por exemplo, sobre os membros do clube. Isso pode ser testado construindo pequenos diálogos como

[9] – O que você me diz da dona Eulália?
– A dona Eulália foi homenageada pelos membros do clube.

Notar como o diálogo fica menos natural se trocarmos alguns sintagmas:

[10] – O que você me diz dos membros do clube?
– A dona Eulália foi homenageada pelos membros do clube.

[10] é estranho porque houve uma troca brusca de tópico: a pergunta pede informação sobre os membros do clube, e a resposta fornece informação (primariamente) sobre a dona Eulália.

44.2.3 Construções clivadas

As construções clivadas são formadas com o auxílio do verbo *ser* mais um relativo, *que* ou *quem*. No PB existem três construções desse tipo; na primeira, o elemento topicalizado fica entre *ser* e o relativo:

[11] **Foi** <u>a diretora</u> **que** mandou trancar a sala.

Na segunda construção clivada (às vezes chamada **pseudoclivada**) o relativo vem primeiro, e a sequência de *ser* mais o elemento topicalizado ocorre no final da sentença:

[12] **Quem** mandou trancar a sala **foi** <u>a diretora</u>.

A terceira construção clivada se usa para topicalizar um sintagma verbal; mas nesse caso é preciso incluir o verbo *fazer*, que funciona aí como pró-forma:

[13] **O que** ele **fez foi** <u>limpar a cozinha.</u>

O verbo principal fica no infinitivo, e *fazer* assume as marcas de tempo, pessoa e número.

44.3 TÓPICO DISCURSIVO

Os casos de topicalização examinados acima são exemplos de construções sintáticas do tipo usual, ou seja, sequências de constituintes, cada um com sua função sintática – e "tópico" é, entre outras coisas, uma função sintática, definida pela sua posição no período. Vamos passar agora a frases menos convencionais, no sentido de que não se deixam analisar em termos tradicionais. Essas frases, evidentemente, podem também ser analisadas sintaticamente, mas para isso temos que nos afastar bem mais das categorias tradicionais.

Trata-se das construções de **tópico discursivo**, que são muito frequentes no PB[1]. Um exemplo é

[14] <u>Essa bolsa aberta</u>, alguém podia te roubar a carteira. [EP][2]

---

1. Mas não em outras línguas, aparentemente. Existe até uma hipótese segundo a qual as línguas se dividem em línguas de sujeito proeminente e línguas de tópico proeminente. O PB estaria mais ou menos a meio-caminho entre essas duas categorias: tanto o sujeito quanto o tópico são funções indispensáveis em sua análise.

2. Os exemplos marcados com [EP] são de Eunice Pontes (1987), que é a autoridade básica na área de tópico discursivo no PB; são em geral exemplos tirados de ocorrências reais (às vezes ligeiramente modificados por mim).

Esse enunciado se compõe de duas partes principais:

a) o tópico, que enuncia o assunto principal da mensagem; e

b) uma oração sintaticamente completa.

Essa é uma das estruturas típicas das estruturas de tópico discursivo. Outros exemplos:

[15] O médico, a gente vai telefonar para ele agora mesmo.

[16] A Beatriz, ela viajou de novo pra Europa.

Nesses casos, o tópico é retomado por um pronome pessoal (*ele, ela*), que tem função sintática normal na oração que se segue. Essa retomada pronominal nem sempre ocorre, como se vê em [14], onde o tópico não corresponde a nada na oração seguinte. Os exemplos de [14] a [16] ainda podem ser analisados em termos tradicionais, desde que se acrescente a função de **tópico (discursivo)** e sua respectiva interpretação semântica.

Mas as construções de tópico discursivo não ficam aí. Há casos em que as funções tradicionais são claramente insuficientes para a análise. Por exemplo, na frase

[17] Essa minha barriga, só jejum. [EP]

embora o tópico seja claro (*essa minha barriga*), as funções sintáticas não correspondem às encontradas nas construções já definidas. Casos como esse são frequentes, como por exemplo

[18] A grande maioria desse pessoal, gente, as mulheres são verdadeiras heroínas. [EP]

[19] Já o Jornal do Brasil, você viu a crônica do Drummond? [EP]

É evidente que aqui estamos frente a um princípio novo de organização da frase. Em frases mais "tradicionais", como

[1] <u>Essa cerveja</u> ninguém vai beber.

o tópico entra em uma construção oracional com funções sintáticas e papéis temáticos bem definidos – desde que se defina "tópico" como uma função sintática, caracterizada pela posição no início da frase. A partir daí a interpretação se faz normalmente, e [1] pode ser considerada um exemplo de uma construção da forma

SN>*Paciente*   **SujV>*Agente***   **V**

onde, além do mais, o SN inicial é tópico, ou seja o assunto principal da mensagem.

Mas em

[17] Essa minha barriga, só jejum. [EP]

temos em mãos uma frase organizada segundo funções e papéis temáticos desconhecidos.

Por ora, fica definido apenas que tais frases se compõem de um **tópico** (o assunto principal da mensagem) e um **comentário** (aquilo que se diz do tópico). Não existe ainda uma teoria que dê conta das construções de tópico discursivo em mais detalhe do que isso, mas é certamente possível construir uma[3]. E essa é uma tarefa importante, porque essas construções ocorrem com frequência no PB, embora aparentemente sejam ainda uma minoria em comparação com as construções para as quais já dispomos de meios de análise.

---

3. Há entretanto trabalhos importantes que representam um primeiro passo na construção de uma teoria do tópico: dentre os pioneiros, temos Li (1976) e Lambrecht (1994); para o português, Pontes (1987).

Capítulo 45

Estrutura do texto

Entende-se em geral a gramática como o estudo das unidades linguísticas até o nível do período. Ou seja, no enunciado

[1] O Carvalho se demitiu. Aliás, a gente imaginava que ele estava insatisfeito.

analisam-se as duas orações separadamente, como duas estruturas que aqui por acaso se encontram justapostas.

Mas sabemos que não é tão simples assim. Existem conexões entre os dois períodos, e algumas dessas conexões precisam ser consideradas gramaticais *stricto sensu*. Por exemplo, o pronome *ele* na segunda oração se refere a *o Carvalho* da primeira. E a palavra *aliás* expressa uma relação entre as duas orações, algo como uma explicação do evento denotado. Temos aqui fenômenos de extensão maior do que simplesmente o período; são chamados fenômenos **textuais** (ou **discursivos**).

A estrutura do texto compreende uma variedade enorme de processos, unidades e regras, nem todos os quais são devidamente compreendidos. Aqui vou selecionar alguns dos mais relevantes dentre os que podem achar lugar em uma gramática do português. Mas é bom salientar que o estudo do texto (discurso) é toda uma área da linguística, com sua bibliografia própria, e aqui não posso fazer mais do que dar uma ideia de alguns dos problemas que ela considera. Para um estudo mais amplo recomendo a leitura da bibliografia específica[1].

---

1. Em português temos, entre outros, o excelente manual de Koch (2004).

45.1 ANÁFORA

Para começar, vamos considerar a relação referencial que se verifica em [1] entre o pronome *ele* e o SN *o Carvalho*. Aqui temos uma maneira de mencionar novamente algo que já foi mencionado no período anterior, sem simplesmente repeti-lo: esse fenômeno se denomina **anáfora**. É bom observar que nem todos os pronomes pessoais têm antecedente no contexto linguístico: *ele* e *ela* podem ter, mas *eu* nunca tem outro SN como antecedente, porque em geral sempre nos referimos a nós mesmos usando o pronome *eu*. Os pronomes pessoais de terceira pessoa são um recurso anafórico típico. Eles podem ser considerados um caso especial das **pró-formas**, que nem sempre são "pronomes" no sentido tradicional.

Entre os pronomes não pessoais, alguns são usados anaforicamente: *isso*, por exemplo, em

[2] O Serafim toca flautim. Isso valeu a ele uma bolsa de estudo.

Aqui *isso* retoma o predicado completo, *toca flautim*.
Também se considera anafórico o relativo *que* em frases como

[3] O jardineiro que mamãe contratou é competente.

Aqui entendemos que mamãe contratou o jardineiro, e que ele é competente – ou seja, há duas afirmações a respeito do jardineiro. No entanto, ele é mencionado explicitamente apenas uma vez, e na oração em que se fala da contratação dele temos apenas *que*, que retoma *o jardineiro* anaforicamente. *Que*, e os relativos em geral, só funcionam dentro de um período (embora sempre em orações separadas), e portanto seu uso não tem a ver com o texto propriamente dito. Mas todas essas palavras (*ela, isso, que*) marcam relações anafóricas.

Outros pronomes não são usados anaforicamente – isso é de esperar, já que o grupo de itens que tradicionalmente se classifica como "pronomes" não é realmente uma classe, e inclui comportamentos gramaticais muito variados. Exemplos são *alguém*, *nada* e *cada*, que nunca se usam para marcar relações anafóricas.

Uma pró-forma não pronominal é *assim*, como em

[4] Cachorro tem medo de barulho. Alguns gatos também são assim.

Assim se refere a *tem medo de barulho*, que ocorreu no período anterior.

Uma maneira típica de marcar relações anafóricas é através da omissão pura e simples do elemento retomado. Por exemplo, temos

[5] Serafim toca flautim e Ivone trombone.

É claro que *Ivone trombone* não constitui uma oração, e se ocorresse sozinho seria inaceitável: falta o verbo. Mas aqui a lacuna se entende como referente ao verbo da oração anterior; esse fenômeno, muito comum, se chama **lacuna anafórica**, e acontece com outros constituintes que não o verbo:

[6] Serafim toca flautim e pinta aquarelas. [= <u>Serafim</u> pinta aquarelas]

[7] Serafim pinta aquarelas e Ivone vende. [= vende <u>aquarelas</u>]

Note-se que nesses casos poderíamos ter pronomes no lugar das lacunas, embora essa não seja a opção mais comum no PB. Já em [5] não existe um "pró-verbo" para preencher a lacuna.

Os recursos para expressar relações anafóricas são bem variados em português, e os que são dados acima não passam de uma amostra. Mas a relação anafórica é no fundo um fenômeno de ordem cognitiva, não propriamente gramatical ou lexical. Assim, em

[8] Elas tocam tamborim e eu agogô.

não se pode dizer que o verbo da primeira oração é "colocado" na segunda, porque o resultado seria inaceitável:

[9] * Elas tocam tamborim e eu tocam agogô.

O que é realmente recuperado anaforicamente é o esquema de "tocar", juntamente com outras especificações igualmente esquemáticas, como o tempo ("presente"), mas não a pessoa nem o número. Trata-se de um fenômeno sinalizado linguisticamente, ou seja, há um traço formal na sentença que avisa que aqui é necessário recuperar alguma coisa do contexto. E o que realmente é recuperado não é uma unidade da língua, mas uma porção da representação cognitiva veiculada pelo texto.

Por isso mesmo é possível recuperar um elemento mencionado através de um sintagma cuja relação com o antecedente não é codificada na língua, mas é parte do conhecimento do receptor. Um exemplo é

[10] Dom Pedro não tinha escravos. O imperador era, no fundo, contra a escravatura.

Pode-se entender dessa frase que Dom Pedro era contrário à escravatura; mas isso só se soubermos que Dom Pedro era o imperador. Quem não sabe isso pode entender que se trata de duas informações independentes, uma sobre Dom Pedro (não tinha escravos) e outra sobre o imperador (era contra a escravatura). Esse exemplo mostra bem o caráter cognitivo da relação anafórica.

É bom lembrar que as relações anafóricas são sistematicamente marcadas não apenas no âmbito do texto, mas também dentro do período, e nesse caso são governadas por regras gramaticais. Assim, o pronome *ela* se refere a *Patrícia* em

[11] Patrícia me falou que alguém deixou um presente para ela.

Mas em

[12] Patrícia cuida bem dela.

Patrícia e *ela* são entendidos como se referindo a duas pessoas diferentes. A razão é sintática: *ela* (assim como *ele, elas, eles*) não pode se referir a um antecedente que esteja na mesma oração. Aqui temos uma regra semântica (ou, mais exatamente, simbólica) que define as condições gramaticais de relação anafórica[2].

45.2 DÊIXIS

Outra relação de significado que vai além do período – aliás, além do próprio texto – é a relação de **dêixis** (ou relação **dêictica**). Temos uma relação dêictica quando um elemento linguístico é usado para se referir a um objeto, local, momento etc. do ambiente em que um enunciado é proferido. Por exemplo, a frase

[13] Eu não posso te atender hoje.

tem três palavras cuja referência não pode ser aferida a partir de sua forma ou de seu significado. Quem é *eu*, nessa frase? Quem é *te*? E que dia é *hoje*? Compare-se com

[14] A Cecília não pode atender o Nílson na quarta-feira.

Aqui sabemos quem não pode atender quem e exatamente quando. Mas ao ouvirmos [13] só podemos identificar a referência de *eu*, *te* e *hoje* relacionando essas palavras com o momento em que a frase foi enunciada: se a frase foi dita por Cecília (enunciadora) a Nílson (enunciatário) no dia 10 de agosto de 2015, aí sim podemos colocar o enunciado em contexto e entendê-lo convenientemente. Dizemos então que *eu*, *te* e *hoje* foram usados como elementos dêiticos em [13] – aliás, essas três palavras são usadas tipicamente como dêiticos.

A dêixis é (como a anáfora) um fenômeno cognitivo: ela é sinalizada por unidades linguísticas, mas a relação de significado se faz basicamente no plano do conhecimento. A contribuição dos itens lexicais existe, mas não é suficiente para a identificação dos seres, lugares, momentos etc. referidos.

---

2. Isso foi visto com mais detalhe no cap. 22.

Poderíamos dizer que o significado de *eu* codificado na língua é "a pessoa que proferiu o enunciado". O mais – ou seja, quem é essa pessoa – tem que ser derivado do contexto em que a frase foi dita.

45.3 CONECTORES TEXTUAIS

Várias palavras, tradicionalmente classificadas como "conjunções", funcionam como elementos de conexão semântica entre períodos, ou seja, no âmbito textual. Por exemplo, temos

[15] Esse candidato já é bem conhecido dos eleitores. Portanto, desconfio que tem boas chances de vencer.

Aqui *portanto* está conectando o segundo período ao primeiro, exprimindo uma relação conclusiva, algo como "a informação do primeiro período é evidência suficiente para se asserir o segundo".

Outro conector textual é *aliás*, em

[16] O Carvalho se demitiu. Aliás, a gente imaginava que ele estava insatisfeito.

Aqui o conector indica um simples acréscimo de informação.

É fácil ver como esses itens não se classificam juntamente com outras palavras também chamadas "conjunções", como *que, quando, enquanto, porque,* que tipicamente relacionam orações dentro do mesmo período.

45.4 SOBRE TEXTO E CONTEXTO

45.4.1 Filtros esquemáticos

Vamos voltar a um ponto que já foi mencionado anteriormente: a questão dos filtros que excluem frases e enunciados malformados em virtude de seu significado. Um exemplo, visto no capítulo 18, é o de

[17] A Beth é a diretora da escola.

Em [17] o sujeito tem o papel de αRef. Mas sabemos que existe uma regra de encadeamento que associa o sujeito ao papel de Agente: Por que essa regra não se aplica aqui?

A resposta tem a ver com o fato de que o verbo *ser* não tem, entre suas várias acepções, uma que envolva um Agente – ou seja, *ser* nunca pode exprimir uma ação. Isso não é propriedade do verbo enquanto palavra, mas dos esquemas que ele pode evocar. No caso de [17], *ser* evoca o esquema "ser.igual", e dentre as variáveis ligadas a esse esquema não figura nenhuma rotulada Agente; portanto simplesmente não faz sentido falar do Agente de *ser*. Essa possibilidade é excluída por um mecanismo de inspecção a que chamamos **filtro esquemático**. A função dos filtros esquemáticos é impedir o aparecimento de interpretações semânticas que não façam sentido em termos do que exprimem e de nosso conhecimento do mundo.

Agora, não se deve entender daí que o falante fica produzindo frases que são excluídas, até que acerta em uma que passa pelos filtros e pode ser enunciada. É claro que não é isso o que acontece quando falamos. O mecanismo tem acesso simultâneo às restrições, de maneira que frases com interpretação anômala não são nem cogitadas. Afinal de contas, em geral não tentamos comunicar mensagens que não façam sentido[3]. Os filtros esquemáticos devem, portanto, ser entendidos como parte da definição do que é uma frase com sentido, ou mais amplamente do que é uma ideia bem formada. A ideia do Agente de "beber" é bem formada, mas a do Agente de "ser.igual" não é. Isso é parte do nosso conhecimento do mundo, e não é parte da língua, mas tem efeito na língua porque esta tem como uma de suas funções exprimir e comunicar esse conhecimento.

O efeito dos filtros esquemáticos vai muito longe. Por exemplo, a frase

[18] Esperei um táxi no ponto por mais de meia hora.

---

3. Em geral, claro. Às vezes tenho dúvidas quando leio certos textos.

nos diz que eu fiquei em determinado lugar à espera do táxi; esse lugar é denominado *ponto*. Mas acontece que a palavra *ponto* significa muitas coisas, bem diferentes, como se vê em

[19] Coloque sempre um ponto no final da frase.

[20] Ela levou oito pontos na testa.

[21] Esse ponto ainda não foi devidamente esclarecido.

[22] A fonologia vale só cinco pontos nesse exame.

[23] Naquele tempo a gente tinha que assinar ponto.

[24] O centro é o ponto equidistante de todos os pontos de uma circunferência.

Basta dar uma olhada no verbete *ponto* de um dicionário para ver que há ainda outras acepções dessa palavra.

Agora vale perguntar: Como é que conseguimos entender essas frases sem dificuldade? Por exemplo, por que não tentamos aplicar a acepção "sinal de pontuação" na frase [18]? A resposta é óbvia: se fizermos isso a paisagem mental resultante não vai fazer sentido – não vai poder ser inserida de nenhuma forma em nosso conhecimento do mundo (uma pessoa não pode "ficar" em um sinal de pontuação). Mas esse tipo de restrição não é considerado linguístico, e não faz parte da estrutura da língua: por exemplo, a mesma restrição seria reconhecida por qualquer pessoa, falante de qualquer língua. Trata-se de parte do nosso conhecimento do mundo, não de nossa competência em língua portuguesa.

Assim, a interpretação de uma frase como

[18] Esperei um táxi no ponto por mais de meia hora.

é complexa: primeiro, temos restrições de ordem linguística, como por exemplo a presença da preposição *em* (parte da contração *no*) estabelecendo que o *ponto* referido é um lugar onde se dá o evento evocado pelo verbo (*esperei*): aqui temos *ponto* como a especificação de um papel semântico, Lugar. Depois, temos restrições de ordem cognitiva (conhecimento do mundo), que impedem que se interprete a palavra *ponto* como uma sutura cirúrgica, ou como uma assinatura que atesta sua presença, ou como sinal ortográfico, ou como figura geométrica etc.

45.4.2 O processo da compreensão

Em resumo: compreender um enunciado é muito mais do que reconhecer suas partes e compô-las de acordo com as regras da língua. É um processo complexo, que inclui o reconhecimento dos itens lexicais e a aplicação das regras da língua, mas não apenas isso. O objetivo final é a construção de uma paisagem mental coerente, e isso depende, crucialmente, do uso do conhecimento do mundo, em toda a sua riqueza. Entender é inserir informação nova em nosso modelo mental do universo, e conseguimos fazer isso de maneira que o resultado final faça sentido.

Para chegar a esse resultado, lançamos mão de tudo o que sabemos: por exemplo,

a terminação -*s* expressa um plural;

um SN que venha precedido da preposição *com* pode exprimir Companhia, Instrumento ou Modo;

o objeto do verbo *beber* é o Paciente da ação denotada;

o sujeito de *beber* é o Agente da ação denotada;

e outras informações que podemos chamar de linguísticas (gramaticais ou lexicais). Mas também temos que utilizar informações como

o Agente só ocorre quando a frase denota uma ação;

uma pessoa só pode "ficar esperando" em um lugar (não, por exemplo, em uma ação, ou em um valor monetário); somente pessoas (não animais, ou coisas inanimadas) podem "comprar" objetos; somente objetos físicos podem ser pesados;

e assim por diante, uma imensidade de informações que *não* podem ser classificadas como linguísticas.

Para compreender o que ouvimos ou lemos – ou seja, para construir a paisagem mental que constitui a compreensão – temos que usar tanto o primeiro quanto o segundo tipo de informação. Em outras palavras, a compreensão de uma frase ou texto não é um processo exclusivamente linguístico, embora inclua um componente linguístico necessário.

Temos que levar isso em conta ao construir gramáticas ou dicionários: quando se define *cachorro*, não é necessário especificar que um cachorro é um objeto físico e que tem um peso e um tamanho específicos, porque isso já nos é dado por nosso conhecimento do que é um cachorro.

Quando ouvimos a frase

[25] O rato comeu o queijo todo.

ficamos sabendo que o rato

estava vivo no momento;
usou a boca;
engoliu o queijo para efeitos de alimentação;

e o queijo

acabou, não sobrando mais nada para ser comido.

Tudo isso vai para a construção da paisagem mental, que inclui uma imagem visual do evento. E observe-se que essas informações não estão incluídas na frase, ou seja, a frase não nos diz que o rato estava vivo no momento etc. Tiramos isso do nosso conhecimento de mundo, e a informação vai para a estrutura cognitiva final que constitui nossa compreensão do enunciado.

Fonologia

Capítulo 46

Pronúncia

46.1 A PRONÚNCIA DO PORTUGUÊS BRASILEIRO

Este capítulo não dá uma descrição completa da pronúncia do PB. O leitor encontrará um tratamento mais abrangente em meu livro *Modern Portuguese* (PERINI, 2002, cap. 2 a 6) e um ainda mais completo em Silva (1999). Como esta gramática se destina a falantes nativos do PB, acredito que não há inconveniente em apresentar uma descrição parcial. Aqui chamo a atenção para certos pontos em que o PB difere da pronúncia do português padrão (na medida em que este tem uma pronúncia, sendo uma língua principalmente escrita). Alguns desses aspectos não são geralmente tratados nas descrições disponíveis, nem foram incluídos na minha descrição de 2002. Vou tratar, por exemplo, de fenômenos de sândi, como o que reduz o sintagma *Faculdade de Medicina* a *Faculdadimedicina* – um fenômeno praticamente universal no PB e raramente mencionado; mas não vou me preocupar em dizer ao leitor coisas como "a letra **f** representa sempre o som de [f]".

Embora esta seja uma gramática da língua falada, descrevo a pronúncia a partir da ortografia, ou seja, de como se pronunciam as formas ortográficas. Creio que essa forma de apresentação facilitará a leitura para os leitores leigos em fonética. Para representar a pronúncia, utilizo o IPA, ou Alfabeto Fonético Internacional, de uso universal entre os linguistas. Como a pronúncia do PB apresenta certo grau de variação regional, e como este livro não é um compêndio de dialetologia, escolhi como referência a pronúncia do Sudeste tal como se ouve no centro e leste de Minas Gerais, no norte do Estado do Rio, no Espírito Santo e em grande parte de São Paulo; leitores do Nordeste, Sul e da cidade do Rio de Janeiro certamente encontrarão diferenças em vários detalhes. Mas um levantamento completo da pronúncia em todo o território brasileiro está ainda por ser feito, e aqui tive que me contentar com um compromisso. A variedade aqui descrita é a mais comum, por exemplo, na televisão. Tento notar, entretanto, algumas variações regionais importantes.

De modo geral, o tratamento da fonologia nesta gramática é muito informal. Isso foi ditado pelo caráter do livro (dirigido primariamente a leigos em linguística) e pela natureza muito técnica da própria fonologia. O leitor não treinado em fonética não precisa prestar atenção às transcrições, pois o texto é suficiente para explicitar o que se quer dizer em cada caso[1]. A transcrição é a que os linguistas chamam de "fonética ampla", e é colocada entre colchetes: [ ]. Preferi essa alternativa à de propor uma transcrição fonológica (colocada entre barras, / /) para evitar discussões teóricas que não teriam lugar em um texto como este. Por isso, quando se fala da "pronúncia de uma letra", entenda-se que pode haver variantes (alofones). Nos casos mais importantes, anotei a variação.

O português se escreve por meio do alfabeto latino, mais ç, mais quatro sinais diacríticos: três acentos (agudo: á; circunflexo: â; e grave: à); e til: ã[2]. O acento grave só é acento no nome, pois nunca marca a tonicidade da vogal; e diga-se de passagem que ele é praticamente inútil, sendo utilizado apenas para marcar casos em que, historicamente, a preposição **a** se juntou, na pronúncia, a certas palavras começadas por **a**, a saber, **apenas** as palavras *à*, *àquele* e *àquilo*. Esse fenômeno se denomina **crase**; a presença do acento não afeta em nada a pronúncia do *a*. Além das letras e dos fonemas,

---

1. Entretanto, gostaria de enfatizar a importância do conhecimento do IPA para qualquer estudioso de gramática. Não é particularmente difícil, e abre a porta para o estudo de muitos aspectos importantes e fascinantes da língua. Há uma boa introdução ao IPA em Silva (1999).

2. Uma das modificações introduzidas pela infeliz reforma de 2009 foi a extinção do trema (ü).

o português emprega diversos dígrafos, ou seja, sequências de duas letras com valor especial: **lh, nh, xc, ss** e outros.

As bases da ortografia são fonológicas, ou seja, ela representa a pronúncia com alguma aproximação. Por isso, só em poucos casos um falante pode ter dúvidas quanto à pronúncia de uma palavra. Já o oposto não é verdadeiro: dada a pronúncia, muitas vezes não se pode prever a ortografia. Por exemplo, veremos adiante que há nove maneiras de grafar o som [s].

Dúvidas quanto à pronúncia podem ocorrer nas seguintes situações:

a) Na pronúncia de **e** e **o** tônicos, quando não são marcados por acento nem são parte de um ditongo. Assim, temos *pera*, com [e], e *fera*, com [ɛ]; *sopa*, com [o] e *tropa*, com [ɔ]; nesses casos a ortografia não fornece pistas para a distinção.

Nos ditongos, a convenção é que ocorre a pronúncia fechada[3] [e, o], a menos que haja acento agudo. Daí, *eu* tem [e] e *boi* tem [o], mas *réu* tem [ɛ], e *dói* tem [ɔ]. A regra se aplicava a todos os ditongos formados de *e* + *i*, de modo que se distinguia *reis* de *réis* e *feia* de *ideia*; a reforma de 2009 eliminou o acento de *idéia*, escrito agora *ideia*, destruindo assim uma regra geral em favor de uma exceção[4]. Note-se que **ou** não é um ditongo, e palavras como *sou* se pronunciam [so]. Os ditongos [ow] e [ɔw] ocorrem, mas são sempre grafados **ol**: *gol, futebol*. Há apenas uma exceção, *Moscou*, pronunciado sempre com ditongo[5].

Quando há acento agudo ou circunflexo, o agudo marca a pronúncia aberta [e, ɔ] e o circunflexo a fechada [e, o]: *sétimo, ódio, pêssego, vôlei*.

b) Na pronúncia de **e** e **o** átonos pretônicos. Nessa posição, **e** pode ser [e], [ɛ] ou [ɪ]; e **o** pode ser [ɔ], [o] ou [u], segundo regras até hoje mal-

---

3. Esse é o termo tradicional. Os foneticistas preferem chamar a fechada de "média" e a aberta de "baixa".

4. *Réis, heróis* (com o ditongo na última sílaba) continuam acentuados, por razões que só a Academia conhece.

5. Devo essa observação a Marco Antônio de Oliveira.

compreendidas. Além disso, há uma boa dose de variação regional e mesmo pessoal. Na minha fala, a primeira vogal de *perigo* e *tesoura* é [ɪ], mas a de *cegonha* é [e], e a de *telinha* é [ɛ].

Quando a vogal em questão é inicial, há muito menos flutuação. Assim, o **e** átono inicial é sempre [ɪ] quando vem antes de **s + consoante**, como em *espera, escravo, estante*, ou antes de **n** ou **m + consoante**, como em *emprestar, entrada*. Se vier antes de **r**, é sempre [ɛ] ou [e], nunca [ɪ]: *errado, herdeiro, herege*[6]. Por outro lado, há flutuação nos casos em que o **e** inicial está sozinho na sílaba, como em *enorme*, que para alguns falantes começa com [e], para outros com [ɪ].

Essas regras não valem para o **o** átono inicial, que nunca se reduz a [ʊ], pronunciando-se sempre [o] ou [ɔ]: *horóscopo, horrível, otário*.

Em posição final de palavra, **e** e **o** finais átonos, seguidos ou não de **s**, sempre se reduzem a [ɪ] e [ʊ], respectivamente: *livro* ['livɾʊ]; *livros* ['livɾʊs]; *ele* ['elɪ]; *eles* ['elɪs]. Por efeito dessa regra, *júri* e *jure* (forma do verbo *jurar*) se pronunciam da mesma maneira.

c) Na pronúncia de **s** como [s] ou [z], quando ocorre depois de vogal nasal (representada por vogal + **n**): *pensar* tem [s], mas *trânsito* tem [z]. Em certos casos há flutuação, como *subsídio*, onde o segundo **s** é [s] para alguns, [z] para outros.

d) A reforma de 2009 acrescentou mais um ponto de incerteza, a saber, a pronúncia ou não do **u** depois de **q** ou **g** e antes de **e, i**. Assim, hoje temos que escrever *tranquilo* e *aquilo*, mas só na primeira palavra o **u** se pronuncia (como uma semivogal). O mesmo para *aguentar*, com **u** pronunciado, e *guerra*, sem **u**. Antes da reforma se distinguia o **u** pronunciado por trema: *tranqüilo, aquilo, agüentar, guerra*.

Esses são os casos em que a ortografia não dá indicações suficientes para a pronúncia. É bom notar, aliás, que essas flutuações não denunciam

---

6. Claro que o **h** não conta, para efeitos de pronúncia.

inconsistência da fala, mas antes inadequações da ortografia. Nos outros casos, a ortografia é sempre uma indicação segura (embora às vezes complexa) da pronúncia das palavras.

Como disse, nas seções seguintes não vou apresentar uma descrição completa da pronúncia. Vou apenas selecionar os pontos mais importantes, muito em particular aqueles que não foram até o momento explicitados nas gramáticas usuais, que costumam se limitar a observações gerais.

46.2 CONSOANTES

As seguintes consoantes (representadas por uma letra ou por um dígrafo) merecem comentário:

NH

Nh representa uma semivogal nasal, ou seja, a versão nasalizada de [j]. Não se trata de uma consoante palatal, como se encontra em geral nas gramáticas. A diferença fonética entre *veia* e *venha* é apenas que a primeira tem vogal e semivogal orais, e a segunda tem vogal e semivogal nasais[7].

O som representado por **nh** é aliás idêntico à semivogal final de ditongos escritos **em, en** em final de palavra; assim, *venha* tem apenas um [ə] a mais do que *vem*.

T, D

A letra **t** é pronunciada no Sudeste de duas maneiras, a saber:

t [tʃ] antes de [i]	*tia*
[t] nos outros casos	*trem, rato, tudo*

---

7. Isso já está expresso com clareza em Pontes (1972), mas até hoje não chegou às gramáticas escolares.

A pronúncia [tʃ] do **t** antes do som [i], típica da Região Sudeste, parece estar ganhando terreno também no Sul. No Norte e Nordeste não é comum, e o **t** ali se pronuncia [t] em todas as posições.

O som [i] é geralmente representado na escrita pela letra **i**. Mas a letra **e**, quando átona, é muitas vezes pronunciada [i], e nesses casos o **t** também se pronuncia [tʃ]. Por exemplo, *ponte* se pronuncia [ˈpõtʃɪ] e *teatro* é [tʃiˈatrʊ]. Como se vê, o elemento condicionador da pronúncia [tʃ] é o som [i, ɪ], não a letra **i**. Assim, palavras terminadas em **t** (como *internet*) se pronunciam com um [ɪ] final, e o **t** se converte em [tʃ]: [ĩtefiˈnɛtʃɪ], rimando com *sete*.

As mesmas observações feitas acima para **t** se aplicam a **d**, ou seja, **d** antes de **i** (ou **e** com som de [ɪ]) se pronuncia [dʒ] ou [d] conforme a região do país; e a pronúncia [dʒ] também depende do som [i], mesmo se representado por **e**: *bode* [ˈbɔdʒɪ].

R

A letra **r** representa diversos sons, a saber:

r [ɦ, h] no início de palavra (*rei*)
    no final de palavra (*cor*)
        no final de sílaba   (*porta*)
        quando dobrado   (*erro*)
        depois de **l, n, s**   (*Israel, tenro, melro*)[8]
  [ɾ] entre vogais   (*cara*)
        depois de consoante que não seja **l, n, s**   (*trem, Brasil*)

A pronúncia [ɦ] é a da maior parte do Brasil. No Sul se encontra frequentemente a pronúncia [r], vibrante alveolar idêntica à do **r** espanhol ou italiano. O **r** em final de sílaba ou de palavra é pronunciado retroflexo

---

8. A sequência **lr** é muito rara, e tem sempre um [ɦ]. O **l** aí se pronuncia [w], por estar em final de sílaba; mas quando o mesmo som ocorre com a grafia **u**, como em *aurora, Europa*, o **r** se pronuncia [ɾ].

(como o **r** inglês) em muitas áreas do sul de Minas Gerais, São Paulo e Goiás – a chamada área do "**r** caipira", que no entanto parece estar ganhando terreno em São Paulo, inclusive na capital. E em outras áreas (principalmente do Sul) o **r** nessa posição é um *flap* semelhante ao que ocorre entre vogais, [ɾ].

O som notado aqui como [ɦ] ocorre, na verdade, em diversas variantes: no início de palavra, entre vogais ou antes de consoante sonora, é sonoro; nas outras posições é surdo, como o **h** inglês. Alguns falantes pronunciam o **r** em final de sílaba ou palavra como uma fricativa velar: surda, [x], antes de consoante surda ou no final de enunciado (*parte, amor*) e sonora, [ɣ], antes de consoante sonora (*carga, irmão*).

Quando uma palavra termina em **r** e a palavra seguinte começa por vogal e se segue sem pausa, o **r** se pronuncia [ɾ], como se se tratasse de uma só palavra. Assim, *amor* termina em [h], mas em *amor eterno* termina em [ɾ], como se a palavra fosse *amoreterno*.

É preciso fazer uma observação sobre o **r** em final de palavra. Ele se pronuncia [h], como está acima. Mas, quando é parte de uma forma verbal, é normalmente omitido, de maneira que *partir* e *parti* se pronunciam da mesma maneira, e *quer* se pronuncia [ˈkɛ]. Essa omissão não é característica da fala "inculta", mas é universal no Brasil, em todas as regiões e todas as classes sociais. O **r** final só é pronunciado em falas muito formais (como em um discurso em público), ou quando citando diretamente a palavra, como em *o verbo* **amar**.

Quando não pertence a uma forma verbal, o **r** final no Sul e Sudeste é pronunciado, mas no Nordeste é geralmente omitido; assim, *amor* tem **r** final no Sul, mas termina em vogal no Nordeste.

L

A letra **l** (fora do dígrafo **lh**) representa dois sons:

l [w] em final de sílaba	*sal, salto*
[l] nos outros casos	*lá, flor, ele*

Aqui também há alguma variação. Alguns falantes do Sul pronunciam o l em final de sílaba como lateral velarizada [ɫ], semelhante ao l inglês em final de sílaba (*well*).

A pronúncia [w] do l em final de sílaba causa o aparecimento de três ditongos, a saber, [ow] (*gol*), [ɔw] (*futebol*) e [uw] (*culpa*) – mesmo no último caso, o [w] é pronunciado, de forma que *sulco* não se confunde com *suco*. Esses três ditongos nunca se escrevem com **u**, sempre com **l**; a sequência **ou** não representa um ditongo, sendo pronunciada [o][9].

M e N

O **m** e o **n** apresentam algumas complexidades especiais, porque são usados não apenas para representar os sons [m] e [n], mas também como marcas de nasalização da vogal precedente.

M e **n** são marcas de nasalização quando ocorrem depois de vogal e antes de consoante; por exemplo, *cinto, tampa, cansar, sempre*. Nesses casos, o **m** ou **n** nasaliza a vogal precedente e não é ele próprio pronunciado. Assim, a diferença entre *fuga* e *funga* é que na primeira palavra temos um **u** oral, na segunda um **u** nasal: respectivamente, [ˈfugə] e [ˈfũgə].

Antes de vogal, **m** e **n** se pronunciam como consoantes nasais, respectivamente [m] e [n]: *mau, nós, cama, cano*.

Em posição final de palavra, a combinação **vogal + n** ou **m** se pronuncia de diversas maneiras, de acordo com a tabela seguinte:

Vogal + M ou N em final de palavra:

[j̃] depois de **e** ou **i**	*bem, sim, hífen*
[w̃] depois de **a**	*falam*
não se pronuncia depois de **o** ou **u**	*bom, um*

A vogal precedente é sempre nasalizada nesses casos: *bem* [ˈbẽj̃], *falam* [ˈfalãw̃], *sim* [ˈsĩj̃], *bom* [ˈbõ], *um* [ũ].

Pronúncia de *m, n* em final de palavra

---

9. Com a exceção já mencionada de *Moscou*. Essa pronúncia de **ou** como [o] é já mencionada por Soares Barbosa (1822).

X

O **x** é pronunciado de quatro maneiras; a pronúncia depende do contexto nos seguintes casos:

x	[ʃ] no início da palavra	*xícara*
	[ks] no final de palavra	*tórax*
	[s] antes de consoante	*expor*

Já entre vogais a pronúncia do **x** é imprevisível, e pode ser qualquer uma das dadas acima, e ainda [z]; por exemplo:

[ʃ]	*taxa*
[ks]	*táxi*
[s]	*próximo*
[z]	*exame*

W

O **w** é raro em português, exceto em nomes próprios. A pronúncia pode ser [u] (mais raramente [w])[10], como em *William*, *watt*, ou então [v], como em *Wagner*.

46.3 VOGAIS

Alguns aspectos da pronúncia das vogais já foram mencionados acima, quando tratei da possibilidade de prever a pronúncia a partir da ortografia. Aqui vou fazer mais algumas observações sobre o sistema de acentos (primário e secundário), sobre a pronúncia de **e** e **o** (sempre as vogais mais problemáticas) e sobre o ensurdecimento em final de enunciado, uma marca muito distintiva da pronúncia do PB.

---

10. Isto é, geralmente *William* começa com [uˈi], sílabas separadas: [uˈiλᾶ].

46.3.1 Acento tônico

O português tem doze sons vocálicos distintos, sem contar algumas variantes sem valor distintivo[11]. Aqui também, como no caso das consoantes, a pronúncia é em geral previsível a partir da ortografia. As exceções, como já vimos, são **e** e **o** tônicos (abertos ou fechados); **e** e **o** pré-tônicos (que podem ser abertos ou fechados, ou ainda reduzir-se a [ɪ] [ʊ]); e a pronúncia do **u** depois de **q, g** e antes de **e, i**. A pronúncia de uma vogal depende às vezes de seu caráter tônico ou átono. Assim, para estudar a pronúncia das vogais é necessário antes dar uma olhada nos fatores que governam a posição do acento tônico.

As palavras podem ser acentuadas na última sílaba (*Pará*), na penúltima (*cara*), na antepenúltima (*pérola*), ou ainda na pré-antepenúltima (*rítmico*, pronunciada [ˈɦit∫ɪmɪkʊ]). A ortografia dá informação suficiente para se verificar a posição do acento em cada palavra, seguindo-se as regras dadas logo abaixo.

Antes, gostaria de observar que, para efeito da aplicação dessas regras, o termo "vogal" se refere às letras **a, e, i, o, u, y**, sendo as demais letras consideradas "consoantes". Isso é conveniente para regras que partem da ortografia, mas é foneticamente inexato, pois algumas dessas "vogais" podem representar uma semivogal (*pai, meu*) ou não representar som nenhum (como o **u** em *quero*). Igualmente, "ditongo" para nós são combinações de "vogais", embora haja muitos ditongos que se escrevem por meio de "vogal" + "consoante", como **al, ol, em, am** em final de palavra. E a "consoante" **h** geralmente não representa nenhum som, por exemplo em *homem*.

Assim, entenda-se a designação "vogal" e "consoante" aqui como uma simples conveniência, para efeitos de expor um conjunto de regras práticas, sem verdadeira adequação fonológica. Fora dessa nossa convenção

---

11. Ou seja, doze fonemas vocálicos, alguns deles representados por mais de um alofone. Estou analisando as vogais nasais como fonemas autônomos (muitos linguistas não concordam).

momentânea, "vogal" e "consoante" não são tipos de letras, mas tipos de sons da fala.

Regras de posicionamento do acento tônico (a partir da ortografia)

1. Se a vogal tem acento agudo (´) ou circunflexo (^), ela é tônica.
2. Se nenhuma vogal na palavra tem acento agudo ou circunflexo, então:
    2a. Se a palavra termina em **a, e, o, as, es, os, am, em, ens**, a penúltima vogal é tônica.
    2b. Se a palavra termina em ditongo, este é tônico, seja ou não seguido de **s**.
    2c. Nos outros casos, a última vogal é tônica.

Obs.: (a) A regra **2a** tem uma exceção, que é a palavra *porque*, acentuada na última vogal, apesar de esta não ter acento.
(b) Os ditongos mencionados na regra **2b** não incluem **em, ens, am** finais, que são tratados na regra **2a**.

As regras acima devem ser aplicadas na ordem dada, de modo que, quando em uma palavra mais de uma é aplicável, a primeira tem precedência. Assim, a palavra *órgão* pode ser objeto da regra **1** (por causa do acento) ou da regra **2b** (por causa do ditongo). A regra **1** tem precedência, de maneira que a palavra tem a tônica no **ó**.

O acento grave (`) é irrelevante para efeitos de determinação do acento tônico.

As vogais tônicas são não só pronunciadas mais fortemente, mas são também mais longas. Assim, em uma palavra como *batata*, o segundo **a**, tônico, é perceptivelmente mais longo do que o primeiro, e muito mais longo do que o último. As vogais tônicas finais são menos longas do que as iniciais ou mediais, mas ainda assim são mais longas do que suas companheiras átonas.

46.3.2 Acento secundário

Palavras mais longas têm também um acento secundário, em geral mais fraco do que o tônico, mas também importante porque contribui para o ritmo peculiar da fala dos brasileiros. Na palavra *literatura*, o acento tônico é na sílaba **tu**, e o secundário da sílaba **te**. Na palavra *internacional*, o acento tônico é na última sílaba; e há um acento secundário na sílaba **na** e outro na **in**. A regra é que o acento secundário cai em sílabas alternadas, contando para trás a partir da tônica:

li **te** ra <u>**tu**</u> ra
in ter **na** cio <u>**nal**</u>

Essa é a regra geral. Há exceções, e a principal ocorre quando uma palavra é formada por meio dos sufixos *-zinho* ou *-mente*. Nesses casos, o acento secundário cai na sílaba que tem o acento tônico na palavra primitiva. Assim, de *pílula* se forma *pilulazinha*. A regra geral colocaria o acento secundário na sílaba **lu**, mas como na palavra original o acento tônico cai em **pi**, a acentuação fica assim:

pi lu la <u>**zi**</u> nha

O mesmo para *rapidamente*, derivada de *rápido*:

ra pi da <u>**men**</u> te

O acento secundário só ocorre antes da sílaba tônica. Quando há mais de uma sílaba depois da tônica, elas são uniformemente átonas; assim, em *máscara* só se escuta um acento.

46.3.3 Omissão de *e* final

O **e** final átono, como sabemos, se pronuncia normalmente [ɪ]. No entanto, quando a consoante precedente é uma fricativa palatal – ou seja, [ʃ, tʃ, ʒ, dʒ] – o [ɪ] frequentemente não se ouve, de modo que a palavra termina, foneticamente, em consoante. Por exemplo,

ponte [ˈpõtʃ], *mexe* [ˈmɛʃ], *rende* [ˈhẽdʒ], *hoje* [ˈoʒ]

O [ɪ] pode também ser pronunciado, e isso depende principalmente da posição da palavra no enunciado. Quando no final de enunciado, a omissão geralmente ocorre; já no meio da frase o [ɪ] muitas vezes é pronunciado; comparar *essa ponte* com *essa ponte comprida*.

46.3.4 Omissão de *o* final

O [ʊ] átono final, grafado **o**, se pronuncia muito reduzido em certos ambientes. Em final de enunciado, isto é, antes de silêncio ou pausa, ele é frequentemente omitido. Dessa forma, uma frase como *eu vi um gato* muitas vezes se pronuncia como [ewˈviũˈgat], sem vogal final. Nesses casos, a consoante final [t] tem algumas marcas fonéticas particulares: primeiro, é implosiva, ou seja, a frase termina com a língua ainda em contato com os dentes superiores; e, depois, os lábios permanecem arredondados, como se a pessoa estivesse pronunciando ao mesmo tempo um [t] e um [u]; o efeito é perceptível, e um [t] arredondado soa bem diferente de um não arredondado[12].

46.3.5 Redução de ditongos

Há alguns casos em que a grafia sugere um ditongo que na verdade não é pronunciado. Em primeiro lugar, temos a sequência **ou**, que como vimos se pronuncia simplesmente [o]: *touro* [ˈtoɾʊ].

---

12. Nas transcrições dadas neste livro não considerei a omissão da vogal final nesses casos.

As sequências **ei** e **ai** também se pronunciam como [e] e [a], respectivamente, nas seguintes condições:

ei se pronuncia [e] antes de **r** ou de consoante fricativa palatal, ou seja, [ʃ] ou [ʒ]:

feira [ˈferə], *peixe* [ˈpeʃɪ], *beijo* [ˈbeʒʊ].

ai se pronuncia [a] diante de fricativa palatal:

baixo [ˈbaʃʊ], *caixa* [ˈkaʃə]

46.3.6 Um ditongo muito raro

O ditongo [ũj] ocorre em apenas duas palavras: *muito* [ˈmũjtʊ] e *ruim* [ˈɦũj]. Esta última palavra também se pronuncia [ɦuˈĩj], sem ditongo.

46.3.7 Vogais surdas e sonoras

As vogais átonas perdem a sonoridade em final de enunciado; assim, em *leque vermelho* a palavra *leque* termina em vogal sonora; mas em *meu leque* (final de enunciado) o [ɪ] final é surdo. Isso se observa muito nitidamente em palavras terminadas em **o**, ou seja, [ʊ]: *não tenho mais tempo* tem uma vogal claramente átona no final de *tempo*.

Nesses casos, a consoante que precede a vogal final se ensurdece também. No entanto, não se confunde com as surdas correspondentes, ou seja, [d] ensurdecido continua diferente de [t]. A diferença é veiculada nesse caso pela força da soltura de ar no final da consoante, muito mais forte para [t] do que para [d]. Isso pode ser testado comparando as frases *criação de gado* e *criação de gato*; a diferença é claramente perceptível.

Capítulo 47

Ortografia: descrição e crítica (com Lúcia Fulgêncio)[1]

47.1 BREVE HISTÓRIA DA ORTOGRAFIA PORTUGUESA

O português começou a ser escrito nos últimos anos do século XII, em Portugal; antes disso só se escrevia em latim, e o português não passava de um dialeto popular, só falado. Mas nessa época os portugueses, seguindo uma tendência geral na Europa, começaram a utilizar sua própria língua em literatura – basicamente em poesia – e em documentos oficiais, como testamentos, títulos de compra e venda etc.

Naturalmente, houve muita hesitação sobre como representar graficamente uma língua que só era usada na fala. E como não havia imprensa, nem um sistema escolar extenso e eficiente, a ortografia foi muito variada durante vários séculos. Por exemplo, a palavra que para nós é *igreja* se escrevia *igleija* ou *igleyga*[2]: o som do nosso **j**, isto é, [ʒ], não existe em latim, e não havia portanto uma letra para ele. Cada escriba adotava uma solução, e como resultado a grafia variava muito. Um problema especial era a representação das vogais nasais, também inexistentes em latim. Em geral, a nasalidade era representada por um **n**; mas como se percebeu que

---

1. Este capítulo se baseia em um trabalho em colaboração com Lúcia Fulgêncio (FULGÊNCIO & PERINI, 2012).

2. Pronunciado, provavelmente, [eˈgleʒɐ] (do latim *ecclesia*).

não havia em *mano* a articulação alveolar que o **n** normalmente representa, colocava-se um pequeno **n** em cima da vogal, o que deu origem ao nosso til: *mão*. Essa solução foi aplicada a casos em que hoje não usamos o til (embora haja alguma razão para fazê-lo): assim, a palavra que escrevemos hoje *vem* era em geral escrita *vẽ*.

Nessa fase, não se pode dizer que o português tivesse propriamente uma ortografia, no sentido de um sistema uniforme utilizado por todos os usuários da língua. Mas algumas características eram comuns; principalmente, não havia preocupação de adequar a grafia das palavras a sua origem – levava-se em consideração apenas a pronúncia. Distinguia-se o **s** do **ç**, mas isso porque nessa época essas letras não se pronunciavam da mesma maneira: *sela* e *cela* (ou *çela*) não eram homófonas[3]; *chave* soava mais ou menos como [ˈtʃave][4], mas o **x** já era [ʃ] como hoje.

Foi só a partir do século XVI que a ortografia começou a se uniformizar, principalmente por influência da imprensa. E na mesma época começou a se fazer sentir a preocupação etimológica, que levava a escrever o português com algumas das características do latim e do grego. Assim, não só se mantiveram distinções como as de **s** e **ç**, já inexistentes no plano fonético, como se introduziram muitas outras distinções gráficas que não tinham correlatos na pronúncia. É interessante comparar as gramáticas de Fernão de Oliveira (1536) e de Duarte Nunes de Leão (1576): a grafia de Oliveira segue muito de perto a pronúncia, e ele estabelece regras ortográficas que confirmam isso. Esse autor tinha uma percepção fonológica muito aguda, embora não dispusesse de uma teoria que o orientasse; assim, só fazia as distinções funcionais da língua, não toda e qualquer diferença fonética. Mas nunca (ou só muito ocasionalmente) incluía letras não justificáveis pela fonologia: escrevia *sinificar*, seguindo a pronúncia da época, e não

---

3. O *ç* se pronunciava como hoje, mas o *s* representava um som apical idêntico ao *s* do espanhol europeu atual. Foi apenas no século XVI que o *s* apical passou a ser pronunciado como [s], causando a atual multiplicidade de grafias para o mesmo fonema.

4. Notar o [e] final, que explica por que nunca escreviam *chavi*.

significar, como escrevemos (e pronunciamos) hoje, por influência da ortografia etimológica que restabeleceu o **g** latino.

Já Nunes de Leão, apenas quarenta anos depois, representa uma nova moda: escreve *attribuir, approvar, anniversario, circumferencia*, sempre seguindo o exemplo do latim, embora a pronúncia já fosse *atribuir, aprovar, aniversário, circunferência* (com **u** nasal antes do **f**).

A partir daí se estabeleceu rapidamente a ortografia chamada etimológica, mais ou menos uniforme, que iria vigorar até o século XX. É a que nossos avós estudaram e usaram no Brasil até 1943; dou abaixo um breve exemplo, tirado de uma obra de Capistrano de Abreu, edição de 1941:

> Agora possuia um diccionario [...] publicado com traducção allemã [...] pelo Dr. Carlos von der Steinen, o verdadeiro fundador da ethnographia brasilica. [ABREU, 1941, p. 7].

Essa tendência a respeitar a ortografia das línguas originais se mantém, em maior ou menor grau, até nossos dias; é o que explica por que escrevemos *cidade* mas *sítio*, *chuva* mas *xícara*, *gente* mas *jeito*, embora não haja diferença fonológica nas consoantes iniciais.

No século XX houve diversas tentativas de simplificar a ortografia, nenhuma delas realmente radical. Em geral se limitaram a eliminar certos dígrafos (**ph**, **ch** com som de [k], **th**, **rh**), algumas letras (**y**, **w**) e as consoantes dobradas, exceto **rr** e **ss**, além de fazer um uso maior dos acentos. Outras inconsistências fonológicas foram mantidas – por exemplo, as nove maneiras de grafar o fonema /s/: **s**, **c**, **ç**, **sc**, **sç**, **xc**, **x**, **ss**, **z**, fonte de dor de cabeça para nossos alunos do primário (e outros, bem mais adiantados).

No Brasil, foi em 1943 que se adotou, por decreto federal, a ortografia que, com diversas modificações, utilizamos até hoje. Portugal e os países africanos lusófonos usam uma outra variante, adotada oficialmente em 1945[5]. Até hoje o português convive com duas ortografias, embora as

---

5. A ortografia de 1945 substituiu uma anterior, de 1911, que foi a primeira tentativa de regular a ortografia do português mediante lei; o sistema de 1911 foi adotado em Portugal, mas não no Brasil.

diferenças sejam comparativamente pequenas: no Brasil se escreve *ação, fato, autônomo, exceção, ingênuo*, e em Portugal *acção, facto, autónomo, excepção, ingénuo*.

No Brasil, de 1943 até hoje houve duas reformas limitadas: em 1971 veio uma que, basicamente, eliminou a maioria dos acentos diferenciais. O sistema de 1943 se preocupava em distinguir palavras que só se distinguiam pela presença de um **e** ou **o** aberto ou fechado: assim, escrevia-se *dêle* (*de+ele*) para distinguir de *dele*, forma do verbo (arcaico) *delir*, e *môlho* para distinguir de *molho*, do verbo *molhar*. Esses acentos foram eliminados, e passou-se a escrever *dele* e *forma* em todos os casos. Note-se, aliás, que o acento diferencial não era aplicado com total consistência, porque se escrevia *pêlo* (cabelo) para distinguir de *pelo*, contração de *por+o*, embora ambos tenham **e** fechado, ou seja, [e].

Mas grande parte das inconsistências e marcas etimológicas permaneceu: continuou-se a escrever *cidade* e *sítio*, *homem* com um **h** mudo, *bênção* e *pensam* (embora as duas palavras rimem), e foram conservadas as nove formas de exprimir o /s/, além de muitos outros pontos em que a ortografia é desnecessariamente complicada.

No início do século XXI novamente se pensou em reforma. Desta vez, alegou-se a necessidade de unificar a ortografia dos diversos países de língua portuguesa[6]. Em 2009 entrou em vigor no Brasil uma nova ortografia, que infelizmente representa mais um retrocesso do que um avanço: sem resolver nenhum dos defeitos do sistema anterior, acrescentou mais um ou dois novos. E, o que é pior, não foi adotada da mesma maneira por todos os países, de maneira que Portugal continua escrevendo *acção*, e nós *ação* etc. A reforma foi, portanto, basicamente inútil, embora tenha sido muito divulgada, elogiada, criticada e comentada na imprensa. Mais adiante neste

---

6. Necessidade alegada, claro; e desejável somente na medida em que é possível. Argumentou-se, entre outras coisas, que uma língua importante precisa ter uma ortografia unificada – mas nem o inglês nem o espanhol, línguas mais faladas do que o português, têm ortografia única: compare-se o inglês *humour* e o americano *humor*, o espanhol *Méjico* e o latino-americano *México* etc.

capítulo teremos ocasião de examinar algumas das modificações introduzidas pela reforma de 2009.

47.2 PARA QUE SERVE UMA ORTOGRAFIA?

Antes de submeter a crítica um sistema ortográfico, é bom refletir um pouco sobre os objetivos de uma ortografia.

Uma língua não precisa necessariamente ter uma ortografia: primeiro, há o exemplo de muitas línguas que nem sequer são escritas, e que não obstante funcionam como instrumento de comunicação dentro de suas comunidades. Por outro lado, é verdade que tal situação tem sérias limitações, pois dificulta o uso dessa língua como base para a educação formal (escolar), assim como o desenvolvimento de uma literatura mais estendida do que cantos e narrações orais, ou como veículo de comunicação científica. É o que acontece com muitos dialetos falados na Europa, e também com a maioria das línguas indígenas na América. Assim que surge a necessidade de integração em uma comunidade mais ampla e complexa, é preciso recorrer à escrita.

Mas mesmo aí nem sempre é adotada uma ortografia única, imposta por uma autoridade central. Um exemplo, como vimos na seção anterior, foi Portugal na Idade Média, quando era tolerada bastante variação no modo de escrever: *vir, viir, vĩir* e mesmo *vĩjr* para o infinitivo *vir*, por exemplo[7].

Foi a invenção da imprensa que motivou o estabelecimento de ortografias sistemáticas e unificadas. A partir de meados do século XVI, as variações se reduziram a alguns casos isolados, e é só aí que se pode começar a falar de uma ortografia portuguesa. Mas é bom observar que o surgimento dos sistemas ortográficos não foi inicialmente objeto de lei e regulamentação governamental: antes, foi resultado da necessidade dos impressores de grafar os textos de maneira uniforme, e principalmente da grande difusão

---

7. E também *uir, uiir, uijr* etc., pois nesse período não se distinguia graficamente **u** de **v**, nem **i** de **j**.

desses textos que a imprensa possibilitou. Na verdade, antes do século XX não havia, nem no Brasil nem em Portugal, uma ortografia estabelecida e imposta pelo governo. E até hoje muitas línguas (como o inglês) não têm ortografia oficial – embora o uso tenha reduzido a variação a ponto de que a língua se escreve de maneira muito uniforme em toda sua imensa extensão[8]. A ortografia inglesa é resultado de uma acomodação histórica, e não existe uma academia que tenha a pretensão de "regular" a língua ou sua escrita. Como já sabemos, o Brasil seguiu um caminho diferente, e a partir dos anos de 1940 a ortografia da língua tem sofrido reformas periódicas: 1943, 1971, 2009.

A ortografia não é um construto teórico para uso dos pesquisadores, nem um objeto de contemplação estética. É um instrumento prático utilizado pela totalidade da população que lê e escreve – o que no Brasil significa muitas dezenas de milhões de pessoas. É o veículo da língua escrita, em todas as suas manifestações, em obras literárias, textos técnicos, livros didáticos, jornais e revistas, cartas pessoais, avisos e *outdoors*, bulas de remédios, folhetos de instruções, circulares de serviço, mensagens de internet, artigos acadêmicos e redações escolares. É também (e aqui podemos ficar a favor ou contra) usada como instrumento de filtragem social, quando exigimos que o cidadão domine a ortografia para assumir um emprego de policial, motorista ou engenheiro. Assim, é conveniente para uma nação – ou um conjunto de nações – dispor de uma ortografia unificada; isso explica a atenção dada pelos governos ao problema de como escrever as palavras da língua. A ortografia é a expressão da língua escrita padrão.

Por outro lado, se a ortografia é um instrumento a ser dominado (idealmente) pela totalidade da população, convém que seja simples e racional, tão fácil de aprender quanto possível. Essa consideração esteve na base das sucessivas reformas executadas: entendeu-se, com razão, que em vez de escrever *philosophia* (porque a palavra vem do grego, e o φ grego se transcre-

---

8. Com as diferenças mencionadas entre o inglês americano e o britânico, que na verdade são relativamente poucas.

via como *ph* em português), é mais fácil escrever *filosofia*, mais ou menos como se pronuncia (só mais ou menos: seria melhor *filozofia*, claro).

Até aí funciona o bom-senso. Mas, por alguma razão, os reformadores da ortografia não conseguiram se liberar de todo das considerações etimológicas: eliminaram o *ph*, mas conservaram as várias maneiras de grafar o fonema /s/: *c, ç, s, ss, sc, sç, xc, z, x* como em *cedo, aço, sede, assar, nascer, cresça, exceto, paz, próximo*; ou o fonema /ʒ/: *j, g*, como em *jeito* e *gente*; conservaram também o *h* mudo como em *hoje* etc. Ou seja, não conseguiram, ou não quiseram, elaborar uma ortografia fonologicamente (ou, talvez melhor, morfofonologicamente) consistente. Com isso, ainda temos que "saber" que *cidade* tinha *c* em latim, mas *sete* tinha *s* – na verdade, acabamos aprendendo esses casos um a um, sem levar em conta a origem das palavras.

Para quem mora em Porto Alegre, é certamente uma vantagem pegar um livro, revista ou jornal de Belém e encontrar ali a mesma língua padrão a que está acostumado: estrutura, vocabulário e ortografia. É conveniente para o governo não precisar discutir se vai escrever *física* ou *physica* cada vez que publica um documento. E é importante para a escola saber exatamente o que vai ensinar, e o que vai encontrar nos livros didáticos. Essa é a utilidade da ortografia, e note-se que afeta não apenas escritores ou linguistas, mas a totalidade da população. Por isso mesmo, deveríamos ser mais escrupulosos ao propor reformas; seria bom perguntar antes: A reforma é realmente necessária? e, naturalmente: A reforma traz alguma vantagem em termos de coerência e facilidade de uso? A meu ver, essas perguntas não têm sido feitas na hora certa, e em particular a reforma de 2009 me pareceu, primeiro, inoportuna, pois as motivações alegadas não são válidas; e, depois, incompetente, pois não trouxe vantagens sobre a ortografia precedente.

47.3 A ÚLTIMA REFORMA: ACERTOS E ERROS

Terminei a seção anterior com uma acusação. Vou agora justificar minha opinião a respeito da reforma de 2009.

47.3.1 Motivação da reforma

Primeiro, a motivação: Por que, exatamente, a reforma teve que ser feita? Ouvi mais de uma resposta a essa pergunta, mas nenhuma me convenceu. Primeiro, sustentou-se que todas as grandes línguas de civilização têm ortografia unificada. Ora, como já vimos, isso não é verdade: o francês tem realmente uma ortografia única, mas o inglês e o espanhol não têm. E, depois, ainda que tivessem, isso não é razão para imitá-los automaticamente: a situação do português brasileiro, frente ao europeu, pode ser outra, e as diferenças podem ser maiores do que as que existem entre o francês (escrito) da França e o da Bélgica, do Canadá ou da Suíça.

Afirmou-se também que uma reforma ortográfica facilitaria a entrada de livros brasileiros no mercado português, e vice-versa. Esse argumento não vale porque um problema com livros técnicos é que a nomenclatura (não a ortografia) difere: cada peça de máquina tem um nome no Brasil e outro em Portugal, e isso é que dificulta o uso de livros brasileiros lá, ou de livros portugueses aqui. Meu conhecimento de engenharia é nulo, mas de ler romances portugueses posso afirmar que uma frase como

[1] A rapariga arrumou a carrinha junto à berma.

nunca seria enunciada por um brasileiro; nós diríamos algo como

[2] A moça encostou a van no meio-fio.

A gente acaba entendendo, claro, por causa do contexto, e porque essas discrepâncias não são muito estendidas. Mas em um livro técnico esses detalhes são cruciais, e aí entra o problema da nomenclatura – não o da ortografia, porque de *adopção* para *adoção* o salto é bem fácil[9]. Ou seja, reformar a ortografia não vai mudar essa situação.

---

9. Uma vez em Lisboa, procurando um amigo na casa onde deveria estar hospedado, me informaram que *ele já cá não vive*. Deu para entender, mas certamente um brasileiro diria *ele não mora mais aqui*.

Acrescente-se que as diferenças entre as ortografias dos dois países[10] são tão pequenas que dificilmente pode haver confusão. Um exemplo como *fato*, que os portugueses entendem como uma peça de roupa (em oposição a *facto*) é quase único.

Tenho que concluir que a reforma não se justificava nem por problemas de compreensão (que ela não resolve) nem pela necessidade de unificação (que não é tão séria assim); e de qualquer maneira a unificação não foi atingida, pois depois de 2009 continuamos a escrever diferentemente dos portugueses.

Mas a reforma poderia ter levado a uma ortografia mais coerente, mais próxima da estrutura morfofonológica da língua e mais fácil de aprender. Infelizmente, isso também não foi conseguido, e na minha opinião a ortografia de 2009 é um pouco **pior** do que a de 1971. E, antes de dar minhas razões, gostaria de informar que os linguistas brasileiros (ou estrangeiros) não foram consultados durante a construção do novo sistema; ele foi elaborado a portas fechadas na Academia Brasileira de Letras, uma instituição sem credenciais científicas para a tarefa. É bom apontar que há no país dezenas de universidades dotadas de departamentos de Linguística idôneos e linguistas competentes. Assim, a comunidade dos linguistas está isenta de culpa de quaisquer defeitos da nova ortografia.

47.3.2 Análise crítica da reforma de 2009

Em comparação com a ortografia vigente desde 1971, a nova reforma mudou os seguintes pontos:

(a) eliminou o trema: *aguentar* em vez de *agüentar*;

(b) eliminou o acento diferencial de palavras como *pára* (do verbo *parar*) e *para* (preposição);

---

10. Para simplificar, me refiro sempre a Brasil e Portugal; os países africanos e Timor Leste seguem a norma lusitana.

(c) suprimiu o acento agudo dos ditongos *ói* e *éi* em palavras paroxítonas: *heroico* em vez de *heróico*; *ideia* em vez de *idéia*. Note-se que foi mantido o acento nos mesmos ditongos se a palavra é oxítona – de modo que se escreve *heroico* e *herói*: uma palavra sem acento, outra com acento.

(d) suprimiu o acento agudo de **i** e **u** tônicos depois de ditongo: *feiura* em vez de *feiúra*;

(e) suprimiu o acento agudo do **u** tônico nos grupos *gue, gui*, que ocorrem em certas formas verbais: *arguem* (antes *argúem*), *argui* (antes *argúi*);

(f) suprimiu o acento circunflexo das palavras terminadas em *eem* e *oo(s)*: *veem* em vez de *vêem* (do verbo *ver*); *voo* em vez de *vôo*;

(g) acrescentou três letras ao alfabeto: **k, w, y**;

(h) procurou sistematizar (sem o menor sucesso, como veremos) o uso do hífen em prefixos e locuções.

A seguir, vamos examinar esses pontos.

Eliminação do trema

A eliminação do trema representa um afastamento entre a escrita e a fala; não gera dificuldades para a escrita, mas sim para a pronúncia. Assim, digamos que uma pessoa só conhece a palavra *quinquênio* através da escrita. Não tem meio de saber se se pronuncia *qüinquênio*, ou *quinqüênio*, ou *qüinqüênio*, ou ainda *quinquênio*. Como se vê, a ortografia precedente fornece mais informação sobre como pronunciar certas palavras. Temos que concluir que a ortografia de 1971 é superior à de 2009 neste particular. Por outro lado, se consideramos que os falantes da língua geralmente sabem como se pronunciam as palavras, a falta do trema não causa grandes problemas. Ninguém pronunciaria "pinguim" sem o *u*, só porque não tem o trema. Claro, todo mundo sabe como é a pronúncia, e ela não é determinada pela escrita. Aqui o inconveniente afeta mais os estrangeiros, que não conhecem a pronúncia, e os falantes do português apenas quando se trata de uma palavra desconhecida, ou uma daquelas que a gente só conhece da escrita.

Eliminação do acento diferencial em *pára* etc.

Aqui a ortografia de 2009 aproxima a fala da escrita, portanto este é um traço positivo. Deve-se notar, contudo, que essa vantagem só interessa a um pequeno número de palavras: *pára* > *para* (do verbo *parar*); *péla* > *pela* (do verbo *pelar*); *pólo* > *polo* (como em *Pólo Sul*, agora *Polo Sul*) e mais umas poucas.

Supressão do acento em *heroico*

Aqui a ortografia de 1971 é superior. De acordo com ela, acentuam-se os ditongos *ói, éi* e *éu* onde quer que ocorram; assim, aprende-se uma regra apenas. Já a de 2009 estabelece que esses ditongos são acentuados em palavras oxítonas, mas não em paroxítonas, como em *boia* (anteriormente *bóia*), *Andreia* (anteriormente *Andréia*). Temos agora duas regras em vez de uma – e acrescenta-se uma incoerência gráfica, ou seja, esses ditongos são grafados de duas maneiras diferentes, em vez de uma. Outra coisa que não ficou explicada é **por que** suprimir o acento apenas nas paroxítonas: *herói* é acentuado, *heroico* não. E, naturalmente, introduz-se mais um elemento de afastamento entre grafia e fonologia: *Andreia* não rima com *feia*, mas graficamente parece que sim.

Supressão do acento em *feiura*

Aqui a revisão de 2009 eliminou um acento realmente inútil, já que a grafia *feiura* não deixa dúvidas quanto à pronúncia da palavra. Se houvesse palavras com acento na vogal do meio (algo como **feíura*), essas mereceriam acento, mas aparentemente não existem.

Supressão do acento agudo em *gue, gui*

Essa mudança interessa formas verbais como *averigue, argui*, que se pronunciam com o *u* tônico. Aqui a ortografia de 1971 é mais consistente, pois representa uma diferença de pronúncia que a de 2009 escamoteia. Por exemplo, pela ortografia de 2009 as palavras que se escreviam *sagüi, segui* e *argúi* passam a se escrever *sagui, segui* e *argui*, todas com a mesma terminação *gui*, embora, claro, continuem a se pronunciar diferentemente.

Supressão do circunflexo em *voo, veem* etc.

Novamente temos que dar a palma à ortografia de 2009, porque o circunflexo nesses casos não cumpria nenhuma função.

Acréscimo de *k, w* e *y* ao abecedário

Esta não é uma inovação ortográfica, mas simplesmente burocrática, e sem nenhum efeito na escrita – aliás sem nenhum efeito nos dicionários, pois por exemplo o *Aurélio* de 1986 consigna essas três letras em seus lugares respectivos e por exemplo observa que o *k* é uma "letra considerada como pertencente ao nosso alfabeto"[11], o que dá a entender que o acréscimo nem sequer é real: as letras já estavam lá, e lá permanecem.

O hífen

As regras de uso do hífen são bastante incoerentes em todos os sistemas ortográficos adotados até hoje. Nesse particular, a ortografia de 2009 não fez mais que substituir um sistema impraticável por outro, igualmente impraticável; ficamos imaginando por que se deram ao trabalho de mudar. Os brasileiros vão continuar tendo que memorizar os casos de uso do hífen um a um.

O texto oficial do Acordo Ortográfico, no que se refere ao hífen, é cheio de regras, subregras e exceções arbitrárias. Por exemplo,

> Emprega-se o hífen nas palavras compostas por justaposição que não contêm formas de ligação [...] [ACADEMIA, 2009, p. XXVI].

No entanto, o próprio *Vocabulário Ortográfico* admite formas como *barriga-d'água*, que contém uma forma de ligação e tem hífen. Outro exemplo é

> Emprega-se o hífen nos topónimos/topônimos[12] compostos iniciados pelos adjetivos *grã*, *grão* ou por forma verbal ou cujos elementos estejam ligados por artigo [ACADEMIA, 2009, p. XXVI].

---

11. *Aurélio* (1986, p. 998).

12. *Sic*. Como não houve acordo real, o *Vocabulário* optou por registrar, mesmo no meio de um texto, as formas aceitas em Portugal e no Brasil.

Podemos começar questionando esses "adjetivos" *grã* e *grão*. Que adjetivos são esses, que só podem aparecer em compostos?[13] Por outro lado, a limitação a compostos que incluem forma verbal é perfeitamente gratuita. Ela nos obriga a escrever *Abre-Campo* e *Ouro Preto*, *Passa-Quatro* e *Belo Horizonte* etc.[14]

E, uma vez dominadas as regras, há as exceções, como

> Nas locuções de qualquer tipo, sejam elas substantivas, adjetivas, pronominais, adverbiais, prepositivas ou conjuncionais, não se emprega *em geral* o hífen, salvo algumas exceções já consagradas pelo uso [...] [ACADEMIA, 2009, p. XXVII; itálico acrescentado].

Seria o caso de perguntar por que só aqui se mostra esse respeito pelo uso tradicional, já que em outros casos esse mesmo uso é reformulado. Para ter uma ideia clara da situação, o leitor é convidado a percorrer (e tentar memorizar) as regras, sub-regras e exceções nas páginas XXVI-XXIX do *Vocabulário* (ACADEMIA, 2009). Essas sub-regras são às vezes bastante difíceis de aplicar, mesmo para um linguista profissional, como:

> Certos compostos, em relação aos quais se perdeu, em certa medida, a noção de composição, grafam-se aglutinadamente: *girassol* [...] *paraquedas* etc. [ACADEMIA, 2009, p. XXVI].

"Em certa medida" é um primor de vaguidão: Como vamos saber quando é que a medida está completa? E como distinguir *paraquedas*, dado na página XXVI como sem hífen pela razão aventada acima, de *para-lama*, dado com hífen na página 619 do mesmo *Vocabulário*?

Mas digamos que o leitor seja uma dessas pessoas persistentes e estudiosas, e acabe realmente aprendendo todos os meandros do sistema. Aí ele ainda terá que enfrentar bom número de exceções e simples inconsistências, como por exemplo:

---

13. Estamos falando do português do século XXI, evidentemente.
14. Será que existe mesmo uma "forma verbal" em *Abre-Campo* e *Passa-Quatro*?

cara de pau, maria vai com as outras, pé de chinelo sem hífen, mas *rato-de-esgoto, rato-de-barriga-branca* com hífen. Isso porque nomes de animais e plantas têm hífen; por que esse privilegiamento de espécies biológicas? O texto não explica;

barata-descascada tem hífen, mas *barata tonta* não tem;

alta-fidelidade e *alta-tensão* têm hífen, *alta classe* e *alto escalão* não;

agnus-dei tem hífen; será porque é expressão latina? Mas *avis rara* não tem hífen;

bem-me-quer tem hífen, *malmequer* não tem.

E assim por diante. Se quisermos realmente uma regra operacionalizável para o uso do hífen segundo o Acordo de 2009, podemos usar a seguinte:

> O hífen é usado quando a palavra está consignada com hífen no *Vocabulário Ortográfico da Língua Portuguesa*.

O Vocabulário é um livro de 877 páginas, em tamanho grande (21cm x 28cm), e pesa cerca de 2kg; um pouco volumoso para levar com a gente por toda parte.

Capítulo 48

Fenômenos não marcados na ortografia

48.1 ITENS LEXICAIS

O PB apresenta uma série de fenômenos fonológicos que não são representados de nenhuma maneira na escrita, mas que são importantes na fala. Muitos deles são obrigatórios, e outros são usuais, de modo que ignorá-los equivale a deixar de lado traços essenciais da pronúncia do PB. Por exemplo, a preposição *para* se pronuncia praticamente sempre como [prə], que pode ser grafada *pra*, mas geralmente se escreve mesmo *para*. A pronúncia ['parə] praticamente nunca se ouve, a não ser na expressão *para o ano* "no próximo ano". Nesta seção vou listar alguns dos casos mais importantes em que a pronúncia do PB não é visível a partir da ortografia. Vamos começar com itens lexicais individuais.

48.1.1 Proclíticos

Já mencionei que a preposição *para* se pronuncia [prə]. As preposições, sendo elementos átonos e fonologicamente dependentes, tendem a sofrer os mesmos processos que afetam as vogais no início das palavras. Assim, *em Santos* é normalmente pronunciado [ĩ'sãtʊs], onde a preposição se pronuncia como o *em-* inicial de palavras como *empada*; paralelamente, *com*, cuja pronúncia isoladamente seria [kõ], aparece como [kũ] em *com vocês*, seguindo o modelo de *compadre*, pronunciado [kũ'padɾɪ].

É como se *em Santos, com vocês* fossem palavras únicas, o que faz senti-do fonologicamente. O mesmo vale para outras preposições semelhantes, como *por*, pronunciada *pur*, assim como para os demais itens proclíticos: o artigo *o*, por exemplo, sempre se pronuncia *u*.

A preposição *em* geralmente se pronuncia [nɪ] quando antes da forma pronominal *mim*; por exemplo,

[1] Ele bateu ni mim.

A pronúncia *em* também ocorre nesse ambiente.

48.1.2 O verbo *(es)tar*

No verbo *estar*, um dos mais frequentes da língua, a primeira sílaba é normalmente omitida, em todas as formas do verbo. Assim, diz-se

[2] Ele tava em cima da cama.

As formas plenas, *estou, estava* etc., também ocorrem, mas são muito mais raras, e parecem ser especializadas para contextos enfáticos:

[3] Não, não, ele <u>estava</u> em cima da cama.

Mas mesmo nesse contexto *tava* seria adequado.

Essa redução não se observa para os outros verbos da língua: *escutar* não se reduz a *cutar etc. Aparentemente haveria uma exceção: o verbo *esperar* tem uma forma reduzida, o imperativo *espera*, geralmente reduzido para *pera*:

[4] Pera aí, eu preciso botar um casaco.

Aqui suspeito que não se trata propriamente do imperativo de *esperar*, mas de uma espécie de interjeição. Tanto é assim que parece estranho usar *pera* na frase

[5] ?? Senta aí e pera uns cinco minutos.

48.1.3 A partícula negativa não

A partícula *não* se pronuncia em geral [nũ] quando precede um verbo:

[6] Ele não [nũ] chegou.

Em todas as outras posições – ou seja, quando sozinha; quando precede um nominal ou um advérbio; ou quando repetindo um *não* pré-verbal – essa partícula se pronuncia regularmente [nʌ̃w̃]:

[7] Não! [nʌ̃w̃]

[8] Os não [nʌ̃w̃] religiosos ficam em casa em dia de procissão.

[9] Ela não [nũ] vai lá não [nʌ̃w̃].

Na fala rápida, diante de um verbo que começa por vogal, *não* frequentemente se reduz a [n], como em

[10] Ele não é amigo de ninguém. [ˈelɪnɛaˈmigʊ...].

Na pronúncia cuidadosa, *não* pode conservar sua pronúncia [nʌ̃w̃] mesmo antes de verbo.

48.1.4 O sufixo de gerúndio

O sufixo de gerúndio é *-ndo*, e vale para todos os verbos (o gerúndio é a forma mais regular do verbo português). Esse sufixo é geralmente pronunciado sem o [d], ou seja, *-no* em vez de *-ndo* em Minas Gerais e outras regiões:

[11] Ele tá almoçando. [ˈelɪtawmʊˈsʌ̃nʊ]

Essa redução é morfologicamente condicionada (não é resultado de uma regra fonológica), pois só afeta esse sufixo; outras palavras terminadas em *-ndo* mantêm o [d]: *quando, Fernando, lindo, dividendo* não se pronunciam *quano*, *Fernano*, *lino*, *divideno*. *Vendo* pode se reduzir a *veno* se for o gerúndio de *ver*, mas não se for o presente de *vender*.

48.1.5 Formas de 1ª pessoa do plural

O sufixo de primeira pessoa do plural, a saber, -*mos*, é reduzido na pronúncia a -*mo* ou a -*m*, pronunciado este último [m] mesmo quando em final de palavra. Isso é interessante porque viola o princípio geral de que o **m** final nunca se pronuncia. No caso desse sufixo, ele é claramente pronunciado como consoante; assim, *somos* se pronuncia, conforme a velocidade da pronúncia e/ou grau de formalidade, [ˈsõmʊs], [ˈsõmʊ] ou [ˈsõm]. Isso se observa em frases como

[12] Nós somos quatro.

No caso de *vamos*, existe ainda a pronúncia *vão*, como em

[13] Vamos lá. [vãw̃ˈla]

Essa pronúncia não ocorre com outros verbos; ou seja, *somos* não se reduz a **são*, nem *andamos* a **andão*.

48.1.6 *Você*

O pronome pessoal *você* raramente se pronuncia [voˈse] quando antes de um verbo, mas se reduz a [oˈse], [se] ou mesmo simplesmente [s]; a frase

[14] Você tem um relógio aí?

acaba soando *ocê tem um relógio aí*, ou *cê tem um relógio aí*, ou *s' tem um relógio aí*. A forma mais comum é provavelmente *cê*.

Quando o pronome não precede imediatamente um verbo, em geral se pronuncia *você*:

[15] Eu amo você.

Depois de preposições, pode haver ou não redução a *ocê*, segundo regras fonológicas ainda não explicitadas:

[16] Ele foi no concerto sem você? [sẽvo'se] *ou* [sẽjo'se]

Quando a preposição termina em vogal, geralmente há contração; assim, *para você* se pronuncia [pro'se], *de você* [do'se][1]. Todas essas formas alternam com as formas plenas, usadas estas na fala formal ou cuidadosa.

48.2 FENÔMENOS DE SÂNDI

Denomina-se **sândi** o conjunto de fenômenos fonológicos que ocorrem na junção de palavras. Por exemplo, *casa* termina em vogal, e *amarela* começa com a mesma vogal. Quando essas palavras ocorrem juntas em um sintagma, pronuncia-se apenas uma dessas vogais: *casa amarela* soa *casamarela*. O PB apresenta uma grande variedade de fenômenos de sândi, muitos ainda não estudados; a seguir vou apresentar brevemente alguns deles.

48.2.1 Elisão

É o fenômeno de desaparecimento de uma vogal quando uma palavra terminada em vogal átona se encontra logo antes de outra palavra começada por vogal igualmente átona. Por exemplo[2],

[17] Casa azul.

[18] Carro elétrico.

[19] Pano e barbante.

[20] Menino humilhado.

---

1. Cf. a lista de contrações adiante, na seção 48.3.
2. Os exemplos de elisão são tirados de Liberato (1978).

Nesses casos se observa que a vogal final da primeira palavra desaparece: *carro elétrico* se pronuncia *carrelétrico*. Quando as duas vogais são diferentes, podem ser ambas pronunciadas na fala mais lenta, mas a primeira se torna uma semivogal, de modo que as duas cabem na mesma sílaba: [ˈkafiweˈlɛtrɪkʊ].

Se uma das vogais for tônica, a elisão não se verifica: em *pó amarelo* se ouve obrigatoriamente tanto o **o** final de *pó* quanto o **a** inicial de *amarelo*.

A elisão não se dá quando a vogal final da primeira palavra é [ɪ] e a palavra seguinte não começa com [ɪ]; o [ɪ] se reduz a uma semivogal, [j], mas se mantém na pronúncia. Assim,

[21] Bule amassado.

se pronuncia [ˈbuljamaˈsadʊ].

É interessante observar que quando por efeito de elisão um [t] vem a estar antes de um [ɪ], não se dá a palatalização que produz o som de [tʃ]. Assim, mesmo quem pronuncia *tio* com [tʃ] mantém o [t] em

[22] Lata importada [ˈlatĩpofiˈtadə], não *[ˈlatʃĩpofiˈtadə]

Isso mostra que o limite de palavras, embora não tenha ele próprio nenhuma representação sonora, é relevante para a ação das regras fonológicas.

48.2.2 Haplologia

A haplologia é a eliminação de um som ou sílaba que se encontra repetido na mesma palavra ou em palavras adjacentes. Aqui nos interessa a haplologia de sílabas, que se observa em *Faculdade de Medicina*, pronunciado *faculdadimedicina*. Essa simplificação ocorre obrigatoriamente, e só se pode pronunciar os dois **di** em fala extremamente lenta.

Há regras para a aplicação da haplologia; por exemplo, a consoante repetida deve ser **d** ou **t**; assim, *o osso sumiu* não se reduz a *o ossumiu*[3]. Por outro lado, a regra não exige identidade perfeita das sílabas, porque ocorre simplificação em *leite de coco*, pronunciado *leidicoco*.

---

3. Os exemplos são de Alkimin e Gomes (1982).

48.3 CONTRAÇÃO DAS PREPOSIÇÕES

Já mencionei brevemente que o pronome *você* se contrai com algumas preposições, gerando formas como *procê, docê*:

[23] Eu trouxe um sanduíche procê.

Existem outras contrações semelhantes na língua. Algumas não são representadas na ortografia, de modo que o mais das vezes se escreve *para você*. Já em outros casos a contração é ortograficamente marcada, como *de + ele*, que se pronuncia e se escreve *dele*. Só estas últimas contrações é que aparecem em geral nas gramáticas. A seguir dou uma lista (mais ou menos) completa das contrações correntes no PB, reconhecidas ou não pela tradição ortográfica. As contrações são sempre compostas de uma preposição mais outro item (artigo, determinante, pronome pessoal ou advérbio). Nas fórmulas abaixo, entenda-se sempre que o plural e o feminino estão incluídos: *do*, mas também *da, dos* etc.[4] Algumas contrações são opcionais, e são marcadas com [op]; assim, pode-se dizer *num bar* ou *em um bar*; mas nunca se diz *em o bar*.

Preposição *a*
a + a = à
a + o = ao
a + aquele = àquele (àquela, àqueles...)

Preposição *em*
em + o = no (na, nos...)
em + um = num [op]
em + esse = nesse
em + aquele = naquele
em + ele = nele
em + outro = noutro [op]

---

4. Exceto o caso de *à*, onde o feminino se contrai de maneira peculiar e precisa ser dado separadamente.

Preposição *de*

de + o = do

de + um = dum [**op**]

de + outro = doutro [**op**]

de + esse = desse

de + aquele = daquele

de + ele = dele

de + aqui = daqui

de + ali = dali

de + aí = daí

de + onde = donde [**op**]

Preposição *para*

Todas as contrações com *para* são exclusivas da língua falada; e a preposição, como sabemos, é sempre pronunciada *pra*.

para + o = pro

para + um = prum [**op**]

para + esse = presse [**op**]

para + aquele = praquele [**op**]

para + ele = prele [**op**]

para + você = procê [**op**]

para + aqui = praqui

para + ali = prali

para + aí = praí

para + outro = proutro [**op**]

Preposição *por*

por + o = pelo

Preposição *com*

com + o = co [**op**]

com + um = cum [**op**]

com + você = concê [**op**]

Gramática e léxico

Capítulo 49

Gramática e léxico

49.1 REGRA E SINGULARIDADE

Tradicionalmente se entendia a gramática como um sistema de regras mais ou menos gerais, e o léxico como o repositório de informação individualizada sobre as palavras e morfemas. Assim, por exemplo, podemos dizer que o verbo concorda com seu sujeito ou que nenhuma palavra termina em **p**. Essas são regras gerais, e não levam em consideração os itens individuais, apenas suas classes. Por outro lado, há também afirmações de ordem individual, como a de que o verbo *ser* forma seu imperfeito do indicativo de maneira idiossincrática (*era, eram...*), e que a palavra *gato* designa um animal. O primeiro tipo de informação seria parte da **gramática** da língua, e o segundo tipo parte do **léxico**.

No entanto, à medida que progredia a pesquisa, foi-se percebendo que essa divisão nítida de tarefas não correspondia à realidade: um número muito grande de fenômenos "gramaticais" são sujeitos a restrições "lexicais" e vice-versa. Atualmente, a meu ver, ainda se sustenta a oposição gramática-léxico, mas apenas em termos aproximados, como a designação de dois extremos de um contínuo que comporta muitos casos intermediários. Ou seja, existem traços idiossincráticos, vinculados a itens individuais, assim como existem regras gerais que valem para classes inteiras. Mas existem muitos fenômenos que misturam os dois tipos de informação, e estes não podem ser classificados simplesmente como gramaticais ou lexicais.

Um exemplo são as valências verbais: existem construções que aceitam todo e qualquer verbo (por exemplo, a negativa), ou seja, valem para 100% do léxico, e podem ser consideradas puramente "gramaticais". Mas existem construções onde só cabem alguns verbos, muitos ou poucos segundo o caso[1]. A construção transitiva, ou seja,

[1] **SujV>*Agente*   V   SN>*Paciente***

aparece na valência de centenas de verbos: no *Dicionário de valências do português brasileiro*, em elaboração, pouco mais de 50% dos verbos podem ocorrer nessa construção[2].

Por outro lado, a construção exemplificada pela frase

[2] O governo fez do país um chiqueiro.

é peculiaridade de apenas um verbo, *fazer*. Já na construção exemplificada por

[3] A gasolina subiu de preço.

ocorre pouco mais de meia dúzia de verbos, como *abaixar, aumentar, baixar, cair, descer, diminuir, mudar, subir*.

Embora não tenhamos levantamentos rigorosos a respeito, fica evidente que as possibilidades de cada diátese cobrir uma parte do léxico são muito amplas: desde 100% (construção negativa) até apenas um verbo (*o governo fez do país um chiqueiro*).

Agora pergunta-se: A valência é um fenômeno gramatical ou lexical? Se respondermos que é lexical, estaremos colocando-a no campo dos fenômenos idiossincráticos, e desprezando generalizações evidentes, como a construção transitiva, que vale para os verbos de ação com relativamente

---

1. São as que chamamos **diáteses**.

2. Ou seja, no momento cerca de 250 verbos, de um total de 500.

poucas exceções. Mas se respondermos que é gramatical, como vamos dar conta de casos individuais como o ilustrado pela frase [2]?

A resposta, amplamente aceita atualmente, é que gramática e léxico são apenas pontos extremos em um contínuo; e que uma das tarefas da linguística descritiva é levantar e mapear convenientemente esse contínuo, para chegar a uma visão mais realista da situação. Existem regras e idiossincrasias, mas são, por assim dizer, relativas: um fenômeno pode ser mais ou menos regular, e essa gradação pode ser inclusive determinada em termos numéricos[3].

Outro exemplo, este no campo da morfologia, é a distinção tradicional entre verbos regulares e irregulares. Poderíamos dizer que a irregularidade do verbo *ir* pertence ao léxico, e a regularidade dos milhares de verbos que se conjugam como *amar* pertence à gramática. Mas a distinção não é assim tão nítida: dentre os irregulares, temos casos extremos como *ir* e *ser*, mas também casos moderados como *caber*, irregular na primeira pessoa do singular do presente do indicativo (*caibo*) e no radical do perfeito (*coube*), além de casos mínimos como *perder* (que só é irregular na primeira pessoa do singular do presente do indicativo e nas formas daí derivadas) e *correr*, que tem **o** aberto em *corre* e fechado em *corro*. Se considerarmos a conjugação um fenômeno lexical, estaremos desprezando as regularidades, e se a considerarmos gramatical estaremos deixando de lado as irregularidades.

A solução, que é tradicional no caso da conjugação, mas não em outras áreas, depende de um mapeamento dos itens envolvidos; as regras existem, mas sua extensão lexical precisa ser explicitada. Assim, diremos que é regra geral que um verbo tem apenas um radical (*am-o*, *am-ei*), mas que certos verbos (e aqui vai a lista completa) mudam de radical segundo se conjugue nos tempos derivados do perfeito ou não (*cab-ia*, *coub-esse*). Isso relativiza fortemente a noção de **regra gramatical**, assim como a de gramática *stricto sensu*, mas a meu ver não a destrói. Força-nos apenas a assumir uma atitude mais realista diante de um fenômeno particularmente complexo.

---

3. Essa visão já está implicitamente reconhecida quando falamos de "regras" e "exceções".

49.2 HOMONÍMIA E POLISSEMIA

Outra dicotomia que vem sendo dissolvida por força da investigação empírica é a de homonímia e polissemia. A concepção tradicional é de que em certos casos os vários significados de uma palavra representam mais de um item lexical, que por acaso se pronunciam da mesma maneira (**homonímia**); e em outros casos se trata de um único item, com mais de um significado (**polissemia**).

Essa diferença sempre deu problemas. Mas os casos mais extremos pareciam claros: a forma fonológica e gráfica *manga* pode designar uma fruta, ou então uma parte da roupa. Aí se via um caso evidente de homonímia: teríamos duas palavras, ou seja, dois itens lexicais, que se pronunciam e escrevem da mesma maneira. Já os vários significados da palavra *centro* (lugar geométrico; parte da cidade; local onde se desenvolve uma atividade, como *centro comercial*; posição política etc.) se vinculariam a um único item lexical, com diversas acepções: um caso de polissemia[4].

Essa concepção da variedade semântica se defronta com dois problemas importantes, um prático e outro teórico. O problema prático é onde traçar a linha entre as diversas acepções; teríamos que dizer que há homonímia quando a diferença é "muito grande", e polissemia quando é relativamente pequena. Mas simplesmente não temos meio de medir o tamanho da diferença com objetividade; e é bom observar que há muito poucas palavras que realmente significam apenas uma coisa. No limite, temos que reconhecer que escrever um livro é diferente de escrever uma notícia de jornal, ou escrever o nome na parede. O que percebemos ao interpretar um item lexical é o esquema evocado pelo item naquele contexto particular; e isso significa uma variedade imensa de acepções (relembro o caso de *ponto* visto em 45.4.1). E o pior é que as distâncias semânticas entre elas são também muito variadas, e não é possível estabelecer um ponto preciso em que deixam de

---

4. Às vezes se justifica isso alegando que *manga* provém de mais de uma palavra: do latim *manica* e do tâmil *mānkāy*, ao passo que *centro* é uma só forma, etimologicamente falando. Essa solução não é correta, pois confunde sincronia e diacronia (cf. 3.1.1): os falantes do português não têm nenhuma noção desse tipo de diferença entre as palavras.

ser "pequenas" para serem "grandes". Ou seja, aqui temos nosso problema prático: não parece fácil elaborar uma metodologia para distinguir os casos de homonímia dos de polissemia com base na distância semântica.

Mas há também um problema teórico: vimos em 13.4 que é necessário construir a análise a partir de formas fonológicas, porque são essas que são percebidas em um primeiro momento pelo receptor. E desse ponto de vista homonímia e polissemia são iguais: o ouvinte percebe a palavra *centro*, e precisa estabelecer exatamente o que significa. Ele vai fazer isso com base no contexto (linguístico ou extralinguístico), de modo a identificar o significado correto em frases como

[4] Eu evito passar pelo centro por causa do trânsito.

[5] Prefiro votar em candidatos do centro.

A palavra, em si, é a mesma – só que, como ocorre com quase todas as palavras, ela pode evocar uma boa variedade de esquemas. O esquema correto nos é dado por uma análise do contexto.

Mas exatamente o mesmo ocorre com os chamados casos de homonímia. Assim, se alguém ouve

[6] Não gosto de manga na salada.

vai identificar *manga* como "fruta", ao contrário de

[7] Prefiro camisa de manga comprida.

onde a acepção precisa ser "parte da vestimenta".

O que acontece aqui é: partindo das possibilidades semânticas da palavra – ou seja, dos esquemas que ela pode evocar – apura-se a acepção correta com base no contexto, filtrando as incorretas, de modo a construir uma paisagem mental coerente. Se entendermos *manga* como "fruta" em [7] a paisagem vai ficar muito estranha, e o mesmo se entendermos *manga* como "parte da vestimenta" em [6].

Como se vê, o processo é exatamente o mesmo nos dois casos; na verdade, nem sequer é um processo exclusivamente linguístico, pois põe em jogo conhecimentos do mundo e habilidades cognitivas extralinguísticas. A conclusão tem que ser que não vale a pena distinguir (em termos sincrônicos) homonímia de polissemia. Note-se como essa solução resolve o problema da variedade muito grande de acepções de uma palavra, algumas muito diferentes e outras só minimamente distintas: a questão se reduz ao fato, inquestionável, de que toda palavra evoca determinado conjunto de esquemas. Os esquemas realmente são difíceis de delimitar, já que precisam representar todo o nosso conhecimento em sua complexidade e detalhamento; mas esse é um problema cognitivo, e pelo menos colocamos a dificuldade no ponto certo.

49.3 SIGNIFICADO GRAMATICAL E SIGNIFICADO LEXICAL

A oposição entre gramática e léxico, na limitada medida em que se justifica, se estende também à semântica. Um caso relativamente claro é que não só os itens lexicais têm cada um o seu significado, mas também as construções têm significado próprio.

O que chamamos significado dos itens lexicais é a propriedade que eles têm de evocar determinados esquemas. Podemos distinguir duas faces nessa relação: a face linguística consiste em um item lexical, com uma pronúncia única e relação com um lexema específico. Por exemplo, temos a palavra *leu*, que se define como membro do lexema a que chamamos "o verbo *ler*". Essa palavra pode evocar um conjunto de esquemas – na verdade, um conjunto aberto, embora limitado. *Leu* não pode evocar o esquema "comer", nem "ser"; mas pode evocar esquemas distintos em nível mais elaborado, como "compreender o que está escrito", ou "perceber alguma coisa através de indícios", que ocorrem respectivamente em

[8] Abronsius leu um aviso na porta.

[9] Abronsius leu a fúria no rosto do vampiro.

No caso de [9] o esquema não é o mais usual dentre os que podem ser evocados por *leu*; pode ser até uma inovação, mas suficientemente próxima do caso canônico exemplificado em [8] para ser compreendido. Aqui o receptor se mostra flexível até certo ponto, e utiliza o conhecimento previamente armazenado sobre o esquema ligado a *leu* para derivar por sua conta um esquema apropriado à compreensão da frase. Essa flexibilidade é limitada, tanto é que a frase

[10] * Abronsius leu algumas galinhas no terreiro.

é inaceitável, ou pelo menos muito difícil de entender. É mais ou menos dessa maneira que apuramos o significado de cada item lexical.

Mas o significado dos itens lexicais não esgota a semântica das frases. Por exemplo, as frases

[11] Um cachorro mordeu o vizinho.

[12] O vizinho mordeu um cachorro.

contêm exatamente os mesmos itens lexicais, mas não são sinônimas. Aqui entra em jogo o significado da própria construção. As construções podem ter uma semântica muito complexa; aqui vamos considerar apenas um dos fatores, a saber a associação de certos constituintes (e seus significados) com os respectivos papéis semânticos.

Tanto [11] quanto [12] realizam a construção transitiva, que já sabemos que tem a estrutura

[13] **SujV>*Agente*   V   SN>*Paciente***

Mas as associações desses termos com os itens lexicais difere: em [11] o sujeito é *um cachorro* e o outro SN (objeto) é *o vizinho*; em [12] o sujeito é *o vizinho* e o objeto é *um cachorro*. Ou seja, o significado final da frase nos vem de duas fontes: (a) os significados dos diversos itens lexicais (*o, vizinho, mord-, -eu, um, cachorro*) – e até aí as duas frases são iguais. E (b) o significado da própria construção, dado em forma bem resumida em [13].

Insisto em dizer que [13] só representa parte do significado da construção porque essa fórmula ignora alguns elementos importantes: por exemplo, deixa de lado a relação do artigo definido *o* com *vizinho* e do indefinido *um* com *cachorro*, que é responsável por nos informar que se trata de um vizinho **dado** (ou seja, bem conhecido, ou entendido como presente na mente do ouvinte) e de um cachorro **novo** (que está sendo introduzido do discurso neste momento). É a forma da construção que nos fornece essas associações, em vez do oposto, que aparece na frase

[14] O cachorro mordeu um vizinho.

Dessa maneira a colaboração entre a semântica dos itens lexicais e a da construção nos fornece a semântica da frase[5].

---

5. Na medida em que essa semântica se origina da estrutura linguística. Já sabemos que entram em jogo também fatores contextuais.

Créditos

Uma gramática é obra de síntese, e necessariamente se vale de pesquisas anteriores – muitas pesquisas, na verdade toda uma tradição de séculos. Não é possível dar crédito a todas as publicações, todas as discussões profissionais, todas as conversas em gabinetes, bares e encontros informais que se desenvolvem em intercâmbios linguísticos enriquecedores; e isso para não falar do que se recebe durante as aulas – tanto de nossos professores quanto de nossos alunos. Tentar fazer isso reduziria esta *Gramática* a uma resenha da literatura, com o dobro do tamanho e praticamente impossível de ler.

Por outro lado, às vezes o autor de uma gramática aproveita diretamente os resultados de algum trabalho específico, e nesse caso convém dar a ele o devido crédito. A seguir vou mencionar alguns dos trabalhos que foram particularmente importantes na redação de certos capítulos; servem não apenas como reconhecimento, mas também como indicação de leitura para quem desejar aprofundar as questões abordadas neste livro.

Abordagem geral e orientação teórica

A análise proposta se baseia em grande parte no livro de Culicover e Jackendoff (2005), que recomendo sem reservas a qualquer profissional interessado em sintaxe e semântica das línguas naturais.

Capítulos e passagens

Os seguintes trabalhos foram especialmente importantes como base para a análise proposta neste livro:

Capítulo 5 (sujeito indeterminado): Moreira (2005).

Capítulo 12 (papéis temáticos): Cançado (2003).

Capítulo 14 (gerúndio): Oliveira (2008).

Capítulo 24 (auxiliares e modais): Pontes (1973).

Capítulos 26 e 27 (análise do SN): Liberato (1997).

Capítulo 32 (morfologia do verbo): Pontes (1972).

Capítulo 35 (expressões idiomáticas): Fulgêncio (2008).

Capítulo 36 (topicalização): Pontes (1987).

Capítulo 38 (fenômenos de sândi): Alkimin e Gomes (1982); Liberato (1978).

Esses foram os principais; na bibliografia o leitor encontrará a lista desses e dos outros trabalhos mencionados no texto. A esses autores meu agradecimento, e aos que deixei de mencionar, minhas desculpas.

Referências (obras citadas)

ACADEMIA (2009). *Vocabulário ortográfico da língua portuguesa*. 5. ed. Rio de Janeiro: ABL.

ALKIMIN, M. & GOMES, C.A. (1982). "Dois fenômenos de supressão em limite de palavra". *Ensaios de Linguística, 7*. UFMG.

AMARAL, A. (1976 [1920]). *O dialeto caipira*. São Paulo: Hucitec.

ANDOR, J. (2004). "The master and his performance: an interview with Noam Chomsky". *Intercultural Pragmatics*, 1 (1), p. 93-111.

ANDRADE, M. (1990). *A gramatiquinha de Mário de Andrade*. São Paulo: Duas Cidades [Ed. de Edith Pimentel Pinto].

AURÉLIO (1986). *Novo Dicionário Aurélio*. Rio de Janeiro: Nova Fronteira.

BAGNO, M. (2011). *Gramática pedagógica do português brasileiro*. São Paulo: Parábola.

_____ (2004). *Português ou brasileiro*: um convite à pesquisa. São Paulo: Parábola.

_____ (2003). *A norma oculta*. São Paulo: Parábola.

_____ (2000). *Dramática da língua portuguesa*. São Paulo: Loyola.

_____ (1999). *Preconceito linguístico*: o que é, como se faz. São Paulo: Loyola.

BARBOSA, J.S. (1822). *Gramatica philosophica da lingua portugueza*. Lisboa.

BASILIO, M. (2004). *Formação e classes de palavras no português do Brasil*. São Paulo: Contexto.

BECHARA, E. (2009). *Moderna gramática portuguesa*. 37ª ed. Rio de Janeiro: Nova Fronteira/Lucerna.

BORBA, F.S. (coord.) (1991). *Dicionário Gramatical de Verbos do Português Contemporâneo do Brasil*. São Paulo: Unesp.

BULL, W.E. (1965). *Spanish for teachers, applied linguistics*. Nova York: Ronald.

BUTT, J. & BENJAMIN, C. (1995). *A new reference grammar of modern Spanish*. Chicago: NTC.

CAMARA JR., J.M. (1977). *Dicionário de Linguística e Gramática*. Petrópolis: Vozes.

CANÇADO, M. (2012). *Manual de semântica*. São Paulo: Contexto.

_____ (2003). "Um estatuto teórico para os papéis temáticos". In: MÜLLER, A.L.; NEGRÃO, E. & FOLTRAN, M.J. (orgs.) (2003). *Semântica formal*. São Paulo: Contexto.

CASTILHO, A.T. (2010). *Nova gramática do português brasileiro*. São Paulo: Contexto.

CASTILHO, A.T. (org.) (1990-2002). *Gramática do português falado*. Campinas: Unicamp.

CASTILHO, A.T.; ILARI, R.; NEVES, M.H.M. & BASSO, R.M. (2008). "O advérbio". In: ILARI, R. & NEVES, M.H.M. (orgs.). *Gramática do português culto falado no Brasil* – Vol. 2: Classes de palavras e processos de construção. Campinas: Unicamp.

CHOMSKY, N. & HALLE, M. (1968). *The sound pattern of English*. Nova York: Harper and Row.

CULICOVER, P.W. & JACKENDOFF, R.S. (2005). *Simpler syntax*. Oxford: Oxford University Press.

CUNHA, C.F. (1976). *Gramática da língua portuguesa*. Rio de Janeiro: Fename.

Dicionário de Valências do Português Brasileiro [em elaboração].

FERNANDES, F. (1950). *Dicionário de Regimes de Substantivos e Adjetivos*. Rio de Janeiro: Globo.

_____ (1940). *Dicionário de Verbos e Regimes*. Rio de Janeiro: Globo.

FERRAREZI & TELES (2008). *Gramática do brasileiro*. São Paulo: Globo.

FULGÊNCIO, L. (2008). *Expressões fixas e idiomatismos no português do Brasil*. Belo Horizonte: PUC-Minas [Tese de doutorado].

FULGÊNCIO, L. & PERINI, M.A. (2012). "Opiniões contemporâneas" [sobre a Nomenclatura Gramatical Brasileira]. In: HENRIQUES, C.C. *Nomenclatura gramatical basileira 50 anos depois*. São Paulo: Parábola.

GARCÍA-MIGUEL, J.M. & VAAMONDE, G. (s.d.). *Semantic role annotation:* from verb-specific roles to generalized semantic roles [Disponível em linguistica.sns.it/Workshop_verb/papers/Garcia-Miguel].

GOLDBERG, A. (1995). *Constructions*: A construction grammar approach to argument structure. Chicago: The University of Chicago Press.

GRANT, J. (2007). *Corrupted science*. Wisley, Surrey: Facts, Figures & Fun.

HAUY, A.B. (1983). *Da necessidade de uma gramática-padrão da língua portuguesa*. São Paulo: Ática.

KOCH, I.G.V. (2004). *Introdução à linguística textual*. São Paulo: Martins Fontes.

KOERTGE, N. (1998). "Postmodernisms and the problem of scientific literacy". In: KOERTGE, N. (org.). *A House Built on Sand* – Exposing Postmodernist Myths About Science. Oxford: Oxford University Press.

LAMBRECHT, K. (1994). *Information structure and sentence form*. Cambridge: Cambridge University Press.

LANGACKER, R.W. (2008). *Cognitive grammar*: a basic introduction. Oxford: Oxford University Press.

_____ (1987). *Foundations of cognitive grammar*. Stanford: Stanford University Press.

LEÃO, D.N. (1576 [1983]). *Ortografia e origem da língua portuguesa*. Lisboa: Imprensa Nacional.

LEMLE, M. & NARO, A.J. (1977). *Competências básicas do português*. Rio de Janeiro: Mobral/Fundação Ford.

LI, C.N. (org.) (1976). *Subject and topic*. Nova York: Academic.

LIBERATO, Y.G. (1997). *A estrutura do SN em português*: uma abordagem cognitiva. Belo Horizonte: UFMG [Tese de doutorado].

_____ (1978). "Alterações vocálicas em final de palavra e a regra de palatalização". In: LIBERATO, Y.G. & PERINI, M.A. (orgs.). *Ensaios de linguística 1*. Belo Horizonte: UFMG.

MAURER JR., T.H. (1959). *Gramática do latim vulgar*. Rio de Janeiro: Acadêmica.

MOREIRA, E.C. (2005). *Indeterminação de agente no português do Brasil*. Belo Horizonte: PUC-Minas [Dissertação de mestrado].

MOURA NEVES, M.H. (2000). *Gramática de usos do português*. São Paulo: Edusp.

NARO, A.J. & SCHERRE, M.M.P. (2007). *Origens do português brasileiro*. São Paulo: Parábola.

NATION, I.S.P. (2001). *Learning vocabulary in another language*. Cambridge: Cambridge Univesity Press.

NOLL, V. (2008). *O português brasileiro*: formação e contrastes. São Paulo: Globo.

OLIVEIRA, F. (1536 [2007]). *Gramática da linguagem portuguesa*. Vila Real: Univ. de Trás-os-Montes e Alto Douro.

OLIVEIRA, M.C.C. (2008). *Construções de gerúndio no português brasileiro*. Belo Horizonte: PUC-Minas [Tese de doutorado].

PERINI, M.A. (2015). *Describing verb valency*: practical and theoretical issues. Zurique: Springer.

_____ (2008). *Estudos de gramática descritiva*: as valências verbais. São Paulo: Parábola.

_____ (2002). *Modern Portuguese*: a reference grammar. New Haven, CT: Yale University Press.

_____ (1985). *Para uma nova gramática do português*. São Paulo: Ática.

PERINI, M.A. et al. (1996). "O sintagma nominal em português: estrutura, significado e função". *Revista de Estudos da Linguagem*, n. esp. Belo Horizonte.

PERINI, M.A. & FULGÊNCIO, L. (2011). "Papéis temáticos emparelhados e a análise do predicativo em português". *Revista da Associação Brasileira de Linguística*, vol. 10, n. 1, p. 149-202.

PONTES, E.S.L. (1987). *O tópico no português do Brasil*. Campinas: Pontes.

_____. (1973). *Verbos auxiliares em português*. Petrópolis: Vozes.

_____ (1972). *Estrutura do verbo no português coloquial*. Petrópolis: Vozes.

SAID ALI, M. (1919 [1966]). *Difficuldades da lingua portugueza*. Rio de Janeiro: Acadêmica.

SILVA, T.C. (1999). *Fonética e fonologia do português*. São Paulo: Contexto.

SILVA NETO, S. (1956). *Fontes do latim vulgar*. Rio de Janeiro: Acadêmica.

THOMAS, E.W. (1962). *The syntax of spoken Brazilian Portuguese*. Nashville: Vanderbilt University Press.

TRASK, R.L. (1992). *A Dictionary of Grammatical Terms in Linguistics*. Londres: Routledge.

VASCONCELOS, J.L. (1922). *Textos arcaicos*. Lisboa: Clássica.

VARNHAGEN, F.A. (1854). *História geral do Brasil*. São Paulo: Melhoramentos.

Índice remissivo[*]

acento
secundário 46.3.2
tônico 46.3.1
adverbial *cap. 40*
escopo 40.2
posição 40.1
alternância 4.6 (nota 10)
anáfora *cap. 22*, 45.1
elipse como marca de anáfora 22.5
e pró-formas 22.1
na estrutura coordenada 22.2
na estrutura subordinada 22.3
pronomes como marca de anáfora 22.4
artigo 37.2.3
auxiliar cf. **verbo**

classe
classificação por traços 36.3
definição 36.2
de palavras *cap. 36*
e função 36.1
para que classificar? 2.5, *36.2*
significado 36.4
complemento 4.7
e adjunto: uma falsa dicotomia 4.7, *cap. 15*
elipse do complemento 9.4

---

[*] As referências mais importantes estão em *negrito itálico*.

concordância
  nominal *cap. 35*
    fora do SN 35.4
  verbal *cap. 34*
    no PB 34.2
conectivo *cap. 39*
  governa o modo verbal *cap. 25*
conjunção 19.4, 39.2
  governa o modo verbal 25.1
consoante 46.2
construção *cap. 4, cap. 9*
  âmbito descritivo 4.6
  complexa 9.3
  definição 4.1
  oracional e suboracional 4.4
construções
  antidativa 9.2
  C96 9.1
  clivada 44.2.3
  dativa 9.2
  de ação opinativa 9.1
  de derrota 9.1
  de deslocamento à esquerda 44.2.1
  de nomeação 9.1
  de objeto indireto 39.1.2
  de objeto Tema e SPrep Meta 9.2
  de objeto topicalizado 9.2
  de objeto transferido 9.2
  de Paciente com *em* 4.6
  ergativa 9.1
  estativa de Lugar 9.2
  estativa de Qualidade 9.2
  interrogativa *cap. 12*, 12.1
  interrogativa aberta 12.1.2
  interrogativa-eco 12.1.7
  interrogativa fechada 12.1.1
  interrogativa indireta 12.1.6
  intransitiva 9.1
  passiva 21.2.3, 44.2.2
  transitiva 9.1
  transitiva de objeto elíptico 13.1, 13.3
contrações 48.3

coordenação *19.1*
coordenador 39.3

dêixis 22.1, 45.2
determinante 4.4, *33.1.1*, 37.2.3
diátese, cf. **verbo**

elisão 48.2.1
esquema 8.6
    como base de atribuição de papel temático 15.5.1
expressões idiomáticas *cap. 43*
    ocorrência do infinitivo 26.3.2
    não são metáforas 43.4
    tipos 43.2

gênero *35.2*
    inerente e governado 35.2.1
    marcado e não marcado 35.5
    natural e gramatical 35.2.2
gramática
    como disciplina científica 2.5
    e léxico *cap. 49*
    ensino *cap. 2*
    não é base para aquisição da escrita 1.1
    não é descrição completa da língua 1.5

haplologia 48.2.2

infinitivo *cap. 20*
    alternância com subjuntivo 26.2.4
    com auxiliar 26.1.2
    como núcleo do SN 26.1.1
    construções de infinitivo 26.3
    em expressões idiomáticas 26.3.2
    livre 26.2.4
    orações de infinitivo 20.1, 20.2.1, cap. 26
    uso do infinitivo *cap. 26*

léxico
    e gramática *cap. 49*
limitador 32.2

modal, cf. **verbo**
modificador
    em sequência 33.2.5
    expandido 33.3
    posicionamento 33.2.2, 33.2.3, 33.2.4

negação 8.4, *12.2*
NGB (Nomenclatura Gramatical Brasileira) 1.6
nome 37.2.1
nominal *cap. 37*
    definição 37.1
    tipos 37.2
    valência *cap. 17*
núcleo, cf. **SN**
número 35.3
    concordância de número no PB 35.3.2

objeto 5.3, 8.1
    idêntico ao sujeito 31.2.1
    pronominal 11.2
oração *cap. 5, cap. 8*
    como separar orações *cap. 21*
    coordenada 19.1
    definição 5.1
    de gerúndio 20.1, 20.2.2
    de infinitivo 20.1, 20.2.1
    de subjuntivo 20.1, 20.2.3
    e esquemas 8.6
    ordem dos termos 4.3, *cap. 10*
    papéis temáticos na oração cap. 18
    principal 10.2
    relativa *cap. 23*
      definição 23.1
      modo na oração relativa 25.2
      no PB 23.2
    sem sujeito *cap. 6*
    simples *8.5*
    subordinada 19.2, 20.2
    termos da oração cap. 5, *cap. 8*
ortografia *cap. 47*
    fenômenos não marcados pela ortografia *cap. 48*

papéis temáticos 4.1.2, *cap. 14*
a compreensão do enunciado 18.1
atribuição 4.9.2, 15.2, 18.2
atribuição por ausência 15.5
caráter esquemático 14.3.2
definição 4.1.2
e a posição do modificador 33.2.2
lista de papéis temáticos 14.1
particípio *21.2*
nominal 21.2.1, 21.2.2
verbal 21.2.2
período composto *cap. 19-23*
e as orações complexas 9.3.4
período simples 5.1
pessoa *cap. 31*
pessoa do discurso e pessoa gramatical 31.1
representação morfológica 38.2.1, 48.1.5
português
no mundo 3.2
origens 3.1
português brasileiro (PB) *3.3*
pronúncia *cap. 46*
possessivo 37.2.5
predeterminante 33.1.1, 37.2.3
preposição *33.1*
com pronomes oblíquos 11.3.2
funcional 33.1.2
na oração relativa 23.2.1, 23.2.2
predicadora e funcional 39.1
proclíticos (pronúncia) 48.1.1
pró-forma 22.1
pronome *cap. 11, 37.2.2*
anafórico 22.4
forma enfática 31.2.4
oblíquo 11.3
posicionamento 11.3.3
reflexivo 31.2
tu 11.3.4
pronúncia *cap. 46, cap. 48*

quantificador 33.1.1, 37.2.4
em SN sem núcleo 32.2.3

regras
de encadeamento 4.9.2, *15.3*
de estrutura sintagmática 4.9.1

SAdj (sintagma adjetivo) 8.3.1, 8.5
SAdv (sintagma adverbial) *8.3*
sândi 48.2
SN (sintagma nominal) *cap. 26*, 32.1
com núcleo infinitivo 26.1.1
elementos pós-nucleares 33.2
elementos pré-nucleares 33.1
em função de sujeito e de objeto 3.3
funções sintáticas do SN 5.3, 8.1
modificadores expandidos 33.3
núcleo *cap. 32*
ordem dos termos *cap. 27*
sem núcleo 26.2.3
SPrep (sintagma preposicionado)
é uma falsa categoria 8.3 (nota 5)
posicionamento 10.3
subjuntivo *cap. 24, 25*
de emoção 24.4
de incerteza 24.3
de persuasão 24.2
e infinitivo 26.2.4
futuro do subjuntivo *27.5*, 38.3.2
livre 21.3
nas orações factuais 24.5
orações de 20.1, 20.2.3
uso no PB 3.3.3, 25.3
subordinação *19.2*, 20.3
sujeito *5.2*
definição 3.2.1
distinto do objeto 8.1
do imperativo 4.2
e objetos idênticos 31.2.1
identificação 3.2.2
indeterminado *cap. 7*
notação 4.5
omissão 4.1
oração sem sujeito *cap. 6*
posicionamento 10.2
valencial 4.5

tempo *cap. 27*
    condicional (futuro do pretérito) 27.4
    e aspecto 27.1
    futuro 27.3
    futuro do subjuntivo *27.5*, 38.3.2
    governado *cap. 29*
    passado (pretérito) *cap. 28*
      composto 28.2
      perfeito e imperfeito 28.1
    presente 27.2
    progressivo 27.2.6, 28.3
tópico 44.1, *cap. 36*
    discursivo 44.3
    sintático 44.2

valência *cap. 13*, cf. tb. **verbo**
    adverbial 11.6
    definição 11.2, 11.5
    nominal 11.6
verbo *cap. 30, cap. 38*
    anômalo 42.3.1
    auxiliar 8.4, *cap. 30*
      definição 30.1
      em sequência 30.4
    chave da estrutura da oração 13.1
    classes 13.3
    defectivo 42.3.3
    de percepção 26.2.3
    de persuasão 26.2.3
    e os esquemas cognitivos 8.6
    formas 32.2
    formas primitivas 42.2.2
    identificação 38.1
    irregular 42.3.1
    leve *cap. 16*
    meteorológico 4.3.2
    modal 30.3
    morfologia 38.3, *cap. 42*
    reflexivo 31.2.3
    sem sujeito 6.3
vogal 46.3
    ensurdecimento 46.3.7

Coleção de Linguística

Acesse

livrariavozes.com.br/colecoes/colecao-de-linguistica

para ver a coleção completa